Internationale Zuständigkeit im Gerichtsstand der unerlaubten Handlung bei Verletzung europäischer Patente

Studien zum vergleichenden und internationalen Recht -
Comparative and International Law Studies

Herausgeber: Bernd von Hoffmann, Erik Jayme
und Heinz-Peter Mansel

Band 130

PETER LANG
Frankfurt am Main · Berlin · Bern · Bruxelles · New York · Oxford · Wien

Sascha Reichardt

Internationale Zuständigkeit im Gerichtsstand der unerlaubten Handlung bei Verletzung europäischer Patente

PETER LANG
Europäischer Verlag der Wissenschaften

Bibliografische Information Der Deutschen Bibliothek
Die Deutsche Bibliothek verzeichnet diese Publikation in der Deutschen Nationalbibliografie; detaillierte bibliografische Daten sind im Internet über <http://dnb.ddb.de> abrufbar.

Zugl.: Trier, Univ., Diss., 2006

D 385
ISSN 0930-4746
ISBN 3-631-55792-2

www.peterlang.de

Für
Henrik und Melanie

Vorwort des Verfassers

Die vorliegende Arbeit wurde vom Fachbereich Rechtswissenschaft der Universität Trier im Sommersemester 2006 als Dissertation angenommen.

Besonderen Dank schulde ich meinem Doktorvater, Herrn Professor Dr. *Bernd von Hoffmann*, der mein Interesse am Internationalen Privatrecht und Privatverfahrensrecht geweckt hat und den Anstoß für eine Arbeit an der Schnittstelle von Verfahrensrecht und geistigem Eigentum gab. Ich möchte ihm an dieser Stelle auch nochmals herzlich für die freundliche Aufnahme in die Reihe „Studien zum vergleichenden und internationalen Recht" danken.

Herrn Professor Dr. *Walter Lindacher* danke ich herzlich für die Übernahme und zügige Erstellung des Zweitgutachtens. Ebenso habe ich Frau Dr. *Stefanie Maurer* für die Diskussion und wertvolle Anregungen zu den Themen dieser Arbeit zu danken. Meiner Frau *Melanie* danke ich für ihre Unterstützung, große Geduld und Zuversicht, ohne die die vorliegende Arbeit nicht in dieser Weise zustande gekommen wäre.

Ludwigshafen, im Juni 2006 *Sascha Reichardt*

Inhaltsverzeichnis

Internationale Zuständigkeit im Gerichtsstand der unerlaubten Handlung bei Verletzung europäischer Patente

Abkürzungsverzeichnis IX

1. Kapitel: Einleitung 1

A. Einführung 1

B. Gang der Untersuchung 5

2. Kapitel: Europäisches Patentrecht und Patentkategorien 7

A. Territorialitätsgrundsatz und Patentrechtsharmonisierung in Europa 7

B. Patentkategorien, Territorialitätsgrundsatz und anwendbares Recht 12

I. Patentkategorien 12
II. Territorialitätsgrundsatz und anwendbares Recht (Schutzlandprinzip) 14

3. Kapitel: Internationale Zuständigkeit bei Patentverletzungsklagen. 17

A. Auswirkung des Territorialitätsgrundsatzes auf die Internationale Zuständigkeit? 17

B. Regelungen der internationalen Zuständigkeit für Patentverletzungsstreitigkeiten im deutschen und europäischen Recht 18

I. Besondere patentrechtliche Regelungen? 18

1) Europäisches Patentübereinkommen 18
2) Gemeinschaftspatentübereinkommen und Gemeinschaftspatentverordnung 20
3) Deutsches Patentgesetz 20

II. Internationale Zuständigkeit nach allgemeinen deutschen nationalen Regelungen ... 21

III. Europäische Zuständigkeitsordnung – vom völkerrechtlichen Vertrag zur EG-Verordnung ... 22

1) Brüsseler EWG-Übereinkommen über die gerichtliche Zuständigkeit und die Vollstreckung gerichtlicher Entscheidungen in Zivil- und Handelssachen vom 27.09.1968 ... 22
2) Parallelübereinkommen von Lugano vom 16.09.1988 ... 23
3) Verordnung (EG) Nr. 44/2001 des Rates über die gerichtliche Zuständigkeit und die Anerkennung und Vollstreckung von Entscheidungen in Zivil- und Handelssachen vom 22.12.2000 (EuGVVO) ... 24
a) Vergemeinschaftung zur EuGVVO ... 24
b) Sonderstellung Dänemarks ... 26
c) Anwendungsbereich der EuGVVO im Hinblick auf die Zuständigkeitsvorschriften ... 27
aa) Sachlicher Anwendungsbereich ... 27
bb) Räumlich-persönlicher Anwendungsbereich ... 28
d) Beziehungen zu mehreren Mitgliedstaaten? ... 29
e) Verhältnis zum nationalen Recht der Mitgliedstaaten ... 30
f) Zuständigkeitsordnung nach der EuGVVO ... 31
aa) Allgemeiner Gerichtsstand des Wohnsitz des Beklagten, Art. 2 Abs. 1 EuGVVO ... 31
bb) Besondere Gerichtsstände ... 32
cc) Schutzvorschriften ... 32
dd) Ausschließliche Gerichtsstände, Gerichts- ... standsvereinbarung und rügelose Einlassung ... 33
4) Auslegungskompetenz des EuGH ... 34

4. Kapitel: Gerichtsstand der unerlaubten Handlung im Inland bei Handlungen mit Auslandsbezug ... 38

A. Erzeugnispatent ... 38

I. Herstellen ... 38
II. Anbieten ... 39
III. Inverkehrbringen ... 41
IV. Gebrauchen ... 41
V. Einführen ... 41

VI. Besitzen ... 42

B. Verfahrenspatent ... 42

I. Anwenden ... 42
II. Anbieten ... 42
III. Bedingter Erzeugnisschutz ... 43

5. Kapitel: Gerichtsstand der unerlaubten Handlung im Inland bei Verletzung ausländischer Patentrechte ... 44

A. Territorialitätsprinzip als zwingender Grund, dass der Gerichtsstand der unerlaubten Handlung stets im Schutzrechtsstaat belegen sein muss? ... 44

B. Rechtsprechung des BGH – Taeschner (Pertussin) und Zeiss ... 45

I. Entscheidung Taeschner (Pertussin) I ... 46
II. Entscheidung Taeschner (Pertussin) II ... 47
III. Entscheidung Zeiss ... 48
IV. Mangelnde Resonanz in der Literatur ... 49
V. Einfluss der Rechtsprechung zum Begehungsort im Internationalen Privatrecht ... 49
VI. Abgrenzung zur Vorbereitungshandlung ... 51
VII. Besonderer politischer Hintergrund der Entscheidungen ... 52

C. Gerichtsstand der unerlaubten Handlung nach Art. 5 Nr. 3 EuGVVO im Inland bei Verletzung ausländischer Patentrechte ... 53

I. Patentverletzung als unerlaubte Handlung iSd Art. 5 Nr. 3 EuGVVO ... 53
II. Einfluss von Art. 22 Nr. 4 EuGVVO ... 54
III. Die Auslegung des Begriffs „Ort, an dem das schädigende Ereignis eingetreten ist“ in der Rechtsprechung des EuGH ... 57

1) „Bier u.a. ./. Mines de Potasse d'Alsace“ ... 57
2) „Dumez France und Tracoba ./. Hessische Landesbank“ .. 61
3) „Fiona Shevill u.a. ./. Presse Alliance S.A.“ ... 63
4) „Marinari ./. Lloyds Bank“ ... 66
5) „Réunión Européenne S.A../.Spliethoffs Befrachtingskantoor BV“ ... 68
6) „ DFDS Torline A/S ./. SEKO” ... 70

IV. Analyse der EuGH-Rechtsprechung und Erarbeitung von Auslegungsleitlinien 73

1) Vorbemerkungen – autonome Auslegung 73
2) Grundlage der Existenz des Art. 5 Nr. 3 EuGVVO 75
a) Besonders enge Beziehung zwischen Streitigkeit und zuständigem Gericht - Beweisnähe – 75
aa) Beweisnähe 76
bb) Bestimmung des Handlungsorts – insbesondere in der Entscheidung „Shevill“ 80
cc) Begrenzung der Kognitionsbefugnis der Erfolgsortgerichte im Fall Shevill“ 82
dd) Kritische Überprüfung der Argumentation im Fall „Shevill“. 83
ee) Ausschluss des Gerichtsstands bei fehlender Möglichkeit zur Lokalisierung 84
b) Der Schutz des Verletzten als Grundmotiv für Art. 5 Nr. 3 EuGVVO? 85
aa) Begünstigung des Verletzten 85
bb) Schutz der „schwächeren“ Partei in Patentverletzungsverfahren? 86
cc) Rechtsprechung des EuGH 87

3) Art. 5 Nr. 3 EuGVVO ist als Ausnahme zur Art. 2 Abs. 1 EuGVVO grundsätzlich eng auszulegen (exceptiones sunt stricta interpretanda) 90
a) Sitz des Beklagten als allgemeiner Gerichtsstand 90
b) Art. 5 Nr. 3 EuGVVO als Ausnahme 91

4) Praktische Wirksamkeit (effet utile) 92
a) Praktische Wirksamkeit im Allgemeinen. 92
b) Der Aspekt der praktischen Wirksamkeit im Urteil Shevill – Begrenzung der Kognitionsbefugnis der Erfolgsortsgerichte 93
aa) Volle Kognitionsbefugnis der Erfolgsortgerichte? 93
bb) Rechtsprechung des EuGH. 95

5) Kein Klägergerichtsstand („forum actoris“) 97
a) Grundsatz 97
b) Ausnahmen 98
c) Situation bei Patentverletzungsklagen 99
d) Verletzungsort am Sitz des geschädigten Unternehmens ? 99

6) Konzentration von Zuständigkeiten / Vermeidung von forum shopping ... 100
a) Vermeidung von Anerkennungshindernissen durch miteinander unvereinbare Entscheidungen ... 100
b) Vermeidung von forum shopping? ... 101
c) Rechtsprechung des EuGH ... 104

7) Geordnete Rechtspflege, Rechtssicherheit und voraussehbare Zuständigkeitszuweisungen ... 106

8) Zuständigkeit unabhängig vom anwendbaren Recht ... 108

V. Zusammenfassung der Leitlinien und Gewichtung ... 111

VI. Beispielsfälle. ... 114

1) Beispielsfall 1 ... 114
a) Sachverhalt ... 114
b) Ergebnis bei Anwendung der Leitlinien ... 114

2) Beispielsfall 2 ... 117
a) Sachverhalt ... 117
b) Ergebnis bei Anwendung der Leitlinien ... 118

3) Beispielsfall 3 ... 120
a) Sachverhalt ... 120
b) Bewertung ... 120

4) Beispielsfall 4 ... 121
a) Sachverhalt ... 121
b) Bewertung ... 122

5) Beispielsfall 5 ... 122

VII. Gerichtsstand der unerlaubten Handlung am Ursprungsort (Herstellungsort) im Inland für Verletzung ausländischer Patente ... 123

1) Beweis und Beweisnähe – Patentverletzung und Beweislast ... 124
2) Beurteilung anhand der Leitlinien unter besonderer Berücksichtigung der Shevill-Entscheidung ... 127
a) Keine Begrenzung der Zuständigkeit am „Ort des ursächlichen Geschehens ... 127
b) Herstellung als Teil einer unerlaubten Handlung ... 128

c) Unterschiedliche Beurteilung bei Erzeugnispatent und Verfahrenspatent 130
aa) Erzeugnispatent 130
bb) Verfahrenspatent 131

bb) (1) Schutzbereich des Verfahrenspatents/ mittelbarer Erzeugnisschutz 131
bb) (2) Herstellung als Teil der unerlaubten Handlung und Bedeutung für die Beweiserhebung und Beweisführung 133
bb) (3) Schlussfolgerungen 134

3) Lösung der Ausgangsfälle Nr. 3 und 4 136

4) Gleichzeitige Geltendmachung von Ansprüchen auf Stoffschutz und Verfahrensschutz aus dem gleichen Patent (Beispielsfall 5) 137
a) Situation im deutschen Recht bei konkurrierenden Klagegründen 138
b) Bewertung im Rahmen des Art. 5 Nr. 3 EuGVVO 140
c) Erörterung und Stellungnahme 141
d) Lösung Beispielsfall 5 144

VIII. Bedenken gegen die Anerkennung eines Gerichtsstands der unerlaubten Handlung außerhalb des Schutzrechtsstaates 145

1) Streitregelungsprotokoll und Gemeinschaftsmarkenverordnung 145
2) Mangelnde Übertragbarkeit der Wertungen auf Verletzung europäischer Patente 147
3) Ergebnis 152

D. Alternative Lösungskonzepte für die Zuständigkeit bei grenzüberschreitenden Patentverletzungsklagen 153

I. Das Konzept der Einheitlichkeit der Verletzungshandlung (la conception unidélictuelle de la contrefaçon) 153

1) Das Konzept der Einheitlichkeit der Verletzungs handlung 153
2) Kritische Betrachtung 154
3) Vorteile der Auslegungsleitlinien im Anwendungsergebnis 156

II. Anknüpfung des Handlungsorts an den Sitz der Verhaltenszentrale? 158

1) Sitz der Verhaltenssteuerung als Zentrum der Vorwerfbarkeit 158
2) Schwerpunkt aus prozessualer Sicht bei Bestimmung des Gerichtsstands nach Art. 5 Nr. 3 EuGVVO 160

III. Entwurf eines Übereinkommens über die Schaffung eines Streitregelungssystems für europäische Patente 163

6. Kapitel: Eingrenzung der praktischen Relevanz des Gerichtsstands der unerlaubten Handlung bei Nichtigkeitseinwand? 167

A. Kein Nichtigkeitseinwand in Patentstreitsachen nach deutschem Recht 167

B. Lösungsalternativen bei zulässigem Nichtigkeitseinwand 169

I. Nichtigkeitseinwand führt stets zur ausschließlichen Zuständigkeit nach Art. 22 Nr. 4 EuGVVO 170

1) Rechtsprechung englischer Gerichte und LG Mannheim 170
2) Kritik 174

II. Volle Zuständigkeit des Verletzungsgerichts auch bei Nichtigkeitseinwand 181

III. Befugnis zur Prüfung der Nichtigkeit als Vorfrage 182

1) Keine Entscheidungskompetenz zur Nichtigerklärung 183
2) Kompetenz zur Feststellung der Nichtigkeit mit Wirkung inter partes 187

IV. Ergebnis 189

7. Kapitel: Zusammenfassung und Ausblick 190

A. Zusammenfassung 190

B. Ausblick 192

Abkürzungsverzeichnis

a.A.	anderer Ansicht
a.a.O.	am angegebenen Ort
ABl. (EG)	Amtsblatt der Europäischen Gemeinschaften
Abs.	Absatz
a.E.	am Ende
AG	Amtsgericht
All ER	The All England Law Reports, London
Art.	Artikel
Aufl.	Auflage
AWD	Außenwirtschaftsdienst des Betriebs-Beraters; Recht der internationalen Wirtschaft (4. 1958 – 20.1974; nachher RIW)
BAnz.	Bundesanzeiger
BayObLG	Bayerisches Oberstes Landesgericht
Bd.	Band
Bek.	Bekanntmachung
BG	Schweizerisches Bundesgericht
BGB	Bürgerliches Gesetzbuch
BGBl.	Bundesgesetzblatt
BGH	Bundesgerichtshof
BGHZ	Entscheidungen des Bundesgerichtshofs in Zivilsachen
BR-Drucks.	Bundesratsdrucksache
BVerfG	Bundesverfassungsgericht
BVerfGE	Entscheidungen des Bundesverfassungsgerichts
BVerwG	Bundesverwaltungsgericht
bzw.	beziehungsweise
bzgl.	bezüglich
DB	Der Betrieb
ders.	derselbe
d.h.	das heißt
dies.	dieselbe(n)
EEA	Einheitliche Europäische Akte zur Binnenmarktstruktur, ABl. (EG) 1987 Nr. L 169/1
EFTA	European Free Trade Association
EG	Europäische Gemeinschaft(en)

EG	Vertrag zur Gründung der Europäischen Gemeinschaft vom 25.3. 1957 in der nach dem 1.5. 1999 geltenden Fassung
EGBGB	Einführungsgesetz zum Bürgerlichen Gesetzbuch
EGV	Vertrag zur Gründung der Europäischen Gemeinschaft vom 25.3. 1957 in der vor dem 1.5. 1999 geltenden Fassung
Einl.	Einleitung
Einf.	Einführung
EIPR	European Intellectual Property Review
EPA	Europäisches Patentamt
EPÜ	Europäisches Patentübereinkommen
EU	Europäische Union
EuBVO	Verordnung (EG) Nr. 1206/2001 des Rates über die Zusammenarbeit zwischen den Gerichten der Mitgliedstaaten auf dem Gebiet der Beweisaufnahme in Zivil- und Handelssachen
EuGH	Europäischer Gerichtshof
EuGRZ	Europäische Grundrechte-Zeitschrift
EuGVVO	Verordnung (EG) Nr. 44/2001 des Rates über die gerichtliche Zuständigkeit und die Anerkennung und Vollstreckung von Entscheidungen in Zivil- und Handelssachen vom 22.12.2000
EuGVÜ	Brüsseler EWG-Überienkommen über die gerichtliche Zuständigkeit und die Vollstreckung gerichtlicher Entscheidungen in Zivil- und Handelssachen vom 27.9.1968
EuR	Europarecht
EuZW	Europäische Zeitschrift für Wirtschaftsrecht
EWG	Europäische Wirtschaftsgemeinschaft
f.	folgende
ff.	fortfolgende
Fn.	Fussnote
FS	Festschrift
FSR	Fleet Street Reports of Industrial Property Cases
GA	Generalanwalt
GG	Grundgesetz für die Bundesrepublik Deutschland

GPÜ	Übereinkommen über das europäische Patent für den Gemeinsamen Markt vom 15.12.1975 i.d.F. vom 21.12.1989
GRUR	Gewerblicher Rechtsschutz und Urheberrecht
GRUR Int.	Gewerblicher Rechtsschutz und Urheberrecht, Internationaler Teil; bis 1966 Auslands- und internationaler Teil
GVBl.	Gesetz- und Verordnungsblatt
GVG	Gerichtsverfassungsgesetz
HBÜ	Haager Übereinkommen über die Beweisaufnahme im Ausland in Zivil- und Handelssachen vom 18.3.1970
h.L.	herrschende Lehre
h.M.	herrschende Meinung
Hrsg.	Herausgeber
HS	Halbsatz
IIC	The International Review of Industrial Property and Copyright Law
IPR	Internationales Privatrecht
IPRax	Praxis des Internationalen Privat- und Verfahrensrechts
IPRG	Schweizerisches Bundesgesetz über das internationale Privatrecht v. 1.1. 1989
IPRspr.	Die deutsche Rechtsprechung auf dem Gebiete des internationalen Privatrechts
iRd	im Rahmen des, der
iSd	im Sinne des, der
iVm	in Verbindung mit
IZVR	Internationales Zivilverfahrensrecht
JA	Juristische Arbeitsblätter
JCP	Juris-classeur périodique (Semaine Juridique)
JDI (Clunet)	Journal de droit international
KG	Kammergericht
LG	Landgericht
lit.	litera
Lit.	Literatur
LM	Lindenmaier/Möhring (Hrsg.), Nachschlagewerk des Bundesgerichtshofs

LGVÜ	Luganer Übereinkommen über die gerichtliche Zuständigkeit und die Vollstreckung gerichtlicher Entscheidungen in Zivil- und Handelssachen vom 16.9. 1988
m. Anm.	mit Anmerkung
Mitt.	Mitteilungen der deutschen Patentanwälte
MDR	Monatsschrift für Deutsches Recht
MuW	Markenschutz und Wettbewerb
m(v)(w)N	mit (vielen) (weiteren) Nachweisen
NJW	Neue Juristische Wochenzeitschrift
NJW-RR	NJW-Rechtsprechungs-Report Zivilrecht
Nr.	Nummer
NvWR	Neues vom EU-Wirtschaftsrecht
NVwZ	Neue Zeitschrift für Verwaltungsrecht
OLG	Oberlandesgericht
PatG	Patentgesetz
PCT	Patent Cooperation Treaty (Vertrag über die internationale Zusammenarbeit auf dem Gebiet des Patentwesens)
PVÜ	Pariser Verbandsübereinkunft zum Schutz des gewerblichen Eigentums
Ratsdok.	Ratsdokument
Rev crit dr i p	Revue critique de droit international privé
RG	Reichsgericht
RGZ	Entscheidungen des Reichsgerichts in Zivilsachen
RIW	Recht der internationalen Wirtschaft – Außenwirtschaftsdienst des Betriebs-Beraters
Rspr.	Rechtssprechung
Rz	Randziffer
Rn	Randnummer
S.	Seite
s.	siehe
Slg.	Sammlung der Rechtsprechung des Gerichtshofs und des Gerichts Erster Instanz der Europäischen Gemeinschaften; bis 1989 Sammlung der Rechtsprechung des Gerichtshofs der Europäischen Gemeinschaften

s.o.	siehe oben
sog.	sogenannte(r)
str.	strittig
s.u.	siehe unten
TRIPS	Agreement on trade-related aspects of intellctual property rights (Übereinkommen über handelsbezogene Aspekte der rechte des geistigen Eigentums) v. 15.4. 1994
Tz	Textziffer
u.	und
u.a.	unter anderem
u.a.	und andere
u.U.	unter Umständen
v.	versus
v.	vom; von
vgl.	vergleiche
VO	Verordnung
Vorbem.	Vorbemerkung
WPL	Working Group Patent Litigation (Arbeitsgruppe Streitregelung)
WRP	Wettbewerb in Recht und Praxis
z.B.	zum Beispiel
ZeuP	Zeitschrift für europäisches Privatrecht
Ziff.	Ziffer
ZPO	Zivilprozessordnung
z.T.	zum Teil
zugl.	zugleich

Intellectual property litigation in general and patent litigation in particular in Europe is in a state of some disarray. At the moment there appears to be, at least in some quarters, an unedifying competition to secure jurisdiction over proceedings to enforce these commercially important rights.[1]

1. Kapitel: Einleitung

A. Einführung

Am 17.02. und 28.02.1986 beschlossen die Mitgliedsstaaten der Europäischen Gemeinschaft in Luxemburg und Den Haag die Einheitliche Europäische Akte zur Binnenmarktstruktur (im folgenden „EEA") und Schlussakte mit der Zielsetzung, „das von den Verträgen zur Gründung der europäischen Gemeinschaften ausgehende Werk weiterzuführen und die Gesamtheit der Beziehungen zwischen den Staaten in eine europäische Union umzuwandeln."[2] Zu den wichtigsten materiellen Regelungen der EEA gehören die Einzelheiten der Vollendung des Binnenmarktes bis zum 31.12.1992. Der durch die EEA als Art. 8 a EWGV[3] aufgenommene Artikel definierte den schrittweise zu verwirklichenden Binnenmarkt als einen Raum ohne Binnengrenzen, in dem der freie Verkehr von Waren, Personen, Dienstleistungen und Kapital gemäß den Bestimmungen des EWGV gewährleistet ist. Der Schutz geistigen Eigentums ist dabei ein wesentliches Kriterium für den Erfolg des Binnenmarktes.

Nicht zuletzt um diesem Auftrag nachzukommen wurde das gescheiterte Gemeinschaftspatentübereinkommen von 1975 im Jahr 1989 neu abgeschlossen und sollte bis zum 31.12.1992 in Kraft treten. Ziel der Vereinbarung war es, vor dem Hintergrund des Grundsatzes des freien Warenverkehrs ein einheitliches Patentsystem in Europa zu schaffen, um den europäischen Patenten einheitliche und autonome Wirkung zu verleihen. Durch das GPÜ sollten die Ziele des EG-Vertrags zur Vollendung des Binnenmarkts und zum Auf-

---

1 J. Laddie in High Court of Justice – Chancery Division – Fort Dodge Animal Health Limited v. Akzo Nobel N.V., [1998] FSR, 222 (226). Freie Übersetzung: "Rechtsstreitigkeiten über Rechte des geistigen Eigentums im allgemeinen und Patentstreitigkeiten in Europa im besonderen sind in einem Zustand gewisser Unordnung. Derzeit scheint es, dass zumindest in einigen Lagern ein unerbaulicher Wettbewerb um die Sicherung der internationalen Zuständigkeit für solche Verfahren zur Durchsetzung dieser wirtschaftlich bedeutenden Rechte stattfindet."; eine m.E. weniger genaue Übersetzung ist in GRUR Int 1999, 784 abgedruckt.

2 ABl. (EG) 1987 Nr. L 169/1; BGBl. 1986 II 1102; in Kraft seit 01.07.1987, ABl. (EG) 1987 Nr. L 169/29.

3 Nach Maastricht Art. 7 a, nach Amsterdam als Art. 14 EG mit leichten Änderungen weitergeführt.

bau einer europäischen Technologiegemeinschaft verwirklicht werden. Insbesondere wollte man innerhalb der Gemeinschaft Hindernisse für den freien Warenverkehr und Verfälschungen des Wettbewerbs beseitigen, die sich aus der territorialen Begrenzung der nationalen Schutzrechte ergeben.[4] Mangels ausreichender Ratifikation ist das GPÜ jedoch nicht in Kraft getreten. Der im August 2000 von der Kommission vorgelegte Verordnungsvorschlag zum Gemeinschaftspatent verfolgt ebenso wie das GPÜ ausdrücklich das Ziel, ein reibungsloses Funktionieren des Binnenmarkts und insbesondere die Ausrichtung der Produktion und des Vertriebs patentrechtlich geschützter Produkte auf einer europäischen Dimension zu gewährleisten.[5] Der Vorschlag soll außerdem der Förderung von Innovation und Wachstum in der europäischen Gemeinschaft dienen. Die Kommission betont dabei, dass das Gemeinschaftspatent unerlässlich ist, um die Wettbewerbsverzerrungen zu beseitigen, die aus der auf einzelne Länder begrenzten Gültigkeit der nationalen Patente erwachsen können. Zudem sei das Gemeinschaftspatent eines der besten Mittel zur Gewährleistung des freien Verkehrs von unter Patentschutz stehenden Gütern.[6]

Die Kommission begründet die Form der Verordnung damit, dass die Einheitlichkeit des Gemeinschaftspatents nicht durch weniger „verbindliche" Maßnahmen gewährleistet werden könne, insbesondere können seine Ziele nicht durch individuelle oder gemeinsame Maßnahmen der Mitgliedstaaten erreicht werden.[7]

Trotz aller unternommenen Anstrengungen ist die Verabschiedung der Gemeinschaftspatentverordnung noch immer nicht gelungen und es ist unklar, wie lange es noch dauern wird, bis das Gemeinschaftspatent Wirklichkeit wird. Zugleich ist damit eines der Ziele der Einheitlichen Europäischen Akte sowie

---

4 Vgl. Präambel der Vereinbarung über Gemeinschaftspatente v. 15.12.1989, ABl. (EG) L 401/1 v. 30.12.1989.

5 Vorschlag der Kommission zu einer Verordnung des Rates über das Gemeinschaftspatent, KOM (2000) 412 endg., Ratsdok. 10786/00; BR-Drucks 527/00 v. 30.8.2000, S.4.; so auch schon fünfter Erwägungsgrund zum GPÜ 1989. Rechtsgrundlage des Verordnungvorschlags ist Art. 308 EG.

6 Vorschlag der Kommission zu einer Verordnung des Rates über das Gemeinschaftspatent, KOM (2000) 412 endg., Ratsdok. 10786/00; BR-Drucks 527/00 v. 30.8.2000, S.4.

7 Vorschlag der Kommission zu einer Verordnung des Rates über das Gemeinschaftspatent, KOM (2000) 412 endg., Ratsdok. 10786/00; BR-Drucks 527/00 v. 30.8.2000, S.4 u. 68 (Folgenabschätzungsbogen). Die Kommission stützt sich dabei auf das Gutachten des Gerichtshofs v. 15.11.1994: Zuständigkeit der Gemeinschaft für den Abschluss völkerrechtlicher Abkommen auf dem Gebiet der Dienstleistungen und des Schutzes des geistigen Eigentums – Verfahren des Artikels 228 Abs. 6 EG-Vertrag. Gutachten 1/94, Slg. 1994 I, 5267, in dem der EuGH feststellte, dass die Schaffung einer gemeinschaftlichen Form des gewerblichen Rechtsschutzes nicht durch die Harmonisierung der einzelstaatlichen Rechtsvorschriften erfolgen kann, da angesichts des zwingend einheitlichen Charakters eines solchen Rechtstitels den Mitgliedsstaaten bei der Anwendung keinerlei Ermessensspielraum eingeräumt werden kann.

des EG-Vertrags zur Struktur des Binnenmarkts – das eigentlich bis 31.12. 1992 hätte erreicht sein sollen – weiterhin nicht realisiert.[8]
Stattdessen erfolgt der Patentschutz in der Europäischen Union gegenwärtig über zwei Systeme, nämlich die nationalen Patentschutzsysteme und das europäische Patentschutzsystem, von denen keines auf einem gemeinschaftsrechtlichen Regelungsinstrument basiert.[9] Zwar wurden durch internationale Verträge einige Harmonisierungserfolge erzielt, doch besteht nach wie vor kein Schutzrecht mit einheitlicher Wirkung in Europa. Selbst das Europäische Patentübereinkommen gewährleistet nur ein einheitliches Anmeldungs- und Erteilungsverfahren. Die unter ihm erteilten europäischen Patente werden jedoch als Bündel von einzelnen Patenten für die vom Anmelder benannten Vertragsstaaten und mit jeweils derselben Wirkung wie ein in diesen Vertragsstaaten erteiltes nationales Patent vergeben. Das europäische Bündelpatent zerfällt daher nach seiner Erteilung in eine Vielzahl rechtlich selbstständiger nationaler Schutzrechte (vgl. Art. 2 Abs. 2, 64, 67, 74 EPÜ). Mit einem gleichartigen Vorgehen in mehreren Staaten der Europäischen Union können dadurch mehrere Teile des gleichen europäischen Patents verletzt werden. Gleichwohl sind diese Vorgehensweisen getrennt voneinander nach dem Patentrecht jedes einzelnen betroffenen Landes zu untersuchen. Zugleich muss der Patentinhaber für jeden nationalen Teil seines europäischen Patents prüfen, in welchen Gerichtsständen er gegebenenfalls Klage gegen den vermeintlichen Patentverletzer erheben kann. Denn aus der Natur des europäischen Patents als Bündelpatent, ergibt sich die Möglichkeit territorial gespaltener Zuständigkeiten für ein einheitlich erteiltes europäisches Patent. Die internationale Zuständigkeit ist daher für jedes Teilrecht für sich gesondert zu prüfen. Die Verletzungen eines europäischen Patents in mehreren Ländern kann daher auch bei Identität von Verletzer und Verletzungsform i.d.R. zu mehreren unabhängigen nationalen Verletzungsprozessen führen. Dabei kann der Patentinhaber mit der Situation konfrontiert werden, dass umfassender Schutz möglicherweise nur durch eine Vielzahl von Verfahren erreicht werden kann.
Selbst wenn die Schaffung des Gemeinschaftspatent bald gelingen sollte, wird es auch danach noch Jahre dauern, bis ein Gemeinschaftspatentgericht seine Arbeit aufnimmt. Auch dann aber wird das bestehende System parallel zum Gemeinschaftspatentsystem weiterbestehen, die Erfinder werden die Form des Patentrechtsschutzes wählen können, die ihren Interessen am besten gerecht wird. Umso mehr ist es erforderlich, bereits im Rahmen des bestehenden Patentrechtssystems in Europa eine möglichst einheitliche Anwendung und einheitliche Entscheidung, vor allem in Patentverletzungsklagen zu erreichen. Eine Konzentration der Zuständigkeiten innerhalb des geltenden Rechts kann einen weiteren Schritt zur Verwirklichung des Binnenmarkts darstellen, insbe-

8 Vgl. auch Benkard/Ullmann, Internationaler Teil PatG Rn 155.
9 Begründung zum Vorschlag der Kommission zu einer Verordnung des Rates über das Gemeinschaftspatent, KOM (2000) 412 endg., Ratsdok. 10786/00; BR-Drucks 527/00 v. 30.8.2000, S. 2.

sondere, wenn Verletzungen verschiedener nationaler Teile europäischer Patente durch die gleiche Vorgehensweise in mehreren Mitgliedstaaten geltend gemacht werden. Besteht schon kein einheitliches Schutzrecht, so könnten die parallelen Schutzrechte wenigstens gemeinsam in einem Verfahren geltend gemacht werden. Die Konzentration von Verfahren an einem Gericht trägt daneben wesentlich zur Beschleunigung der Verfahren sowie zu einer größeren Rechtssicherheit durch die mit der Reduzierung der Anzahl von Verletzungsverfahren verbundene Vermeidung einander „widersprechender" Entscheidungen bei.
Es besteht derzeit kein spezielles auf Patentstreitigkeiten ausgerichtetes Regelwerk über die Internationale Zuständigkeit, daher richten sich diese nach der Verordnung (EG) Nr. 44/2001 des Rates vom 22. Dezember 2000 über die gerichtliche Zuständigkeit und die Anerkennung und Vollstreckung von Entscheidungen in Zivil- und Handelssachen (EuGVVO)[10], die das Brüsseler Übereinkommen über die gerichtliche Zuständigkeit und die Vollstreckung gerichtlicher Entscheidungen in Zivil- und Handelssachen vom 27. September 1968 (EuGVÜ)[11] mit Wirkung vom 1. März 2002 für alle EG-Mitgliedstaaten (mit Ausnahme Dänemarks) ersetzte[12]. Während danach eine Entscheidung über Nichtigkeitsklagen gem. Art. 22 Nr. 4 EuGVVO ausschließlich den Gerichten des Registrierungsstaates zugewiesen und damit eine einheitliche Nichtigkeitsentscheidung für alle Teile eines erteilten europäischen Patents nicht möglich ist, ist bei Patentverletzungsklagen eine Konzentration der Internationalen Zuständigkeit bei der Verletzung mehrerer Teile eines europäischen Patents in mehreren Mitgliedsstaaten auch im bestehenden System der EuGVVO denkbar. In dem Bewusstsein, dass die EuGVVO ein vereinheitlichtes System der Gerichtsstandsbestimmung vorsieht, muss sogar das erste Ziel in der Suche nach einem zentralisierenden Gerichtsstand bestehen.[13]
Wie das deutsche Recht legen auch die EuGVVO und das EuGVÜ die allgemeine Zuständigkeit der Gerichte am Wohnsitz bzw. Sitz des Beklagten fest und folgen damit dem Grundsatz „actor sequitur forum rei".[14] Ist eine solche Konzentration von Verfahren aus diesen Gründen bereits heute am Gerichtsstand des Beklagtenwohnsitzes allgemein anerkannt, so stellt sich doch die Frage, ob nicht auch darüber hinaus eine gemeinsame Verhandlung und Entscheidung von Verfahren an anderen Gerichtsständen, namentlich dem Gerichtsstand der unerlaubten Handlung, gerechtfertigt oder gar geboten sein

10 ABl. (EG) Nr. L 12/1 v. 16.1.2001.

11 ABl. (EG) Nr. L 299/32 v. 31.12.1972; mehrfach geändert infolge des Beitritts neuer Mitgliedstaaten, siehe konsolidierte Fassung in ABl. C 27/1 v. 26.1.1998.

12 vgl. Art. 76, 68 iVm 1 Abs. 3 EuGVVO.

13 So auch GA Léger, Schlussanträge zu EuGH, C 68/93 - Shevill, Slg. 1995, I-415, 441, Tz 9.

14 Auch „actor rei forum sequi debet". Der Grundsatz ist maßgeblich von Diokletian (Codex Justinianus 3,13,2 und Fragmenta Vaticana 325, 326) geprägt worden, findet sich aber auch in Codex Justinianus 3,19,3 (Theodosius I) und im Codex Theodosianus 2,1,4 (Valentinian I) und im 16. Jhd. bei Damasus, Regulae canonicae 65 (alle Zitate nach Liebs, A. 32, S. 28); vgl. auch Wacke, JA 1980, 654.

kann. Ist der Patentinhaber wirklich gezwungen, außerhalb des allgemeinen Gerichtsstands des Beklagten jede Verletzung eines Teils seines europäischen Patents gesondert zu verfolgen und damit eine Vielzahl von Verfahren mit dem damit verbundenen Aufwand und Kosten für Kläger und Beklagte anzustrengen, wie es das Urteil des EuGH zu Art. 5 Nr. 3 EuGVÜ im Fall „Shevill“[15] nahezulegen scheint? Oder gibt es neben subjektiven auch objektive rechtliche und wirtschaftliche Argumente, die eine Zusammenfassung von Klagen wegen Verletzung mehrere Teile eines europäischen Patents an einem Gerichtsstand der unerlaubten Handlung nach Art. 5 Nr. 3 EuGVVO rechtfertigen können? Kommt es gegebenenfalls darauf an, ob zumindest auch die Verletzung eines Schutzrechts im Gerichtsstaat geltend gemacht wird? Diese Fragen stehen im Mittelpunkt der vorliegenden Arbeit.

B. Gang der Untersuchung

Die besondere Bedeutung und Problematik grenzüberschreitender Patentverletzungsklagen in Europa hat ihre Grundlage in Grundsätzen und Eigenheiten der bestehenden Patentrechtssysteme. Ein kurzer Überblick über das europäische Patentrecht steht daher im 2. Kapitel am Anfang der Untersuchung. Im Anschluss wird kurz die Unterscheidung von Patenten in Erzeugnispatente und Verfahrenspatente, sowie die verschiedenen Verletzungsformen dieser Patentkategorien vorgestellt. Am Ende des 2. Kapitels wird zudem die Frage des auf Patentverletzungen anwendbaren Rechts aufgeworfen und die Bedeutung des Territorialitätsprinzips für diese Frage erläutert.
Das 3. Kapitel stellt die Rahmenbedingungen für die Internationale Zuständigkeit für Patentverletzungsklagen vor. Insbesondere werden dabei die Auswirkung des Territorialitätsgrundsatzes für die internationale Zuständigkeit und das europäische Zuständigkeitssystem behandelt.
Im 4. Kapitel wird erörtert, wann eine Handlung mit Auslandsbezug ein inländisches Patent verletzen kann und damit ein Gerichtsstand der unerlaubten Handlung im Inland eröffnet ist.
Schwerpunkt der Untersuchung ist die Frage nach der Eröffnung eines Gerichtsstands der unerlaubten Handlung im Inland bei Verletzung ausländischer Patente, der das 5. Kapitel gewidmet ist. Zu Beginn wird auch hier der Einfluss des Territorialitätsprinzips verdeutlicht. Sodann werden drei Entscheidungen des BGH vorgestellt, in denen eine internationale Zuständigkeit deutscher Gerichte bei Klagen wegen Verletzung ausländischer Schutzrechte bejaht wurde. Anschließend wird die Übertragbarkeit dieser Rechtsprechung auf Patentverletzungsklagen unter der EuGVVO untersucht. Im Mittelpunkt steht die umfassende Analyse der Rechtsprechung des EuGH zum Gerichtsstand der unerlaubten Handlung nach dem EuGVÜ, aus der Leitlinien für die Auslegung von Art. 5 Nr. 3 EuGVVO entwickelt werden. Im folgenden wird die praktische An-

15 EuGH, 7.03.1995, C 68/93 – Shevill, Slg.1995, I-415, 450 = ZEuP 1996, 295 m.Anm. Huber.

wendung der Auslegungsleitlinien an fünf Beispielsfällen zu Patentverletzungsklagen dargestellt. Unter besonderer Berücksichtigung der Entscheidung des EuGH im Fall „Shevill" wird dabei vertieft untersucht, ob und wann eine Zuständigkeit am Ort der Herstellung eines patentverletzenden Erzeugnisses eröffnet ist.
Es folgt eine kritische Überprüfung der erzielten Ergebnisse sowie eine eingehende Auseinandersetzung mit alternativen Lösungskonzepten, die ebenfalls zu einer Konzentration von Verfahren an einem Gerichtsstand führen können.
Der Gerichtsstand der unerlaubten Handlung kann erheblich an Bedeutung für Patentverletzungsklagen verlieren, wenn der in der Praxis sehr häufig vom Beklagten vorgebrachte Einwand der Nichtigkeit des Patents zur ausschließlichen Zuständigkeit der Gerichte des Saates führt, für den das Patent erteilt wurde. Da diese Ansicht insbesondere in der Rechtsprechung der englischen Gerichte, in neuerer Zeit aber auch von einzelnen deutschen Gerichten vertreten wird, wendet sich die Untersuchung auch diesem Aspekt zu.
Die Arbeit schließt mit einer Zusammenfassung der wichtigsten Ergebnisse sowie einem Ausblick.

Daneben sind in der Vergangenheit im Hinblick auf die Internationale Zuständigkeit in Patentverletzungsprozessen eine Reihe weiterer Fragenkomplexe in Literatur und Rechtsprechung heftig diskutiert worden, sollen aber in dieser Arbeit ausgeklammert bleiben. Namentlich können Fragen zur Anwendung von Art. 6 Nr. 1 EuGVVO/EuGVÜ bei Verletzung paralleler Teile eines europäischen Patents oder ob grenzüberschreitende Verletzungsverbote auch in Verfahren des einstweiligen Rechtsschutzes ausgesprochen werden können[16], an dieser Stelle nicht vertiefend aufgegriffen werden, da sie den hier gesteckten Rahmen sprengen würden.

---

16 Diese Frage hat sich maßgeblich an der Praxis der niederländischen Gerichte entzündet, grenzüberschreitende Verletzungsverbote im kort-geding Verfahren auszusprechen; vgl. Véron, JDI (Clunet) 2001, 809 ff.; de Wit, Mitt. 1996, 225; Bertrams, GRUR Int. 1995, 193; Brinkhof, GRUR Int 1993, 387 ff.; ders. [1994] 8 EIPR 360 mwN; Kempner/Fricker [1996] 7 EIPR 377; von Meibom/Pitz, Mitt. 1996, 181; dies., GRUR Int. 1998, 765; König, Mitt. 1996, 296; Maximilian von Rospatt, GRUR Int. 1997, 863; ders. 29 IIC 509 (1996); zum kort-geding Verfahren vgl. Brinkhof, [1996] 9 EIPR 499 ff.
Zu den Fragen im Zusammenhang mit Art. 6 Nr. 1 EuGVVO/EuGVÜ vgl. Gerechtshof den Haag, [1999] FSR 352 – Expandable Grafts/Boston Scientific; High Court of Justice [1997] 3 All ER, 45 – Coin Controls; Court of Appeal, [1998] FSR 222 = 29 IIC 927 (1998) – Fort Dodge Animal Health/Akzo Nobel; zusammenfassend Grabinski, GRUR Int. 2001, 206 f.; Meier-Beck, GRUR Int. 1999, 379f. ders. GRUR Int. 2000, 355 f.; Peter von Rospatt, GRUR Int 1997, 862 f.; ders. 29 IIC 504 ff. (1996);

2. Kapitel: Europäisches Patentrecht und Patentkategorien

A. Territorialitätsgrundsatz und Patentrechtsharmonisierung in Europa

Das Patentrecht wird vom Territorialitätsgrundsatz beherrscht, der von Rechtsprechung und Literatur entwickelt worden ist.[17] Dieser Grundsatz, der auf der Machtabgrenzung verschiedener Staaten zueinander beruht, beschränkt den Schutzumfang des Patents in räumlicher Hinsicht auf das Gebiet des Staates, der das Patent verliehen hat bzw. für dessen Staatsgebiet das Patent erteilt worden ist.[18]

Die Entwicklung des Patentrechts vollzog sich ausgehend von diesem Grundsatz zunächst primär in nationalen Rahmen, wobei eine gegenseitige Beeinflussung durch Regelungsprinzipien der jeweils anderen Staaten stets stattfand.[19]

Schon gegen Ende des 19. Jahrhunderts wurde begonnen, zumindest Teile des Patentrechts international zu vereinheitlichen. Bereits 1883 wurde die Pariser Verbandsübereinkunft zum Schutz des gewerblichen Eigentums (PVÜ)[20] geschaffen. Sie beruht auf dem Grundsatz der Inländerbehandlung, d.h. die Angehörigen der heute über 100 Verbandsländer können die Anwendung des nationalen Rechts eines Landes, in dem sie ein Patent anmelden wollen, wie ein Staatsangehöriger dieses Landes verlangen. Darüber hinaus gewährt die PVÜ einen bestimmten Mindestschutz des gewerblichen Eigentums, der auf späteren Revisionskonferenzen weiter ausgebaut wurde. Die PVÜ ermöglicht dem Anmelder zudem, über eine nationale Anmeldung für eine bestimmte Frist, die bei Erfindungspatenten zwölf Monate ab dem Zeitpunkt der Hinterlegung der ersten Anmeldung beträgt, das Recht zu sichern, in anderen Verbandsländern die gleiche Erfindung nachträglich anzumelden (sog. Prioritätsrecht).[21]

Für den internationalen Patentschutz von herausragender Bedeutung ist auch der Vertrag über die internationale Zusammenarbeit auf dem Gebiet des Patentwesens (Patent Cooperation Treaty – PCT)[22], durch den Anmeldeverfah-

---

17 Vgl. RGZ 30, 52 (55); 46, 14 (16); BGH GRUR 1968, 195 (196) mwN; Benkard/Bruchhausen, PatG § 9 Rz. 8 m.w.N. u. Einl. Rz. 24 u. 29.

18 Vgl. näher Nirk, FS Heusinger, 224; Klauer/Möhring/Hesse, § 6 Rz 173.

19 Das Patentrecht ist eines der Rechtsgebiete, in denen die Rechtsvergleichung schon früh eine entscheidende Rolle spielte und noch heute spielt.

20 v. 20.3.1883, die zuletzt in Stockholm am 14.7.1967 revidierte Fassung (BGBl. 1970 II, 391) ist für die Bundesrepublik Deutschland am 19.9.1970 in Kraft getreten (Bekanntmachung v. 13.10.1970, BGBl. 1970 II, 1073) u. wurde zuletzt geändert durch Gesetz v. 25.10.1994, BGBl. 1994 I, 3082; Einzelheiten zu PVÜ bei Benkard/Ullmann, Internationaler Teil, Rn 9 ff. m.v.w.N.

21 Vgl. Art. 4, A Abs.1 iVm Art. 4, C PVÜ; vgl. näher Benkard/Ullmann, Internationaler Teil, Rn 30 ff.

22 v.19.6.1970 (BGBl. 1976 II, 664); mit Ausnahme des Kapitels II zur internationalen vorläufigen Prüfung seit 21.1.1978 in Deutschland in Kraft (Bekanntmachung v.

ren und Neuheitsrecherche vereinheitlicht werden und der zudem die Möglichkeit einer internationalen vorläufigen Prüfung der Anmeldung auf Patentfähigkeit vorsieht. Der PCT ermöglicht, mit nur einer Anmeldung mehrere Anmelde- und Erteilungsverfahren in verschiedenen Vertragsstaaten in Gang zu setzen. In jedem Bestimmungsstaat kann mit der internationalen Anmeldung die Wirkung einer vorschriftsmäßigen nationalen Anmeldung mit internationalem Anmeldedatum erreicht werden. Die endgültige Prüfung der Anmeldung und die Erteilung des Patents erfolgen hingegen in jedem vom Anmelder benannten Vertragsstaat gesondert nach dessen nationalem Recht.[23]

Zu internationaler Vereinheitlichung hat auch das Übereinkommen über handelsbezogene Aspekte der Rechte des geistigen Eigentums (TRIPS)[24] beigetragen, das seine Vertragsstaaten in umfassender Weise zur Gewährung eines verstärkten Schutzes für alle gewerblichen Schutzrechte sowie einer effektiven Durchsetzung derselben verpflichtet. Das TRIPS beruht auf den Grundsätzen der Inländerbehandlung und der Meistbegünstigung und sieht ein Streitvermeidungs- und –beilegungsverfahren vor. Besondere Bedeutung hat das TRIPS allerdings nur für den Schutz in Ländern mit wenig entwickelter Gesetzgebung zu den gewerblichen Schutzrechten, insbesondere Entwicklungsländern. Für die europäischen Staaten brachte das TRIPS hingegen kein erweitertes Schutzniveau.

Die wohl wichtigste Quelle des europäischen Patentrechts ist das Übereinkommen über die Erteilung europäischer Patente (Europäisches Patentübereinkommen – EPÜ) vom 5. Oktober 1973[25], durch welches die Europäische Patentorganisation geschaffen und ein einheitliches europäisches Patenterteilungsverfahren eröffnet wurde. Während der PCT lediglich eine einheitliche Anmeldung, einen einheitlichen Recherchebericht oder eine vorläufige Prüfung eröffnet, die danach in einzelnen nationalen Erteilungsverfahren weiterverfolgt werden müssen, wird das Anmelde- und das Erteilungsverfahren unter dem EPÜ vollständig vereinheitlicht und nach eigenen Verfahrensgrundsätzen bis zur bestandskräftigen Erteilung oder Zurückweisung für alle vom Anmelder

---

19.12.1977, BGBl. 1978 II, 11); Kapitel II und die Ausführungsordnung zum PCT sind seit 29.3.1978 für Deutschland anwendbar (Bekanntmachung v. 16.3.1978, BGBl. 1978 II, 485). Näher zum PCT Benkard/Ullmann, Internationaler Teil, Rn 81 ff. m.v.w.N.

23 Art. 3,4,11 Abs. 3 PCT; vgl. näher Benkard/Ullmann, Internationaler Teil, Rn 82 ff.

24 v. 15.4.1994 (BGBl. 1994 II, 1730); Das Übereinkommen ist als Anhang 1 C des Übereinkommens zur Errichtung der Welthandelsorganisation (WTO) zum 1.1.1995 in Kraft getreten. Allgemein zu den Regelungen des TRIPS zu Patentverletzungen vgl. Fritze, GRUR Int. 1997, 143 ff; Krieger, GRUR Int. 1997, 421 ff.

25 wegen seines Abschlussortes in München auch „Münchener Übereinkommen" genannt. Das EPÜ ist für die Bundesrepublik Deutschland am 7.10.1977 in Kraft getreten (Bekanntmachung v. 9.9.1977, BGBl. 1977 II, 792. Das EPÜ stellt ein Sonderabkommen iSd Art. 19 PVÜ sowie einen regionalen Patentvertrag iSd Art. 45 Abs. 1 PCT dar, vgl. Präambel zum EPÜ.

benannten Vertragsstaaten[26] durchgeführt. Die nach dem EPÜ erteilten Patente werden gemäß Art. 2 Abs. 1 EPÜ als europäische Patente bezeichnet. Das europäische Patent wird als ein Bündel von Patenten mit Wirkung in den nach Art. 79 Abs. 1 EPÜ vom Anmelder benannten Vertragsstaaten erteilt, was zur Bezeichnung „europäisches Bündelpatent" geführt hat. Ein europäisches Patent hat grundsätzlich in jedem Vertragsstaat, für den es erteilt worden ist, die selbe Wirkung und unterliegt den selben Vorschriften, wie ein in diesem Staat erteiltes nationales Patent, Art. 2 Abs. 2 EPÜ. Das Bündelpatent zerfällt somit nach seiner Erteilung in eine Vielzahl rechtlich selbstständiger nationaler Schutzrechte (vgl. Art. 2 Abs. 2, 64, 67, 74 EPÜ). Das Schicksal der einzelnen nationalen Teile des europäischen Bündelpatents ist nach der Erteilung damit unabhängig vom Schicksal der anderen parallelen Teile. Es ist somit gerade kein einheitliches Gemeinschaftspatent, das in jedem Vertragsstaat die gleiche Wirkung entfaltet. Nur in einzelnen Punkten ist eine Vereinheitlichung auch der Wirkung vorgenommen worden. So haben europäischen Patente eine einheitliche Schutzdauer von 20 Jahren ab dem Anmeldetag (Art. 63 Abs. 1 EPÜ) und einen einheitlichen Schutzumfang (Art. 69 EPÜ)[27]. Hingegen gewährt das europäische Patent seinem Inhaber vom Tag

---

26 Beitrittsberechtigt sind nur europäische Staaten, § 166 Abs. 1 EPÜ. Z.Zt. sind 28 Staaten Vertragsstaaten des EPÜ. Das Übereinkommen ist am 7.10.1977 für die Bundesrepublik Deutschland, sowie für Belgien, Frankreich, Luxemburg, Niederlande, Schweiz und Vereinigtes Königreich in Kraft getreten (Bek. v. 9.9.1977, BGBl. II, 792). Es ist zudem in Kraft für Schweden seit 1.5.1978 (Bek. v. 19.4.1978, BGBl. II, 787); Italien seit 1.12.1978 (Bek. v. 6.11.1978, BGBl. II, 1370); Österreich seit 1.5.1979 (Bek. v. 9.4.1979, BGBl. II, 395); Liechtenstein seit 1.4.1980 (Bek. v. 27.2.1980, BGBl. II, 222); Griechenland und Spanien seit 1.10.1986 (Bek. v. 11.2.1987, BGBl. II, 178); Dänemark (ohne Färöer und Grönland) seit 1.1.1990 (Bek. v. 16.1.1990, BGBl. II, 98); Monaco seit 1.12.1991 und Portugal seit 1.1.1992 (Bek. v. 25.11.1991, BGBl. 1992 II, 51); Irland seit 1.8.1992 (Bek. v. 7.7.1992, BGBl. II, 516); Finnland, Zypern, sowie Bulgarien, Tschechische Republik, Estland, Slowakei seit 1.7.2002, Slowenien seit 1.12.2002, Ungarn seit 1.7.2003 und Rumänien seit 1.3.2003 (zu den letzten vgl. EPO Jahresbericht 2002), Polen und die Türkei. Schweiz und Liechtenstein bilden dabei allerdings ein einheitliches Schutzgebiet.

27 Nach Art. 69 Abs. 1 EPÜ wird der Schutzbereich des europäischen Patents und der europäischen Patentanmeldung durch den Inhalt der Patentansprüche bestimmt. Die Beschreibung und die Zeichnungen sind lediglich zur Auslegung der Patentansprüche heranzuziehen. Aufgrund der zentralen Bedeutung dieser Vorschrift für die europäischen Patente ist eine möglichst einheitliche Auslegung von Art. 69 EPÜ erforderlich, die durch das zu dieser Vorschrift verabschiedete Auslegungsprotokoll gewährleistet werden soll (Protokoll über die Auslegung des Art. 69 des Übereinkommens vom 05.10.1973; BGBl 1976 II, 1000). Art. 69 ist danach nicht in der Weise auszulegen, dass unter dem Schutzbereich des europäischen Patents der Schutzbereich zu verstehen ist, der sich aus dem genauen Wortlaut der Patenansprüche ergibt, und dass die Beschreibung sowie die Zeichnungen nur zur Behebung etwaiger Unklarheiten in den Patentansprüchen anzuwenden sind. Ebenso wenig ist Art. 69 dahingehend auszulegen, dass die Patentansprüche lediglich als Richtlinie dienen und der Schutzbereich sich auch auf das erstreckt, was sich dem Fachmann nach Prüfung der Beschreibung und der Zeichnungen als Schutzbegehren des Patentinhabers darstellt. Die Auslegung

der Bekanntmachung des Hinweises auf seine Erteilung an (Publizitätspflicht) in jedem Vertragsstaat, für den es erteilt ist, die selben Rechte, die ihm ein für diesen Staat erteiltes nationales Patent gewähren würde, Art. 64 Abs. 1 EPÜ. Im Fall eines Verfahrenspatents werden die Schutzrechte einheitlich auf die durch das Verfahren unmittelbar hergestellten Erzeugnisse erstreckt, Art. 64 Abs. 2 EPÜ.[28] Europäische Patente können zudem grundsätzlich nur bei Vorliegen der in Art. 138, 139 EPÜ aufgeführten Nichtigkeitsgründe für nichtig erklärt werden[29]. Die Nichtigerklärung ist aber dabei dem nationalen Verfahren vorbehalten und kann sich jeweils nur auf das Hoheitsgebiet des Staates erstrecken, in dem das Nichtigkeitsverfahren stattgefunden hat. Daher kann ein Teil eines europäischen Patents in einem Vertragsstaat für nichtig erklärt werden, während die anderen parallelen nationalen Teile desselben europäischen Patents in anderen Vertragsstaaten weiterhin wirksam bleiben. Auch die Verletzung des europäischen Patents wird allein nach dem jeweils nationalen Recht behandelt, Art. 64 Abs.3 EPÜ. So ist es möglich, dass gleichförmige Vorgehensweisen in einigen Staaten als Verletzung des dort gültigen Teils des europäischen Patents angesehen werden, in anderen Staaten jedoch nicht.

Durch den Beitritt sämtlicher EU-15-Mitgliedstaaten zu den o.g. Übereinkommen hat eine weitgehende de-facto Harmonisierung der nationalen Patentrechte bereits stattgefunden. Ein einheitliches Schutzrecht ist jedoch nach wie vor nicht geschaffen worden.

Einen Versuch zur Schaffung eines einheitlichen materiellen Schutzrechts für das Gebiet des Gemeinsamen Marktes (Gemeinschaftspatent) unternahmen die damals neun Mitgliedstaaten der EG mit der Unterzeichnung des Übereinkommens über das Patent für den gemeinsamen Markt (Gemeinschafts-

---

soll vielmehr zwischen diesen extremen Auffassungen liegen und einen angemessenen Schutz für den Patentinhaber mit ausreichender Rechtssicherheit für Dritte verbinden. Der deutsche Gesetzgeber hat mit der Einfügung des mit Art. 69 Abs. 1 EPÜ wortgleichen § 14 PatG zu erkennen gegeben, dass für europäische und nationale deutsche Patente einheitliche Auslegungsregeln gelten sollen.

28 Dies galt im deutschen Recht auch schon vor dem EPÜ für die nationalen Patente, vgl. § 9 Nr. 3 PatG.

29 Der nationale Gesetzgeber muss allerdings nicht alle dort aufgeführten Nichtigkeitsgründe übernehmen, sondern kann eine Auswahl treffen. Die Entscheidung über die Nichtigkeit kann insbesondere gerade aus diesem Grund in verschiedenen Vertragsstaaten unterschiedlich ausfallen. Über Art. 138, 139 EPÜ hinausgehende Nichtigkeitsgründe können sich für einzelne Vertragsstaaten nur ergeben, wenn diese von einem Vorbehalt gem. Art. 167 Abs. 2 a oder b Gebrauch gemacht haben. Da diese Vorbehalte jedoch grundsätzlich nur für einen Zeitraum von höchstens 10 Jahren nach dem Inkrafttreten des Übereinkommens gültig sind, haben sie heute keine weitreichende Bedeutung mehr; zu Dauer und Wirkung des Vorbehalts vgl. näher Art. 168 Abs.3–6 EPÜ.

patentübereinkommen - GPÜ) in Luxemburg am 15.12.1975.[30] Dieses wurde genau vierzehn Jahre später durch die Vereinbarung über Gemeinschaftspatente vom 15.12. 1989 in einer geänderten Fassung einschließlich ergänzender Protokolle, insbesondere des Protokolls über die Regelung von Streitigkeiten über die Verletzung und Rechtsgültigkeit von Gemeinschaftspatenten (Streitregelungsprotokoll) erneut zum Inhalt eines völkerrechtlichen Vertrags gemacht.[31] Das GPÜ ist jedoch nie in Kraft getreten, weil es nur von sieben Vertragsstaaten ratifiziert wurde.[32] Maßgebliche Gründe für das Scheitern des GPÜ werden in den Kosten des Gemeinschaftspatents, insbesondere den Übersetzungskosten, sowie dem komplexen Rechtsprechungssystem gesehen. Nationalen Richtern wäre es möglich gewesen, ein Gemeinschaftspatent mit Wirkung für das gesamte Gebiet der Gemeinschaft für nichtig zu erklären, was Misstrauen und Furcht vor Rechtsunsicherheit in einigen Vertragsstaaten weckte.[33]

Am 2.8.2000 schließlich legte die Kommission einen Vorschlag für eine Verordnung des Rates über das Gemeinschaftspatent vor[34], über den seither heftig diskutiert wird. Eine endgültige Einigung und Verabschiedung der Verordnung ist derzeit nicht abzusehen.[35]

Damit bleibt das europäische Patent das wesentliche Instrument des Patentschutzes in der Europäischen Union. Im Jahre 2002 wurden insgesamt 165.100 Anmeldungen beim Europäischen Patentamt eingereicht.[36] Mit Wirkung für Deutschland wurden in 2002 beim DPMA und EPA insgesamt 148.000 nationale und europäische Patentanmeldungen verzeichnet.[37]

---

30 Die Bundesrepublik Deutschland hat dem Übereinkommen mit Gesetz v. 27.7.1979, BGBl. II, 833, zugestimmt. Das GPÜ ist in der Fassung von 1975 jedoch nicht in Kraft getreten, vgl. zu den Hintergründen BT-Drucks. 12/632, S. 9 ff.

31 ABl. (EG) L 401/1 v. 30.12.1989; Streitregelungsprotokoll ab S. 34.

32 Neben Deutschland (Gesetz v. 20.12.1991, BGBl. II, 1354) haben nur Frankreich, Griechenland, Dänemark, Luxemburg, das Vereinigte Königreich und die Niederlande ratifiziert. Die Vereinbarung über Gemeinschaftspatente sah in Art. 10 vor, dass sie ihrem Inkrafttreten die Ratifikation durch alle (damals) 12 Mitgliedstaaten der EG bedarf. Die durch das Protokoll über eine etwaige Änderung der Bedingungen für das Inkrafttreten der Vereinbarung über Gemeinschaftspatente geschaffene Möglichkeit, durch einstimmigen Beschluss die Zahl der für das Inkrafttreten erforderlichen Ratifikationen zu verringern, wurde nicht wahrgenommen.

33 Begründung zum Vorschlag der Kommission zu einer Verordnung des Rates über das Gemeinschaftspatent, KOM (2000) 412 endg., Ratsdok. 10786/00; BR-Drucks 527/00 v. 30.8.2000, S. 3.

34 Vorschlag der Kommission zu einer Verordnung des Rates über das Gemeinschaftspatent, KOM (2000) 412 endg., Ratsdok. 10786/00; BR-Drucks 527/00.

35 Näheres zu diesem Vorschlag und dem aktuellen Stand der Diskussion im 7.Kapitel, B. Ausblick

36 EPO Jahresbericht 2002.

37 DPMA Jahresbericht 2002, S. 19.

B. Patentkategorien, Territorialitätsgrundsatz und anwendbares Recht

I. Patentkategorien

In § 9 Satz 1 PatG wird dem Patentinhaber ein Ausschließlichkeitsrecht in der Weise eingeräumt, dass er allein zur Nutzung der patentierten Erfindung befugt wird, während in § 9 Satz 2 PatG abschließend die Verbietungsrechte des Patentinhabers definiert werden.
Das Patentrecht trifft eine grundsätzliche Unterscheidung in zwei Patentkategorien, das Erzeugnispatent und das Verfahrenspatent.[38] Dementsprechend werden Erfindungen in solche eingeteilt, die die Gestaltung oder Konstruktion von Erzeugnissen, Gegenständen, Vorrichtungen oder Stoffen zum Gegenstand haben oder die Verfahren betreffen, die die Herstellung von Erzeugnissen, die Verwendung – oder Anwendung von Gegenständen oder die Erzielung eines bestimmten Ergebnisses zum Inhalt haben. Je nach Art der Patentkategorie sind dem Patentinhaber spezifische Benutzungsarten vorbehalten, die sich zum Teil erheblich unterscheiden.
Während Gegenstand des Erzeugnispatents die das Erzeugnis betreffende Erfindung, nicht das Erzeugnis selbst ist,[39] richtet sich der Schutz des Patents am körperlich fassbaren Erzeugnis aus. Bei einem Erzeugnispatent ist es jedem Dritten ohne die Zustimmung des Patentinhabers verboten, das Erzeugnis herzustellen, anzubieten, in Verkehr zu bringen, zu gebrauchen oder zu den genannten Zwecken einzuführen oder zu besitzen, § 9, Satz 2 Nr. 1 PatG. Die vier erstgenannten Benutzungsformen sind jede für sich voneinander unabhängig und einzeln geschützt, eine Patentverletzung liegt schon dann vor, wenn ein Verhalten die Voraussetzungen nur einer dieser Benutzungsformen erfüllt.[40] Die beiden letztgenannten Formen, Einführen und Besitzen, sind dagegen nur dann relevant, wenn sie zum Zweck der Ausführung einer der erstgenannten vier Benutzungsformen ausgeübt werden.[41] Dem Patentinhaber sind somit grundsätzlich alle Herstellungs- und Verwendungsmöglichkeiten des erfindungsgemäß gestalteten Erzeugnisses vorbehalten, das Erzeugnispatent gewährt insoweit einen umfassenden Schutz.[42] Für die Verletzung ei-

---

38 Siehe § 9 S.2 Nr. 1-3 PatG.

39 Vgl. BPatGE 17,181,185;Mes,§ 1 PatG Rn79; Benkard/Bruchhausen, § 1 PatG, Rn 12.

40 Vgl. bzgl. Anbieten BGH GRUR 1955, 87 (89); Benkard/Bruchhausen, § 9 PatG,Rn 42 mwN.

41 Während also z.B. die Herstellung des patentierten Erzeugnisses im Inland auch dann patentverletzend ist, wenn sie zu dem Zweck erfolgt, das Erzeugnis ausschließlich in Ländern in den Verkehr zu bringen, in denen das Erzeugnis nicht Gegenstand von Schutzrechten ist, ist der reine Besitz oder die Einfuhr eines patentierten Erzeugnisses, die nicht zum Zweck des Inverkehrbringens, Anbietens, oder Gebrauchens im Inland erfolgt, für sich nicht patentverletzend.

42 Dagegen sind Handlungen jeglicher Benutzungsform freigestellt und erlaubt, soweit sie im privaten Bereich zu nicht gewerblichen Zwecken vorgenommen werden, vgl. § 11 Nr. 1 PatG; hierzu und zu weiteren erlaubten Handlungen vgl. § 11 PatG sowie Mes, PatG, § 11.

nes Erzeugnispatents kommt es dabei weder auf die Herstellungsart noch den Herstellungsweg an, selbst wenn in der Patentschrift ein bestimmter Herstellweg erwähnt wird.[43]

Bei einem Verfahrenspatent ist es dagegen jedem Dritten ohne die Zustimmung des Patentinhabers verboten, das geschützte Verfahren anzuwenden oder, wenn der Dritte weiß oder es aufgrund der Umstände offensichtlich ist, dass die Anwendung des Verfahrens ohne Zustimmung des Patentinhabers verboten ist, zur Anwendung im Geltungsbereich des Patentgesetzes anzubieten, § 9, S.2 Nr. 2 PatG. Im Hinblick auf § 9, S.2 Nr. 3 PatG ist zudem zwischen Herstellverfahren und sonstigen Verfahren zu unterscheiden. Herstellverfahren enthalten eine Lehre zum technischen Handeln in der Beschreibung der eigentlichen Verfahrensmaßnahmen, namentlich der Auswahl der Ausgangsstoffe und der Art der Einwirkung auf diese Stoffe.[44] Dabei kann es um die Herstellung im engeren Sinne wie auch um Bearbeitung oder Einwirkung auf bestehende Erzeugnisse gehen. Das Ergebnis des Herstellverfahrens kann ein neues oder ein bereits bekanntes Erzeugnis sein.[45]
Bei einem auf Herstellung gerichteten Verfahrenspatent genießt auch das unmittelbare durch das Verfahren hergestellte Erzeugnis einen abgeleiteten Schutz, § 9, S.2 Nr. 3 PatG.[46] Im Gegensatz zu Erzeugnispatenten ist der Schutz der unmittelbaren Verfahrenserzeugnisse auf solche beschränkt, die unter Anwendung des geschützten Verfahrens hergestellt wurden.

Eine Statistik, die über die Anzahl der eingereichten oder erteilten Patente unterteilt nach Patentkategorien Aufschluss gibt, ist nicht verfügbar. Dies ist im wesentlichen darauf zurückzuführen, dass bei der Patentanmeldung vielfach Ansprüche sowohl auf Erzeugnis- als auch auf Verfahrensschutz eingereicht werden.[47]

---

43 BGH, GRUR 1960, 478, 481 – Blockpedale m. Anm. Tetzner; OLG Karlsruhe, GRUR 1987, 892, 896; Benkhard/Bruchhausen, § 1 PatG Rn 16.

44 BGH, GRUR 1986, 163 – Borhaltige Stähle; BGH, GRUR 1966, 249, 250 – Suppenrezept; Mes, § 1 PatG Rn 89; Benkard/Bruchhausen, § 1 PatG Rn 28.

45 Mes, § 1 PatG Rn 89; Benkard/Bruchhausen, § 1 PatG Rn 28.

46 Bei Bearbeitung oder Einwirkung auf ein Erzeugnis ist das so bearbeitete oder veränderte Erzeugnis das „unmittelbar hergestellte Erzeugnis“ iSd § 9, S.2 Nr. 3 PatG; vgl. Benkard/Bruchhausen, § 1 PatG Rn 28.

47 Eine Recherche auf der Homepage des DPMA ergab unter dem Schalgwort „Verfahren“, dass im Zeitraum von Januar 2002 bis Dezember 2003 insgesamt 28.712 Patente beim DPMA, sowie 73.116 Patente mit Wirkung für Deutschland beim EPA neu angemeldet wurden, bei denen der Ausdruck „Verfahren“ im Titel verwendet wurde.

II. Territorialitätsgrundsatz und anwendbares Recht (Schutzlandprinzip)

Ein Patent, dass beim deutschen Patentamt angemeldet und von diesem erteilt worden ist, entfaltet seine Wirkung gemäß dem Territorialitätsgrundsatz nur innerhalb der Bundesrepublik Deutschland, ein vom europäischen Patentamt erteiltes europäisches Patent hat entsprechend nur für diejenigen Vertragsstaaten des EPÜ Gültigkeit, für die es erteilt worden ist. Dabei sind die einzelnen parallelen Schutzrechte, die für dasselbe Erzeugnis oder dasselbe Verfahren in oder für verschiedene Staaten erteilt werden, voneinander unabhängig zu betrachten, d.h. eine Verletzung des Patents im Staat A führt nicht automatisch zu einer gleichzeitigen Verletzung des parallelen Schutzrechts im Staat B.

Aus dem Territorialitätsgrundsatz folgt somit, dass im oder für das Inland erteilte Patente keine Schutzwirkungen im Ausland entfalten und umgekehrt im oder für das Ausland erteilte Patente im Inland keinen Schutz genießen. Alle Gebiete außerhalb des Erteilungsstaates bzw. außerhalb des Gebiets des Staates, für den das Patent erteilt worden ist, sind damit nicht Schutzgebiet des Patents.[48] Das bedeutet zugleich auch, dass alle ausschließlich im Ausland vorgenommenen Benutzungshandlungen ein für das Inland erteiltes Patent nicht unmittelbar berühren und damit für sich genommen keine Patentverletzungen darstellen können. Ebenso wenig können ausländische Patente durch Handlungen im Inland verletzt werden. Vielmehr kann ein Patent aufgrund des Territorialitätsgrundsatzes nur durch solche Handlungen unmittelbar verletzt werden, die im Geltungsbereich des Patents vorgenommen werden und die den Tatbestand der dem Patentinhaber allein vorbehaltenen Benutzungshandlungen erfüllen.[49] Die betreffende Handlung muss also ihrem materiellen Begehungsort nach in die durch das Patent geschützte Rechtssphäre fallen.

Der Territorialitätsgrundsatz hat damit auch zwingende Auswirkungen auf das anwendbare Recht bei Patentrechtsverletzungen.

Durch das Gesetz zum internationalen Privatrecht für außervertragliche Schuldverhältnisse und für Sachen vom 21. Mai 1999[50] ist das deutsche internationale Delikts- und Sachenrecht im EGBGB kodifiziert worden. Die am 01.06.1999 in Kraft getretene[51] EGBGB-Novelle enthält keine Sonderregelungen über das internationale Immaterialgüterrecht. Das bedeutet jedoch nicht, dass die in Art. 40 - 42 EGBGB festgelegten Regelungen zu unerlaubten Handlungen[52] auf Fälle von Patentverletzungsstreitigkeiten anwendbar sind.

---

48 Vgl. Pollaud-Dulian, S.761, Rn 1570.

49 Vgl. BGH, GRUR 1971, 243 (246) – Gewindeschneidevorrichtung; Mes, PatG § 9 Rz 8.

50 BGBl. 1999 I, 1026.

51 Vgl. Art. 6 des Gesetzes v. 21.05.1999 (BGBl. 1999 I, 1027).

52 Das in Art. 40 – 42 EGBGB geregelte internationale Deliktsrecht unterstellt im Grundsatz Ansprüche aus unerlaubter Handlung dem Recht des Handlungsorts, Art. 40 Abs.

Vielmehr ist im internationalen Immaterialgüterrecht das sogenannte Schutzlandsprinzip (lex loci protectionis) als Kollisionsnorm allgemein anerkannt.[53] Danach ist das Recht des Staates anwendbar, für dessen Gebiet der Verletzte Schutz begehrt.[54] Diesem Recht sind sowohl Entstehung, Bestand, Wirkung und Erlöschen sowie die Frage nach dem Rechtsträger unterstellt, als auch die Frage der Haftung für Immaterialgüterrechtsverletzungen.[55] Die kollisionsrechtliche Geltung des Schutzlandprinzips folgt dabei zwingend aus dem Territorialitätsprinzip als Sachnorm. Denn führt die Anwendung der allgemeinen Regeln des internationalen Deliktsrechts, z.B. aufgrund des gemeinsamen gewöhnlichen Aufenthalts des Schutzrechtsinhabers und des Verletzers zur Anwendbarkeit eines anderen Rechts als dem des Schutzlandes, hätte dies aufgrund des Territorialitätsprinzips zwangsläufig die Abweisung der Ansprüche (z.B. auf Unterlassung oder Schadensersatz) als unbegründet zur Folge.[56] Um dieser Gefahr vorzubeugen, ist die Tatortregel im internationalen Immaterialgüterrecht generell nicht anwendbar und das Ausweichen auf eine „wesentlich engere Verbindung zu einer anderen Rechtsordnung" zugunsten des Rechts des Schutzstaates nicht zuzulassen.[57] Aus diesem Grunde ist auch die Rechtsordnung, welche die Schutzwirkungen des Immaterialgüterrechts bestimmt, der Disposition der Parteien entzogen.[58] Der Regierungsentwurf zum Gesetz zum internationalen Privatrecht für außervertragliche Schuldverhältnisse und für Sachen ging in seiner Begründung daher zurecht davon aus,

---

1 S. 1 EGBGB. Dem Verletzten wird jedoch ein Wahlrecht eingeräumt, dass anstelle dieses Rechts das Recht des Erfolgsorts angewandt wird, Art. 40 Abs. 1 S. 2 EGBGB. Diese allgemeine Regel wird zugunsten der wesentlich engeren Verbindung mit dem Recht eines anderen Staates aufgelockert, wobei dem gemeinsamen gewöhnlichen Aufenthalt von Ersatzpflichtigem und Verletztem gemäß Art. 40 Abs. 2 EGBGB automatisch der Vorrang eingeräumt wird. Im Fall von Gesellschaften, Vereinen oder juristischen Personen tritt an die Stelle des gewöhnlichen Aufenthalts dabei der Ort der Hauptverwaltung. Auch diese Anknüpfung unterliegt jedoch der nachfolgenden Kontrolle des Art. 41 EGBGB, ob nicht eine wesentlich engere Verbindung zu dem Recht eines anderen Staates besteht. Gemäß Art. 42 EGBGB steht es den Parteien zudem frei, nach Eintritt des Ereignisses, durch das ein außervertragliches Schuldverhältnis begründet wurde, das auf dieses Schuldverhältnis anwendbare Recht zu wählen.

53 Vgl. Sack, WRP 2000, 269, 270 m.w.N.; Ferid, 6-225; von Meibom/Pitz, Mitt. 1996, 184; LG Düsseldorf, GRUR Int. 1968, 101, 102 – Frauenthermometer; vgl. auch EuGH C 9/93 - Idealstandard, Slg. 1994, I -2789, 2844, Tz 22, 23.

54 Vgl.BGHZ 136, 380 (385 f.); Ferid 6 – 225; Sack a.a.O., 270; Staudinger/vHoffmann, Art 40 EGBGB Rn 388.

55 Sack, a.a.O., 270; Stellungnahme des Max-Planck-Instituts, GRUR Int. 1985, 104, 105.

56 Sack, a.a.O., 271

57 Ferid, 6-225; Sack a.a.O., 278; Staudinger/vHoffmann, EGBGB Art. 40, Rn 388, 371; Benkard/ Bruchhausen § 9 Rn 13 a.E.

58 BGHZ 136, 380, 386; BGHZ 118, 394, 397 f.; vgl. auch Art. 10 des Vorschlags für eine Verordnung des Europäischen Parlaments und des Rates über das auf außervertragliche Schuldverhältnisse anwendbare Recht („Rom II"), KOM (2003) 427 endg.; dazu Fuchs, GPR 2/03-04, 103.

dass im internationalen Immaterialgüterrecht eine ausdrückliche Regelung im Hinblick auf das allgemein anerkannte Schutzlandprinzip entbehrlich sei.[59]

Auch in anderen Rechtsordnungen ist das Schutzlandprinzip allgemein anerkannt und in einigen sogar ausdrücklich kodifiziert.[60] Selbst in internationalen Regelungen hat das Schutzlandprinzip seinen Niederschlag gefunden, u.a. in Art. 64 Abs. 3 EPÜ, der bestimmt, dass eine Verletzung des europäischen Patents nach nationalem Recht behandelt wird. Seit 22.7.2003 besteht nunmehr auch ein Verordnungsvorschlag über das auf außervertragliche Schuldverhältnisse anwendbare Recht (sog. „Rom II-Verordnung"), der in Art. 8 die Beurteilung von Immaterialgüterrechtsverletzungen der lex loci protectionis unterwirft.[61]

Folge des Schutzlandsprinzips bei grenzüberschreitender Benutzung patentgeschützter Waren oder Verfahren ist, dass das Recht aller Länder anzuwenden ist, auf deren Gebiet nach ihrem Recht relevante Benutzungshandlungen stattfinden. Dabei wird z.T. verlangt, dass diese Benutzungshandlungen zumindest spürbare Auswirkungen haben, da sonst mangels der erforderlichen engen Verbindung das Rechtsanwendungsinteresse für das Recht dieses Staates fehle.[62] Diese letztgenannte Ansicht hat für die Praxis den unbestreitbaren Vorteil, dass Parteien und Richter sich auf wenige anwendbare Rechte beschränken können. Gleichwohl ist es aufgrund des zwingenden Schutzlandsprinzips nicht vermeidbar, dass sich Parteien und Richter – im Gegensatz zu anderen Fällen mit Auslandsberührung – bei multinationalen Patentrechtstreitigkeiten (beispielsweise wegen Verletzung eines europäischen Patents, das für eine Vielzahl von Staaten erteilt worden ist) mit einer Vielzahl unterschiedlicher anwendbarer Rechte auseinandersetzen müssen und eine gleiche/ einheitliche Handlung unter diesen Rechten ggf. unterschiedlich beurteilen müssen.

Vom anwendbaren Recht unanbhängig ist die Frage nach der Internationalen Zuständigkeit bei Patentverletzungsklagen zu beurteilen.

---

59 Begründung zum Regierungsentwurf, BT-Drucks 14/343, S. 10 rechte Spalte; vgl. auch Staudinger, DB 1999, 1591.

60 Vgl. z.B. Österreich, § 34 Abs. 1 IPRG; Schweiz Art. 110 Abs. 1 IPRG; auch in Frankreich vertritt die ganz herrschende doctrine moderne die ausschließliche Anwendbarkeit des Rechts des Staates, in dem Schutz verlangt wird und die absolute Unabhängigkeit jedes Schutzrechts in den einzelnen Staaten, vgl. Cass com., JDI (Clunet) 1966, 622 m. Anm. Le Tarnec; Derruppé, S. 99; Pollaud-Dulian, S.761, Rn 1572.

61 Vorschlag für eine Verordnung des Europäischen Parlaments und des Rates über das auf außervertragliche Schuldverhältnisse anwendbare Recht („Rom II"), KOM (2003) 427 endg.; dazu Fuchs, GPR 2/03-04, 100 u. 103.mwN; Mankowski, RIW 2004, 482, mwN zum Stand des Gesetzgebungsverfahrens; danach ist mit einer Verabschiedung der Verordnung vor Mitte 2005 nicht zu rechnen.

62 Vgl. Sack, WRP 2000, 269, 274 mN.

3. Kapitel: Internationale Zuständigkeit bei Patentverletzungsklagen

A. Auswirkung des Territorialitätsgrundsatzes auf die Internationale Zuständigkeit?

Die internationale Zuständigkeit betrifft die Abgrenzung der gerichtlichen Zuständigkeit zwischen verschiedenen Staaten. Sofern keine völkerrechtlichen Eingrenzungen vorliegen[63], bestimmt grundsätzlich jeder Staat selbst, ob und unter welchen Voraussetzungen er den Zugang zu seinen Gerichten eröffnet.[64] Die Regelungen zur internationalen Zuständigkeit bestimmen daher, ob ein streitiger Sachverhalt einen Inlandsbezug aufweist, der es rechtfertigt, den Rechtsstreit vor inländischen Gerichten zu entscheiden.[65]
Bis in die zweite Hälfte des letzten Jahrhunderts war dabei umstritten, ob der Territorialitätsgrundsatz generell der gerichtlichen Geltendmachung von Ansprüchen aus Patentrechten außerhalb des Staates, für den sie erteilt worden sind, entgegensteht.
Das Reichsgericht vertrat noch in ständiger Rechtsprechung unter Berufung auf den Territorialitätsgrundsatz die Auffassung, dass wegen der Verletzung ausländischer Patente vor deutschen Gerichten nicht geklagt werden könne.[66] Gegen diese Ansicht ist in der Literatur schon früh Kritik geäußert worden.[67] Insbesondere wurde dabei die Gefahr betont, der Inhaber eines ausländischen Patents könne unter Umständen bei Verneinung der Zuständigkeit deutscher Gerichte rechtlos gestellt werden. Das OLG Düsseldorf hat in seiner vielzitierten Entscheidung vom 25.03.1966[68] die internationale Zuständigkeit deutscher Gerichte in einem Rechtsstreit zwischen zwei Inländern, in dem es um Ansprüche auf Rechnungslegung und Schadensersatz aus der Verletzung eines ausländischen Patents ging, bejaht. Die Bedenken, die Entscheidungen deutscher Gerichte könnten in solchen Fällen in die Souveränität ausländischer Staaten eingreifen, wurden dabei mit dem Hinweis zerstreut, dass das vor einem deutschen Gericht erwirkte Urteil nur Wirkungen im Inland erzeugen könne. Das OLG Düsseldorf maß dem Verweis auf die Schwierigkeiten, die sich für den deutschen Richter bei der Ermittlung der im Ausland bestehenden Patentrechtslage ergeben, ebenfalls keine entscheidende Bedeutung zu. Zurecht hob es vielmehr hervor, dass sich solche Schwierigkeiten in mehr oder weni-

---

63 Vgl. dazu Geimer, IZPR, S.373–383, Rn 126–128c, mwN; Zöller/Geimer, IZPR Rn 36a.

64 Zöller/Geimer, IZPR, Rn 36a; von Hoffmann, § 3 B.I Rn 29. Dadurch können sowohl positive als auch negative Kompetenzkonflikte entstehen, d.h. es können sich sowohl die Gerichte mehrerer Staaten als auch die Gerichte keines Staates für international zuständig erklären.

65 von Hoffmann, § 3 B.I Rn 28.

66 RG, JW 1890, 280; RG, GRUR 1934, 657 (664).

67 Vgl. Rauter, MuW 1940,104; Lindenmaier, GRUR 1942, 508; eigehend Weigel, S. 119 ff.; weitere Nachweise bei Tetzner, GRUR 1976, 669.

68 GRUR Int. 1968, 100 – Kunststofflacke.

ger starkem Maße immer dann ergeben, wenn fremdes Recht anzuwenden ist.[69]

Das OLG Düsseldorf ließ es bei seiner Entscheidung noch ausdrücklich offen, ob die internationale Zuständigkeit deutscher Geriche auch dann zu bejahen wäre, wenn Unterlassungsansprüche aus der Verletzung eines ausländischen Patents hergeleitet würden, während sich in der Literatur schon bald die Auffassung durchsetzte, dass Ansprüche wegen Verletzung ausländischer Patente grundsätzlich vor deutschen Gerichten verfolgt werden können.[70] Ganz überwiegend wird dies auch für die Geltendmachung von Unterlassungsansprüchen angenommen.

Festzuhalten bleibt, dass der Grundsatz der Territorialität der Rechtsverfolgung im Hinblick auf ausländische Patente vor deutschen Gerichten nicht entgegensteht, denn er hat nur die materielle Begrenzung des Patentrechts zum Inhalt.
Die Internationale Zuständigkeit in Patentverletzungsklagen muss sich daher nach anderen Bestimmungen richten.

B. Regelungen der internationalen Zuständigkeit für Patentverletzungsstreitigkeiten im deutschen und europäischen Recht

I. Besondere patentrechtliche Regelungen?

1) Europäisches Patentübereinkommen

Weder das PVÜ noch der PCT oder TRIPS enthalten Regelungen über die Internationale Zuständigkeit in Patentverletzungsverfahren. Im Hinblick auf europäische Patente enthält das EPÜ selbst lediglich Regelungen der einheitlichen Zuständigkeit des europäischen Patentamts für die Erteilungs-, Einspruchs- und Beschwerdeverfahren. Eine weitere einheitliche Zuständigkeitsregelung findet sich für Streitigkeiten über den Anspruch auf Erteilung europäischer Patente zwischen dem Anmelder und einem Dritten im Anerkennungsprotokoll, ergänzt durch Art. II § 10 Internationales Patentübereinkommensgesetz.[71] Auch das EPÜ enthält jedoch keine ausdrücklichen Zuständigkeitsvorschriften für Patentverletzungsverfahren.

---

69 So zurecht auch Klauer/Möhring/Hesse, § 6 Rz 175.

70 Vgl. ausführlich Weigel, S. 147 ff.; Rauter, MuW 1940, 104; Groß, GRUR Int. 1957, 346;Tetzner, GRUR 1976, 669 mwN; Klauer/Möhring/Hesse, § 6 Rz 175. Zu Entwicklung in der Frage, ob ausländische Rechte des geistigen Eigentums in England klagweise geltend gemacht werden können, vgl. Arnold, [1990] 7 EIPR, 254 ff; Cohen, [1997] 7 EIPR, 379 ff.

71 BGBl. II 1976, 982 mit Ergänzung durch Art. II § 10 Int. PatÜG, BGBl. II 1976, 649. Das Anerkennungsprotokoll hat Vorrang vor dem EuGVÜ gem. Art. 11 Anerkennungsprotokoll und Art. 57 EuGVÜ, vgl. auch Gaudemet-Tallon, S. 67, Rn 99 mwN.

Teilweise wurde allerdings in Verfahren geltend gemacht, dass die Vorschriften der Art. 64 Abs. 3 und Art. 2 EPÜ besondere Bestimmungen im Sinne des Art. 57 EuGVÜ darstellten, die für Verfahren wegen Verletzung von europäischen Patenten die gerichtliche Zuständigkeit regeln. Aufgrund dieser Bestimmungen könnten Verfahren wegen Verletzung eines europäischen Patents nur bei Gerichten des Landes eingeleitet werden, in dem das Patent eingetragen ist, denn diesen komme eine ausschließliche Zuständigkeit zu.[72] Ein Vorabentscheidungsersuchen des Court of Appeals (England and Wales)[73], das sich u.a. auch mit diesem Einwand beschäftige, konnte vom EuGH leider nicht mehr entschieden werden, weil der Rechtsstreit von den Parteien vorzeitig beendet wurde.[74]
Diese Ansicht findet jedoch keinerlei Stütze im EPÜ. Art. 64 Abs. 3 EPÜ bestimmt, dass eine Verletzung des europäischen Patents nach nationalem Recht behandelt wird. Er bezieht sich damit eindeutig nur auf die Bestimmungen des anwendbaren materiellen Rechts. Eine Zuständigkeitsbestimmung ist dieser Vorschrift dagegen nicht zu entnehmen. Es ist insbesondere nicht erkennbar, dass die Verfasser des EPÜ auf diesem Wege das Territorialitätsprinzip auf die Zuständigkeit für Verletzungsklagen bei europäischen Patenten ausdehnen wollten. Etwas anderes ergibt sich auch nicht aus dem Zusammenhang mit Art. 2 Abs. 2 EPÜ. Art. 2 Abs. 2 EPÜ bestimmt, dass ein europäisches Patent in jedem Vertragsstaat, für den es erteilt worden ist, dieselbe Wirkung hat und denselben Vorschriften unterliegt wie ein in diesem Staat erteiltes nationales Patent, soweit sich aus dem EPÜ nicht ein anderes ergibt. Das EPÜ äußert sich ausdrücklich, wenn es Zuständigkeiten vergibt, wie insbesondere in Art. 9 Abs. 4, aber auch in Art. 18 – 22 oder aus Art. 99 EPÜ deutlich wird. Präambel und Inhalt des EPÜ zeigen zudem klar, dass das EPÜ Vorschriften lediglich für Erteilung, Einspruchs- und Beschwerdeverfahren festlegt, nicht aber für Verletzungsverfahren. Wenn auch Zuständigkeitsvorschriften für das Verletzungsverfahren hätten getroffen werden sollen, wäre dies ausdrücklich geschehen.[75] Es hätte nahe gelegen, dies in die Regeln der Ausführungsordnung zum EPÜ vom 05.10.1973[76] aufzunehmen, oder ein Protokoll zur Streitregelung – wie im Fall des Gemeinschaftspatentübereinkommens von 1989 – zu erstellen. Dies wird noch durch die allgemein anerkannte Regelung des internationalen Privat- und Verfahrensrechts unterstrichen, nach der Verfahrensfragen nach der lex fori bestimmt werden. Hätten die Vertragsstaaten des EPÜ davon abweichen wollen, hätten sie dies ausdrücklich regeln

---

72 Vgl. die Argumentation der Verteidigung vor dem Bezirksgericht Den Haag, in den Fällen Julio Cesar Palmas vs. Boston Scientific BV (Case Nr. 97/1367) und Expandable Grafts Partnership vs. Boston Scientific BV (Case Nr. 97/1368), (1998) FSR 199, 215.

73 Vom 18.11.1997 im Rechtsstreit Boston Scientific vs. Cordis, beim EuGH registriert als Rs C186/00 und abgedruckt im ABl (EG) C 233/15 v. 12.08.2000.

74 Vgl. High Court of Justice – Chancery Division [1999] FSR 746 (753) = GRUR Int. 1999, 784 (785) – Sepracor vs. Hoechst Marion Roussel.

75 So auch Bezirksgericht Den Haag, (1998) FSR 199, 215, Rz 38.

76 BGBl. 1976 II, 915

müssen. Zudem enthält die Präambel des EPÜ mittelbar einen Hinweis darauf, dass die EPÜ-Regelungen nicht als Sondervorschriften im Sinne des Art. 57 EuGVÜ zu verstehen sind. Denn die Präambel führt klar auf, dass das EPÜ ein Sonderabkommen nach dem PVÜ darstellen soll sowie einen regionalen Patentvertrag nach PCT; sie erwähnt hingegen das bereits Jahre vor dem EPÜ abgeschlossene EuGVÜ nicht. Daraus lässt sich im Umkehrschluss ableiten, dass keine Sondervorschrift iSd EuGVÜ getroffen werden sollte.
Dem EPÜ sind daher keine Zuständigkeitsvorschriften für Patentverletzungsklagen zu entnehmen.[77]

2) Gemeinschaftspatentübereinkommen und Gemeinschaftspatentverordnung

Das Protokoll über die Regelung von Streitigkeiten über die Verletzung und die Rechtsgültigkeit von Gemeinschaftspatenten (Streitregelungsprotokoll) enthält zwar in Teil II einheitliche und selbständige Regelungen über die internationale Zuständigkeit in Patentverletzungsverfahren. Das Streitregelungsprotokoll ist jedoch mangels ausreichender Ratifikation des Gemeinschaftspatentübereinkommens ebenso wie dieses selbst nie in Kraft getreten. Auch der Entwurf der GPVO enthält Vorschriften für die Zuständigkeit in Patentverletzungsklagen betreffend das Gemeinschaftspatent. Solange aber die Verordnung nicht verabschiedet ist, haben auch diese keine praktische Relevanz. Die Regelungen der GPVO sind auch nach deren Inkrafttreten auf Gemeinschaftspatente beschränkt und sind nicht unmittelbar auf europäische Patente anwendbar.

3) Deutsches Patentgesetz

Das deutsche Patentgesetz enthält ebenfalls keine Regelung für die internationale Zuständigkeit in Patentverletzungsklagen, insbesondere finden sich in § 143 PatG lediglich ergänzende Regelungen zu den allgemeinen Bestimmungen der ZPO.
Derzeit sind somit weder im deutschen noch im europäischen Recht spezielle Regelungen in Kraft, welche die internationale Zuständigkeit für Patentverletzungsstreitigkeiten gesondert regeln. Im Folgenden soll ein Überblick über die Regelungen der allgemeinen Zuständigkeitsvorschriften gegeben werden, die für Patentverletzungsklagen von Relevanz sein können.

77 So auch O'Sullivan, [1996] 12 EIPR 659.

II. Internationale Zuständigkeit nach allgemeinen deutschen nationalen Regelungen

Die ZPO regelt die internationale Zuständigkeit bis auf wenige Ausnahmen[78] nicht ausdrücklich und unmittelbar. Die Zuständigkeitsvorschriften der §§ 15 Abs. 1, 16, 23, 23a, 27 Abs. 2 und 32a ZPO betreffen zwar Sachverhalte mit Auslandsbezug, beziehen sich aber unmittelbar nur auf die örtliche Zuständigkeit und setzen die internationale Zuständigkeit deutscher Gerichte voraus.[79] Nach ständiger Rechtsprechung des BGH und der ganz herrschenden Meinung in der Literatur sind die Regelungen der örtlichen Zuständigkeit grundsätzlich doppelfunktional anzuwenden, d.h. sie sind mit denen der internationalen Zuständigkeit verknüpft und können zur Bestimmung der internationalen Zuständigkeit analog angewendet werden. Soweit nach den Vorschriften der §§ 12 ff. ZPO ein deutsches Gericht örtlich zuständig ist, ist es daher nach deutschem Recht auch international zuständig.[80]

Die internationale Zuständigkeit für Klagen wegen Patentverletzung kann nach den deutschen nationalen Regelungen daher insbesondere am allgemeinen Gerichtsstand des Beklagten, der bei natürlichen Personen durch deren Wohnsitz oder gewöhnlichen Aufenthalt, bei juristischen Personen und passiv parteifähigen Personenvereinigungen ohne eigene Rechtspersönlichkeit durch deren Sitz bestimmt wird (vgl. §§ 12, 13, 16, 17 ZPO). Daneben kommen als besondere Gerichtsstände namentlich in Betracht der Gerichtsstand der unerlaubten Handlung (§ 32 ZPO), der von besonderer Bedeutung ist[81], sowie der

---

78 Insbesondere im internationalen Familienrecht in § 606a Abs. 1 ZPO für Ehesachen u. in § 640a Abs. 2 ZPO für Kindschaftssachen. Ggü. der Regelung in § 606a Abs. 1 ZPO hat jedoch die Verordnung (EG) Nr. 1347/2000 in ihrem sachlichen und geografischen Anwendungsbereich (alle EU-Staaten außer Dänemark) Vorrang. Zur Abgrenzung der Zuständigkeit der Regelung in § 640a Abs. 2 ZPO zu FGG Verfahren und zur Verordnung (EG) Nr. 1347/2000 sowie Staatsverträgen auf diesem Gebiet vgl. Zöller/Geimer § 640a Rn 14 ff. mwN.

79 In der Literatur wird aufgrund dieser Regelungen teilweise davon ausgegangen, dass der Gesetzgeber der ZPO die internationale Zuständigkeit in der örtlichen Zuständigkeit mitgeregelt habe, vgl. Nachweise bei von Hoffmann, § 3 Rn 38. Dagegen spricht jedoch, dass der Gesetzgeber an anderer Stelle in §§ 606a und 640a Abs. 2 ZPO ausdrücklich die internationale Zuständigkeit selbständig geregelt hat und für deren Vorliegen besondere, von den Voraussetzungen der örtlichen Zuständigkeit gem. § 606 bzw. § 640a Abs. 1 ZPO abweichende Kriterien aufgestellt hat.

80 vgl. BGHZ 44, 46 (47) = NJW 1965, 1665 mit Anm. Meier, NJW 1965, 1650 = JZ 1966, 237 mit Anm., Neuhaus, 239 – 242; BGH, NJW 1991, 3092; BGH, NJW 1999, 1365; Zöller/Geimer IZPR Rn 37; Thomas/Putzo, Vorbem § 1, Rn 6; Mes, § 143 PatG, Rn 9; Benkard/Rogge, § 139 PatG, Rn 100. Die örtliche und internationale Zuständigkeit sind allerdings nur in ihren Voraussetzungen miteinander verknüpft, bleiben aber trotz dieser Verknüpfung etwas Verschiedenes: Die örtliche Zuständigkeit verteilt die Streitsachen unter die deutschen erstinstanzlichen Gerichte, die internationale Zuständigkeit dagegen regelt, ob eine Streitsache mit Auslandsbezug von deutschen oder von ausländischen Gerichten entschieden werden soll, vgl. BGHZ 44, 46 (47); von Hoffmann, § 3 II Rn 38.

81 Vgl. nur Benkard/Rogge § 139 PatG Rn 98 mwN.

Gerichtsstand einer selbständigen gewerblichen Niederlassung des Beklagten (§ 21 ZPO), wenn die Patentverletzung von dieser Niederlassung aus begangen worden ist, und der Gerichtsstand des Inlandsvermögens gemäß § 23 ZPO bei Klagen gegen Personen, die im Inland keinen Wohnsitz haben.[82]
Hat die Patentverletzungsstreitigkeit jedoch einen europäischen Auslandsbezug, werden die Regelungen der ZPO von der EuGVVO (bzw. dem EuGVÜ oder dem LGVÜ) in deren Anwendungsbereich verdrängt. Daher gebührt diesen Regelungen gesteigerte Aufmerksamkeit.

III. Europäische Zuständigkeitsordnung – vom völkerrechtlichen Vertrag zur EG-Verordnung

1) Brüsseler EWG-Übereinkommen über die gerichtliche Zuständigkeit und die Vollstreckung gerichtlicher Entscheidungen in Zivil- und Handelssachen vom 27.09.1968

Die vier Grundfreiheiten des Vertrags zur Gründung der europäischen Gemeinschaft (EG-Vertrag)[83], insbesondere die Warenverkehrsfreiheit, können ihre praktische Wirksamkeit nur dann in vollem Umfang entfalten, wenn Ansprüche gegen die in den Mitgliedstaaten ansässigen natürlichen und juristischen Personen möglichst einfach einklagbar und durchsetzbar sind. Zu diesem Zweck ist es geboten, innerhalb der Gemeinschaft die internationale Zuständigkeit der Gerichte festzulegen, die Anerkennung von Entscheidungen der Gerichte anderer Mitgliedstaaten zu erleichtern und ein beschleunigtes Verfahren einzuführen, um die Vollstreckung von Entscheidung sowie von öffentlichen Urkunden und gerichtlichen Vergleichen sicherzustellen.
Aus diesen Erwägungen heraus schlossen die sechs Gründungsmitgliedsstaaten der europäischen Gemeinschaft[84] am 27.09.1968 das Brüsseler EWG-Übereinkommen über die gerichtliche Zuständigkeit und die Vollstreckung gerichtlicher Entscheidungen in Zivil- und Handelssachen (EuGVÜ)[85] das am 01.02.1973 in Kraft trat.[86]

---

82 Die Prüfung der internationalen Zuständigkeit erfolgt von Amts wegen in jeder Lage des Verfahrens, auch in höherer Instanz. Sie ist selbstständige Prozessvoraussetzung, vgl. BGHZ 44, 46 (47); Zöller/Geimer IZPR Rn 38; Benkard/Rogge, § 139 PatG Rn 100; Thomas/Putzo, Vorbem § 1, Rn 7.

83 Vertrag zur Gründung der europäischen Wirtschaftsgemeinschaft vom 25.03.1957, BGBl 1957 II, 766 ff.; in Kraft seit dem 27.07.1957, BGBl 1957 II, 793; heute in Kraft in der Fassung des Vertrags von Nizza vom 26.2.2001, BGBl. 2001 II, 1667 und der Akte zum Beitrittsvertrag v. 16.4.2003, BGBl. 2003 II, 1410.

84 Belgien, Bundesrepublik Deutschland, Frankreich, Italien, Luxemburg und die Niederlande

85 BGBl 1972 II, 774.

86 BGBl 1973 II, 60. Das EuGVÜ wurde auf der Grundlage des Art. 220 EGV, 4. Gedankenstrich (heute Art. 293 EG) geschlossen. Diese Vorschrift vermittelt der EG keine eigene Rechtsetzungskompetenz, sondern fordert die Mitgliedsstaaten auf, auf den ge-

Der Beitritt zum EuGVÜ war gemäß Art. 63 EUGVÜ an die Mitgliedschaft in der europäischen Gemeinschaft geknüpft und stand somit nicht jedem Staat frei. Als selbstständiger völkerrechtlicher Vertrag erstreckte sich das EuGVÜ jedoch nicht automatisch auf neue Mitgliedsstaaten, vielmehr erforderte jeder Beitritt einen neuen völkerrechtlichen Vertrag, der wiederum der völkerrechtlichen Umsetzung durch Ratifikation in allen Mitgliedsstaaten bedurfte. Andererseits wurde das EuGVÜ als Teil des „acquis communautaire" angesehen und die neuen Mitgliedsstaaten der europäischen Gemeinschaft insoweit verpflichtet, dem EuGVÜ beizutreten.[87]
Das EuGVÜ ist daher mehrfach aus Anlass des Beitritts weiterer Staaten überarbeitet und neu gefasst worden[88] und galt zuletzt in der Fassung des Vierten Beitrittsübereinkommens vom 29.11.1996 betreffend den Beitritt Österreichs, Schwedens und Finnlands für dreizehn der fünfzehn EG-Mitgliedsstaaten.[89]

2) Parallelübereinkommen von Lugano vom 16.09.1988

Da der Beitritt zum EuGVÜ an die Mitgliedschaft in der europäischen Gemeinschaft gekoppelt war, war der Kreis der Vertragsstaaten begrenzt. Um gleichwohl auch weiteren europäischen Staaten die Vorteile einer einheitlichen Zuständigkeitsordnung und die erleichterte Anerkennung und Vollstreckung von Urteilen nach dem Vorbild des EuGVÜ zu ermöglichen, wurde durch die damaligen zwölf EG-Mitgliedsstaaten[90] und die damals sechs Länder der europäischen Freihandelsassoziation (EFTA)[91] mit dem Luganer Übereinkommen über die gerichtliche Zuständigkeit und Vollstreckung gerichtlicher Entscheidungen in Zivil- und Handelssachen (LGVÜ) am 16.09.1988 ein Parallelübereinkommen zum EuGVÜ unterzeichnet[92]. Das LGVÜ lehnt sich in Form

---

nannten Gebieten Verhandlungen einzuleiten und so einen einheitlichen Rechtszustand zu erreichen. Bei dem EuGVÜ handelt es sich daher weder um primäres noch sekundäres Gemeinschaftsrecht sondern um einen völkerrechtlichen Vertrag zwischen den Mitgliedsstaaten, der außerhalb des Gemeinschaftsrechts steht.

87 Vgl. Hausmann, The European Legal Forum 2000/01, 40; zur Verpflichtung der Übernahme des gesamten Besitzstands des bisherigen Gemeinschaftsrechts vgl. BBPS, Rn 27; Streinz, § 3 III 2 a), Rn 80.

88 1.Beitrittsübereinkommen v. 9.10.1978, BGBl. 1983 II, 802 (Beitritt Dänemarks, des Vereinigten Königreichs u. Irlands); 2. Beitrittsübereinkommen v. 25.10.1982, BGBl. 1988 II, 453 (Beitritt Griechenlands); 3. Beitrittsübereinkommen v. 26.5.1989, BGBl. 1994 II, 517 (Beitritt Spaniens u. Portugals); 4. Beitrittsübereinkommen v. 29.11.1996, BGBl. 1998 II, 1411 (Beitritt Österreichs, Schwedens u. Finnlands), für Deutschland in Kraft seit 1.1.1999 (BGBl. 1999 II, 419).

89 Vgl. Micklitz/Rott EuZW 2001, 325, Fn 10; Jayme/Kohler IPRax 2000, 459. Eine letzte konsolidierte Fassung des Übereinkommens und des Protokolls über die Auslegungsbefugnis des EuGH wurde im ABl. (EG) Nr. C27/1 ff. v. 26.01.1998 veröffentlicht.

90 Bundesrepublik Deutschland, Frankreich, Italien, Belgien, Luxemburg, Niederlande, Großbritannien, Irland, Dänemark, Griechenland, Spanien und Portugal.

91 Schweiz, Norwegen, Island, Österreich, Finnland und Schweden.

92 Text im ABl. (EG) Nr. L 319/ 9 v. 25.11.1988.

und Inhalt eng an das EuGVÜ an, Wortlaut und Bezifferung der Artikel stimmen weitgehend überein[93].
Das LGVÜ steht allerdings gemäß Art. 62 LGVÜ weiteren Staaten offen und ist nicht an die Mitgliedschaft in der europäischen Gemeinschaft oder der europäischen Freihandelsassoziationen gebunden. Nach dem Beitritt Österreichs, Schwedens und Finnlands zur europäischen Gemeinschaft gilt das LGVÜ heute noch im Rechtsverkehr mit der Schweiz, Norwegen, Island und Polen[94].

3) Verordnung (EG) Nr. 44/2001 des Rates über die gerichtliche Zuständigkeit und die Anerkennung und Vollstreckung von Entscheidungen in Zivil- und Handelssachen vom 22.12.2000 (EuGVVO)

Die Ratifikation der Beitrittsübereinkommen zum EuGVÜ erfolgte oftmals zögerlich, was dazu führte, dass zwischen den Mitgliedsstaaten in den sich zum Teil über längere Zeiträume erstreckenden Übergangsphasen unterschiedliche Fassungen des EuGVÜ galten. Dadurch bedingt musste in jedem Einzelfall genau geprüft werden, welche Fassungen gegenüber welchem Mitgliedsstaat Anwendung fand. Diese Rechtsanwendungsprobleme bestehen nicht unter der EuGVVO, die unmittelbar und verbindlich für alle Mitgliedsstaaten wirkt[95].

a) Vergemeinschaftung zur EuGVVO

Durch den Vertrag von Amsterdam wurde die justizielle Zusammenarbeit in Zivilsachen aus dem EU-Vertrag (Art. K 1, Nr. 6) herausgelöst und in den EG-Vertrag integriert, wo sie in einem neuen Titel IV „Visa, Asyl, Einwanderung und anderen Politiken betreffend den freien Personenverkehr" (Art. 61-68 EG) angesiedelt ist. Damit wurde sie – gemäß dem Bild der Tempelarchitektur der europäischen Union[96] – von der dritten Säule auf die erste Säule der euro-

---

93 Für die Mitgliedstaaten des EuGVÜ blieb aber gemäß Art. 54 b, LGVÜ, das EuGVÜ anwendbar.

94 Vgl. Martiny/Ernst, IPRax 2001, 29; Junker, RIW 2002, 569. Polen ist im Februar 2000 dem LGVÜ beigetreten. Weitere Beitritte Ungarns und der tschechischen Republik waren in Vorbereitung, vgl. Micklitz/Rott, EuZW 2001, 325, 326 mN, haben sich aber mit dem Beitritt dieser Staaten zur Europäischen Union zum 1.5.2004 überholt.

95 Vgl. Hausmann, The European Legal Forum 2000, 41; Besse, ZEuP 1999, 120; Hess, NJW 2000, 27; Piltz, NJW 2002, 790; Micklitz/Rott, EuZW 2001, 326; Grupp, Der Syndikus September/Oktober 2002, 19 ff.

96 Das Bild der Tempelarchitektur sieht die europäischen Gemeinschaften als erste, die gemeinsame Außen- und Sicherheitspolitik als zweite und die Zusammenarbeit im Bereich Inneres und Justiz als dritte Säule, die gemeinsam das Dach der europäischen Union tragen; vgl. BBPS Rn 22 u. 32; Ahlt, 2. Auflage S. 2. Zu weiteren Modellen vgl. Wichard in: Callies/Ruffert, Art. 1 EGV, Rn 16 mwN; Streinz, Rn 121a.

päischen Union übertragen und damit von einer losen intergouvernementalen Zusammenarbeit in eine Gemeinschaftspolitik überführt[97].

Art. 65 EG verleiht dem Rat der europäischen Union umfassende Kompetenzen zur Angleichung des internationalen Privat- und Verfahrensrechts durch sekundäres Gemeinschaftsrecht[98], die alsbald zum Erlass mehrerer Verordnungen genutzt wurde[99]. Seit in Kraft treten des Vertrages von Amsterdam am 01.05.1999 fällt daher das EuGVÜ inhaltlich unter Art. 65, lit. a, 3' EG.

Auf der Grundlage der Art. 64, lit. c, 65 lit. a, 3 ' in Verbindung mit Art. 76 EG legte die Kommission am 14.7.1999 einen Vorschlag für eine Verordnung des Rates über dic gerichtliche Zuständigkeit und die Anerkennung und Vollstreckung von Entscheidungen in Zivil- und Handelssachen[100] vor, der nach Anhö-

---

97 Besse, ZEuP 1999, 109; Hess, NJW 2000, 27; Hausmann, The European Legal Forum 2000, 40; Junker RIW 2002, 569.

98 Dabei handelt der Rat auf Vorschlag der Kommission oder auf Initiative eines Mitgliedsstaates und nach Anhörung des europäischen Parlaments, vgl. Art. 67 EG. Die Kompetenz des Rates ist dabei allerdings gemäß Art. 65 EG auf Maßnahmen, die für das reibungslose Funktionieren des Binnenmarktes erforderlich sind, begrenzt und müssen sich in dem durch die Grundsätze der Subsidiarität und Verhältnismäßigkeit gem. Art. 5 EG vorgegebenen Rahmen bewegen.

99 Neben der EuGVVO sind bereits mehrere weitere Verordnungen zur Verbesserung der justiziellen Zusammenarbeit ergangen: Verordnung (EG) Nr. 1347/2000 des Rates vom 29.05.2000 über die Zuständigkeit und die Anerkennung und Vollstreckung in Entscheidungen in Ehesachen und in Verfahren betreffend die elterliche Verantwortung für die gemeinsamen Kinder der Ehegatten, ABl. (EG) Nr. L 160/19 vom 30.06.2000, in Kraft seit 01.03.2001; Verordnung: (EG) Nr. 1348/2000 des Rates vom 29.05.2000 über die Zustellung gerichtlicher und außergerichtlicher Schriftstücke in Zivil- oder Handelssachen in den Mitgliedsstaaten, ABl. (EG) Nr. L 160/37 vom 30.06.2000, in Kraft seit 31.05.2001; Verordnung (EG) Nr. 1346/2000 vom 29.05.2000 über Insolvenzverfahren, ABl. (EG) Nr. L 160/1 vom 30.06.2000, in Kraft seit 31.05.2002; Verordnung (EG) Nr. 1206/2001 des Rates vom 28.05.2001 über die Zusammenarbeit zwischen den Gerichten der Mitgliedsstaaten auf dem Gebiet der Beweisaufnahme in Zivil- und Handelssachen, ABl. (EG) Nr. L 174/1 vom 27.06.2001, die am 01.01.2004 in Kraft treten wird. Zu den Vorarbeiten für die Verordnungen vom 29.05.2000 vgl. näher die Nachweise bei Hausmann, The European Legal Forum 2000/01, 41, Fn 8 und 9; allg. zu den Vereinheitlichungen des europäischen Zivilverfahrensrechts Wagner, NJW 2003, 2344.

100 KOM (1999) 348 endg.; weitergeleitet an den Rat am 07.09.1999, abgedruckt im ABl. (EG) Nr. L 376/1 E vom 28.12.1999, sowie im IPRax 2000, 41 ff.; Eine Revision des EuGVÜ und LGVÜ war schon längere Zeit geplant, wobei die Grundprinzipien der Übereinkommen aufrecht erhalten bleiben und sprachliche Unterschiede in den Textfassung sowie zwischen den Übereinkommen beseitigt werden sollten. Beide Überkommen sollten darüber hinaus an die Entwicklungen des internationalen Handels und die Veränderungen im Bereich der elektronischen Kommunikation angepasst werden, vgl. IPRax 1989, 241(242 ff); Micklitz/Rott, EuZW 2001, 326. Der Rat der europäischen Union setzte zu diesem Zweck auf seiner Tagung vom 04./05.12.1995 eine Ad-hoc-Arbeitsgruppe aus Vertretern der Mitgliedstaaten und der EFTA-Staaten Schweiz, Norwegen und Island ein, vgl. Junker, RIW 2002, 570; Hausmann, The European Le-

rung des Parlaments in einem geänderten Verordnungsvorschlag vom 26.10.1999 mündete[101]. Dieser wurde mit geringfügigen Änderungen am 22.12.2000 vom Rat verabschiedet als Verordnung (EG) Nr. 44/2001.[102]

b) Sonderstellung Dänemarks

Die Vergemeinschaftung auf der Grundlage des Art. 65 EG führt jedoch zu der rechtspolitisch bedauerlichen Folge, dass die EuGVVO für Dänemark keine Geltung hat[103].

Da die justizielle Zusammenarbeit im IV. Titel des EG-Vertrags nach Amsterdam zusammen mit der Einwanderungs- und Asylpolitik geregelt wird, haben sowohl das Vereinigte Königreich und Irland als auch Dänemark Vorbehalte gegen die Regelungen dieses Titels ausbedungen, die in den Protokollen (Nr. 4) über die Position des Vereinigten Königreichs und Irlands und (Nr. 5) über die Position Dänemarks[104] völkerrechtlich verbindlich[105] festgehalten sind und auf die Art. 69 EG verweist[106].
Während das Vereinigte Königreich und Irland von einer Beteiligungsoption Gebrauch machen und sich so der EuGVVO anschließen konnten[107], enthält

---

gal Forum, 2000/01, 40; Micklitz/Rott, EuZW 2001 326; zu den Arbeiten und Ergebnissen dieser Arbeitsgruppe vgl. Wagner, IPRax 1998, 241. Die Kommission legte am 22.12.1997 auf der Grundlage von Art. K 3, Abs. 2, c) in Verbindung mit Art. K 1 Nr. 6 des Vertrags über die europäische Union (Vertrag von Maastricht) einen Vorschlag für die Ersetzung des EuGVÜ vor (ABl. (EG) Nr. C 33/20 ff. v. 31.01.1998), den der Rat am 28.05.1999 grundsätzlich billigte, vgl. Hausmann, The European Legal Forum 2000/01, 40; Micklitz/Rott EuZW 2001 326. Die Kommission konnte so auf die Ergebnisse der Arbeitsgruppe und den Vorschlag für die Ersetzung des EuGVÜ Rückgriff nehmen.

101 KOM (2000) 689 endg; Text ohne Erläuterungen im ABl. (EG) Nr. C 62/243 E vom 27.02.2001.

102 Verordnung (EG) Nr. 44/2001 des Rates vom 22.12.2000, ABl. (EG) Nr. L 12/1 vom 16.01.2001.

103 Vgl. Art. 1 Abs. 3 EUGVVO sowie den 21. Erwägungsgrund.

104 Protokolle abgedruckt in Sartorius II, Nr. 151 Protokolle.

105 Vgl. Art. 31 Abs. 2 lit. a Wiener Übereinkommen über das Recht der Verträge; vgl. auch Wiedmann in: Schwarze, Art. 69 EGV, Rdnr. 1.

106 Kritisch zur Verwendung von Art. 65 EG als Grundlage für Vereinheitlichung der Regelung der justiziellen Zusammenarbeit daher Jayme/Kohler, IPRax 1999, 402; Schack, ZEuP 1999, 805 ff.; Hausmann, The European Legal Forum 2000/01, 42

107 Gem. Art. 1 Protokoll Nr. 4 beteiligen sich das Vereinigte Königreich und Irland grundsätzlich nicht an Maßnahmen nach Titel IV des EG-Vertrags, können aber gem. Art. 3 Protokoll Nr. 4 erklären, dass sie sich an der Annahme und Anwendung einzelner Maßnahmen, die auf der Grundlage des IV. Titels des EG-Vertrages getroffen werden, beteiligen möchten. Von dieser Beteiligungsoption haben beide Staaten im Fall der EuGVVO Gebrauch gemacht, vgl. 20. Erwägungsgrund; auch an den o. g. drei Verordnungen vom 29.5.2000 auf den Gebieten des Zustellungsrechts, des Eheverfahrensrechts und des Insolvenzverfahrensrecht haben sich sowohl das Vereinigte Königreich als auch Irland ausdrücklich beteiligt; vgl. auch Hausmann, The European Legal Forum

das Protokoll Nr. 5 über die Position Dänemarks aus verfassungsrechtlichen Gründen keine solche Beteiligungsoption.[108] Dänemark kann lediglich im Einklang mit seinen verfassungsrechtlichen Vorschriften mitteilen, dass es von dem Protokoll Nr. 5 insgesamt oder zum Teil keinen Gebrauch mehr machen will, wobei es dann auch verpflichtet ist, sämtliche bis dahin in Kraft getretenen Maßnahmen nach Titel IV in vollem Umfang anzuwenden, Art. 7 Protokoll Nr. 5.[109] Eine solche Erklärung hat Dänemark bislang nicht abgegeben und ist daher vom Anwendungsbereich der EuGVVO ausgeschlossen. Im Verhältnis der übrigen EG-Mitgliedsstaaten zu Dänemark gilt daher das EuGVÜ als völkerrechtliches Übereinkommen unverändert fort.[110]

c) Anwendungsbereich der EuGVVO im Hinblick auf die Zuständigkeitsvorschriften

Der Anwendungsbereich der EuGVVO unterscheidet sich nicht wesentlich von dem, den das EuGVÜ beanspruchte.

aa) Sachlicher Anwendungsbereich

Der sachliche Anwendungsbereich der EuGVVO erstreckt sich, von einigen wenigen speziellen Rechtsgebieten abgesehen, auf den wesentlich Teil des Zivil- und Handelsrechts, ohne dass es auf die Art der Gerichtsbarkeit an-

---

2000/01, 42; Hess NJW 2000, 28. Die Gefahr einer abgestuften Rechtsvereinheitlichung auf dem Gebiet des Zivilverfahrensrecht, die gerade wieder zur getrennten Entwicklung der kontinentaleuropäischen Rechte und des Common law führen könnte, erscheint damit zunächst gebannt. Es erscheint jedoch eher wahrscheinlich, dass eine Zustimmung des Vereinigten Königreichs und Irland zu einer Einzelmaßnahme erreichbar ist, als die vollständige Aufgabe der in Protokoll Nr. 4 festgelegten Sonderrechte; vgl. auch Hausmann, The European Legal Forum 2000/01, 42; Hess NJW 2000, 28.

108 Bereits bei der Ratifikation des Maastricht-Vertrages war Dänemark aufgrund des Referendums vom 2.6.1992 zu einem Verfassungsvorbehalt gezwungen, wonach Souveränitätsübertragungen in den Bereichen Justiz und Inneres nach der dänischen Verfassung besondere Mehrheiten im Parlament bzw. bei einer Volksabstimmung voraussetzten, vgl. Beschluss des europäischen Rats in Edinburgh vom 12.12.1992, ABl. (EG) 1992 Nr. C 348/1; vgl. auch Wiedmann in: Schwarze, Art. 69 Rn. 7. Ein Art. 3 des Protokolls Nr. 4 vergleichbares Optionsrecht war daher nicht möglich.

109 Es erscheint fraglich, ob damit auch die Zustimmung zu einer einzelnen Maßnahme erklärt werden kann, vgl. Hausmann, The European Legal Forum 2000/01, 42.

110 Vgl. auch 22. Erwägungsgrund der EuGVVO. Durch den Abschluss eines Parallelübereinkommens auf der Grundlage des Art. 293 EG (früher 220 EGV) erscheint es jedoch möglich, im Verhältnis zu Dänemark inhaltsgleiche Regelungen aufzustellen und so einen Gleichlauf der Rechtsvereinheitlichung zu gewährleisten; vgl. Besse ZEuP 1999, 107; Hess NJW 2000, 28; Hausmann, The European Legal Forum 2000/01, 41; siehe auch Jayme/Kohler, IPRax 2001, 501, 504/505; freilich muss auch in diesem Fall eine Ratifikation in Dänemark im Einklang mit den dortigen verfassungsrechtlichen Regeln durchgeführt werden.

kommt.[111] Nach der Rechtsprechung des EuGH zum EuGVÜ ist der Begriff der Zivil- und Handelssache autonom auszulegen[112], d.h. die Auslegung erfolgt unter Berücksichtigung der Zielsetzung und der Systematik des Übereinkommens sowie der allgemeinen Rechtsgrundsätze, die sich aus der Gesamtheit der innerstaatlichen Rechtsordnungen herausgebildet haben. Diese Rechtsprechung dürfte auch unter der EuGVVO weiterhin Geltung beanspruchen. Danach umfasst der Begriff der Zivil- und Handelssache jedenfalls auch die Streitigkeiten des gewerblichen Rechtschutzes, insbesondere patentrechtliche Streitigkeiten[113], was sich bereits aus Art. 22 Nr. 4 EuGVVO ergibt, der für Streitigkeiten, die die Eintragung oder Gültigkeit von Patenten betreffen, eine ausschließliche Zuständigkeit der Gerichte des Anmelde- bzw. Erteilungsstaates anordnet.

bb) Räumlich - persönlicher Anwendungsbereich

Die EuGVVO gilt grundsätzlich für das Hoheitsgebiet der Mitgliedsstaaten (mit Ausnahme Dänemarks).[114] Das zentrale Anknüpfungsmerkmal für den räumlich- persönlichen Anwendungsbereich der Verordnung bleibt – wie unter Geltung des EuGVÜ – unabhängig von der Staatsangehörigkeit der Wohnsitz des Beklagten in einem Mitgliedsstaat im Sinne der EuGVVO.[115]

Ausnahmen von diesem Grundsatz enthalten Art. 4 iVm 22, 9 Abs. 2, 13 Nr. 4, 15 Abs. 2 und 23 EuGVVO.

Befindet sich der Wohnsitz des Beklagten außerhalb eines Mitgliedstaates in Sinne der EuGVVO, bestimmt sich die (internationale) Zuständigkeit der Ge-

---

111 Vgl. auch 7. Erwägungsgrund der EuGVVO. Die VO erfasst insbesondere nicht Steuer- und Zollsachen sowie verwaltungsrechtliche Angelegenheiten, vgl. Art. 1 Abs. 1 EuGV-VO, und ist zudem nicht anzuwenden auf die wesentlichen Teile des Familien-, Erb- und Personenstandsrecht, vgl. Art. 1 Abs. 2, lit. a EuGVVO. Ausgenommen ist weiterhin das Insolvenzrecht, die soziale Sicherheit und die Schiedsgerichtsbarkeit, vgl. Art. 1, Abs 2, lit. b, c, d EuGVVO.

112 EuGH, C 127/91 – Volker Sonntag/Hans Weidmann, Slg 1993, I-1963 = EuZW 1993, 417 = IPRax 1994, 37 m. Anm. Hess; EuGH 14.10.1976, C 29/76-LTU – Eurocontrol, Slg 1976, 1541 = NJW 1977, 489 m. Anm. Geimer 492-493; EuGH 16.12.1980, C 814/79-Niederlande/Rüffer - Slg 1980, 3807 = IPRax 1981, 169 m. Anm. Schlosser, 154-155. Auch die Ausnahmen vom sachlichen Anwendungsbereich in Art. 1 Abs. 1 u. 2 sind autonom auszulegen, vgl. EuGH, 22.02.1979, C 133/78 – Gourdain/Nadler - Slg 1979, 783 = NJW 1979, 1772.

113 Unstr., vgl. nur Thomas/Putzo, Art. 1 EuGVVO, Rn 2; Mes § 143 Rn 10.

114 Da Dänemark aus den o. g. Gründen nicht an die EuGVVO gebunden ist, ist der Begriff des Mitgliedstaats in der Verordnung ausdrücklich in Art. 1 Abs. 3 definiert als jeder Mitgliedsstaat mit Ausnahme des Königreichs Dänemark (vgl. auch 9. Erwägungsgrund EuGVVO). Ist der Beklagte daher im Staatsgebiet des Königreichs Dänemark angesiedelt, unterliegt er weiterhin dem EuGVÜ in der für Dänemark geltenden Fassung des 4. Beitrittsübereinkommens.

115 Vgl. auch 8. Erwägungsgrund, Satz 2 EuGVVO; dieses allg. Prinzip lässt sich aus Art. 2 Abs. 1, 3 Abs. 1, 4 Abs. 1 EuGVVO entnehmen, vgl. auch von Hoffmann, § 3 E. III 2. Rn 203; zur Bestimmung des Wohnsitzes s. Art. 59 EuGVVO.

richte der Mitgliedsstaaten grundsätzlich nach ihren eigenen nationalen Gesetzen, vgl. Art. 4 Abs. 1 EuGVVO.[116]

d) Beziehungen zu mehreren Mitgliedstaaten?

Der 8. Erwägungsgrund der EuGVVO sieht nunmehr in Übereinstimmung mit der bisher h.L. und der Rechtsprechung des EuGH[117] zum EuGVÜ auch ausdrücklich vor, dass ein Anknüpfungspunkt an das Hoheitsgebiet eines der Mitgliedstaaten, die durch die Verordnung gebunden sind, ausreichend ist[118] und beendet damit eine langjährige Streitfrage unter dem EuGVÜ.[119] Auch Sinn und Zweck der Verordnung, bei möglichst vielen Urteilen die erleichterte Anerkennung und Vollstreckung zu gewährleisten und eine einheitliche Zuständigkeitsordnung zu schaffen, spricht gegen eine Einschränkung der Anwendbarkeitsvorausssetzungen der Verordnung über ihren Wortlaut hinaus.[120] Die Zuständigkeitsvorschriften der EuGVVO finden daher stets Anwendung, wenn der Beklagte seinen (Wohn-)sitz in einem Mitgliedstaat im Sinne der EuGVVO hat, eine der ausschließlichen Zuständigkeiten gemäß Art. 4, Abs. 1

---

116 Art. 4 Abs. 1 EuGVVO sieht nur zwei Ausnahmen von dieser allgemeinen Regel vor. Wie schon bisher in Art. 4 Abs. 1 EuGVÜ wird den Vorschriften über die ausschließliche Zuständigkeit in Art. 22 EuGVVO Vorrang vor den nationalen Vorschriften der Mitgliedstaaten unabhängig vom Wohnsitz des Beklagten eingeräumt. Darüber hinaus stellt Art. 4 Abs. 1 EuGVVO ausdrücklich klar, dass auch eine den Anforderungen aus Art. 23 EuGVVO gerecht werdende Gerichtstandsvereinbarung gegenüber einem Beklagten ohne Wohnsitz in einem Mitgliedstaat im Sinne der EuGVVO wirksam und bindend ist. Letzteres war auch unter Geltung des EuGVÜ bereits anerkannt, wenn auch kein ausdrücklicher Verweis auf Art. 17 EuGVÜ in Art. 4 Abs. 1 EuGVÜ enthalten ist; vgl. Firsching/von Hoffmann, 5. Aufl. § 3 E. III 2., Rn 204. Daneben enthalten Art. 9 Abs. 2 und 15 Abs. 2 EuGVVO jeweils Fiktionen, mit denen formal das Prinzip des Wohnsitzes des Beklagten aufrecht erhalten bleibt; obwohl jeweils kein Wohnsitz des Versicherers bzw. des Vertragspartners des Verbrauchers in einem Mitgliedstaat vorhanden ist, wird er für Streitigkeiten aus dem Betrieb einer Niederlassung in einem Mitgliedstaat so behandelt, als wenn er seinen Wohnsitz im Hoheitsgebiet dieses Staates hätte.

117 EuGH, C-412/98, Slg. 2000 I, 5925 – Group Josi Reinsurance Company = NJW 2000, 3121 = IPRax 2000, 520 m. Anm. Staudinger 483-488.

118 So auch Piltz, NJW 2002, 790; Micklitz/Rott, EuZW 2001, 327; Hausmann, The European Legal Forum 2000/01, 43/44; Schlosser, EuGVVO, Vorbem. Art. 2 Rn 5; Kropholler, EuZPR, vor Art. 2 Rn 6; von Hoffmann, § 3 E. III 3. Rn 213.

119 Teile der Lehre vertraten, dass ungeschriebene Voraussetzung für die Anwendbarkeit der europäischen Zuständigkeitsregeln sei, dass der Sachverhalt Beziehungen zu mindestens zwei Mitgliedstaaten aufweisen muss; so z.B. Piltz, NJW 1979, 1072 mN; dagegen die h. L: von Hoffmann, 6. Aufl. § 3 E. III 3. Rn. 213; Schlosser, EuGVÜ, vor Art. 2 Rn. 5; vgl. auch Kropholler, EuZPR, vor Art. 2, Rn. 8 mwN. Ein Vorabentscheidungsersuchen des englischen House of Lords (House of Lords, in Re Harrods, IPRax 1992, 373; ABl (EG) 1992, C219/4.), das die Frage klären sollte, wurde durch Prozessvergleich erledigt, bevor der EuGH Stellung nehmen konnte, vgl. von Hoffmann, 6. Aufl. § 3 E. III 3. Rn. 211, Fn 350.

120 Vgl. von Hoffmann, § 3 E. III 3. Rn 213 m.w.N.

iVm 22 EuGVVO begründet ist oder eine Gerichtsstandsvereinbarung gemäß Art. 23 EuGVVO getroffen wurde, ohne dass es im übrigen auf Bezüge zu anderen Mitgliedstaaten ankäme.

e) Verhältnis zum nationalen Recht der Mitgliedstaaten

Ist der Anwendungsbereich der EuGVVO eröffnet, so geht sie den nationalen Vorschriften vor, es darf zur Ermittlung der internationalen und - soweit diese von der EuGVVO geregelt wird - auch der örtlichen Zuständigkeit nicht mehr auf die nationalen Regelungen der Mitgliedstaaten zurückgegriffen werden[121]. Dies wird in Art. 3 und 4 EuGVVO ausdrücklich klargestellt, ergibt sich darüber hinaus aber auch schon aus der Eigenschaft der EuGVVO als Verordnung im Sinne des Art. 249 EG und dem in Art. 5 EG (10 EGV) zum Ausdruck kommenden Grundsatz der Gemeinschaftstreue[122] und dem allgemeinen Grundsatz des Anwendungsvorrangs des Gemeinschaftsrechts[123].
Hat der Beklagte seinen Wohnsitz im Hoheitsgebiet eines Mitgliedstaats im Sinne der EuGVVO, so kann er gemäß Art. 3 Abs. 1 EuGVVO nur in diesem oder gemäß den Vorschriften des 2. bis 7. Abschnitts des Kapitels zu II. der

---

121 Von diesem Grundsatz macht Art. 31 EuGVVO (wie früher Art. 24 EuGVÜ) eine Ausnahme für Maßnahmen des einstweiligen Rechtschutzes. Diese können von einem inländischen Gericht auch dann erlassen werden, wenn dieses Gericht zwar nicht nach den Regelungen der EuGVVO aber nach innerstaatlichen Bestimmungen zuständig ist. Daraus ergibt sich, dass jedenfalls die Zuständigkeit nach § 919, 2.Alt. ZPO für das Amtsgericht der belegenen Sache erhalten bleibt. Darüber hinaus versteht die h.M. Art. 31 EuGVVO/24 EuGVÜ dahin, dass auch die Zuständigkeit des fiktiven Hauptsachegerichts eröffnet wird. Darunter ist das Gericht zu verstehen, welches zwar nicht nach dem (eigentlichen anwendbaren) EuGVVO/EuGVÜ- Bestimmungen, jedoch nach dem (eigentlichen unanwendbaren) innerstaatlichen Regelungen zur Entscheidung in der Hauptsache berufen wäre, vgl. Thümmel, NJW 1996, 1930 ff. mwN; Zöller/Geimer, Art. 31 EuGVVO Rn. 1 m.w.N. Eine einstweilige Verfügung oder ein Arrest kann daher auch im exorbitanten Gerichtstand des Vermögens nach § 23 ZPO erwirkt werden.

122 Die VO ist gem. Art. 249 EG in allen ihren Teilen verbindlich und gilt unmittelbar in allen Mitgliedstaaten. Die allgemeine und unmittelbare Wirkung der VO sichert die einheitliche Anwendung des Gemeinschaftsrechts in allen Mitgliedstaaten. Zugleich schließt sie die Anwendung mitgliedstaatlicher Regelungen aus, die inhaltlich nicht mit den Regelung der VO vereinbar sind. Vgl. zum Gemeinschaftstreuegebot BBPS, Rn 133; Streinz, Rn 139 ff.

123 Vgl. EuGH, C6/64-Costa/ENEL, Slg 1964, 1251; EuGH, C106/77-Simmenthal II, Slg 1978, 629 ff. Den Anwendungsvorrang des primären wie auch im Rahmen der Kompetenz ergangenen sekundären Gemeinschaftsrechts gegenüber einfachen Gesetzen hat auch das Bundesverfassungsgericht seit jeher vorbehaltlos anerkannt, vgl. BVerfGE 31, 145 (173 ff.); BVerfGE 37, 271 (Solange I). Vorbehalte hatte das Bundesverfassungsgericht lediglich im Hinblick auf die eigene Prüfung sekundären Gemeinschaftsrecht geäußert, schließlich aufgegeben (BVerfGE 73, 39-Solange II) und letztlich im sog. Maastricht-Urteil auf die Überprüfung von Gemeinschaftsrechtsakten auf Kompetenzüberschreitungen begrenzt (BVerfGE 89,155 = NJW 1993, 3047 ff.; vgl. auch BBPS, Rn 182 ff.); vgl. BBPS, Rn 165 ff. zur Rechtsprechung der staatlichen Gerichte der Mitgliedstaaten.

EuGVVO verklagt werden. Obwohl die allgemeine Nichtanwendbarkeit der nationalen Regelungen bereits in Art. 3 Abs. 1 EuGVVO ausdrücklich festgelegt ist, hebt Art. 3 Abs. 2 EuGVVO nochmals gesondert hervor, dass die in Anhang I aufgeführten, sogenannten exorbitanten innerstaatlichen Zuständigkeitsvorschriften nicht geltend gemacht werden können. Dadurch wird betont, dass gegen die in dem im Anhang aufgeführten Regelungen zum Ausdruck kommenden Grundsätze prinzipielle Vorbehalte bestehen, die sie mit der Vorstellung einer gemeinschaftsrechtlichen Zuständigkeitsordnung nicht vereinbar erscheinen lassen.

f) Zuständigkeitsordnung nach der EuGVVO

Nach Art. 68 EuGVVO tritt die Verordnung für alle Mitgliedstaaten (außer Dänemark) an die Stelle des EuGVÜ. Die EuGVVO übernimmt die bereits im EuGVÜ angelegte Zuständigkeitsordnung.[124]

aa) Allgemeiner Gerichtsstand des Wohnsitzes des Beklagten, Art. 2 Abs. 1 EuGVVO

Art. 2 Abs. 1 EuGVVO eröffnet den allgemeinen Gerichtsstand am Wohnsitz des Beklagten und folgt damit den römisch-rechtlichen Grundsatz „actor sequitur forum rei", der auch in den §§ 12, 17 ZPO Niederschlag gefunden hat.[125] Diese Schutzbestimmung für den Beklagten ist im internationalen Rechtsverkehr von noch größerer Bedeutung als im innerstaatlichen Recht, da es im allgemeinen für den Beklagten noch schwieriger ist, sich vor ausländischen Gerichten zu verteidigen, als vor fremden Gerichten im eigenen Heimatland.[126] Dabei nimmt die EuGVVO wie schon das EuGVÜ keine eigene Bestimmung des Wohnsitzes von natürlichen Personen vor, sondern überlässt diese Entscheidung in Art. 59 EuGVVO ausdrücklich der lex fori des angerufenen Gerichts.[127]

---

124 Im Folgenden werden daher grds. nur die Vorschriften der EuGVVO zitiert. Eine vergleichende Aufstellung der Normen der EuGVVO und des EuGVÜ findet sich bei Kropholler, EUZPR.

125 Wie unter Geltung des EuGVÜ regelt Art. 2 Abs. 1 EuGVVO nur die internationale Zuständigkeit. Die örtliche Zuständigkeit wird dagegen durch die nationalen Rechtsordnungen bestimmt, in Deutschland also insbesondere durch §§ 12-35a ZPO.

126 Vgl. Jenard-Bericht, ABl.(EG) 1979, C 59/18 v. 5.3.1979.

127 So auch schon Art. 52 EuGVÜ. Hat der Beklagte einen doppelten Wohnsitz, so reicht ein Wohnsitz im Gerichtsstaat zur Begründung der internationalen Zuständigkeit nach der EUGVVO aus, vgl. Thomas/Putzo, Art. 2 EuGVVO, Rn 5. Die Bemühungen um eine autonome Definition des Wohnsitzes scheiterten, ursprünglich hatte die Kommission die Anknüpfung an den im IPR gebräuchlichen „Ort des gewöhnlichen Aufenthalts" vorgeschlagen, vgl. Art. 2 Abs. 2 des Vorschlags für eine Revision des EuGVÜ, ABl (EG) 1989 Nr. C33/20 v. 31. 01.1989, das auch in Art. 2 Abs. 1 der Verordnung (EG) Nr. 1347/2000 über die Zuständigkeit und die Anerkennung und Vollstreckung von Entscheidungen in Ehesachen und in Verfahren betreffend die elterliche Verantwortung für die gemeinsamen Kinder der Ehegatten, ABl (EG) 2000, L 160/19 vom 30.06.2000,

Harmonisiert wurde durch die EuGVVO hingegen die Bestimmung des Sitzes von Gesellschaften und juristischen Personen.[128]
Um den unterschiedlichen Vorstellung in den Mitgliedstaaten gerecht zu werden und in Anlehnung an Art. 48 EG sind nach Art. 60 Abs. 1 EuGVVO nunmehr gleichermaßen entscheidend der satzungsmäßige Sitz, die Hauptverwaltung oder die Hauptniederlassung. Bei Gesellschaften und juristischen Personen, bei denen satzungsmäßiger Sitz, Hauptverwaltung und Hauptniederlassung in unterschiedlichen Mitgliedstaaten belegen sind, sind daher drei Wohnsitze im Sinne der EuGVVO möglich, an denen sie gemäß Art. 2 Abs. 1 EuGVVO verklagt werden können. Der Kläger hat somit die freie Wahl, an welchem dieser Orte er klagen will.[129] Dies eröffnet Möglichkeiten zum forum shopping.

bb) Besondere Gerichtsstände

Ergänzend zum allgemeinen Gerichtsstand enthält die EuGVVO in Art. 5 und 6 besondere Gerichtsstände für bestimmte Klagen. Sind deren Voraussetzungen erfüllt, kann der Kläger frei wählen, ob er die Klage im Wohnsitzstaat des Beklagten oder an einem besonderen Gerichtsstand in einem anderen Mitgliedstaat erheben will. Mit Ausnahme von Art. 5 Nr. 6 EuGVVO regeln dabei Art. 5 und 6 EuGVVO auch die örtliche Zuständigkeit. Ein Rückgriff auf die §§ 12-35a ZPO ist daher hier unzulässig. Für Patentverletzungsklagen von besonderer Bedeutung sind dabei der Gerichtsstand am Ort der unerlaubten Handlung gem. Art. 5 Nr. 3 EuGVVO und der Gerichtsstand der Beklagtenmehrheit nach Art. 6 Nr. 1 EuGVVO.

cc) Schutzvorschriften

Daneben enthält die EuGVVO besondere, auf den Schutz der Versicherungsnehmer (Art. 8 bis 14 EuGVVO), der Verbraucher (Art. 15 bis 17 EuGVVO) und der Arbeitnehmer (Art. 18 bis 21 EuGVVO) gerichtete Regelungen,

---

übernommen worden, vgl. auch Micklitz/Rott, EuZW 2001, 327;Zöller/Geimer, Art. 2 EuGVVO Rn 2.

128 Während das angerufene Gericht den Sitz von Gesellschaften und juristischen Personen gemäß Art. 53 Abs. 1 Satz 2 EuGVÜ nach den Vorschriften seines internationalen Privat-rechts ermitteln musste, sieht Art. 60 EuGVVO nunmehr eigene Kriterien vor. Die Regelung des EuGVÜ führte aufgrund der bestehenden Divergenzen über die kollisionsrechtliche Anknüpfung des Gesellschaftsstatuts in den Mitgliedstaaten dazu, dass der Anwendungsbereich des EuGVÜ auf Gesellschaften, deren satzungsmäßiger Sitz nicht mit dem effektiven Sitz der Hauptverwaltung zusammenfällt, in den einzelnen Mitglied-staaten unterschiedlich interpretiert wurde, was wiederum sowohl zu positiven als auch negativen Kompetenzkonflikten führen konnte, vgl. Hausmann, The European Legal Forum 2000/01, 42 ff.;s.auch 11. Erwägungsgrund der EuGVVO, wo die Vermeidung von Kompetenzkonflikten als Begründung für die Neufassung ausdrücklich miterwähnt ist.

129 Hausmann, The European Legal Forum 2000/01, 43; Piltz NJW 2002, 792; Micklitz/Rott, EuZW 2001, 327; Jayme/Kohler, IPRax 1999, 406. Vgl. allerdings die Sonderregelungen für gesellschaftsrechtlichen Klagen in 22 Abs. 2 EuGVVO sowie im Hinblick auf die Bestimmung des Sitzes beim Trust gem. Art. 60 Abs. 3 EuGVVO.

die gegenüber den Vorschriften des EuGVÜ noch weiter zugunsten dieser Personengruppen ausgestaltet wurden.[130]

dd) Ausschließliche Gerichtsstände, Gerichtsstandsvereinbarung und rügelose Einlassung

In Art. 22 EuGVVO sind eine Reihe ausschließlicher internationaler Zuständigkeiten aufgeführt, die sowohl den allgemeinen als auch die besonderen Gerichtsstände und die Schutzvorschriften verdrängen, sobald ihr Anwendungsbereich eröffnet ist. Für patentrechtliche Streitigkeiten ist dabei Art. 22 Nr. 4 EuGVVO wichtig, der u.a. die ausschließliche Zuständigkeit der Gerichte des Registrierungsstaates bei Klagen betreffend die Eintragung oder Gültigkeit von Patenten festlegt. Auch Gerichtstandsvereinbarungen sind gemäß Art. 23 Abs. 5 EuGVVO unzulässig, soweit Gerichte, deren Zuständigkeit abgedungen wird, aufgrund von Art. 22 EuGVVO ausschließlich zuständig sind. Eine rügelose Einlassung kann gemäß Art. 24 S. 2 EuGVVO ebenfalls nicht zur Zuständigkeit eines Gerichts führen, wenn ein anderes Gericht aufgrund von Art. 22 EuGVVO ausschließlich zuständig ist. Darüber hinaus muss sich ein Gericht eines Mitgliedstaates von Amts wegen für unzuständig erklären, wenn die ausschließliche Zuständigkeit des Gerichts eines anderen Mitgliedstaats nach Art. 22 EuGVVO vorgesehen ist, vgl. Art. 25 EuGVVO.

Sofern keine ausschließliche Zuständigkeit gemäß Art. 22 EuGVVO abbedungen wird und keine Versicherungs-, Verbraucher- oder Arbeitnehmer Zuständigkeitsschutzvorschriften ausgehebelt werden, (vgl. Art. 23 Abs. 5 EuGVVO) ermöglicht Art. 23 EuGVVO unter bestimmten Voraussetzungen die Begründung einer Zuständigkeit kraft Parteivereinbarung.[131]
Auch im Rahmen der EuGVVO kann die Zuständigkeit eines Gerichts gemäß Art. 24 durch rügelose Einlassung auf das Verfahren begründet werden, soweit nicht eine ausschließliche Zuständigkeit nach Art. 22 EuGVVO entgegensteht.[132]

---

130 Vgl. Junker, RIW 2002, 572 ff.; Piltz, NJW 2002, 791 ff.; Micklitz/Rott, EuZW 2001, 329 ff.; Hausmann, The European Legal Forum, 2000/01, 45 ff.

131 Auslegung und Anwendung der Vorschrift war unter dem EuGVÜ in vielfacher Hinsicht strittig und problematisch und ist nur teilweise durch die EuGVVO einer eindeutigen Lösung zugeführt worden, vgl. im einzelnen Zöller/Geimer, Art. 23 EuGVVO, Rn 1ff. m.v.w.N. Die Vereinbarung kann ein bestimmtes Gericht oder die Gerichte eines bestimmten Mitgliedstaats für zuständig erklären. Im Gegensatz zu § 38 ZPO wird dabei nicht zwischen Kaufleuten und Privatpersonen differenziert. Der Bedeutung des elektronischen Geschäftsverkehrs Rechnung tragend, werden im Art. 23 Abs. 2 EuGVVO nunmehr auch elektronische Übermittlungen, die dauerhaft aufgezeichnet werden können, der Schriftform gleichgestellt.

132 § 39 ZPO ist nicht anwendbar, insbesondere gelten auch §§ 39 Satz 2 iVm 504 ZPO nicht. Eine Einlassung zur Hauptsache ist anders als bei § 39 ZPO nicht erforderlich, es genügen auch Einreden zum Verfahren – mit Ausnahmen der Geltendmachung des Zuständigkeitsmangels – um eine Zuständigkeit nach Art. 24 EuGVVO zu begründen.

4) Auslegungskompetenz des EuGH

Das mit EuGVÜ und EuGVVO verfolgte Ziel der Vereinheitlichung der Zuständigkeits- und Vollstreckungsvorschriften wird gefährdet, wenn deren Regelungen in den einzelnen Mitgliedsstaaten keine einheitliche Anwendung erfahren. Schon bei Abschluss des EuGVÜ war dies den Gründernationen bewusst.[133]
Als außerhalb des EG-Vertrages abgeschlossener, selbstständiger völkerrechtlicher Vertrag erstrecken sich die Vorschriften über die Vorabentscheidung (Art. 234 EG; Art. 177 EGV), die die einheitliche Auslegung von EG-Vertrag und Vorschriften, die auf Handlungen der Organe der EG beruhen, gewährleisten sollen, nicht auf die Auslegungsfragen zum EuGVÜ.[134] Um seine einheitliche Auslegung zu ermöglichen, wurde das EuGVÜ daher durch das Luxemburger Auslegungsprotokoll vom 03.06.1971[135] ergänzt, in welchem dem EuGH die Auslegungskompetenz für das EuGVÜ, die Beitrittsübereinkommen und das Auslegungsprotokoll selbst übertragen wurde. Art. 2 bis 5 des Auslegungsprotokolls sehen ein Vorlageverfahren vor, das nach dem Modell des in Art. 177 EGV (heute Art. 234 EG) vorgesehenen Vorabentscheidungsverfahren ausgestaltet ist.

Im Unterschied zum EuGVÜ stellt die EuGVVO selbst sekundäres Gemeinschaftsrecht dar und unterliegt als solches dem Vorabentscheidungsverfahren des Art. 234 EG unmittelbar. Die Möglichkeit zur Vorabentscheidungsvorlage nach Art. 234 EG ist im Unterschied zum Auslegungsprotokoll[136] grundsätzlich

---

133 Vgl. Gemeinsame Erklärung vom 27.09.1968, ABl. (EG) 1998, C 27/31.

134 Dies wird von deutschen Gerichten teilweise übersehen, vgl. OLG Düsseldorf, WM 1995, 1349, 1350; OLG Hamm, IPRax 1995, 108; Schlosser EuGVÜ, Vorb. 1 zu Auslegungsprotokoll EuGVÜ.

135 Luxemburger Protokoll betreffend die Auslegung des Übereinkommens vom 27.09.1968 über die gerichtliche Zuständigkeit und die Vollstreckung gerichtlicher Entscheidungen in Zivil- und Handelssachen durch den Gerichtshof (BGBl 1972 II 846); ABl. (EG) 1975 L204/28; zu diesem Auslegungsprotokoll siehe auch Jenard-Bericht, ABl. (EG) 1979, C 59/66 ff. Des weiteren haben sich die Regierungen der ursprünglichen Unterzeichnerstaaten in einer gemeinsamen Erklärung im Anschluss und zeitgleich mit der Unterzeichnung des Protokolls bereit erklärt, im Benehmen mit dem EuGH einen Austausch von Informationen über die Entscheidungen der vorlegenden Gerichte einzurichten, ABl. (EG) 1998, C 27/31.

136 Nach Art. 3 Abs. 1 iVm Art. 2 Nr. 1 Auslegungsprotokoll besteht in Deutschland für die obersten Gerichtshöfe des Bundes (vgl. Art. 95 GG) und nach hM (vgl. Schlosser EuGVÜ, Vorb. 2 zu Auslegungsprotokoll EuGVÜ; von Hoffmann, 6. Aufl. § 3 E. II 1. Rn 189);darüber hinaus für das Bundesverfassungsgericht eine Vorlagepflicht, wenn das Gericht die Entscheidung über eine Auslegungsfrage zum Erlass des Urteils für erforderlich hält. Zudem können die Gerichte der Vertragsstaaten, sofern sie als Rechtsmittelinstanz (wozu in Deutschland auch die Beschwerdeinstanz zählt) entscheiden, unter den gleichen Voraussetzungen diese Fragen dem EuGH zur Entscheidung vorlegen, sind dazu aber nicht verpflichtet (vgl. Art. 3 Abs. 2 iVm Art. 2 Nr. 2 Auslegungsprotokoll). Das gleiche gilt für die Gerichte, bei denen der Rechtsbehelf gegen die Zulassung

jedem Gericht eröffnet, wenn dieses eine Entscheidung über eine ihm vorgelegte Frage zum Erlass seines Urteils für erforderlich hält.[137] Aufgrund der Sonderregelung des Art. 68 EG ist der Zugang zum EuGH für Auslegungsfragen hinsichtlich der EuGVVO jedoch wesentlich restriktiver. Gemäß Art 68 Abs. 1 EG können nur die letztinstanzlichen nationalen Gerichte eine Auslegungsfrage zur Vorabentscheidung vorlegen.[138] Der EuGH scheint bei der Auslegung, ob die Vorlagefrage von einem Gericht stammt, „dessen Entscheidungen selbst nicht mehr mit Rechtsmitteln des innerstaatlichen Rechts angefochten werden können“, eine konkrete Betrachtungsweise zugrunde zu legen, d.h. es muss geprüft werden, ob für den konkreten Fall Rechtsmittel zur Verfügung gestanden hätten.[139] Im Einklang mit der jüngsten Rechtsprechung des EuGH zum Auslegungsprotokoll[140] wäre danach die Vorlagemöglichkeit auch den erstinstanzlichen Gerichten der Mitgliedsstaaten eröffnet, sofern deren Entscheidungen im konkreten Fall selbst nicht mehr mit innerstaatlichen Mitteln angegriffen werden können.[141]

---

der Zwangsvollstreckung gemäß Art. 36, 37 EuGVÜ eingelegt werden kann (vgl. Art. 3 Abs. 2 iVm. Art. 2 Nr. 3 Auslegungsprotokoll). Die Gerichte erster Instanz sind hingegen nicht vorlagebefugt, vgl. aus jüngster Zeit EuGH, C 24/02 - Marseille Fret ./. Seatrano Shipping Company Ltd., Slg. 2002, I-3383 ; EuGH, C-69/02 - Tilly Reichling ./. Leon Wampach, Slg. 2002, I-3393. Durch diese Regelung sollte die Befassung des EuGH mit weniger wichtigen Fällen vermieden werden, vgl. Jenard-Bericht, ABl. (EG) 1979, C 59/66,68, Tz 11.1. Dieser Ausschluss erstinstanzlicher Gerichte von der Vorlagebefugnis ist jedoch dann nicht gerechtfertigt, wenn dieses Gericht zugleich in letzter Instanz entscheidet. Entsprechend wird auch das Auslegungsprotokoll nicht wörtlich, sondern so ausgelegt, dass die Gerichte vorlageberechtigt sind, deren Entscheidungen nicht mehr mit Rechtsmitteln des innerstaatlichen Rechts angefochten werden können, vgl. EuGH, C-18/02–DFDS Torline, Slg. 2004, I-1417, 1449-1450,Tz 14-18; GA Jacobs, Schlussanträge zu EuGH, C-18/02 – DFDS Torline, Slg. 2004, I-1417, 1425-1426,Tz 21-27; in diesem Sinne auch Schlosser-Bericht, ABl. (EG) 1979, C59/71, Tz 255.

137 Die Voraussetzung, dass das vorlegende Gericht die Klärung der Auslegungsfrage „für erforderlich“ halten muss, wurde vor dem Hintergrund der Vermeidung von Verfahrensverschleppungen durch die Parteien aufgenommen, vgl. Jenard-Bericht, ABl.(EG) 1979, C 59/ 66, 69, Tz 12.

138 Vgl. auch Jayme/Kohler, IPRax 2001, 501, 505, Fn 45.

139 Vgl. EuGH, C 69/02 – Tilly Reichling, Slg. 2002, I-3393, Tz 10; EuGH, C-18/02 – DFDS Torline, Slg. 2004, I-1417,1449-1450, Tz 14-18; GA Jacobs, Schlussanträge zu EuGH, C-18/02 – DFDS Torline, Slg. 2004, I-1417, 1425-1426,Tz 21-27; Dietze/Schnichels, EuZW 2003, 582.

140 EuGH, C-18/02 – DFDS Torline, Slg. 2004, I-1417,1449-1450, Tz 14-18; GA Jacobs, Schlussanträge zu EuGH, C-18/02 – DFDS Torline, Slg. 2004, I-1417, 1425-1426,Tz 21-27.

141 Ob deutschen Amtsgerichten damit eine Vorlageberechtigung eingeräumt sein kann, erscheint nach der Reform des Zivilprozessrechts gleichwohl fraglich. Denn selbst wenn der Wert des Beschwerdegegenstandes sechshundert Euro nicht übersteigt, ist eine Berufung möglich, wenn das erstinstanzliche Gericht diese im Urteil zugelassen hat (dies übersehen Dietze/Schnichels, EuZW 2003, 582, die allein auf den niedrigen Streitwert abstellen). Die Zulassung der Berufung wird ausgesprochen, wenn die Rechtssache grundsätzliche Bedeutung hat oder die Fortbildung des Rechts oder die

Die Vorlagepflicht kann aber dann entfallen, wenn vernünftige Zweifel an der Auslegung des EuGVÜ nicht bestehen (sogenannter acte clair). Diese Ausnahme kommt jedoch nur selten zum Tragen, da ein solcher „acte clair" nach der Rechtsprechung des EuGH und der h.L. voraussetzt, dass die betreffende Vorschrift nicht nur aus der subjektiven Sicht der mit der Entscheidung befassten Richter, sondern auch objektiv betrachtet keine Auslegungsprobleme bestehen.[142]

Art. 68 Abs. 3 EG eröffnet daneben einen recours dans l'intérêt de la loi in wesentlich weiterem Umfang als Art. 4 des Auslegungsprotokolls[143]. Der Rat, die

---

Sicherung einer einheitlichen Rechtsprechung eine Entscheidung des Berufungsgerichts erfordert, § 511 Abs. 4, S. 1 ZPO. Hält das Amtsgericht aber eine Entscheidung über die Vorlagefrage zur Internationalen Zuständigkeit nach der EuGVVO zum Erlass seines Urteils für erforderlich, so dürfte regelmäßig auch eine Pflicht zur Zulassung der Berufung aufgrund dieser Frage bestehen. Dies könnte dazu führen, dass die Vorlagefrage über die Zulassung der Berufung in die zweite Instanz verlagert werden müsste. Konsequenterweise müsste dann aber auch eine weitere Verschiebung in die Revisionsinstanz erfolgen, da dann auch die Revision aus den gleichen Gründen zuzulassen wäre. Dies würde zu einer erheblichen und unerwünschten Verlängerung der Prozessdauer führen. Ob sich der EuGH in einem solchen Fall für zuständig zur Entscheidung über das Vorabentscheidungsersuchen des erstinstanzlichen Gerichts erklären wird, bleibt abzuwarten.

142 EuGH C283/81 – CILFIT, Slg. 1982, 3415, 3430 = NJW 1983, 1257; BBPS Rn 605 ff., von Hoffmann, § 3 E. II 1., Rn 190; a.A. Conseil d'Etat, Recueil des décisions du Conseil d'Etat 1964, 344 (Shell-Berre), Conseil d'Etat, EuR 1979, 292 (Cohn-Bendit). Eine objektive Unklarheit kann sich allerdings bereits dann ergeben, wenn die unterschiedlichen sprachlichen Fassungen des EuGVÜ voneinander abweichen und wenn divergierende Auffassungen innerhalb eines Spruchkörpers oder zwischen Gerichten desselben oder anderer Mitgliedstaaten bestehen, EuGH C283/81 – CILFIT, Slg. 1982, 3415, 3430 = NJW 1983, 1257; BBPS Rn 605. Auch die Auffassungen beachtlicher Vertreter der Literatur sind zu berücksichtigen.

143 Auf besonderen Antrag der zuständigen Stellen kann eine Auslegungsentscheidung des EuGH gem. Art. 4 Abs. 1 für den Fall erwirkt werden, dass rechtskräftige Entscheidungen von Gerichten eines Vertragsstaates der Auslegung widersprechen, die vom EuGH oder einem der in Art. 2 Nr. 1 und 2 des Auslegungsprotokolls aufgeführten Gerichte eines anderen Vertragsstaats in rechtskräftigen Entscheidungen gegeben wurden. Eine nach diesem Verfahren gegebene Auslegung des EuGH bleibt allerdings gem. Art. 4 Abs. 2 des Auslegungsprotokolls ohne Wirkung für die bereits ergangenen rechtskräftigen Entscheidungen, sie kann auch nicht Anlass für eine Wiederaufnahme sein, vgl. Jenard-Bericht, ABl. (EG) 1979 C 59/70, Tz 14. Bislang ist von diesem Verfahren noch kein Gebrauch gemacht worden, vgl. von Hoffmann, § 3 E. II 1., Rn 189; Schlosser, EuGVÜ, Vorb. 4 zum Auslegungsprotokoll.
Dagegen hat der EuGH nach dem EuGVÜ keine formelle Möglichkeit, erledigte Rechtsstreite als Grundlagenfragen zu entscheiden. Art. 77, 78 der Verfahrensordnung sehen bei außergerichtlicher Erledigung einer Streitsache und Klagerücknahme die Streichung der Sache aus dem Register vor. Eine Entscheidung wird nur noch über die Kosten gefällt, aber nicht mehr zur Sache. Dies gilt auch bei grundsätzlicher Bedeutung der Vorlagefrage. Auch auf diesen Umstand ist es zurückzuführen, dass der EuGH bisher keine Möglichkeit hatte, zu den Auslegungsfragen betreffend Art. 6 Nr. 1, Art.16 Nr.4 und 19 und Art.5 Nr. 3 EuGVÜ bei Patentstreitigkeiten Stellung zu nehmen.

Kommission oder ein Mitgliedstaat (mit Ausnahme Dänemarks) können danach dem EuGH Auslegungsfragen zur EuGVVO unabhängig von einem konkreten Rechtsstreit vorlegen, wobei die Entscheidung, die auf ein solches Ersuchen hin ergeht, keine Auswirkungen mehr auf bereits rechtskräftig gewordene Urteile der Mitgliedstaaten hat. Diese Möglichkeit der Vorlage im Interesse der einheitlichen Rechtsanwendung kann dazu führen, dass dem EuGH u.a. die in dieser Arbeit behandelten Fragen auch unabhängig von einem konkret anhängigen Verfahren vorgelegt werden, um ihm damit die Gelegenheit zu geben, zu diesen Stellung zu nehmen.

Die Wirkungen der Vorabentscheidungen sind weder im EG-Vertrag, noch im Auslegungsprotokoll, der Satzung oder der Verfahrensordnung des EuGH geregelt. Der Zweck, die Einheitlichkeit der Auslegung und Anwendung des EuGVÜ zu gewährleisten, erfordert die Bindung des vorlegenden Gerichts und aller mit der Sache befassten Instanzgerichte.[144] Im Interesse einer Fortbildung des Rechts durch die Rechtsprechung und zur Ermöglichung einer Anpassung an veränderte Umstände und Rahmenbedingungen beschränkt sich die Bindungswirkung darüber hinaus jedoch darauf, dass bei einer beabsichtigten Abweichung von der Rechtsprechung des EuGH eine Vorlage geboten ist.[145]

Nachdem damit die Rahmenbedingungen für Verletzungsklagen in Patentstreitigkeiten festgelegt sind, soll im Folgenden untersucht werden, ob und inwieweit der Gerichtsstand der unerlaubten Handlung bei grenzüberschreitenden Verletzungsklagen begründet sein kann.

---

144 Dies ist insbesondere wichtig, falls nach Vorabentscheidung des EuGH, z.B. durch den BGH an ein OLG zur endgültigen Entscheidung zurückverwiesen wird.

145 Vgl. Streinz, § 8 III 5 e), Rn 564; BBPS, Rn 606; von Hoffmann, § 3 E. II 1., Rn 189.

4. Kapitel: Gerichtsstand der unerlaubten Handlung im Inland bei Handlungen mit Auslandsbezug

Bei Handlungen mit Auslandsbezug, insbesondere in Verbindung mit Auslandsgeschäften kann der Gerichtsstand der unerlaubten Handlung im Inland jedenfalls insoweit begründet sein, als mit dieser Handlung zugleich ein inländisches Patent verletzt wird. Für den Patentinhaber oder Lizenznehmer ist dies insbesondere dann von Bedeutung und Interesse, wenn ein Schutzrecht in dem betreffenden Auslandsstaat nicht besteht und er damit bei fehlender Verletzung des inländischen Patentrechts keinen Schutz genießen könnte. Zum anderen kann die Eröffnung des Gerichtsstands im Inland prozessuale Vorteile mit sich bringen.

Ob und inwieweit durch auf das Ausland gerichtete Handlungen inländische Patente verletzt werden können, soll im folgenden kurz zusammengefasst dargestellt werden, wobei es zweckmäßig erscheint, zwischen der Rechtslage beim Erzeugnispatent und beim Verfahrenspatent zu unterscheiden.

A. Erzeugnispatent

I. Herstellen

Das Herstellen umfasst die gesamte Tätigkeit des Herstellens von Beginn bis Abschluss, ist also nicht auf den letzten, die Vollendung unmittelbar herbeiführenden Tätigkeitsakt beschränkt.[146] Dabei stellen sich in Bezug auf Auslandsgeschäfte insbesondere drei problematische Konstellationen, nämlich die Abgrenzung der patentverletzenden Herstellungshandlung zur zulässigen Vorbereitungshandlung, die Herstellung von Teilen eines geschützten Erzeugnisses und die Herstellung des Erzeugnisses im Inland in nicht patentverletzender Form mit anschließendem Umbau im Ausland in die patentverletzende Form.

Als zulässige Vorbreitungshandlung wird von der herrschenden Meinung auch die bloße Anfertigung von Entwürfen und Konstruktionszeichnung angesehen.[147] Lediglich für den Fall, dass neben den Entwürfen weitere Leistungen wie z.B. die Anweisung zur Herstellung, die Überwachung der Herstellung im

---

146 Vgl. Mes, § 9 PatG, Rn. 12; Tetzner, GRUR 1980, 883 mwN; Benkard/Bruchhausen, § 9 PatG, Rn 31 mwN.

147 RGZ 124, 368 (371) – dort aufgrund besonderer Umstände – u.a. Anweisung für Bau im Ausland, Bauüberwachung und Prüfung der fertigen Anlage auf ordnungsgemäße Ausführung – anders beurteilt; RG GRUR 1937, 670 (672); RGZ 122, 243 (246); Benkard/ Bruchhausen § 9 PatG, Rn 29, 31; Mes, § 9 PatG, Rn 13; a.A.Tetzner, GRUR 1980, 883 ff.

Ausland und die Prüfung der fertigen Vorrichtung planmäßig vorgesehen ist und erfolgt, kann die Zeichnung bereits als Anfang und damit Teil der Herstellung selbst, vollzogen im Inland, angesehen werden.[148]
Auch die Herstellung von Teilen eines geschützten Erzeugnisses kann eine inländische Patentverletzung begründen, wenn sie erfindungsfunktionell individualisiert sind. Dazu ist erforderlich, dass die Teile zumindest nicht ohne weiteres auch außerhalb der geschützten Gesamtvorrichtung verwendet werden können und zudem eine solche Ausgestaltung erhalten haben, die sie durch ihre erfindungsgemäße Anpassung an die geschützte Gesamtvorrichtung aus der Zahl anderer vergleichbarer Einzelteile heraushebt und durch eine solche Individualisierung in unmittelbare Beziehung zum Erfindungsgegenstand setzt.[149] Bei der gebotenen wirtschaftlichen Betrachtungsweise ist daher die inländische Herstellung von erfindungsfunktionell gestalteten, individuell angepassten Teilen als ein Akt der Herstellung der Gesamtvorrichtung zu sehen, der zu einer Verletzung des inländischen Patents führen kann.

Dagegen wird man die Herstellung eines Erzeugnisses in nicht patentverletzender Form grundsätzlich auch dann nicht als patentverletzendes Herstellen ansehen können, wenn die *Möglichkeit zum Umbau* in eine patentverletzende Form gegeben ist. Anderes kann allerdings dann gelten, wenn das Erzeugnis in der nicht-patentverletzenden Form nicht funktionstüchtig ist und ihre bestimmungsgemäße (einzig mögliche) Funktion erst durch einen „Umbau" im Ausland erreichbar wäre, da dieser Fall der Herstellung von erfindungsfunktionell angepassten Teilen vergleichbar ist und mit ihm gleichgesetzt werden kann.[150] Unter Umständen kann aber auch bei einem ansonsten funktionstüchtigen Erzeugnis bei der Möglichkeit zum Umbau in eine patentverletzende Form eine Verletzung eines inländischen Patents in Form des Anbietens vorliegen.

II. Anbieten

Anbieten ist jedes Feilbieten zum Erwerb oder zur Benutzung, gleichgültig, ob die Überlassung im Wege der Eigentumsübertragung oder miet-, leih- oder pachtweise oder in sonstiger Form erfolgen soll.[151] Im Hinblick auf die Auslandsgeschäfte ist hier insbesondere der Begehungsort bei schriftlichen Angeboten von Interesse. Dabei ist nach vorherrschender Ansicht nicht nur der Zugang der Angebots von Bedeutung, sondern auch dessen Absendung, so dass die Handlung des Anbietens sowohl am Absendeort als auch am

148 Vgl. RGZ 124, 368 (372); Tetzner, GRUR 1980, 883 ff..
149 BGH, GRUR 1971, 78 (80) – Dia-Rähmchen V – m. Anm. Moser von Filseck; Benkard/Bruchhausen, § 9 PatG, Rn 34; Tetzner, GRUR 1980, 884; Mes, § 9 PatG, Rn 12.
150 Vgl. Tetzner, GRUR 1980, 885; RG GRUR 1936, 236 (241) bejaht dagegen in jedem Fall eine Herstellung im Inland.
151 Vgl. BGH, GRUR 1970, 358 (360) – Heissläuferdetektor; BGH, GRUR 1960, 423 (425) - Kreuzbodenventilsäcke I; Mes, § 9 PatG, Rn 14.

Empfangsort bei schriftlichem Anbieten begangen ist.[152] Unter dem Begriff des Anbietens fällt auch, dass sich jemand auf Wunsch eines Interessenten zur Herstellung und Lieferung eins patentverletzenden Gegenstandes bereit erklärt.[153] Dabei ist eine wirtschaftliche Betrachtungsweise anzusetzen, so dass ein Anbieten auch dann vorliegen kann, wenn nicht alle für ein Angebot iSd § 145 BGB notwendigen geschäftlichen Einzelheiten enthalten sind. Umgekehrt beinhaltet jedes rechtswirksame Angebot zugleich ein Anbieten. Da jeder Vertragsschluss ein Angebot und eine Annahme voraussetzt, ist damit auch bei jedem Vertragsschluss ein Anbieten iSd § 9 Satz 2 Nr. 1 PatG gegeben.[154]
Da das Anbieten nicht nur als eine dem Herstellen, Inverkehrbringen oder Gebrauchen vorausgehende Vorbereitungshandlung, sondern als selbstständige Benutzungsart neben diesen Handlungen anzusehen ist[155], ist es nicht notwenig, dass der angebotene Gegenstand bereits vorhanden ist. Ebensowenig ist entscheidend, ob das Erzeugnis im Inland hergestellt oder abgegeben werden soll. Das Angebot von im Ausland vorrätig gehaltener oder dort herzustellender Ware im Inland ist daher eine Patentverletzung im Inland.[156]

Probleme können sich in den Fällen ergeben, in denen der patentierte Gegenstand vom Ausland ins Ausland geliefert werden soll, da es hier an der erforderlichen Inlandsbeziehung des Angebots fehlen kann.[157] Der BGH hat auch eine im Inland begangene Patentverletzung durch Anbieten darin gesehen, dass im Inland die Lieferung einer nicht in patentverletzender Form herzustellenden Maschine ins Ausland mit der Maßgabe angeboten wurde, sie im Ausland durch eine leicht zu bewerkstelligende Montage in eine dem Patent entsprechende Form umzubauen.[158] Der notwendige Inlandbezug werde hier durch den ersten Teilschritt der Herstellung im Inland manifestiert. Anders als bei der Beurteilung der Patentverletzung durch Herstellung ist es bei der notwendigen Inlandsbeziehung des Anbietens nicht erforderlich, dass das Produkt bereits im Inland ganz oder in wesentlichen Teilen die patentgemäße Form besitzt. Erfolgt aber ein solches Angebot einer Maschine in nicht patentverletzender Form, die jedoch leicht patentgemäß umrüstbar ist, ohne dass sich der Anbietende zur Umrüstung bereit erklärt oder auf eine solche Möglichkeit ausdrücklich hinweist und Anleitung zum entsprechenden Umbau gibt, so wird man in der Regel keine inländische Patentverletzung annehmen kön-

---

152 Vgl. Benkard/Bruchhausen, PatG § 9, Rn 42; RGZ 46, 14; LG Düsseldorf GRUR 1953, 285; Tetzner, GRUR 1980, 887 mwN; a.A. RGZ 149, 102 (105) = GRUR 1936, 108; Moser von Filseck, GRUR 1961, 617.

153 Vgl. BGH, GRUR 1960, 423 (426); Benkard/Bruchhausen, § 9 PatG, Rn 42.

154 Vgl. Tetzner, GRUR, 1980, 888.

155 Vgl. OLG Karlsruhe, GRUR 1987, 892 (895) – Rohrleitungsverteileranlage; Benkard/Bruchhausen, § 9 PatG, Rn 42 mwN.

156 Vgl. BGH GRUR 1964, 491 (493); Benkard/Bruchhausen, § 9 PatG, Rn 43 mwN.

157 Vgl. Tetzner, GRUR 1980, 888 ff..

158 BGH, GRUR 1960, 423 (425) – Kreuzbodenventilsäcke I; diese Auffassung wird in der Literatur weitgehend unterstützt, vgl. Tetzner, GRUR 1980,889; Benkard/Bruchhausen § 9 PatG, Rn 42; kritisch: Moser von Filseck, GRUR 1961, 615.

nen. Die Entscheidung bedarf jedoch stets der Beachtung der Umstände des Einzelfalls, so dass eine pauschale Beurteilung nicht möglich ist.

III. Inverkehrbringen

Das Inverkehrbringen ist jede Tätigkeit, durch die der Eintritt des patentierten Erzeugnisses in den Verkehr tatsächlich bewirkt wird, also jede Handlung, die einem Dritten die tatsächliche Verfügungsgewalt zur Benutzung des Erzeugnisses verschafft.[159] Auch diese Patentverletzungsform erfordert das körperliche Vorhandensein des Gegenstandes. Dabei kommt es auf die Verschaffung der rechtlichen Verfügungsmacht nicht an, so dass der Eigentumsübergang im Inland nicht erforderlich ist. Dagegen genügt die Erwerbshandlung des Erwerbers im Inland für das Inverkehrbringen alleine nicht, es bedarf vielmehr einer Veräußerungshandlung des Veräußerers[160] denn nur der Veräußerer kann einen Gegenstand in den Verkehr bringen, nicht aber der Erwerber.[161] Während daher auch der Import der Ware zum alleinigen Zweck des alsbaldigen Exports ein Inverkehrbringen im Inland darstellt[162], kann in der bloßen Durchfuhr einer Ware auf durchgehenden Frachtbrief aus dem Ausland in das Ausland über inländisches Gebiet kein Inverkehrbringen der Ware im Inland gesehen werden.[163]

IV. Gebrauchen

Gebrauchen eines Erzeugnisses ist jede Verwendung, auch wenn sie nicht bestimmungsgemäß erfolgt. Dabei ist der Gebrauch von der Herstellung abzugrenzen, z.B. ist die Funktionsüberprüfung nach Fertigstellung einer Maschine noch Teil der Herstellung, die Vorführung einer Maschine gegenüber einem Interessenten dagegen schon als Gebrauch anzusehen.[164]

V. Einführen

Einführen patentierter Erzeugnisse ist ihr Verbringen ins Inland bzw. die Begründung von tatsächlicher Verfügungsgewalt im Inland über vom Ausland hierhin verbrachte Erzeugnisse.[165] Das Einführen von geschützten Erzeugnis-

---

159 Mes § 9 PatG, Rn 15; Benkard/Bruchhausen § 9 PatG Rn 43 mN.

160 Vgl. BGH, GRUR 1987, 626 (627) – Rundfunkübertragungssystem; Mes § 9 PatG, Rn 15; vgl. zum Streitstand in Lit. und Rspr. vor dem zitierten BGH-Urteil: Tetzner, GRUR 1980, 885 ff. mwN.

161 So auch Benkard/Bruchhausen, § 9 PatG, Rn 43.

162 Vgl. BGHZ 23, 100 (103) = GRUR 1957, 231 (234) – Taeschner; Benkard/Bruchhausen, § 9 PatG, Rn 43 mN; Tetzner, GRUR 1980, 886.

163 BGHZ 23, 100 (103 f.) = GRUR 1957, 231 (234) – Taeschner; BGH GRUR 1958, 189 (197); SchweizBG, GRUR Int. 1991, 227 (228) – Doxycyclin II; OLG Karlsruhe, GRUR 1982, 295 (300)-Rollwagen; Benkard/ Bruchhausen, § 9, Rn 44; Mes, § 9 PatG, Rn 15.

164 Vgl. Tetzner GRUR 1980, 890 mwN.

165 Benkard/Bruchhausen, § 9 PatG, Rn 46; Mes § 9 PatG, Rn 17.

sen ist allerdings nur dann eine unerlaubte Benutzungshandlung, wenn es zu dem Zweck erfolgt, sie im Inland anzubieten, in Verkehr zu bringen oder zu gebrauchen.

VI. Besitzen

Besitzen ist die tatsächliche Sachherrschaft, und zwar auch in Form der Besitzdienerschaft, ist aber ebenso wie das Einführen nur dann verbotene Patentbenutzung, wenn sie zu den genannten Zwecken des Anbietens, Inverkehrbringens oder Gebrauchens im Inland erfolgt.[166]

B. Verfahrenspatent

Die bei einem Verfahrenspatent in Betracht kommenden verbotenen Benutzungshandlungen sind das Anwenden und das Anbieten zur Anwendung.

I. Anwenden

Anwendung des Verfahrens ist sein bestimmungsgemäßer Gebrauch. Vorbereitungshandlungen für den Gebrauch zählen nicht zur Anwendung. Die Vorführung eines Verfahrens ist ein Fall der Anwendung, insbesondere wenn zum Zweck der Kundenwerbung ein Verfahren demonstriert wird, wobei auf die Vorteile des Verfahrens verwiesen wird.[167] Dagegen ist es noch Teil der Herstellung einer Maschine, wenn diese am Ort der Herstellung auf ordnungsgemäßen Gang überprüft wird, sofern bei dieser Erprobung keine Erzeugnisse hergestellt werden, die als solche gewerblicher Verwertung dienen können.[168] Bei Anwendungs- bzw. Verwendungspatenten ist die Anwendung oder Verwendung eines Erzeugnisses für einen bestimmten Zweck geschützt, d.h. Benutzungshandlungen sind dem Patentinhabern nur insoweit vorbehalten, als das Erzeugnis augenfällig bzw. sinnfällig hergerichtet und auf die geschützte Anwendung oder Verwendung ausgerichtet ist.[169]

II. Anbieten

Das Anbieten eines Verfahrens erfordert ein Verhalten, durch das sich der Anbieter die gewerbliche Verwertung der patentierten Verfahrenserfindung

---

166 Vgl. näher Benkard/Bruchhausen, § 9 PatG, Rn 47 mN.

167 RGZ 146, 26 (27); Benkard/Bruchhausen, § 9 PatG, Rn 49.

168 Die Details, wann ein Erzeugnis gewerblicher Verwertung dienen kann, sind dagegen str.,vgl. RGZ 149,102(108) = GRUR 1936,108; Benkard/Bruchhausen,§ 9 PatG, Rn 49.

169 Vgl. Benkard/Bruchhausen, § 9 PatG., Rn 50 mwN; Mes § 9 PatG, Rn 20. Hier kann der Beginn der Verwendung schon in der sinnfälligen Herrichtung des Erzeugnisses liegen (was sogar in einem Verwendungshinweis auf der Verpackung geschehen kann), vgl. BGHZ 88, 209 (217); BGHZ 116, 122 (127 f.); Mes, § 9 PatG, Rn 20.

anmaßt, so z.B. durch das Erbieten der Veräußerung der patentierten Verfahrensvorschrift oder durch das Erbieten der Erteilung einer Benutzungserlaubnis an dem geschützten Verfahren.[170]
Das Anbieten eines Verfahrens ist nur unter bestimmten Voraussetzungen verboten, vgl. § 9 Satz 2 Nr. 2, 2. Alt. PatG. Zum einen muss der Anbietende wissen, dass die Anwendung des Verfahrens ohne Zustimmung des Patentinhabers verboten ist – was wiederum voraussetzt, dass ihm das Verfahrenspatent bekannt ist und er sich im klaren darüber ist, dass das von ihm angebotene Verfahren in den Schutzbereich des Patents fällt – oder dies aufgrund der Umstände offensichtlich ist. Zum anderen muss das Verfahren zur Anwendung im Gebiet der Bundesrepublik Deutschland angeboten werden. Die Veräußerung einer patentierten Verfahrensvorschrift vom Inland in das Ausland ist somit keine Benutzung des Verfahrens und kein verbotenes Anbieten.[171] Auch ein Angebot zur Hilfeleistung im Ausland bei der Durchführung eines dort nicht patentierten Verfahrens stellt mangels hinreichender Inlandsbeziehung keine Verletzung eines inländischen Verfahrenspatents dar.[172]

III. Bedingter Erzeugnisschutz

Die Schutzwirkungen des Verfahrenspatents werden durch § 9 Satz 2 Nr. 3 PatG auf die durch das geschützte Verfahren unmittelbar hergestellten Erzeugnisse ausgedehnt. Dass auch Verfahrenserzeugnisse, die im Ausland hergestellt werden, in den Schutzbereich fallen, wird durch Art. 5 quater PVÜ klargestellt.[173] Ebenso sehen auch Art. 64 Abs. 2 EPÜ und Art. 28 Abs. 1 TRIPS einen entsprechenden bedingten Erzeugnisschutz vor.[174] Dadurch wird der Inhaber eines inländischen Verfahrenspatents vor der Einfuhr und dem Inlandsvertrieb von Erzeugnissen geschützt, die im Ausland nach dem für ihn im Inland geschützten Verfahren hergestellt werden.[175]

Die Verletzung inländischer Patente durch Handlungen mit Bezug zum Ausland ist mithin in vielfältiger Weise möglich und kann in all diesen Fällen auch zur Begründung des inländischen Gerichtsstands der unerlaubten Handlung führen.

---

170 Vgl. Mes § 9 PatG, Rn 22; Benkard/Bruchhausen § 9 PatG, Rn 51 mwN.

171 Vgl. RGZ 149, 102 (105); Benkard/Bruchhausen, § 9 PatG, Rn 51; a.A. RGZ 46, 14 (17).

172 Vgl. RGZ 75, 128 (130); Tetzner, GRUR 1980, 894.

173 Vgl. dazu Kunz-Hallstein, GRUR Int. 1983, 548; Benkard/Bruchhausen, § 9 PatG, Rn 52 mwwN.

174 Auch für das Gemeinschaftspatent wird dies anerkannt, vgl. Art. 25c) GPÜ u. Art. 7c) GPVO. Zur Auslegung des Begriffs des „unmittelbaren Verfahrenserzeugnisses" vgl. näher Beier/Ohly, GRUR Int 1996, 973 ff.

175 BGH, GRUR 1964, 439 (441) - Arzneimittelgemisch; Benkard/Bruchhausen, § 9 PatG, Rn 52; Mes § 9 PatG, Rn 26. Zur Auslegung des Begriffs der „unmittelbaren Verfahrenserzeugnisse" vgl. Benkard/Bruchhausen, § 9 PatG, Rn 54; Mes § 9 PatG, Rn 25, mwwN.

5. Kapitel: Gerichtsstand der unerlaubten Handlung im Inland bei Verletzung ausländischer Patentrechte

Es stellt sich jedoch die Frage, ob ein Gerichtsstand der unerlaubten Handlung im Inland auch dann in Betracht kommt, wenn die Verletzung inländischer Schutzrechte verneint werden muss; mit anderen Worten ist im Folgenden zu untersuchen, ob die Verletzung eines ausländischen Patents im Ausland vor inländischen Gerichten im Gerichtsstand der unerlaubten Handlung geltend gemacht werden kann.

A. Territorialitätsprinzip als zwingender Grund, dass der Gerichtsstand der unerlaubten Handlung stets im Schutzrechtsstaat belegen sein muss?

Wie bereits im 3.Kapitel unter A. ausgeführt, kann aus dem Territorialitätsprinzip kein Schluss auf die territoriale Beschränkung der gerichtlichen Geltendmachung von Ansprüche aus dem Schutzrecht gezogen werden. Daher sind jedenfalls die inländischen Gerichte des Wohnsitzstaats des Beklagten auch für Klagen aus ausländischen Patenten international zuständig. Zum anderen folgt aus dem Territorialitätsprinzip zwingend, dass ausländische Patente nicht allein durch Handlungen im Inland verletzt werden können, eine Verletzung des gewerblichen Schutzrechts vielmehr nur im Schutzrechtsstaat selbst erfolgen kann.[176] Wenn aber die Verletzung ausländischer Patente im Inland, in Folge des Territorialitätsprinzips, ausgeschlossen ist, erscheint es auf den ersten Blick recht fernliegend, einen Gerichtsstand der unerlaubten Handlung im Inland zu begründen. Es ist kaum zu bestreiten, dass die Handlung im Inland – für sich selbst und isoliert betrachtet – nicht im Hinblick auf das ausländische Schutzrecht unerlaubt sein kann, da dieses im Inland keine Wirkung entfalten kann. Von einem rein am materiellen Recht ausgerichteten Standpunkt aus erscheint es daher auf den ersten Blick als konsequent, einen Tatortgerichtsstand im Inland bei Verletzung ausländischer Patente abzulehnen.

In der Tat wird die Frage – sofern sie überhaupt gestellt wird – von der weit überwiegenden Rechtsprechung und Literatur unter Verweis auf das Territorialitätsprinzip oder ohne nähere Begründung pauschal verneint und dies sowohl für den Anwendungsbereich des Art. 5 Nr. 3 EuGVÜ/EuGVVO, als auch bezüglich § 32 ZPO.[177]

---

176 Vgl. BGH, GRUR 1971, 243 (246) – Gewindeschneidevorrichtung; Mes, PatG § 9 Rz 8.

177 Vgl. OLG Hamburg, GRUR Int 1999, 67 – Enrofloxacin; Handelsgericht Kanton Zürich, GRUR Int 1985, 411; von Meibom/Pitz [1997] 8 EIPR 496; Kieninger, GRUR Int 1998, 280;Kreuzer/Klötgen, IPRax 1997,90; Adams, [1995] EIPR 497; Klauer/Möhring/Hesse, § 6 Rz 175 zu § 32 ZPO; Stauder, GRUR Int. 76, 474 (zu Art. 5 Nr. 3 EuGVÜ),vgl. aber

Löst man sich jedoch davon, den Gerichtsstand der unerlaubten Handlung allein nach formal-materiellrechtlichen Gesichtspunkten zu bestimmen, ist ein Ausschluss eines solchen Gerichtsstands außerhalb des Schutzrechtsstaates jedenfalls nicht zwingend. Schon die Behandlung von Distanzdelikten zeigt deutlich, dass es für die Begründung der Zuständigkeit im Gerichtsstand der unerlaubten Handlung nicht erforderlich ist, dass das Delikt vollständig im Bezirk dieses Gerichts verwirklicht werden muss.[178] Im deutschen Recht ist anerkannt, dass § 32 ZPO einen Gerichtsstand an jedem Ort eröffnet, an dem auch nur eines der wesentlichen Tatbestandsmerkmale verwirklicht wurde, insbesondere da, wo eine adäquate Ursache gesetzt wurde oder der Erfolg eingetreten ist.[179] Aufbauend auf dem Grundgedanken, dass allen Einzelakten des haftungsbegründenden Verhaltens die gleiche Bedeutung zukommt (Ubiquitätsprinzip), wird es als ausreichend für die Begründung des Gerichtsstands erachtet, wenn nur ein Teil der unerlaubten Handlung an diesem Ort vorgenommen wurde, indem z.B. eines von mehreren Tatbestandsmerkmalen oder eine von mehreren notwendigen Handlungen, um ein Tatbestandsmerkmal zu erfüllen, hier verwirklicht wurde.[180] Deshalb ändert das Territorialitätsprinzip zuständigkeitsrechtlich nichts daran, dass Teile einer einheitlichen grenzüberschreitenden Handlung nicht nur im Schutzland, sondern auch in einem anderen Staat stattfinden können. Maßgeblich ist, ob die angebliche Verletzungshandlung zumindest teilweise im Forumstaat sattgefunden hat.[181] Daher erscheint es zumindest dann grundsätzlich möglich, auch einen Gerichtsstand der unerlaubten Handlung im Inland für die Verletzung eines für das Ausland gewährten Patents anzunehmen, wenn im Inland ein Teil der Verletzungshandlung stattgefunden hat, der nicht nur als Vorbereitungshandlung einzustufen ist.

B. Rechtsprechung des BGH – Taeschner (Pertussin) und Zeiss

Zumindest die pauschal ablehnende Haltung der zu § 32 ZPO erschienenen Literatur bzw. der mit dem deutschen Recht und der deutschen Rechtsprechung vertrauten Autoren zu einer solchen Überlegung muss erstaunen, lässt sie doch die Auseinandersetzung mit einer zwar älteren, gleichwohl aber mehrfach bestätigten und bisher nicht ersichtlich aufgegebenen Rechtspre-

---

auch S. 476/ 477 mit einem Vorschlag zur Zusammenfassung eines Geschehens zu einer einheitlichen unerlaubten Handlung über Art. 22 Abs. 2 EuGVÜ; dazu näher im 5. Kapitel, D. I.

178 Andererseits kann durch bloße Vorbereitungshandlungen kein Gerichtsstand der unerlaubten Handlung begründet werden, vgl. Staudinger/von Hoffmann, Vorbem. Zu Art. 40 EGBGB, Rn 96; Zöller/Vollkommer, § 32 Rn 16; Thomas/Putzo, § 32 Rn 1.

179 Vgl. Zöller/Vollkommer, § 32 Rn 16; Thomas/Putzo, § 32 Rn 7.

180 Vgl. BGH, GRUR 1958, 189, 197 - Zeiss; Hefermehl, GRUR 1958, 199; Zöller/Vollkommer, § 32 Rn 17; Schwarz, S. 42 mwN.

181 Kubis, S. 227 f. und 201 f.; Uhl, S. 191.

chung des BGH[182] vermissen.[183] Denn im Jahre 1957 hat der erste Zivilsenat des BGH in mehreren aufeinanderfolgenden Entscheidungen zum Ausdruck gebracht, dass im Inland in Bezug auf eine im Ausland begangene Schutzrechtsverletzung vorgenommene Handlungen einen inländischen Gerichtsstand der unerlaubten Handlung für die ausländische Schutzrechtsverletzung begründen können. Es erscheint daher angebracht, einen näheren Blick auf diese Entscheidungen zu werfen.

I. Entscheidung „Taeschner (Pertussin)“ I

Die erste, grundlegende Entscheidung erging am 15.01.1957 in einem Markenrechtsstreit.[184] Ihr lag (stark verkürzt) folgender Sachverhalt zugrunde:

> Die Klägerin ist eine Kommanditgesellschaft mit der Firma „Taeschner & Co.“ und betreibt ein pharmazeutisches Unternehmen mit Sitz in Bayern, dessen Geschäftsbetrieb u.a. die Herstellung und den Vertrieb des Hustenmittels „Pertussin“ umfasst. Die Klägerin ist Inhaber von deutschen Warenzeichen, u.a. „Taeschner“ und „Pertussin“ sowie von ausländischen Warenzeichen und international registrierten Marken. Hierzu gehört auch das in Ceylon für pharmazeutische Präparate registrierte und geschützte Zeichen „Pertussin“. Die Beklagte, ein Unternehmen mit Sitz in Potsdam in der sowjetisch besetzten Zone, befasst sich ebenfalls mit der Herstellung des Hustenmittels „Pertussin“, das sie unter dieser Bezeichnung in der sowjetisch besetzten Zone und im Exporthandel vertreibt. Ende August 1952 stellte die Klägerin fest, dass die Beklagte 25 Kisten „Pertussin“-Hustensirup zum Zweck des Exports nach Colombo (Ceylon) durch eine Speditionsfirma im Hamburger Freihafen hatte lagern lassen. Aufgrund einstweiliger Verfügung wurde die aus dem Potsdamer Betrieb der Beklagten stammende Sendung sequestriert.
>
> Die Klägerin beantragt vor einem Hamburger Gericht u.a., die Beklagte zu verurteilen, in Ceylon das Wort „Pertussin“ zeichenmäßig oder schlagwortartig, nicht im geschäftlichen Verkehr zu verwenden.

Der BGH verneinte zunächst ein warenzeichenverletzendes Inverkehrbringen in der Bundesrepublik Deutschland. Das Gebiet der Bundesrepublik Deutschland werde nur im Transitverkehr berührt, wenn die Versendung an ein Ham-

182 Insbesondere sind keine Entscheidungen deutscher Gerichte bekannt, die nach dem Inkrafttreten des EuGVÜ eine solche Fallkonstellation betreffen. LG Düsseldorf, GRUR Int. 1999, 455, 458 – Schussfadengreifer - behandelt die umgekehrte Konstellation.

183 Angesprochen wird diese Rechtsprechung bislang u.a. bei Neuhaus, Mitt. 1996, 264; Grabinski, GRUR Int. 2001, 204; Kubis, S. 201 f., Bernhardt/Kraßer, 4. Aufl., S. 540.

184 BGH, GRUR 1957, 231 – Taeschner.

burger Speditionsunternehmen nur zum Zweck der Weiterversendung nach Ceylon erfolgt. Von einem Inverkehrbringen im Inland könne jedoch dann nicht gesprochen werden, wenn die im Ausland hergestellte und auch für das Ausland bestimmte Ware lediglich über inländisches Gebiet befördert werde.[185] Anders läge es nur dann, wenn die für das Ausland bestimmte Ware im Inland zum Gegenstand eines Umsatz- oder Veräußerungsgeschäfts geworden sei. „Verkehr" sei nicht beförderungstechnisch aufzufassen, sondern die Bedeutung des Begriffes müsse auf den Handelsverkehr beschränkt werden, der warenzeichenrechtlich erheblich sein könne.[186]

Wenn aber die Ware mit der Durchfuhr durch das Gebiet der BRD in Länder befördert werden solle, in denen die Klägerin Schutzrechte für sich in Anspruch nimmt (wie hier Ceylon), so stelle die Durchfuhr einen in der BRD begangenen Teil einer unerlaubten Handlung dar, gegen die der Klägerin ein Unterlassungsanspruch zustehe. Dieser richte sich aber nicht gegen eine im geschäftlichen Verkehr innerhalb der BRD begangene Verletzung des deutschen Warenzeichenrechts, sondern gegen eine – teilweise im Inland begangene – Beeinträchtigung von Schutzrechten im Ausland, die zugleich einen unlauteren Wettbewerb und eine unerlaubte Handlung darstelle. Für solche Fälle stehe für Ansprüche auf Unterlassungen der Verletzung der im Ausland bestehenden Zeichenrechte, begangen im Ausland, die Verfolgung im Inland offen, sofern hier ein Gerichtsstand gegeben ist.

Aus dem veröffentlichten Teil der Entscheidung geht nicht eindeutig hervor, auf welchen Gerichtsstand der BGH hier zurückgegriffen hat. Angesichts des Sitzes der Beklagten in Potsdam – damals Gebiet der DDR – scheidet der allgemeine Gerichtsstand der Beklagten als Grundlage für die Zuständigkeit aus. Es erscheint daher hochwahrscheinlich, dass in § 32 ZPO die Grundlage für die Zuständigkeit der inländischen Gerichte gesehen wurde. Für den ebenfalls noch in Betracht kommenden Gerichtsstand des inländischen Vermögens gemäß § 23 ZPO fehlen zureichende Anhaltspunkte im wiedergegebenen Sachverhalt.

II. Entscheidung „Taeschner (Pertussin) II"

Mit einem zweiten Urteil vom gleichen Tage wurde auch – mit gleicher Argumentation und Begründung – der Klage gegen den Spediteur wegen Mittäterschaft an einer unerlaubten Handlung stattgegeben.[187] Hier ließe sich die internationale Zuständigkeit deutscher Gerichte allerdings auf den allgemeinen

185 BGH, GRUR 1957, 231, 234 - Taeschner; Tetzner, GRUR 1980, 882 ff; Mes, § 9 PatG, Rn 15; Benkard/Bruchhausen, § 9 PatG, Rn 12; siehe auch unter 4.Kapitel, A. III.

186 BGH, GRUR 1957, 231, 234 – Taeschner; BGHZ 23,100,105; vgl. auch BGH, GRUR 1958, 189, 197 - Zeiss; OLG Karlsruhe, GRUR 1982, 295,300 – Rollwagen.

187 BGH, GRUR 1957, 352, 353 – Pertussin II

Gerichtsstand des Beklagtenwohnsitzes stützen, denn der Hamburger Spediteur wurde in Hamburg verklagt. Auch hier gibt der Abdruck der Entscheidung aber keinen hinreichenden Aufschluss darüber, welche Zuständigkeitsvorschrift herangezogen wurde.

III. Entscheidung „Zeiss"

Lassen die „Taeschner/ Pertussin"-Entscheidungen demnach noch nicht eindeutig erkennen, ob der BGH einen inländischen Gerichtsstand der unerlaubten Handlung bei Verletzung ausländischer Schutzrechte zuließ, werden noch verbliebene Zweifel spätestens durch die Entscheidung „Zeiss" vom 24.7.1957[188] ausgeräumt, der (stark verkürzt) folgender Sachverhalt zugrunde lag:

> Die Kl. ist unter der Firma Carl Zeiß am 15.01.1951 in das Handelsregister des AG Heidenheim/Brenz eingetragen worden und betrachtet sich als identisch mit dem am 01.06.1948 in Jena enteigneten Stiftungsbetrieb Optische Werkstätte, eines Stiftungsbetriebs der Carl-Zeiß-Stiftung in Jena. Die Beklagten, der VEB Carl Zeiß Jena und dessen Vertriebshändler, benutzen beim Vertrieb ihrer Erzeugnisse Warenzeichen und Firmenbezeichnungen der Firma Carl Zeiß in der sowjetisch besetzten Zone Deutschlands sowie in Westdeutschland und im Ausland. Ein Teil der mit den Warenzeichen versehenen Erzeugnisse passiert dabei das Gebiet der Bundesrepublik Deutschland im Transitverkehr. Die Kl. machte u.a. die Verletzung mehrerer ausländischer Warenzeichen durch die Beklagten vor einem Landgericht in Nordrhein-Westfalen geltend.

Hier griff der BGH ausdrücklich auf § 32 ZPO unter Zitat der Taeschner/ Pertussin Entscheidungen zurück.

Wörtlich heißt es hier:

> „... so ist die Durchfuhr durch das Gebiet der Bundesrepublik ein in diesem Gebiet begangener Teil einer unerlaubten Handlung und daher geeignet, einen inländischen Gerichtsstand gemäß § 32 ZPO zu begründen."[189]

In der Zeiss-Entscheidung stellt der BGH allerdings einschränkend fest, dass durch den Transitverkehr eine Zuständigkeit des angerufenen Gerichts gemäß § 32 ZPO nur dann begründet werden kann, wenn dieser Verkehr – wie im Fall

---

188 BGH, GRUR 1958, 189, 197 – Zeiss; vgl. auch Weigel, S. 170 f.

189 BGH, GRUR 1958, 187, 197 – Zeiss; mit Zitat BGH LM Nr. 22 zu § 24 WZG – Pertussin II (der darin jedoch nicht ausdrücklich auf § 32 ZPO abstellt).

Taeschner / Pertussin – gerade über den Bezirk des angerufenen Gerichts gegangen wäre, wofür der Kläger die Darlegungslast trägt.[190]

IV. Mangelnde Resonanz in der Literatur

In Anbetracht der Tatsache, dass das Territorialitätsprinzip eine Ablehnung des Gerichtsstands der unerlaubten Handlung im Inland bei Verletzung ausländischer Immaterialgüterrechte auf den ersten Blick nahe legt, hätte man eine scharfe Diskussion dieser Rechtsprechung des BGH in der Literatur erwarten können. Dies gilt umso mehr, als zum Zeitpunkt der Entscheidung lediglich im Bereich des Warenzeichenrechts überhaupt die Möglichkeit einer Zuständigkeit inländischer Gerichte am Wohnsitz des Beklagten für die Beurteilung der Verletzung ausländischer Schutzrechte anerkannt war.[191] Erstaunlicherweise lässt die Literatur dieser Zeit jedoch jegliche vertiefte Auseinandersetzung mit dieser Rechtsprechung vermissen. Vorbehalte sind zwar spürbar, werden aber nicht ausdrücklich vorgebracht. So ignorieren Klauer/Möhring in ihrer Kommentierung diese Rechtsprechung völlig, obwohl sie noch in dem unmittelbar vorangehenden Absatz in anderem Zusammenhang ausdrücklich auf das Zeiss-Urteil verweisen.[192] Hefermehl hebt in seiner Anmerkung zum Zeiss-Urteil[193] zwar hervor, dass durch willkürliche Ausdehnung eigener Zuständigkeiten in den Bereich der ausländischen Gerichtsbarkeit eingegriffen wird, was z.B. anzunehmen wäre, wenn der Gerichtsstand des § 32 ZPO durch „Erfindung" eines inländischen Begehungsortes künstlich ausgeweitet wird. Dagegen sieht er gerade in der „vernünftigen Begrenzung dieses Gerichtsstands" ein „besonderes Verdienst der Entscheidung".[194] Der im Zeiss-Urteil des BGH aufgestellte Grundsatz, dass § 32 ZPO in derartigen Konstellationen einschlägig ist, wird nicht einmal im Ansatz in Frage gestellt!

V. Einfluss der Rechtsprechung zum Begehungsort im Internationalen Privatrecht

Bei den Entscheidungen Taeschner, Pertussin II und Zeiss ist jedoch zu beachten, daß die Frage des Begehungsortes bis zu diesen Entscheidungen

---

190 BGH, GRUR 1958, 189, 197 - Zeiss

191 Die Rspr. hat die Geltendmachung von Ansprüchen aus der Verletzung ausländischer Warenzeichen vor deutschen Gerichten bereits früher zugelassen, vgl. RGZ 129, 385,388 – bzgl. Schadensersatz; BGHZ 22,1,13 = GRUR 1957, 215 – Flava-Erdgold – auch für Unterlassungsansprüche; vgl. ferner Benkard/Bruchhausen, § 9 PatG, Rz 13 m.w.N. In Patentverletzungsverfahren wurde es dagegen in Literatur und Rechtsprechung noch bis in die sechziger Jahre hinein für mit dem Territorialitätsprinzip unvereinbar gehalten, im Inland über die Verletzung ausländischer Patente zu entscheiden.

192 Klauer/Möhring/Hesse, § 6, Rz 175.

193 Hefermehl, GRUR 1958, 197.

194 Hefermehl, GRUR 1958, 198 erste Spalte unter (2)

in der Regel nur Bedeutung für die Frage hatte, ob deutsches oder ausländisches Recht zur Anwendung kommt. Gerade im Zusammenhang mit dieser Frage des internationalen Privatrechts hatte sich die bis dahin ergangene Rechtsprechung zum Begriff des Begehungsortes entwickelt.
Der BGH stützt seine Rechtsauffassung in diesen Urteilen dabei offenbar zumindest auch auf die zur Bestimmung des Begehungsortes im Bereich des internationalen Privatrechts ergangene Rechtsprechung.[195] Nach dieser Rechtsprechung ist deutsches Recht als Recht des Begehungsortes auch dann anzuwenden, wenn nur ein Teil der unerlaubten Handlung im Inland begangen wird. Der BGH überträgt diesen Ansatz aus dem internationalen Privatrecht vorbehaltlos ins Prozessrecht, bejaht daher eine Begehungsort im Inland schon dann, wenn nur ein Teil der unerlaubten Handlung im Inland vollzogen wird.[196] Diese Begründung des inländischen Handlungsorts durch die Parallele zur Rechtsprechung aus dem internationalen Privatrecht ist jedoch – zumindest im Fall Taeschner und generell im Fall von Immaterialgüterrechtsverletzungen jedenfalls aus heutiger Sicht bedenklich und angreifbar. Denn im Gegensatz zum Fall Taeschner, der maßgeblich die Verletzung von Warenzeichenrechten zum Gegenstand hatte, betrafen die beiden zitierten Entscheidungen zum anwendbaren Recht Fälle unlauterer Wettbewerbshandlungen, ohne dass Patent – oder Warenzeichenschutz (Immaterialgüterschutz) zu beachten war. Das auf Immaterialgüterrechte anwendbare Recht allerdings bestimmt sich nach allgemeiner Ansicht nicht nach der Tatortregel und nach allgemeinen Grundsätzen unerlaubter Handlungen. Vielmehr ist hier das Schutzlandprinzip als Kollisionsnorm allgemein anerkannt und folgt zwingend aus dem Territorialitätsprinzip.[197] Das Territorialitätsprinzip ist wiederum – wie oben dargelegt – für die Frage der internationalen Zuständigkeit nicht maßgebend. In der Tatortbestimmung nach dem internationalen Privatrecht als einem Teil des materiellen Rechts kann daher keine ausschlaggebende Richtungsweisung für die Bestimmung des Tatortgerichtsstandes im Fall der Verletzung von Immaterialgüterrechten gesehen werden.

Gleichwohl gilt es festzuhalten, dass das Territorialitätsprinzip nach diesen Entscheidungen nichts daran ändert, dass Teile einer einheitlichen grenzüberschreitenden Patentverletzung nicht nur im Schutzland sondern auch in einem anderen Staat stattfinden können und dass es für die Begründung der Zuständigkeit im Gerichtsstand der unerlaubten Handlung ausreichen kann, dass die

195 Nur so kann der Verweis des Gerichts im Fall „Taeschner" (BGH, GRUR 1957, 231, 236) auf die Entscheidungen „Uhrwerke" (BGHZ 21, 266, 270 = GRUR 1957, 37, 38) und „Farina/ Belgien" (BGHZ 14, 286, 291), die sich in diesem Zusammenhang ausschließlich auf die Frage des auf die unerlaubte Handlung anwendbaren Rechts bezogen, interpretiert werden.

196 So auch Neumann-Duesberg, NJW 1955, 697 mwN.

197 Vgl. die oben stehenden Ausführungen unter Kapitel 2, B. II.

angebliche Verletzungshandlung zumindest teilweise im Forumstaat begangen wurde.[198]

VI. Abgrenzung zur Vorbereitungshandlung

Die zitierte BGH-Rechtsprechung und dazu erschienene Stellungnahmen in der Literatur setzen sich mit einer weiteren Frage ebenfalls nicht auseinander, obwohl sie sich bei der in der Entscheidung gewählten Argumentation geradezu aufdrängt: die Abgrenzung der bloßen Vorbereitungshandlung von einer Handlung, die bereits Teil einer unerlaubten Handlung ist, lässt die Entscheidung des BGH gänzlich vermissen.
Die Handlung im Inland wird als Teil der das ausländische Schutzrecht betreffenden und im Ausland begangenen Verletzungshandlung betrachtet. Der BGH hat zutreffend argumentiert, dass bei der bloßen Durchfuhr einer Ware eine Verletzung des inländischen Schutzrechts nicht in Betracht kommen kann. Die Verletzung des ausländischen Schutzrechts liegt vielmehr im Import und Vertrieb der Ware im Ausland. Ist die Durchfuhr im Hinblick auf den Vertrieb im Ausland dann nicht als eine reine Vorbereitungshandlung zu charakterisieren, die von § 32 ZPO nicht erfasst wird? Um Vorbereitungshandlung und Teil der Verletzungshandlung voneinander trennen zu können, erscheint es notwendig, zunächst zu bestimmen, warum Vorbereitungshandlungen nicht zur Begründung des Gerichtsstands ausreichen sollen, was also Hintergrund dieses Ausschlusses ist.
Mit der Vorbereitungshandlung wird zwar meist – aber nicht zwingend – ein kausaler Beitrag zur späteren Verwirklichung eines Tatbestandsmerkmals geleistet. Um eine Verhaltensweise aber als Teil einer unerlaubten Handlung ansehen zu können, muss über die Kausalität im Sinne einer conditio sine qua non hinaus eine Verknüpfung der Verhaltensweise mit dem Verletzungserfolg dergestalt vorhanden sein, dass der Verletzungserfolg der bestimmten Verhaltensweise zurechenbar ist. Während die Vorbereitungshandlung der Verletzung weit vorgelagert ist, ein enger, wesentlicher Zusammenhang mit der Verletzung somit noch nicht vorhanden ist, steht eine Handlung, die bereits als Teil einer unerlaubten Handlung charakterisiert werden kann, schon in unmittelbarem Zusammenhang mit der Verletzung. Gleichwohl kann nicht gefordert werden, dass dieser Teil der unerlaubten Handlung selbst schon schutzrechtsverletzend ist. Erfüllt die Verhaltensweise aber bereits Tatbestandsmerkmale, wenn auch noch nicht den gesamten Verletzungstatbestand, so kann darin grundsätzlich nicht nur eine reine Vorbereitungshandlung gesehen werden. Durch die Verwirklichung eines Tatbestandsmerkmals ist in jedem Fall bereits ein Teil einer unerlaubten Handlung begangen worden. Wo es dagegen - wie im Fall der bloßen Durchfuhr - an der Verwirklichung von Tatbestandsmerkmalen (noch) fehlt, wird man in diesem Zusammenhang nach Zu-

198 so auch Kubis, S. 201/202 und 227/228; Uhl, S. 191.

rechnungskriterien entscheiden müssen, ob eine Handlung nicht nur ursächlich, sondern darüber hinaus die Verletzung selbst adäquate und zurechenbare Folge dieser Handlung ist.[199] Dazu muss die Verletzung tatsächliche Bezüge zum Forumstaat aufweisen. Der BGH sah die Durchfuhr durch das Inland in diesem Fall als Ausfluss eines planmäßigen, unerlaubten Gesamtverhaltens und damit Teil einer einheitlichen unerlaubten Handlung (nämlich dem Vertrieb im Ausland). Die Durchfuhr stand im unmittelbaren Zusammenhang mit dem vorgesehenen anschließenden Vertrieb im Ausland, sie ging ihr unmittelbar voraus und wurde subjektiv wie objektiv nur zu diesem Zwecke durchgeführt. Es erscheint daher noch vertretbar, sie nicht nur als bloße Vorbereitungshandlung anzusehen.[200]

Allein der Umstand, dass die im Gerichtsstaat vorgenommenen Handlungen als Teilakte der Patentverletzung im Ausland und nicht nur reine Vorbereitungshandlungen angesehen werden können, ist jedoch nicht zwingend ausreichend, um eine internationale Zuständigkeit im Gerichtsstand der unerlaubten Handlung zu begründen. Man wird vielmehr einen darüber hinaus gehenden qualifizierten Bezug der Patentverletzung zum Forumstaat fordern müssen.

VII. Besonderer politischer Hintergrund der Entscheidungen

Bemerkenswert ist, dass sich alle Entscheidungen dieser Rechtsprechung auf Sachverhalte bezogen, in denen Unternehmen der BRD mit solchen der DDR im Streit standen. Auch sind jeweils Verletzungen bundesdeutscher Schutzrechte verneint worden. Es erscheint daher nicht ausgeschlossen, dass die Rechtsprechung maßgeblich von dem politisch motivierten Willen geprägt war, für Rechtsstreitigkeiten zwischen Bürgern und Unternehmen der BRD und solchen der DDR nach Möglichkeit, die Zuständigkeit bundesdeutscher Gerichte zu begründen.[201]
Selbst wenn man aber unterstellte, die Entscheidungen seien politisch geprägter Natur, so bleibt doch die Frage, ob und inwieweit ihr Ansatz heute aus rechtlicher und praktischer Sicht haltbar ist und aufrecht erhalten werden sollte. Diese Frage soll jedoch nicht vor dem Hintergrund des § 32 ZPO, sondern dem für internationale Patentrechtsstreitigkeiten weitaus bedeutsameren Art. 5 Nr. 3 EuGVVO untersucht werden.

---

199 Siehe dazu ausführlich Kubis, S. 148 ff., S. 201.
200 So auch Geimer /Schütze, Art. 5 EuGVVO Rn 250; Kubis, S. 201 f.
201 Die Zuständigkeit der DDR-Gerichte hätte jeweils unproblematisch über den Sitz der Beklagten (Potsdam im Fall Taeschner, Jena im Fall Zeiss) begründet werden können.

C. Gerichtsstand der unerlaubten Handlung nach Art. 5 Nr. 3 EuGVVO im Inland bei Verletzung ausländischer Patentrechte

Ob und unter welchen Voraussetzungen eine Person in einem anderen als dem Schutzrechtsstaat wegen Verletzung eines Patents bzw. des insoweit ausländischen Teils eines europäischen Patents im Gerichtsstand der unerlaubten Handlung verklagt werden kann, hängt maßgeblich von der Auslegung des Art. 5 Nr. 3 EuGVVO ab. Die oberste Auslegungskompetenz für die EuGVVO liegt nach den in Art. 234 iVm Art. 68 EG-Vertrag niedergelegten Grundsätzen beim EuGH. Somit ist entscheidend, ob und unter welchen Voraussetzungen der EuGH Art. 5 Nr. 3 EuGVVO in der Weise auslegen würde, dass es für die Begründung des Gerichtsstands der unerlaubten Handlung ausreicht, wenn dort nur ein Teil der unerlaubten Handlung verwirklicht worden ist, die im Ausland zur Patentverletzung führte.

Art. 5 Nr. 3 EuGVVO bestimmt, dass eine Person, die ihren Wohnsitz in dem Hoheitsgebiet eines Vertragsstaats hat, in einem anderen Vertragsstaat verklagt werden kann, wenn eine unerlaubte Handlung oder eine Handlung, die einer unerlaubten Handlung gleichgestellt ist, oder wenn Ansprüche aus einer solchen Handlung den Gegenstand des Verfahrens bilden, und zwar vor dem Gericht des Ortes, an dem das schädigende Ereignis eingetreten ist. Art. 5 Nr. 3 EuGVVO bestimmt damit – im Gegensatz zu Art. 2 Abs. 1 EuGVVO – nicht nur die internationale Zuständigkeit, sondern zugleich auch die örtliche Zuständigkeit.[202] Er eröffnet den besonderen Gerichtsstand der unerlaubten Handlung daher nur vor dem Gericht des Ortes, an dem das schädigende Ereignis eingetreten ist – nicht aber an allen Gerichten des Staates, in dem dieses Ereignis eingetreten ist.[203]

I. Patentverletzung als unerlaubte Handlung iSd Art. 5 Nr.3 EuGVVO

Eine Patentverletzung stellt nach deutschem Recht eine unerlaubte Handlung dar, die im besonderen Gerichtsstand des § 32 ZPO geltend gemacht werden kann.[204] Daraus kann allerdings nicht bereits geschlossen werden, dass eine Patentverletzung auch zwingend eine unerlaubte Handlung im Sinne des Art. 5 Nr. 3 EuGVVO ist. Denn für die Auslegung der EuGVVO wie auch des EuGVÜ gilt grundsätzlich, dass nicht das Recht eines Vertragsstaats maßgebend ist, sondern die Zielsetzung und Systematik der Verordnung sowie die allgemeinen Grundsätze, die sich aus der Gesamtheit der Rechtsord-

---

202 Vgl. auch von Hoffmann, § 3 E. IV 2., Rn 219 und 220; MüKo-ZPO/Gottwald, Art. 5 EuGVÜ, Rn 34.

203 Dies wird von deutschen Gerichten bisweilen übersehen, vgl. LG Bremen, RIW 1991,416 - Beta; OLG Bremen, RIW 1992,231 (235).

204 Vgl. nur Zöller/Vollkommer, § 32 Rn 9 m.N.; Thomas/Putzo, § 32 Rn 3.; Palandt/Sprau, § 823 Rn 15.

nungen aller Mitgliedsstaaten ergeben.[205] Nur eine solche autonome, d.h. nicht an nationale Rechtsordnungen gebundene Auslegung, gewährleistet eine einheitliche Anwendung der Verordnung. Anderenfalls könnten die Mitgliedstaaten durch Änderung ihres nationalen Rechts den Anwendungsbereichs des Art. 5 Nr. 3 EuGVVO nach Belieben beeinflussen. Dann aber kann die Auslegung des § 32 ZPO durch den BGH erst Recht kein ausreichender Grund dafür sein anzunehmen, auch Art. 5 Nr. 3 EuGVVO müsse zwingend genauso ausgelegt werden, wie dies der BGH in seinen Entscheidungen von 1957[206] für § 32 ZPO getan hat. Selbst eine genaue Übereinstimmung im Wortlaut, die bei § 32 ZPO und Art. 5 Nr. 3 EuGVVO nicht gegeben ist, könnte keinen ausreichenden Grund dafür darstellen, sich bei der Auslegung der Vorschrift des Übereinkommens nach den in einem Vertragsstaat vertretenen Auslegungsgrundsätzen zu einer nationalen Regelung zu richten. Der Vorgang der Auslegung ist vielmehr streng an den Textzusammenhang der Rechtshandlung und das System, in dem diese wirkt, gebunden.[207]

Der EuGH hat sich auch bei der Frage nach der unerlaubten Handlung im Sinne des Art. 5 Nr. 3 EuGVÜ für die autonome Auslegung entschieden und bestimmt, dass darunter alle Klagen zu verstehen sind, mit denen eine Schadenshaftung des Beklagten geltend gemacht wird und die nicht an einen Vertrag im Sinne des Art. 5 Nr. 1 EuGVÜ anknüpfen.[208] Dabei wird unter „Schadenshaftung" auch das Unterlassungsbegehren gefasst.

II. Einfluss von Art. 22 Nr. 4 EuGVVO

Dennoch ist aufgrund des Art. 22 Nr. 4 EuGVVO nicht von vornherein eindeutig, dass Patentverletzungsklagen von Art. 5 Nr. 3 EuGVVO erfasst werden.

Nach seinem Wortlaut begründet Art. 22 Nr. 4 EuGVVO für Klagen, welche die Eintragung oder die Gültigkeit von Patenten zum Gegenstand haben, unabhängig vom Wohnsitz des Beklagten eine ausschließliche Zuständigkeit der Gerichte des Mitgliedsstaates, in dessen Hoheitsgebiet die Hinterlegung oder Registrierung beantragt oder vorgenommen worden ist oder aufgrund eines Gemeinschaftsrechtsakts oder eines zwischenstaatlichen Übereinkommens

205 Vgl. EuGH, C 29/76, Slg. 1976, 1541 – LTU/Eurocontrol; von Hoffmann, § 3 E. II 2.,Rn 191-192; Piltz, NJW 1979, 1071; Behr, GRUR Int. 1992, 604 ff.; besonders betont wird die Bedeutung der autonomen Auslegung für Patentstreitigkeiten bei Cornish, GRUR Int 1996, 285 ff.

206 BGH, GRUR 1957, 231, 234 – Taeschner; BGH, GRUR 1957, 352,353 – Pertussin II; BGH, GRUR 1958, 189,197 – Zeiss.

207 Vgl. Generalanwalt Capotorti im Schlussanträge zu EuGH, C 21/76, Slg 1976, 1751, 1755, Tz 4 – Mines de Potasse.

208 EuGH – C 261/90, Slg. 1992 I, 2149, Tz 17 - Reichert II

als vorgenommen gilt. Wie schon in Art. V b des Protokolls zum EuGVÜ[209] ist für europäische Patente zudem ausdrücklich geregelt, dass die Gerichte eines jeden Mitgliedsstaates ohne Rücksicht auf den Wohnsitz der Parteien für alle Verfahren ausschließlich zuständig sind, welche die Erteilung oder die Gültigkeit eines europäischen Patents zum Gegenstand haben, das für diesen Staat erteilt wurde. Ergänzend dazu hat sich ein Gericht eines Mitgliedsstaats gemäß Art. 25 EuGVVO von Amts wegen für unzuständig zu erklären, wenn es wegen eine Streitigkeit angerufen wird, für die das Gericht eines anderen Mitgliedsstaats aufgrund von Art. 22 EuGVVO ausschließlich zuständig ist.

Der EuGH hat in seiner Entscheidung „Dujnstee/Goderbauer" vom 15.11.1983[210] festgelegt, dass der Begriff des „Rechtsstreits, der die Eintragung oder Gültigkeit von Patenten zum Gegenstand hat" autonom auszulegen und in allen Vertragsstaaten einheitlich anzuwenden ist[211]. Die Vorschrift sei allerdings als ausschließliche Zuständigkeit restriktiv auszulegen. Die Zuweisung der ausschließlichen Zuständigkeit an die Gerichte des Vertragsstaats, in dessen Hoheitsgebiet die Hinterlegung oder Registrierung des Patents beantragt oder vorgenommen worden ist, sieht der EuGH darin gerechtfertigt, dass diese Gerichte am besten in der Lage sind, über Fälle zu entscheiden, in denen der Rechtsstreit die Gültigkeit des Patents oder das Bestehen der Hinterlegung oder Registrierung selbst zum Gegenstand hat.[212] Schon im Sachverständigenbericht von Jenard zum EuGVÜ wurde betont, dass für alle übrigen Klagen, einschließlich der Patentverletzungsklagen, dagegen die allgemeinen Bestimmungen des Übereinkommens gelten.[213]

209 Aufgenommen wurde diese Regelung nach Unterzeichnung des EPÜ v. 5.10.1973 u. des GPÜ v. 05.12.1975 durch das 1. Beitrittsübereinkommen zum EuGVÜ vom 9.10.1978 (BGBl. 1983 II, 803). Für Deutschland ist sie am 1.11.1986 im Verhältnis zu Belgien, Frankreich, Italien, Luxemburg, Niederlande und Dänemark in Kraft getreten (vgl. Bek. v. 14.11.1986, BGBl. 1986 II 1020), später auch im Verhältnis zum Vereinigten Königreich (seit 1.1.1987, BGBl. 1986 II 1146) und Irland (seit 1.06.1988, BGBl. 1988 II 610), vgl. zu diesem Übereinkommen auch den Bericht von Schlosser, ABl (EG) Nr. C59/71 ff. v. 5.3.1979.

210 EuGH – C288/82 – Dujnstee als Konkursverwalter der Fa. Schroefboutenfabriek BV/ Goderbauer, Slg. 1983, 3663 = IPRax1985, 92 = GRUR Int. 1984, 693 m. Anm. Stauder, 697 ff.

211 EuGH .- C288/82, Slg. 1983, 3663, Tz 19. Eine andere Auslegung, etwa nach der lex fori oder dem Recht des Vertragsstaats, dessen Gerichte nach Art. 16 Nr. 4 EuGVÜ zuständig wären, berge dagegen die Gefahr voneinander abweichender Entscheidung, was die Gleichheit und Einheitlichkeit der Rechte und Pflichten die die betroffenen Personen aus dem Übereinkommen ableiten, beeinträchtigen würde;vgl. EuGH C288/82, Slg. 1983, 3663, Tz 18.

212 EuGH C288/82, Slg. 1983, 3663, Tz 22; Stauder, GRUR Int. 1984, 698 betont dabei die Bedeutung des Wortes „selbst" in Fn 8; so auch Regierung UK GRUR Int. 1984, 694 ff.

213 Vgl. ABl (EG) 1979, C59/35. In diesem Hinweis des Sachverständigengutachtens sah der EuGH eine klare Bestätigung seiner Auslegung,vgl. EuGH C-288/82, Slg.1983,3663 Tz 23.

Betrifft der Rechtsstreit nicht die Gültigkeit des Patents oder das Bestehen der Hinterlegung oder Registrierung selbst, so ist davon auszugehen, dass es nicht gerechtfertigt ist, den Gerichten des Mitgliedsstaats in dem das Patent angemeldet oder erteilt worden ist, eine ausschließliche Zuständigkeit zuzuweisen.[214]
Es wäre weder mit dem Bericht Jenards noch mit der Entscheidung des EuGH im Fall Duijnstee/Goderbauer vereinbar, jede Patentverletzungsklage als implizit von Art. 22 Nr. 4 EuGVVO miterfasst anzusehen. Patentverletzungsklagen wären dann ausschließlich vor Gerichten im Anmelde- bzw. Erteilungsstaat zulässig, auch wenn die Rechtsgültigkeit des Patents niemals im Zweifel stand. Selbst im Fall der Säumnis des Beklagten oder gar im Fall, dass die Rechtsgültigkeit vom Beklagten ausdrücklich zugestanden würde, wäre das Gericht am Ort der unerlaubten Handlung gehalten, sich gemäß Art. 25 EuGVVO für unzuständig zu erklären. Auch ein Einvernehmen der Parteien, dass dieses Gericht den Fall entscheiden möge, wäre unbeachtlich, da sowohl Gerichtsstandsvereinbarung als auch rügelose Einlassung im Bereich der ausschließlichen Zuständigkeit nach Art. 22 EuGVVO nicht rechtswirksam sind, vgl. Art. 23 Abs. 5 und Art. 24 EuGVVO. Einer Entscheidung, die gleichwohl durch das Gericht am Ort der unerlaubten Handlung getroffen und von den Parteien nicht beanstandet würde, wäre die Anerkennung gemäß Art. 35 Abs. 1 EuGVVO zu versagen, da mit Art. 22 Nr.4 eine Vorschrift des sechsten Abschnitts des Kapitels II der EuGVVO verletzte wäre. Darüber hinaus müsste das Gleiche auch gelten für Klagen auf Feststellung der Nichtverletzung des Patents. Art. 22 Nr. 4 EuGVVO gewährt zudem die ausschließliche Zuständigkeit unabhängig vom Wohnsitz des Beklagten. Es wäre daher verbindlich, auch Verletzungsklagen gegen Beklagte mit Sitz außerhalb der Mitgliedsstaaten wie z.B. Japan oder USA oder auch Dänemark die ausschließliche Zuständigkeit den Gerichten des Staates zu erteilen, in dem das Patent Gültigkeit besitzt. Dies würde auch dazu führen, dass ein konzentrierter Prozess betreffend die gleiche Verletzungshandlung in mehreren Staaten nicht einmal am Wohnsitz und damit am allgemeinen Gerichtsstand des Beklagten geführt werden könnte. Vielmehr wäre in jedem einzelnen Staat, für den das Patent erteilt wurde, ein gesondertes Verfahren wegen der Verletzung auszutragen. Eine solche Zersplitterung würde den Grundsätzen ökonomischer Prozessführung entgegenstehen. Die allgemeinen Vorschriften der EuGVVO, insbesondere Art. 2 Abs. 1, Art. 5 Nr. 3 und Art. 6 Nr. 1 EuGVVO, könnten in Patentverletzungsverfahren nie Anwendung finden. Es liegt auf der Hand, dass es nicht das Anliegen der Verordnung sein kann, diese Konsequenzen zu verursachen. Sie stehen klar im Widerspruch zur Intention der EuGVVO.[215]

Verletzungsklagen gegen Patente können daher grundsätzlich auch vor anderen Gerichten als denen des Staates, der das Patent erteilt hat, geltend gemacht werden. Insbesondere der Gerichtsstand der unerlaubten Handlung

214 Vgl. EuGH C288/82, Slg. 1983, 3663 Tz 25.
215 Vgl. dazu auch Wadlow, 3-117 ff.

gemäß Art. 5 Nr. 3 EuGVVO steht somit für Patentverletzungsklagen neben dem allgemeinen Gerichtsstand aus Art. 2 Abs. 1 EuGVVO grundsätzlich offen.[216]

III. Die Auslegung des Begriffs „Ort, an dem das schädigende Ereignis eingetreten ist“ in der Rechtsprechung des EuGH

Entscheidend für die Frage, ob ein Gerichtsstand nach Art. 5 Nr. 3 EuGVVO außerhalb des Schutzrechtsstaates eröffnet sein kann, ist daher, ob der Begriff „Ort, an dem das schädigende Ereignis eingetreten ist“ im Fall von Patentverletzungsklagen in diesem Sinne ausgelegt werden kann. Auch diese Auslegung muss autonom erfolgen. Schon deswegen kann der Begriff eine vom materiellen Recht unabhängige, prozessuale Bedeutung haben.
Im folgenden sollen anhand der wichtigsten Entscheidungen des EuGH zu Art. 5 Nr. 3 EuGVÜ die für die Auslegung dieses Begriffs maßgebenden Begründungsaspekte herausgearbeitet und Leitlinien für die Auslegung und Anwendung der Norm aufgezeigt werden.

1) „Bier u.a. ./. Mines de Potasse d'Alsace“

Die erste – grundlegende – Entscheidung des EuGH zur Auslegung des Begriffs „Ort, an dem das schädigende Ereignis eingetreten ist“, erging am 30.11.1976 in der Rechtssache Handelskwekereij G.J. Bier B.V. und Stiftung Rheinwater gegen Mines de Potasse d'Alsace S.A.[217]

Dieser Entscheidung lag folgender Sachverhalt zugrunde:

> Ein niederländischer Gärtnereibetrieb (Bier) und die Stiftung Rheinwater mit Sitz in den Niederlanden klagten gegen die französische Firma Mines de Potasse d'Alsace S.A. mit Sitz in Frankreich, die im Elsass Kali-Bergbau betreibt, vor einem niederländischen Gericht wegen der Beschädigung der Pflanzungen des Gärtnereibetriebes. Das für die Bewässerung der Pflanzungen des Gärtnereibetriebes verwendete Wasser stammt hauptsächlich aus dem Rhein und verursachte aufgrund eines hohen Salzgehalts Schäden an den Pflanzungen. Der Gärtnereibetrieb und die Stiftung trugen vor, dass die Firma Mines de Potasse d'Alsace in Frankreich durch einen Abwasserkanal Industrieabwässer in Form von Salzrückständen in so großer Menge in den Rhein leite, dass der Salzgehalt des Rheins dadurch in erheblicher und schwerwiegender Weise erhöht werde.

216 Zum Problem des Nichtigkeitseinwands im Verletzungsverfahren siehe 6. Kapitel.
217 EuGH, 30.11.1976 – C 21/76 – Mines de Potasse, Slg. 1976, 1735 = NJW 1977, 439 m. Anm. Geimer, NJW 1977, 2023-2024.

Das angerufene niederländische Gericht (Arondissementrechtbank Rotterdam) erklärte sich für unzuständig, da das schadensstiftende Ereignis, das Einleiten von Salzrückständen in den Rhein, in Frankreich erfolgt sei und der Rechtsstreit daher nach dem EuGVÜ in die Zuständigkeit des französischen Gerichts fiele, in dessen Bezirk der Ort liegt, an dem die Abwässer eingeleitet worden seien.[218]

Auf die Berufung des Gärtnereibetriebes und der Stiftung Rheinwater hin, legte der Gerichtshof Den Haag die Frage zur Auslegung des Begriffs „Ort, an dem da schädigende Ereignis eingetreten ist„ dem EuGH zur Vorabentscheidung vor.

Der EuGH führte in dieser grundlegenden Entscheidung aus, dass die Auslegung der Bestimmung „Ort, an dem das schädigende Ereignis eingetreten ist" in Art. 5 Nr. 3 EuGVÜ im systematischen Zusammenhang der Zuständigkeitsregelungen des II. Titels des Übereinkommens erfolgen müsse.[219] Die durch Art. 5 EuGVÜ für den Kläger neben dem allgemeinen Gerichtsstand nach Art. 2 EuGVÜ eröffnete Wahlmöglichkeit sei im Interesse einer sachgerechten Gestaltung des Prozesses eingeführt worden. Ihr liege die Erwägung zugrunde, dass in bestimmten Fallgestaltungen eine besonders enge Beziehung zwischen einer Streitigkeit und dem zur Entscheidung über sie berufenen Gericht bestehe.[220]

Der EuGH stellte anschließend fest, dass die Bedeutung des Begriffs im Textzusammenhang des Übereinkommens unklar sei, wenn der Ort des dem Schaden zugrundeliegenden Geschehens sich in einem anderen Staat befinde als der Ort, an dem der Schaden eingetreten ist. Bei Betrachtung aller sprachlichen Fassungen des Übereinkommens ließe die Formulierung offen, ob in einem solchen Fall die Zuständigkeit des Gerichts am Ort des ursächlichen Geschehens oder am Ort, an dem der Schaden eingetreten ist, eingeräumt werden müsse, oder ob dem Kläger die Wahlmöglichkeit zwischen beiden Anknüpfungspunkten offen stehe.[221] Dabei unterstrich der Generalanwalt Francesco Capotorti in seinen Schlussanträgen, dass die Ungenauigkeit im Wort-

---

218 Es sei hier nur kurz angemerkt, dass die Rechtsauffassung der Arondissementrechtbank hier in jedem Fall nicht auf Art. 5 Nr. 3 EuGVÜ gestützt werden konnte. Denn Art. 5 Nr. 3 EuGVÜ kann einen besonderen Gerichtsstand nur in einem *anderen* als demjenigen Vertragsstaat, in dem der Beklagte seinen Wohnsitz hat, begründen. Dies ergibt sich zweifelsfrei aus dem Wortlaut am Anfang des Art. 5 EuGVÜ. Da aber die Beklagte hier ihren Sitz in Frankreich hatte, ergibt sich die internationale Zuständigkeit der französischen Gerichte nicht aus Art. 5 Nr. 3 EuGVÜ, sondern allein aus Art. 2 EuGVÜ. Zur örtlichen Zuständigkeit der Gerichte am Ort der Einleitung der Salzrückstände hätte man daher auch nur kommen können, wenn die französischen Zuständigkeitsvorschriften zu diesem Ort als Ort der unerlaubten Handlung führen.

219 EuGH, C21/76 – Mines de Potasse, Slg. 1976, 1735, 1746, Tz 8.

220 EuGH, C21/76 – Mines de Potasse, Slg. 1976, 1735, 1746 Tz 10-12.

221 EuGH, C21/76 – Mines de Potasse, Slg. 1976, 1735, 1746, Tz 13, 14.

laut des Art. 5 Nr. 3 von den Verfassern des EuGVÜ gewollt und nicht zufällig war.[222] Die Auslegung sollte bewusst der Rechtsprechung überlassen werden. Dadurch trete die integrierende Wirkung der Entscheidung des EuGH für die Regeln des Übereinkommens besonders klar zu Tage.[223]
Der Generalanwalt räumte auch ein, dass die Eröffnung einer Wahlmöglichkeit für den Kläger wegen ihrer Großzügigkeit als die gerechtere und zur Berücksichtigung der Besonderheiten der verschiedenen Typen der unerlaubten Handlung besser geeignet erscheinen könne. Nach seiner Ansicht sei diese Lösung jedoch mit Wortlaut und Geist des Übereinkommens nicht vereinbar. Der Wortlaut spreche von „Gericht des Ortes ...", weise daher auf ein einziges Gericht und einen einzigen Ort hin. Das Übereinkommen verfolge zudem das Ziel, die Anzahl der Zuständigkeiten für ein und dieselbe Verhaltensweise zu verringern und nicht auszudehnen. Diese vom EuGH für Verträge bereits geäußerte Auffassung[224] müsse auch für Fälle der unerlaubten Handlung gelten.[225]
Generalanwalt Caportorti sprach sich letztlich für die Anknüpfung allein an den Ort, an dem der Schaden eingetreten ist, dessen Ersatz begehrt wird, aus.

Es ist bemerkenswert, dass der EuGH sich in dieser Entscheidung zwar über weite Strecken an den Ausführungen des Generalanwalts orientierte, dessen Schlussantrag allerdings im Ergebnis nicht folgte. Der EuGH kam zu dem Ergebnis, dass der Begriff „Ort, an dem das schädigende Ereignis eingetreten ist" in Art. 5 Nr. 3 EuGVÜ so auszulegen sei, dass er sowohl den Ort, an dem der Schaden eingetreten ist, als auch den Ort des ursächlichen Geschehens meint. Der Beklagte könne nach Wahl des Klägers vor den Gerichten eines jeden dieser Orte verklagt werden.
Zur Begründung verwies er darauf, dass je nach Sachlage sowohl der Ort des ursächlichen Geschehens als auch der Ort der Verwirklichung des Schadenserfolges für die gerichtliche Zuständigkeit eine kennzeichnende Verknüpfung begründen könne. Unter Berücksichtigung des engen Zusammenhangs zwischen den verschiedenen Tatbestandsmerkmalen einer Schadensersatzpflicht, erscheine es nicht angebracht, sich nur für einen der beiden Anknüpfungspunkte zu entscheiden und den anderen auszuschließen. Jeder von beiden könne je nach Lage des Falles für die Beweiserhebung und für die Gestal-

222 GA Capotorti, Schlussanträge zu EuGH,C-21/76 – Mines de Potasse, Slg. 1976, 1735, 1751, Tz 3; so auch die Stellungnahme der französischen Regierung, S. 1739, der niederländischen Regierung, S. 1740 und der Kommission, S. 1742.

223 GA Capotorti, Schlussanträge zu EuGH,C-21/76 – Mines de Potasse, Slg. 1976, 1735, 1751, Tz 3.

224 EuGH, 6.10.1976, C-14/76 – De Bloos/Bouyer, Slg. 1976, 1497 –= NJW 1977, 490 m.Anm. Geimer.

225 GA Capotorti, Schlussanträge zu EuGH,C-21/76 – Mines de Potasse, Slg. 1976, 1735, 1755, Tz 7; so auch Stellungnahme der französischen Regierung, S. 1739 f.; a.A. Kommission, S. 1743.

tung des Prozesses in eine besonders sachgerechte Richtung weisen. Daher sei dem Kläger die Wahlmöglichkeit zwischen beiden Orten einzuräumen.[226] Dieses Ergebnis stützte der EuGH auf die weitere Erwägung, dass einerseits die Zuständigkeit nur am Ort des ursächlichen Geschehens in einer beträchtlichen Anzahl von Fällen dazu führen würde, dass der Gerichtsstand der unerlaubten Handlung mit dem allgemeinen Gerichtsstand des Beklagtenwohnsitzes gemäß Art. 2 EuGVÜ zusammenfiele. Art. 5 Nr. 3 EuGVÜ verlöre damit insoweit seine praktische Wirksamkeit (effet utile). Andererseits hätte die Zuständigkeit allein am Ort, in dem sich der Schadenserfolg verwirklicht hat, zur Folge, dass bei Auseinanderfallen des Ortes des ursächlichen Geschehens und des Wohnsitzes des Beklagten eine sachgerechte Verbindung zu einem der Schadensursache besonders nahen Gerichtsstand ausgeschlossen würde.[227]

Darüber hinaus habe diese Auslegung den Vorteil, die in den verschiedenen nationalen Rechtsordnungen gefundenen Lösungen nicht umzustoßen, sondern suche vielmehr, die Vereinheitlichung auf dem Wege einer ordnenden Zusammenfassung der in den meisten Mitgliedsstaaten bereits im Grundsatz anerkannten Lösungen zu erreichen.[228]

Den Vorteil der von ihm bevorzugten Anknüpfung allein an den Ort, an dem der Schaden eingetreten ist, erkannte der Generalanwalt insbesondere im damit bewirkten Schutz des Verletzten als den Schwächsten der Beteiligten an einem Rechtsverhältnis, das durch Vornahme einer unerlaubten Handlung entsteht.[229] Als solcher erscheine er bei der Bestimmung des Gerichtsstands schutzwürdig, es sei daher auf den Ort abzustellen, wo in der Rechtssphäre des passiv Beteiligten der Schadenserfolg eintrete. Der Erfolgsort werde dem Verletzten auch deshalb generell besser gerecht, als er in der Regel mit dem Wohnsitzstaat des Verletzten zusammenfalle, während bei Anknüpfung an den Handlungsort die praktische Wirksamkeit von Art. 5 Nr. 3 EuGVÜ gefährdet sei, da der Handlungsort in der Regel mit dem Wohnsitz des Schädigers (also des Beklagten) zusammenfalle. Der Generalanwalt war davon überzeugt, dass die Verfasser des Übereinkommens diesen Schutz des Verletzten als des schwächsten Glieds niederlegen wollten, was sich auch aus den Son-

---

226 EuGH, C21/26 – Mines de Potasse, Slg. 1976, 1735, 1747, Tz 15-19; a.A. GA Capotorti Schlussanträge zu EuGH, C-21/76 – Mines de Potasse, Slg. 1976, 1735, 1751, Tz 3; vgl. auch die Stellungnahme der französischen Regierung, S. 1739, der niederländischen Regierung, S. 1740 und der Kommission S. 1742, die sich alle für die alleinige Zuständigkeit des Gerichts an *einem* dieser Orte aussprachen.

227 EuGH, C21/26 – Mines de Potasse, Slg. 1976, 1735, 1748, Tz 20-23.

228 EuGH, C21/26 – Mines de Potasse, Slg. 1976, 1735, 1748, Tz 20-23 ; zu den Lösungen in den nationalen Rechtsordnungen der Mitgliedstaaten zum Zeitpunkt der Entscheidung vgl. GA Capotorti, Schlussanträge zu EuGH,C-21/76 – Mines de Potasse, Slg.1976, 1735, 1752 ff.

229 GA Capotorti, Schlussanträge zu EuGH,C-21/76 – Mines de Potasse, Slg. 1976, 1735, 1758, Tz 9; so auch die Auffassung der Kläger Bier und Stiftung Rheinwater, S. 1744.

dervorschriften der Art. 5 Nr. 2 (Unterhalt), 7 ff. (Versicherungsnehmer) und 14 (Verbraucher) ergebe.[230]
Auch die niederländische Regierung, die wie der EuGH eine Wahlmöglichkeit zwischen den Gerichten am Handlungs- und Erfolgsort befürwortete, sah den Grund für die Bestimmung des Art. 5 Nr. 3 EuGVÜ in den Belangen der verletzten Partei, in deren Interesse es liege, das zuständige Gericht wählen zu können.[231]

Der EuGH hat dennoch in dieser Entscheidung den Aspekt des Schutzes des Geschädigten nicht ausdrücklich angesprochen und ihm offenbar keine maßgebliche Bedeutung für die Zuständigkeit der Gerichte zugemessen.

2) „Dumez France und Tracoba ./. Hessische Landesbank"

Es sollte mehr als ein Jahrzehnt vergehen, bis der EuGH erneut Gelegenheit hatte, zur Auslegung des Art. 5 Nr. 3 EuGVÜ, Stellung zu nehmen und die Begründungen des Urteils Mines de Potasse näher auszugestalten und festzulegen. Die französische Cour de Cassation legte dem EuGH im Verfahren „Dumez France und Tracoba gegen Hessische Landesbank und andere" die Frage zur Vorabentscheidung vor, ob auch der Ort, an dem ein nur mittelbar Geschädigter den Schaden an seinem Vermögen feststellt, als Ort, an dem das schädigende Ereignis eingetreten ist, angesehen werden kann.[232]

> In diesem Rechtsstreit ging es um zwei Gesellschaften französischen Rechts, die mit einem deutschen Bauträger einen Vertrag über die Errichtung von Gebäuden auf einem Grundstück in der Bundesrepublik Deutschland abgeschlossen hatten. Um die Durchführung des Vertrages zu erleichtern, schlossen die beiden französischen Firmen einen Vertrag über eine Arbeitsgemeinschaft und übertrugen sodann ihre Rechte und Pflichten aus dem Vertrag an ihre beiden deutschen Tochtergesellschaften. Die Finanzierung des Vorhabens sollte durch Hypothekendarlehen, die deutsche Banken, insbesondere die Hessische Landesbank, dem Bauträger gewährten, gesichert werden. Während der Bauarbeiten wurde der Finanzierungsplan in Frage gestellt, die Gewährung der Darlehen ausgesetzt und die Arbeiten unterbrochen. Die beiden französischen Gesellschaften waren der Ansicht, sie hätten finanziellen Schaden erlitten und erhoben gegen die deutschen Banken Klage beim Tribunal de Commerce in Paris auf quasi-deliktischer Grundlage.

---

230 GA Capotorti, Schlussanträge zu EuGH, C-21/76 – Mines de Potasse, Slg. 1976, 1735, 1758; so auch die Stellungnahme der niederländischen Regierung, S. 1740 und die Auffassung der Kläger Bier und Stiftung Rheinwater, S. 1744

231 Stellungnahme der niederländischen Regierung, EuGH Slg. 1976, 1735, 1740.

232 EuGH, 11.01.1990, C 220/88 – Dumez France, Slg. 1990, I-49, 74.

Die französischen Gerichte waren in Erster und Zweiter Instanz der Ansicht, dass in erster Linie die deutschen Tochtergesellschaften die finanziellen Verluste erlitten hätten und sich für die Muttergesellschaften an ihrem Sitz in Frankreich lediglich als Folge davon buchmäßige Auswirkungen ergeben hätten. Diese seien jedoch nicht geeignet, den Ort des Schadenseintritts im Sinne des Art. 5 Nr. 3 EuGVÜ zu begründen.

Der EuGH entschied in diesem Fall, in zum Teil wörtlicher Übereinstimmung mit dem Schlussantrag des Generalanwalts Marco Darmon, dass Art. 5 Nr. 3 EuGVÜ nicht so ausgelegt werden könne, dass ein Kläger, der einen Schaden geltend macht, der angeblich die Folge des Schadens ist, den andere Personen unmittelbar aufgrund des schädigenden Ereignisses erlitten haben, den Urheber dieses Ereignisses vor den Gerichten des Ortes verklagen kann, an dem er selbst den Schaden an seinem Vermögen festgestellt hat.

Zur Begründung führte der EuGH aus, dass das System der Zuständigkeiten des Übereinkommens in Art. 2 EuGVÜ als allgemeine Regel die Zuständigkeit der Gerichte des Staates vorsieht, in dem der Beklagte seinen Wohnsitz hat.[233] Das Übereinkommen habe ferner seine Missbilligung der Zuständigkeit der Gerichte am Wohnsitz des Klägers durch Art. 3 Abs. 2 EuGVÜ deutlich zum Ausdruck gebracht, in dem dieser gegenüber Beklagten mit Wohnsitz in einem Vertragsstaat des EuGVÜ die Anwendungen nationaler Bestimmungen ausschließt, die solche Gerichtsstände vorsehen. Damit trat der EuGH den von GA Capotorti in seinen Schlussanträgen zum Fall „Mines de Potasse" geäußerten Erwägungen entgegen, der Erfolgsort werde dem Verletzten auch deshalb generell besser gerecht, als er in der Regel mit dem Wohnsitzstaat des Verletzten zusammenfalle.[234]
Die besonderen Zuständigkeiten des zweiten Abschnitts, also auch des Art. 5 Nr. 3 EuGVÜ, seien nur als Ausnahmen von der allgemeinen Regel des Art. 2 EuGVÜ anzusehen, die nur darauf beruhen, dass zwischen der Streitigkeit und anderen Gerichten als denen des Wohnsitzstaates des Beklagten eine besonders enge Beziehung besteht, die diese Zuständigkeit aus Gründen der geordneten Rechtspflege und der sachgerechten Gestaltung des Prozesses rechtfertigen könne.[235]

Zur Verwirklichung des Ziels des Übereinkommens, Anerkennung und Vollstreckung gerichtlicher Entscheidungen außerhalb des Staates zu fördern, in

233 EuGH, C-220/88 – Dumez France, Slg.1990, I-49, 79, Tz 16
234 GA Capotorti, Schlussanträge zu EuGH,C-21/76 – Mines de Potasse, Slg. 1976, 1735, 1758, Tz 9.
235 EuGH, C-220/88 – Dumez France, Slg. 1990, I-49, 79 f., Tz 17; so auch Regierung der Bundesrepublik Deutschland, EuGH, C-220/88 – Dumez France, Slg. 1990, I-49, 58 f.; a.A. Stellungnahme der Kommission in EuGH,C-21/76 – Mines de Potasse, Slg. 1976, 1735, 1742 f.

dem sie ergangen sind, sei es unerlässlich, eine Vermehrung der zuständigen Gerichte zu verhindern, die die Gefahr der Unvereinbarkeit von Entscheidungen im Sinne des Art. 27 Nr. 3 EuGVÜ verstärkt.[236]

Dieses Ziel stehe jeder Auslegung entgegen, die außer in den ausdrücklich vorgesehenen Fällen dazu führen könnte, ein Klägerforum (forum actoris) zu eröffnen und dem Kläger erlauben würde, durch Wahl seines Wohnsitzes das zuständige Gericht zu bestimmen.[237] Zudem weise der Wohnsitz des mittelbar Geschädigten im allgemeinen keinen engen Bezug zu den anderen tatbestandlichen Vorraussetzungen für die Haftung auf, wie dies bei dem Ort, an dem der ursprüngliche Schaden eingetreten ist, der Fall sei.[238]

3) „Fiona Shevill u.a. ./. Presse Alliance S.A."

In dem viel beachteten und kontrovers diskutierten Urteil Fiona Shevill und andere gegen Presse Alliance S.A.[239] hat der EuGH fünf Jahre nach der Entscheidung „Dumez France" den Umfang der Zuständigkeit der Gerichte nach Art. 5 Nr. 3 EuGVÜ näher ausgestaltet.

Dem Ausgangsstreit in diesem Vorabentscheidungsverfahren lag folgender Sachverhalt zugrunde:

> Die in Großbritannien ansässige Fiona Shevill sowie drei in verschiedenen Vertragsstaaten ansässige Firmen fühlten sich durch einen von der Presse Alliance S.A. in der Zeitung France-Soir herausgegebenen Artikel in ihrer Ehre verletzt. Der Artikel betraf eine Aktion der Beamten der Drogenbekämpfungsbrigade der französischen Polizei, die in einer in Paris betriebenen Wechselstube durchgeführt wurde und erwähnte dabei namentlich Frau Shevill, die zu der Zeit der Aktion bei dem Betreiber der Wechselstube in Paris beschäftigt war.

---

236 EuGH, C-220/88 – Dumez France, Slg. 1990, I-49, 80, Tz 18; so schon die Stellungnahme der französischen Regierung in EuGH,C-21/76 – Mines de Potasse, Slg. 1976, 1735, 1739.

237 EuGH, C-220/88 – Dumez France, Slg. 1990, I-49, 80, Tz 19; so auch die Stellungnahme der Regierung der Bundesrepublik Deutschland in EuGH,C-220/88-Dumez France, Slg.1990,I-49, 58 f.

238 EuGH, C-220/88 – Dumez France, Slg. 1990, I-49, 80, Tz 21; betont wird dies auch von Stoll in seinem Gutachten für eine der Beklagten, vgl. EuGH, C-220/88 – Dumez France, Slg. 1990, I-49, 53 f.; ähnlich die Stellungnahme der französische Regierung, S. 58; aus den gleichen Gründen wird auch vom BGH im Hinblick auf § 32 ZPO eine Zuständigkeit der Gerichte am Schadensort abgelehnt, vgl. BGH, NJW 1977, 1590; Geimer, IZPR, S. 394 f., Rn 1501-1503.

239 EuGH, 7.03.1995, C 68/93 – Shevill, Slg.1995, I-415, 450 = ZEuP 1996, 295 m.Anm. Huber.

Frau Shevill und die Firmen waren der Ansicht, der Zeitungsartikel erwecke den Eindruck, sie gehörten einem Drogenhändlerring an, für den sie Geldwäsche betrieben, und erhoben in Großbritannien Klage auf Schadensersatz wegen Ehrverletzung in Bezug auf die in Frankreich und den übrigen europäischen Ländern einschließlich England und Wales verbreiteten Exemplare der betreffenden Ausgabe der France-Soir. Dieser Antrag wurde später dahingehend geändert, dass sich die Klage nicht mehr auf die außerhalb von England und Wales verkauften Exemplare erstrecke.

Die Zeitung France-Soir wird hauptsächlich in Frankreich verbreitet. Die Exemplare der streitigen Ausgabe innerhalb der EU wurden zu ca. 94 % in Frankreich (ca. 237.000) und nur zu ca. 6 % (ca. 15.500) in den übrigen europäischen Ländern vertrieben, dabei nur zu 0,09 % (230 Stück) in England und Wales und gar nur 5 Stück am Wohnsitz der Klägerin Fiona Shevill.

Die Presse Alliance S.A. rügte die Unzuständigkeit des angerufenen britischen Gerichts, war damit aber in den ersten beiden Instanzen erfolglos. Das House of Lords schließlich legte die Fragen zur Zuständigkeit dem EuGH zur Vorabentscheidung vor.

Zunächst betonte der EuGH, dass Art. 5 Nr. 3 EuGVÜ von der grundsätzlichen Zuständigkeit der Gerichte des Wohnsitzstaates des Beklagten abweicht und bestätigte sodann seine Rechtsprechung aus den Entscheidungen „Mines de Potasse" und „Dumez France" zur Grundlage dieser besonderen Zuständigkeit die in der besonders engen Beziehung zwischen der Streitigkeit und den Gerichten liege.[240] Weiter bekräftigte er die grundsätzliche Zuständigkeit der Gerichte nach Wahl des Klägers am Ort des ursächlichen Geschehens oder am Ort, an dem der Schaden eingetreten ist, entsprechend der „Mines de Potasse" - Rechtsprechung und erinnerte auch daran, dass bei Auswahl allein des Ortes des ursächlichen Geschehens die praktische Wirksamkeit der Bestimmung des Art. 5 Nr. 3 EuGVÜ verloren gehe.[241]

Der EuGH übertrug somit in diesem Fall die Rechtsprechung „Mines de Potasse" auf Fälle von Schäden, die keine Vermögensschäden sind.[242]

Sodann führte er aus, dass der Ort des ursächlichen Geschehens im Fall von Ehrverletzung durch Presseartikel nur der Ort der Niederlassung des Herausgebers der Veröffentlichung sein könne, da dieser den Ort darstelle, an dem das schädigende Ereignis seinen Ausgang nahm und von dem aus die ehrverletzende Äußerung gemacht und in Umlauf gebracht wurde. Das Gericht des

---

240 EuGH, C-68/93 – Shevill, Slg.1995, I-415, 459, Tz 19.
241 EuGH, C-68/93 – Shevill, Slg.1995, I-415, 460, Tz 20, 21 und 22.
242 EuGH, C-68/93 – Shevill, Slg.1995, I-415, 460, Tz 23.

Ortes der Niederlassung des Herausgebers der Veröffentlichung müsse deshalb auch für die Entscheidung über den gesamten verursachten Schaden zuständig sein.[243] Wie der EuGH zu dieser Annahme kommt, wird im Urteil nicht ausgeführt und überrascht umso mehr, als beide Generalanwälte sich für eine andere Lösung ausgesprochen hatten – beide sahen in Anlehnung an die französische Rechtsprechung[244] den Ort des ursächlichen Geschehens am Herstellungsort, d.h. dem Ort des Drucks des Presseerzeugnisses (lieu d'impression).[245] Der EuGH setzt sich in dem Urteil in keiner Weise mit dieser Auffassung auseinander. Allerdings lagen in diesem Fall sowohl die Niederlassung des Herausgebers als auch der Druckort in am gleichen Ort in Frankreich, so dass sich kein relevanter Unterschied im konkreten Fall zeigte.

Der EuGH räumte allerdings ein, dass der Gerichtsstand der Niederlassung des Herausgebers in der Regel mit dem Gerichtsstand des Art. 2 EuGVÜ übereinstimme. Dem Kläger müsse daher die Möglichkeit eröffnet sein, seine Klage auch an dem Ort, an dem sich der Schadenserfolg verwirklicht hat, zu erheben, da sonst Art. 5 Nr. 3 EuGVÜ seine praktische Wirksamkeit verlöre.[246] Der Schadenseintritt in Form der Ehrverletzung werde durch die ehrverletzende Veröffentlichung an all den Orten verwirklicht, an denen die Veröffentlichung verbreitet wird, sofern der Betroffene dort bekannt ist. Die Gerichte jedes Verbreitungsstaates seien daher für die Entscheidung über die in diesem Staat am Ansehen des Betroffenen entstandenen Schäden zuständig. Dies entspreche dem Erfordernis der geordneten Rechtspflege, denn diese Gerichte seien örtlich am besten geeignet, um die in diesem Staat erfolgten Ehrverletzungen zu beurteilen und den Umfang des entsprechenden Schadens zu bestimmen.[247] Die Gerichte am Ort eines der Schäden sollen dagegen nicht über die Klage auf Ersatz der in anderen Mitgliedstaaten entstandenen Schäden entscheiden können. Generalanwalt Darmon begründete diese Einschränkung in seinen Schlussanträgen damit, dass es in diesen Fällen keine Beziehung aufgrund der Nähe zwischen dem Gerichtsstand und dem Rechtsstreit mehr gäbe.[248] Zur Unterstützung dieser „Territorialitätslösung" verweist er ausdrücklich auch auf die Regelung des GPÜ, nach der Klagen wegen Verletzung von Gemeinschaftspatenten zwar auch vor den Gerichten des Vertragsstaats erhoben werden können, in dem eine Verletzungshandlung begangen worden ist, dieses Gericht aber nur für die Entscheidung über Verletzungs-

243 EuGH, C-68/93 – Shevill, Slg.1995, I-415, 460/461, Tz 24/25.
244 Vgl. GA Darmon, Schlussanträge zu EuGH, C-68/93 – Shevill, Slg. 1995, I-415, 423; Beispiele aus der Rspr. zitiert GA Darmon in Fn 25.
245 GA Darmon, Schlussanträge zu EuGH, C-68/93 – Shevill, Slg. 1995, I-415, 429, Tz 60 u. 438, Tz 111; GA Léger, Schlussanträge zu EuGH, C-68/93 – Shevill, Slg. 1995, I-415, 441, Tz 11.
246 EuGH, C-68/93 – Shevill, Slg.1995, I-415, 461, Tz 26/27.
247 EuGH, C-68/93 – Shevill, Slg.1995, I-415, 461/462, Tz 29-31.
248 GA Darmon, Schlussanträge zu EuGH, C-68/93 – Shevill, Slg.1995, I-415,431,Tz 70 f.

handlungen zuständig ist, die in dem Hoheitsgebiet dieses Vertragsstaats begangen worden sind.[249]

Der EuGH betonte, dass der Kläger die Nachteile, die durch die Beurteilung der verschiedenen Geschichtspunkte ein und desselben Rechtsstreits durch verschiedene Gerichte entstehen, nicht auf sich nehmen müsse. Schließlich habe er stets die Möglichkeit, seinen Anspruch insgesamt an den zentralen Gerichtsorten am Ort der Niederlassung des Herausgebers der Veröffentlichung und am Wohnsitz des Beklagten geltend zu machen.[250]

Im Ergebnis entschied der EuGH, dass Art. 5 Nr. 3 EuGVÜ bei Ehrverletzungen durch einen in mehreren Vertragsstaaten verbreiteten Presseartikel so auszulegen ist, dass der Betroffene bei den Gerichten des Vertragsstaats, in dem der Herausgeber der ehrverletzenden Veröffentlichung niedergelassen ist, den Ersatz sämtlicher durch die Ehrverletzung entstandener Schäden geltend machen kann, während die Gerichte jedes Vertragsstaats, in dem die Veröffentlichung verbreitet und das Ansehen des Betroffenen nach dessen Behauptung beeinträchtigt worden ist, dagegen nur für die Entscheidung über den Ersatz der Schäden zuständig sind, die in dem Staat des angerufenen Gerichts verursacht worden sind.

4) „Marinari ./. Lloyds Bank"

In der nur kurz nach der Entscheidung „Shevill" ergangenen Entscheidung im Fall „Antonio Marinari gegen Lloyds Bank plc und Zubaidi Trading Company" hat der EuGH zu der Frage Stellung nehmen können, ob auch der Ort, an dem nur ein mittelbarer Vermögensschaden eingetreten ist, einen Gerichtsstand im Sinne des Art. 5 Nr. 3 EuGVÜ begründen kann.[251]

> In dieser Sache hatte der in Italien ansässige Kläger Marinari bei der Beklagten Lloyds Bank Eigenwechsel hinterlegt, die von der Provinz Negros Oriental der Republik der Philippinen zugunsten der Zubaidi Trading Company, Beirut, ausgestellt waren. Die Angestellten der beklagten Bank verweigerten die Rückgabe dieser Eigenwechsel mit der Erklärung, sie seinen zweifelhafter Herkunft. Die von den Bankangestellten entsprechend informierte Polizei verhaftete Marinari und beschlagnahmte die Wechsel.

---

249 GA Darmon, Schlussanträge zu EuGH, C-68/93 – Shevill, Slg.1995, I-415, 434, Tz 88; vgl. Art. 14 Abs. 5 iVm 17 Abs. 2 Streitregelungsprotokoll.

250 EuGH, C-68/93 – Shevill, Slg.1995, I-415, 462, Tz 32.

251 EuGH, 19.9.1995, C-364/ 93 – Marinari, Slg. 1995, I-2719 = JZ 1995,1107 m. Anm. Geiger = EuZW 1995, 765 m. Anm. Holl.

Nach seinem Freispruch verklagte Marinari die Beklagte vor dem italienischen Tribunale di Pisa auf Schadensersatz für Haft, Auflösung mehrerer Verträge und die Schädigung seines Rufes. Die Corte Suprema di Cassatione legte dem EuGH die Frage der Zuständigkeit der italienischen Gerichte zur Vorabentscheidung vor.

Der EuGH urteilte in diesem Fall, dass die Wendung „Ort, an dem das schädigende Ereignis eingetreten ist" dahin auszulegen sei, dass sie nicht den Ort bezeichnet, an dem der Geschädigte einen Vermögensschaden in der Folge eines in einem anderen Vertragsstaat entstandenen und dort von ihm erlittenen Erstschadens erlitten zu haben behauptet. Er hielt zwar die Auffassung aufrecht, dass sowohl der Ort, an dem der Schaden entstanden ist, als auch der Ort des ursächlichen Geschehens mit dieser Wendung bezeichnet seien, jedoch könne die Vorschrift nicht so weit ausgelegt werden, dass sie jeden Ort erfasse, an dem die schädlichen Folgen eines Umstands spürbar werden können, der bereits einen Schaden verursacht hat, der tatsächlich an einem anderen Ort entstanden ist.

Zur Begründung verwies der EuGH zunächst auf die Urteile „Mines de Potasse", „Dumez France" und „Shevill" und wiederholte, dass die besondere Zuständigkeit auf der besonders engen Beziehung der Streitigkeit mit den Gerichten beruhe, die aus Gründen der geordneten Rechtspflege und der sachgerechten Gestaltung des Prozesses die Zuständigkeit dieser Gerichte rechtfertige.[252] Sodann bekräftige er die Grundsätze des „Mines de Potasse" - Urteils und das Wahlrecht des Klägers zwischen den Gerichten des Handlungs- und Erfolgsorts, da beide je nach Lage des Falles eine kennzeichnende Verknüpfung zur Streitigkeit haben können und das die praktische Wirksamkeit des Art. 5 Nr. 3 EuGVÜ durch Anerkennung der Zuständigkeit der Gerichte des Ortes, an dem der Schaden entstanden ist, aufrecht erhalten werden muss.[253] Diese Wahlmöglichkeit des Klägers dürfe jedoch nicht über die sie rechtfertigenden besonderen Umstände hinaus erstreckt werden, um nicht den in Art. 2 EuGVÜ aufgestellten allgemeinen Grundsatz der Zuständigkeit der Gerichte im Wohnsitzstaat des Beklagten auszuhöhlen und im Ergebnis über die ausdrücklich vorgesehenen Fälle hinaus die Zuständigkeit der Gerichte am Wohnsitz des Klägers anzuerkennen. Denn gegen einen Klägergerichtsstand habe sich das Übereinkommen deutlich in Art. 3 Abs. 2 EuGVÜ ausgesprochen.[254] Zudem wies der EuGH darauf hin, dass das Übereinkommen die Zuständigkeitsregeln nicht an die nationalen Vorschriften über die Vorraussetzungen der außervertraglichen zivilrechtlichen Haftung knüpft. Eine Orientierung der Auslegung des Art. 5 Nr. 3 EuGVÜ nach Maßgabe des jeweils anwendbaren Rechts der außervertraglichen Haftung sei mit dem Ziel des Über-

252 EuGH, C 364/93 – Marinari, Slg. I 1995, Tz 10.
253 EuGH, C 364/93 – Marinari, Slg. I 1995, Tz 11 u. 12.
254 EuGH, C 364/93 – Marinari, Slg. 1995, I-2719, 2739, Tz 13.

einkommens, sichere und voraussehbare Zuständigkeitszuweisungen festzulegen,[255] nicht vereinbar.[256]

Schließlich sei zu vermeiden, dass die Auslegung zur Begründung der Zuständigkeit eines Gerichts führt, das keinerlei Beziehung zu dem dem Rechtsstreit zugrunde liegenden Sachverhalt hat. Gerade eine solche Beziehung sei es aber, die die in Art. 5 Nr. 3 EuGVÜ vorgesehene besondere Zuständigkeit neben Art. 2 EuGVÜ rechtfertige. In der Folge des ursprünglichen schädigenden Ereignisses entstehende Kosten und entgangener Gewinn könnten an einem gänzlich anderen Ort festgestellt werden, so dass einem solchen Gerichtsstand jede Sachnähe für eine wirksame Beweiserhebung fehle.

Auch in dieser Entscheidung folgte der EuGH den Schlussanträgen der Generalanwälte Marco Darmon und Phillipe Léger.[257]

5) „Réunión Européenne S.A. ./. Spliethoffs Befrachtingskantoor BV u.a."

Ein weiteres Urteil in dem sich der EuGH zur Auslegung des Begriffs „Ort, an dem das schädigende Ereignis eingetreten ist" iSd Art. 5 Nr. 3 EuGVÜ äußerte, erging am 27.10.1998 in der Sache „Réunión Européenne S.A. gegen Spliethoffs Befrachtingskantoor BV und Kapitän des Schiffs „Alblasgracht V002".[258]

In diesem Rechtsstreit ging es um die Klage mehrerer Versicherer einer Fruchthandelsfirma mit Sitz in Frankreich gegen die in den Niederlanden ansässigen Transportfirma sowie den ebenfalls beklagten und

---

255 Vgl. EuGH, 15.01.1985, C-241/83 – Rösler, Slg. 1985, 99, Tz 23; EuGH, 17.06.1992, C26/91 – Handte, Slg. I 1992, 3967, Tz 19.

256 EuGH, C 364/93 – Marinari, Slg. 1995, I-2719, 2741, Tz 19.

257 Die beiden 1995 ergangenen Entscheidungen zur Auslegung des Art. 5 Nr. 3 EuGVÜ waren zur gleichen Zeit beim EuGH zur Vorabentscheidung anhängig. Die teilweise Parallelität der Argumentation in den Urteilen „Shevill" und „Marinari" ist unverkennbar. Zudem kam es in beiden Fällen zu der äußerst seltenen und ungewöhnlichen Situation, dass die mündliche Verhandlung nach den Schlussanträgen des GA wiedereröffnet wurde und aufgrund kalendarischer Zufälle ein zweiter GA in ein und derselben Sache Schlussanträge vortragen musste. In beiden Fällen waren zunächst der GA Marco Darmon und als zweiter nach Wiedereröffnung GA Phillipe Léger mit den Schlussanträgen betraut. Gemäß Art. 59 § 1 der Verfahrensordnung des EuGH (VerfO) stellt der GA am Schluss der mündlichen Verhandlung seine Schlussanträge und begründet sie. Nach den Schlussanträgen erklärt der Präsident die mündliche Verhandlung für geschlossen, Art. 59 § 2 VerfO. Nach Art. 61 VerfO kann der Gerichtshof jedoch nach Anhörung des GA die Wiedereröffnung der mündlichen Verhandlung anordnen. Der zuständige GA wird gemäß Art. 10 § 2 VerfO zu Beginn des Verfahrens durch den Ersten Generalanwalt bestimmt, der zugleich bei Abwesenheit oder Verhinderung eines GA die erforderlichen Maßnahmen trifft.

258 EuGH, C 51/97 - Slg. 1998, I-6511 = Rev.crit.dr.i.p. 1999,322 m.Anm. Gaudemet-Tallon, 333-340.

in den Niederlanden ansässigen Kapitän des Transportschiffes, nachdem bei der Lieferung einer Schiffsladung Birnen an die Fruchthandelsfirma, an deren Transport die Beklagten beteiligt waren, Transportschäden festgestellt worden waren. Die Waren wurden in Kühlcontainern zunächst auf dem Seeweg mit dem Transportschiff des beklagten Kapitäns von Melbourne (Australien) nach Rotterdam (Niederlande) verbracht, wobei für den Transport von einer Firma mit Sitz in Sydney (Australien) ein Konossement auf den Inhaber ausgestellt worden war. Anschließend wurden die Waren, begleitet von einem internationalen Frachtbrief, von Rotterdam nach Rungis (Frankreich) auf der Straße weiterbefördert. In Rungis ließ die Firma Fruchthandelsfirma Transportschäden feststellen, die sich aus einer auf eine Unterbrechung der Kühlkette zurückzuführenden vorzeitigen Reifung der Früchte ergaben Die Versicherer übernahmen die der Fruchthandelsfirma entstandenen Schäden und traten nach Auszahlung der Entschädigungssumme in die Rechte der Firma ein und verklagten die Beklagten vor französischen Gerichten.

Der EuGH entschied in diesem Fall auf die Vorlagefrage der französischen Cour de Cassation, dass der Ort, an dem der Empfänger nach der Durchführung des Seetransports und des anschließenden Transports über Land nur die Transportschäden an den gelieferten Waren festgestellt hat, nicht zur Bestimmung des „Ortes, an dem das schädigende Ereignis eingetreten ist" iSd Art. 5 Nr. 3 EuGVÜ in der Auslegung durch den EuGH dienen kann.

Der EuGH hob hervor, dass das Übereinkommen die Fälle, in denen eine Person in Abweichung vom allgemeinen Grundsatz des Art. 2 EuGVÜ vor anderen Gerichten als denen ihres Wohnsitzstaates verklagt werden kann oder muss, abschließend aufführe. In Folge dessen seien die von dem allgemeinen Grundsatz abweichenden Zuständigkeitsregeln einer Auslegung nicht zugänglich, die über die in dem Übereinkommen vorgesehenen Fälle hinausgeht.[259] Nachdem der EuGH festgestellt hatte, dass eine vertragliche Beziehung im Sinne des Art. 5 Nr. 1 EuGVÜ nicht bestand und die Klage eine unerlaubte Handlung zum Gegenstand hatte, nahm er zur Frage der Auslegung des Begriffs „Ort, an dem das schädigende Ereignis eingetreten ist" Stellung. Er wiederholte zunächst die ständige Rechtsprechung zur Grundlage des Art. 5 Nr. 3 EuGVÜ und der grundsätzlichen Wahlmöglichkeit des Klägers zwischen den Gerichten des Handlungs- und Erfolgsorts. Im Anschluss daran bestätigte er die „Marinari"-Rechtsprechung, dass die dem Kläger eröffnete Wahlmöglichkeit nicht über die sie rechtfertigenden besonderen Umstände hinaus erweitert werden darf, um den Grundsatz des Art. 2 EuGVÜ nicht auszuhöhlen und kein

---

259 EuGH, C-51/97 – Slg. 1998, I-6511, 6541 Tz 16; vgl. auch EuGH, 03.07.1997, C 269/95 – Benincasa, Slg.1997, I-3767, 3794, Tz 13.

von den Verfassern des Übereinkommens missbilligtes forum actoris anzuerkennen bzw. zu eröffnen.[260]

Der Ort des ursächlichen Geschehens lasse sich im Fall von internationalen Transporten nur sehr schwer feststellen, wenn diese Feststellung nicht sogar unmöglich sei. Der Empfänger der beschädigten Ware müsse daher den Verfrachter vor dem Gericht des Ortes verklagen, an dem der Schaden eingetreten ist. Der Ort des Schadenseintritts könne jedoch nicht der Ort der abschließenden Auslieferung sein, da dies in den meisten Fällen zu einer Bejahung der Zuständigkeit der Gerichte am Wohnsitz des Klägers führen würde, der vom Übereinkommen jedoch missbilligt werde.[261] Zudem könne dieser Ort noch während des Transports geändert werden, womit die Bestimmung des zuständigen Gerichts von ungewissen Umständen und Zufällen abhänge, was mit dem Ziel des Übereinkommens, sichere und voraussehbare Zuständigkeitszuweisungen festzulegen, unvereinbar wäre.[262] Aus dem gleichen Grund scheide auch der Ort der Feststellung des Schadens als Ort des Schadenseintritts aus. Ort, an dem der Schaden eingetreten ist, könne daher nur der Ort sein, an dem der tatsächliche Verfrachter die Waren auszuliefern hatte. Dieser Ort genüge den Anforderungen an Voraussehbarkeit und Gewissheit und weise zudem eine besonders enge Beziehung zum Rechtsstreit auf, so dass die Zuweisung des Rechtsstreits an dieses Gericht aus Gründen der geordneten Rechtspflege und einer sachgerechten Gestaltung des Prozesses gerechtfertigt sei.[263]

6) „DFDS Torline A/S ./. SEKO“

Das jüngste Urteil des EuGH zur Auslegung des Artikel 5 Nr. 3 EuGVÜ erging am 5.2.2004 auf Vorabentscheidungsersuchen in einem Rechtsstreit der Danmarks Rederiforening, handelnd für DFDS Torline A/S („Klägerin") gegen LO Landsorganisationen i Sverige, handelnd für SEKO Sjöfolk Facket för Service och Kommunikation („Beklagte").[264]

> Der Rechtsstreit betrifft die Rechtmäßigkeit eines Aufrufs der Beklagten zu kollektiven Kampfmaßnahmen gegen die Klägerin, mit dem eine Tarifvereinbarung für polnische Seeleute, die die Besatzung des im Eigentum der Beklagten stehenden Frachtschiffs Tor Caledonia bilden,

260 EuGH, C-51/97 – Slg. 1998, I-6511, 6544,Tz 27-29.

261 EuGH, C-51/97 – Slg. 1998, I-6511, 6545, Tz 33; vgl. auch EuGH, C 220/88 - Dumez France, Slg. 1990, I-49, 79, Tz 16; EuGH, 19.01.1993, C 89/91 – Shearson Lehman Hutton, Slg. 1993, I-139, Tz 17.

262 EuGH, C-51/97 – Slg. 1998, I-6511, 6546 Tz 34; EuGH, C 364/93 – Marinari, Slg. 1995, I-2719, 2741, Tz 19; EuGH, C 26/91 – Handte, Slg. 1992, I-3967, Tz 19.

263 EuGH, C-51/97 – Slg. 1998, I-6511, 6546 Tz 36.

264 EuGH, C-18/02 – DFDS Torline, Slg. 2004, I-1417.

das zwischen Göteborg (Schweden) und Harwich (Vereinigtes Königreich) verkehrt, herbeigeführt werden sollte. Die Tor Caledonia ist in das dänische internationale Schiffsregister eingetragen und unterliegt dänischem Recht. Zum maßgeblichen Zeitpunkt waren die polnischen Seeleute aufgrund von Einzelverträgen beschäftigt, die gemäß einem Rahmenübereinkommen zwischen verschiedenen dänischen Gewerkschaften auf der einen Seite und drei dänischen Reedereiverbänden auf der anderen Seite geschlossen worden waren. Diese Verträge unterlagen dänischem Recht. Nachdem die Klägerin das Verlangen nach Abschluss eines Tarifvertrags abgelehnt hatte, das die Beklagte für die polnische Besatzung vorgelegt hatte, rief diese mit Fax vom 21. März 2001 zu begrenzten kollektiven Kampfmaßnahmen mit Wirkung vom 28. März 2001 auf und wies ihre schwedischen Mitglieder an, keine Beschäftigungen auf der Tor Caledonia anzunehmen. In diesem Fax hieß es weiter, dass die Beklagte Solidaritätsaktionen verlange. Aufgrund dieses Aufrufs rief der Svenska Transportarbetareforbundet (schwedische Transportarbeitergewerkschaft, nachfolgend: STAF) am 3. April 2001 zu Solidaritätsmaßnahmen mit Wirkung vom 17. April 2001 auf, u.a. dazu, jede Arbeit, die die Tor Caledonia betreffe, abzulehnen und die Be- und Entladung des Schiffes in den schwedischen Häfen zu verhindern. Am 4. April 2001 erhob die Klägerin beim Arbejdsret Klage gegen die Beklagte und die STAF mit dem Antrag, diese beiden Gewerkschaften dazu zu verurteilen, anzuerkennen, dass ihre Kampf- und Solidaritätsmaßnahmen rechtswidrig seien, und ihre Aufrufe zurückzunehmen.

Am 11. April 2001, dem Tag der ersten mündlichen Verhandlung vor dem Arbejdsret, beschloss die Beklagte, die kollektiven Kampfmaßnahmen bis zur endgültigen Entscheidung dieses Gerichts auszusetzen, während der Solidaritätsaufruf der STAF am 18. April 2001 zurückgenommen wurde. Indessen beschloss die Klägerin am 16. April 2001, also am Tag vor dem ersten Tag der von der STAF angekündigten Solidaritätsmaßnahmen, die Tor Caledonia auf der Route Göteborg-Harwich nicht mehr einzusetzen, die ab dem 30. Mai 2001 von einem anderen zu diesem Zweck eingesetzten Schiff befahren wurde.

Der Gerichtshof hat in diesem Fall zunächst klargestellt, dass eine Klage, die die Rechtmäßigkeit kollektiver Kampfmaßnahmen betrifft, als Klage wegen einer unerlaubten Handlung oder einer Handlung, die einer unerlaubten Handlung gleichgestellt ist, anzusehen ist, selbst wenn für eine solche Klage nach dem Recht des betreffenden Vertragsstaats ein anderes Gericht als dasjenige ausschließlich zuständig ist, das für die Entscheidung über Klagen auf Ersatz des durch diese kollektiven Kampfmaßnahmen entstandenen Schadens zuständig ist.[265] Darüber hinaus entschied er, dass es für die Anwendung des Art.

265 EuGH, C-18/02 - DFDS Torline, Slg. 2004, I-1417, 1451-1452, Tz 23-28; GA Jacobs, Schlussanträge zu EuGH,C-18/02–DFDS Torline,Slg.2004,I-1417,1427-1429,Tz 34-42.

5 Nr. 3 EuGVÜ genüge, wenn ein ursächlicher Zusammenhang zwischen dem Schaden und dem diesem zugrunde liegenden Ereignis, hier dem Aufruf der Beklagten zu kollektiven Kampfmaßnahmen, feststellbar sei.[266] Es sei dagegen nicht notwendig, dass dem Kläger unmittelbar durch die kollektiven Kampfmaßnahmen ein Schaden entsteht, vorausgesetzt, diese eigentlichen kollektiven Kampfmaßnahmen sind eine notwendige Bedingung und mögliche Grundlage für schadensverursachende Solidaritätsaktionen.[267]
Die Zuständigkeit nach Art. 5 Nr. 3 EuGVÜ könne zudem nicht dadurch berührt werden, dass die Durchführung der kollektiven Kampfmaßnahme von der Partei, die dazu aufgerufen hat bis zur Entscheidung über die Rechtmäßigkeit dieser Maßnahme ausgesetzt wird. Eines der Ziele des EuGVÜ sei die Verbesserung des Rechtsschutzes für die in der Gemeinschaft niedergelassenen Personen dadurch, dass ein Kläger ohne Schwierigkeiten festzustellen vermag, welches Gericht er anrufen kann, und einem verständigen Beklagten erkennbar wird, vor welchem Gericht er verklagt werden kann. Diese Ziel der Verbesserung der Vorhersehbarkeit gerichtlicher Zuständigkeiten würde verfehlt, wenn nach der Erhebung einer Klage, die unter Artikel 5 Nr. 3 EuGVÜ fällt, vor dem zuständigen Gericht eines Vertragsstaats die Aussetzung des unerlaubten Verhaltens, das dieser Klage zugrunde liegt, durch den Beklagten dazu führen würde, dass das angerufene Gericht seine Zuständigkeit verlöre und diese auf das Gericht eines anderen Vertragsstaats überginge.[268]
Schließlich konnte sich der EuGH mit der Frage beschäftigen, ob Art. 5 Nr. 3 EuGVÜ so auszulegen ist, dass Schäden, die aufgrund von kollektiven Kampfmaßnahmen entstehen, welche eine Gewerkschaft in einem Vertragsstaat durchführt, den ein in einem anderen Vertragsstaat registriertes Schiff anläuft, als im Flaggenstaat eingetreten betrachtet werden können, so dass die Reederei dort eine Schadensersatzklage gegen diese Gewerkschaft erheben kann. Der EuGH verwies dabei zunächst auf seine ständige Rechtsprechung, nach der Art. 5 Nr. 3 EuGVÜ mit der Bezeichnung „Ort, an dem das schädigende Ereignis eingetreten ist", sowohl den Ort, an dem der Schaden eingetreten ist, als auch den Ort des ursächlichen Geschehens meint, so dass der Beklagte nach Wahl des Klägers bei dem Gericht eines dieser beiden Orte verklagt werden kann.[269] Als Ort des ursächlichen Ereignisses identifizierte der EuGH das Königreich Schweden, von wo aus die Beklagte den Aufruf zu kollektiven Kampfmaßnahmen abgegeben und verbreitet hat. Dieser stelle im Sinne der „Shevill"-Entscheidung den Ort dar, an dem das schädigende Ereig-

---

266 Vgl. EuGH,C-18/02-DFDS Torline, Slg. 2004, I-1417,1453-1454, Tz 32-34; GA Jacobs, Schlussanträge zu EuGH, C-18/02 – DFDS Torline, Slg. 2004, I-1417, 1433, Tz 58.

267 So ausdrücklich GA Jacobs, Schlussanträge zu EuGH, C-18/02 – DFDS Torline, Slg. 2004, I-1417, 1433, Tz 58; inzident EuGH, C-18/02 -DFDS Torline, Slg. 2004, I-1417, 1453, Tz 30-32.

268 EuGH, C-18/02 -DFDS Torline, Slg. 2004, I-1417, 1455, Tz 36-38; vgl. auch GA Jacobs, Schlussanträge zu EuGH, C-18/02 – DFDS Torline, Slg. 2004, I-1417, 1434-1435, Tz 64-65 sowie 1431, Tz 50-52, 1433, Tz 56.

269 EuGH, C-18/02 -DFDS Torline, Slg. 2004, I-1417, 1456, Tz 40.

nis seinen Ausgang nahm.[270] Den Schadenseintritt sah der EuGH in den finanziellen Verlusten infolge des Abzugs der Tor Caledonia von ihrer gewöhnlichen Route und des Einsatzes eines anderen Frachtschiffs zur Bedienung dieser Strecke. Es obliege hingegen dem nationalen Gericht, zu entscheiden, ob diese finanziellen Verluste als an dem Ort eingetreten betrachtet werden können, an dem die Klägerin ihren Sitz hat. In diesem Rahmen sei der Flaggenstaat, also der Staat, in dem das Schiff registriert ist, nur als ein Gesichtspunkt unter anderen zu betrachten, die der Ermittlung des Ortes dienen, an dem der Schaden eingetreten ist. Die Staatszugehörigkeit des Schiffes spiele nur dann eine entscheidende Rolle, wenn das nationale Gericht zu dem Ergebnis gelangt, dass der Schaden an Bord der Tor Caledonia eingetreten ist.[271] Der Generalanwalt wies in seinen Schlussanträgen zu dieser Frage abschließend darauf hin, dass ein gemäß Artikel 5 Nr. 3 EuGVÜ angerufenes Gericht bei der Entscheidung über seine Zuständigkeit als Gericht des Ortes, an dem das schädigende Ereignis eingetreten ist, die Rechtsprechung des Gerichtshofes zum Übereinkommen beachten muss, insbesondere den übergeordneten Grundsatz, wonach die besondere Zuständigkeit nach Artikel 5 Nr. 3 darauf beruht, dass zwischen der Streitigkeit und den Gerichten des Ortes, an dem das schädigende Ereignis eingetreten ist, eine besonders enge Beziehung besteht, die aus Gründen einer geordneten Rechtspflege und einer sachgerechten Gestaltung des Prozesses eine Zuständigkeit dieser Gerichte rechtfertigt.[272]

IV. Analyse der EuGH-Rechtsprechung und Erarbeitung von Auslegungsleitlinien

1) Vorbemerkungen – autonome Auslegung

Die Formulierung „Ort, an dem das schädigende Ereignis eingetreten ist" ist von den Verfassern des Übereinkommens bewusst ungenau und vielfältiger Interpretation zugänglich gewählt worden. Im Jenard-Bericht heißt es hierzu:

> „Der Ausschuss hielt es nicht für erforderlich, ausdrücklich festzulegen, ob damit der Ort gemeint ist, an dem die schädigende Handlung begangen worden oder der Ort, an dem der Schaden eingetreten ist. Er

270 EuGH, C-18/02 -DFDS Torline, Slg. 2004, I-1417, 1456, Tz 41; vgl. auch GA Jacobs, Schlussanträge zu EuGH, C-18/02 – DFDS Torline, Slg. 2004, I-1417, 1436, Tz 71.

271 EuGH, C-18/02 -DFDS Torline, Slg. 2004, I-1417, 1456-1457, Tz 42-44; vgl. auch GA Jacobs, Schlussanträge zu EuGH, C-18/02 – DFDS Torline, Slg. 2004, I-1417, 1436, Tz 72-73, u. 1438, Tz 78.

272 GA Jacobs, Schlussanträge zu EuGH, C-18/02 – DFDS Torline, Slg. 2004, I-1417, 1438, Tz 79.

hielt es für vorteilhafter, sich an die Fassung zu halten, die sich in mehreren nationalen Rechten (Deutschland und Frankreich) findet."[273]

Die Auslegung dieses Begriffes sollte also der Rechtsprechung des EuGH überlassen bleiben, die Entwicklungsmöglichkeiten der Rechtsprechung nicht gebremst werden.[274]

Der Hinweis im Jenard-Bericht auf die „Fassung, die sich in mehreren nationalen Rechten findet" birgt dabei die Gefahr, dies als Verweis auf die Auslegung in den nationalen Rechtsordnungen misszuverstehen. Eine solche Richtung war sicher nicht beabsichtigt und wäre den Zielen des Übereinkommens, die gegenseitige Anerkennung und Vollstreckung gerichtlicher Entscheidungen der Vertragsstaaten zu gewährleisten, nicht förderlich gewesen. In der Tat entsprach zur Zeit der Erarbeitung des EuGVÜ nur der damalige Art. 59, letzter Absatz, des französischen Code de Procédure Civile im Wortlaut der für das EuGVÜ gewählten Fassung („lieu où le fait dommageable s'est produit."). Dieser Artikel war lediglich bis 31.12.1975 in Kraft und wurde in dem ab 01.01.1976 geltenden Nouveau Code de Procédure Civile (NCPC) durch Art. 46 NCPC ersetzt, der ausdrücklich eine Wahlmöglichkeit des Klägers zwischen Handlungs- und Erfolgsort vorsieht und damit zugleich den bis dahin bestehenden Auslegungsstreit zu Art. 59, letzter Absatz, Code de Procédure Civile in der Rechtsprechung in Frankreich[275] beendete. Zur ebenfalls angesprochenen deutschen Regelung des § 32 ZPO bestand zu keinem Zeitpunkt eine wörtliche Übereinstimmung, vielmehr ist darin die Rede vom „Gericht, in dessen Bezirk die Handlung begangen ist". Die deutsche Rechtsprechung hatte allerdings schon damals bei Distanzdelikten die Wahlmöglichkeit des Klägers zwischen den Gerichten am Handlungs- und Erfolgsort anerkannt.[276]

Die für einen nationalen Rechtsbegriff in einem Staat entwickelten Auslegungsgrundsätze können jedoch in keinem Fall – auch nicht bei Übereinstimmung im Wortlaut – maßgebend für die Auslegung der Formulierung in einem internationalen Abkommen sein, selbst wenn sich diese Formulierung an der des nationalen Rechts orientiert. Um das Ziel der gegenseitigen Anerkennung

273 ABl. (EG) 1979 C 59/ 26; zu der Rechtslage in den anderen Mitgliedstaaten zu diesem Zeitpunkt vgl. Droz, S. 63 f., Rn 73 ff.

274 Vgl. GA Capotorti, Schlussanträge zu EuGH, C-21/76 - Mines de Potasse, Slg. 1976, 1735,1751, Tz 3; Stellungnahme der niederländischen Regierung in EuGH, C-21/76 - Mines de Potasse, Slg. 1976, 1740.

275 Während einige in dieser Bestimmung eine Anknüpfung an den Ort der schadensbegründenden Handlung sahen, gingen andere davon aus, es handele sich um den Ort, an dem der Schaden eingetreten ist; vgl. Cour de Cassation, 8.03.1937, Dalloz 1938, I, 76; Cour de Cassation, 6.12.1939, Dalloz 1940, I, 40; Cour de cassation, 28.03.1968, Bull. Arrêts Cass. Civ. 1968, II, Nr.100 – zitiert nach GA Capotorti, Schlussanträge zu EuGH, C-21/76- Mines de Potasse, Slg. 1976, 1735, 1752., Tz 4.

276 OLG Hamm, NJW 1958, 1831 (zu § 32 ZPO); OLG Saarbrücken, NJW 1958, 752 (zum anwendbaren Recht); vgl. auch Neumann-Duesberg, NJW 1955, 696 f.

und Vollstreckung zu erreichen, muss der Begriff des Übereinkommens autonom, d.h. unabhängig von nationalen Rechten ausgelegt werden. Anderenfalls wäre eine einheitliche Anwendung des Übereinkommens nicht gewährleistet und unterläge den gleichen Schwankungen wie das betreffende nationale Recht bzw. dessen Auslegung.
Gerade der Fall des Art. 5 Nr. 3 EuGVÜ macht aber auch aus einem anderen Blickwinkel deutlich, warum die Auslegung einer Norm in einem internationalen Übereinkommen nicht nach der Auslegung der nationalen Norm, deren Formulierung für sie als Vorbild diente, ausgerichtet werden sollte. Im Fall des mittlerweile ersetzten Art. 59, letzter Absatz, Code de Procédure Civile würde dies zu einer Stagnation in der Entwicklung der Rechtsprechung zum Übereinkommen führen, da sie für die Auslegung von Art. 5 Nr. 3 EuGVÜ nur auf den Zeitraum der Gültigkeit dieser nationalen Norm und den in diesem Zeitraum in Rechtsprechung und Literatur entwickelten Auslegungen zurückgreifen könnte.[277]
Die Auslegung muss sich daher vielmehr alleine an Systematik, Bedeutung und Zielsetzung des Übereinkommens orientieren und nicht denen des staatlichen Rechts, dem der Begriff ggf. entstammt.

Aufbauend auf den vorgenannten Entscheidungen des EuGH sollen nunmehr unter Berücksichtigung der Schlussanträge der Generalanwälte in den jeweiligen Verfahren und der Literatur die der Auslegung des Art. 5 Nr. 3 EuGVÜ durch den EuGH zugrunde liegenden Wertungen herausgestellt werden. Es ergeben sich einige klar gekennzeichnete Leitlinien, die für jede weitere Auslegung und Anwendung sowohl von Art. 5 Nr. 3 EuGVVO als auch Art. 5 Nr. 3 EuGVÜ maßgebend sind.

2) Grundlage der Existenz des Art. 5 Nr. 3 EuGVVO

Der EuGH hat in allen zu Art. 5 Nr. 3 EuGVÜ ergangenen Urteilen stets die im Urteil „Mines de Potasse“ aufgestellte und im Urteil „Dumez France“ zusammengefasste Begründung für die in diesem Artikel geregelte besondere Zuständigkeit im Fall unerlaubter Handlungen wiederholt.

a) Besonders enge Beziehung zwischen Streitigkeit und zuständigem Gericht - Beweisnähe -

Das System der Zuständigkeitsregeln im Titel II des Übereinkommens / Kapitel II der Verordnung sieht danach neben der grundlegenden allgemeinen Zuständigkeit der Gerichte des Staates, in dem der Beklagte seinen Wohnsitz hat, in Art. 5 eine Reihe besonderer Zuständigkeiten vor, die nach Wahl des Klägers zur Anwendung kommen. Diese Wahlmöglichkeit zugunsten der be-

277 So auch GA Capotorti in seinen Schlussanträgen zu EuGH, C-21/76 - Mines de Potasse, Slg. 1976, 1735, 1751 f., Tz 4.

sonderen Zuständigkeiten ist im Interesse einer sachgerechten Gestaltung des Prozesses eingeführt worden. Grundlegende Erwägung dafür ist, dass in bestimmten Fallgestaltungen eine besonders enge Beziehung zwischen der Streitigkeit und dem zur Entscheidung über sie berufenen Gericht besteht, die aus Gründen einer geordneten Rechtslegung und einer sachgerechten Gestaltung des Prozesses eine Zuständigkeit dieser Gerichte rechtfertigt.[278]

Entscheidend kommt es im Hinblick auf Art. 5 Nr. 3 EuGVVO demnach darauf an, dass das Gericht eine besondere Nähebeziehung zum Rechtsstreit hat, die eine sachgerechte Gestaltung des Prozesses erwarten lässt und einer geordneten Rechtspflege entspricht.

aa) Beweisnähe

Zur sachgerechten Gestaltung des Prozesses zählt der EuGH dabei insbesondere die Beweiserhebung.[279] Der Kläger muss grundsätzlich Beweis über das Vorliegen sämtlicher Tatbestandsmerkmale der Schutzvorschrift erbringen, deren Verletzung er geltend macht. Die zur Begründung der Klage erforderlichen Beweismittel können sich sowohl an dem Ort befinden, an dem das ursächliche Geschehen stattgefunden hat, als auch an dem Ort des unmittelbaren Schadenseintritts. Im Fall des Orts, an dem das ursprüngliche Geschehen stattgefunden hat, werden sich dabei in der Regel Beweise für die Tathandlung und die haftungsbegründende Kausalität, sowie zur Widerrechtlichkeit und (soweit erforderlich) dem Verschulden oder eventuellen Gegenrechten des Beklagten erheben lassen. Am Ort des unmittelbaren Schadenseintritts lassen sich hingegen insbesondere Beweise zu Art und Umfang

278 EuGH, C-21/76 – Mines de Potasse, Slg. 1976, 1735, 1746, Tz 8/12 ; EuGH, C-220/88 – Dumez France, Slg. 1990, I-49, 79/80, Tz 17 ; EuGH, C-68/93 – Shevill, Slg. 1995, I-415, 459, Tz 19; EuGH, C-364/93 – Marinari, Slg. 1995, I-2719, 2738, Tz 10; EuGH, C-51/97 – Réunion Européenne, Slg. 1998, I-6511, 6544, Tz 27; vgl. auch mwN EuGH, C-256/00 – Besix SA/Wasserreinigungsbau Alfred Kretzschmar GmbH & Co KG (WABAG), Planungs- und Forschungsgesellschaft Dipl. Ing. w. Kretzschmar GmbH & Co. KG (Plafog), Slg. 2002, I-1699, Tz 30,31 = NJW 2002, 1407 (1408) = EuZW 2002, 217 zu Art. 5 Nr. 1 EuGVÜ. Auch der besondere Gerichtsstand der unerlaubten Handlung in § 32 ZPO wird von der ganz h.M. auf den Gedanken der Sachnähe zurückgeführt, da am Begehungsort die Sachaufklärung und Beweiserhebung am besten erfolgen könne, vgl. Zöller/Vollkommer, § 32 Rn. 1; Kiethe, NJW 1994,224; OLG München, NJW-RR 1993, 701, 703; a.A. Geimer/Schütze, Art. 5 EuGVVO, Rn 202.

279 So ausdrücklich in EuGH, C 167/00 - Verein für Konsumenteninformation ./. Karl Heinz Henkel, Slg. 2002, I-8111, Tz 46; EuGH, C-256/00 – Besix, Slg. 2002, I-1699 = NJW 2002, 1407 (1408) EuGH, C-21/76– Mines de Potasse, Slg. 1976, 1735, 1746, Tz 15/19 ; EuGH, C-364/93 – Marinari, Slg. 1995, I-2719, 2741, Tz 20. Dass die Beweisnähe dagegen insbesondere im Urteil Dumez France nicht ausdrücklich erwähnt wurde, wird „mit Erstaunen" festgestellt von Schultsz in: Internationale Zuständigkeit und Urteilsanerkennung in Europa, 89, 91. Die besondere Sachnähe des Tatortgerichtsstands hebt auch von Hoffmann hervor, wenngleich er die Rechtfertigung dieses Gerichtsstands nicht vorrangig in der Beweisnähe sieht, vgl. Staudinger/von Hoffmann, Vorbem. Zu Art. 40 EGBGB Rn 92.

des Schadens ermitteln. Beide Orte weisen insoweit eine besonders enge Verknüpfung mit der Streitigkeit auf, die die Zuständigkeit dieser Gerichte begründen kann.[280] Wo ein Vermögensschaden zur Begründung des Anspruchs nicht zwingend vorliegen muss bzw. der Schaden schon mit der Verletzung der Verhaltensnorm eintritt – wie z.B. beim Anspruch auf Unterlassung bei Patentverletzungsklagen – und daher eine Ermittlung von Art und Umfang des Schadens nicht erforderlich ist, kann deshalb die Bedeutung des Orts des unmittelbaren Schadenseintritts allerdings erheblich (bis auf Null) reduziert sein.

Der Vorteil der Beweisnähe für ein geordnetes Verfahren wird besonders deutlich, wenn man sich vergegenwärtigt, welche verfahrensrechtlichen Folgen entstehen, wenn sich die erforderlichen Beweismittel nicht im Gerichtsstaat befinden. Eine unmittelbare Beweiserhebung im Ausland durch das inländische Prozessgericht ist als hoheitliche Tätigkeit entsprechend dem völkerrechtlichen Souveränitätsgrundsatz in der Regel nicht zulässig, es sei denn, der betroffene ausländische Staat erteilt hierzu seine Zustimmung.[281] Das Prozessgericht hat regelmäßig nur die Wahl zwischen verschiedenen Möglichkeiten extraterritorialer Beweisbeschaffung[282] und der Beweisaufnahme im Ausland, die mangels besonderer völkerrechtlicher Vereinbarungen grundsätzlich nur mittelbar im Wege der Rechtshilfe durch ausländische Behörden oder, gem. § 363 ZPO, durch den deutschen Bundeskonsul erfolgen kann.[283]
In diesem Zusammenhang hat das Haager Übereinkommen über die Beweisaufnahme im Ausland in Zivil- und Handelssachen vom 18.3.1970 (HBÜ)[284] große Bedeutung erlangt. Das HBÜ regelt das Verfahren der Beweisaufnahme im Ausland insbesondere über die Einschaltung zentraler Behörden der Mitgliedstaaten.[285] Das HBÜ wird jedoch noch als zu bürokratisch und schwerfällig angesehen, um im europäischen Zivilverfahren die nötigen Impulse geben zu können.[286] Ein weiterer großer Nachteil besteht aus europäischer Sicht auch darin, dass, dass das HBÜ nicht für alle Mitgliedstaaten der EU in Kraft getreten ist.[287]

---

280 Vgl. von Hoffmann, § 3 E. IV 2., Rn 228; Schultsz in: Internationale Zuständigkeit und Urteilsanerkennung in Europa, 89, 91; GA Jacobs, Schlussanträge zu EuGH, C-18/02 – DFDS Torline, Slg. 2004, I-1417, 1438, Tz 79.

281 Vgl. Zöller/Geimer, § 363, Rn 1 mvwN; Berger, IPRax 2001,522,526.

282 Vgl. dazu Daoudi, Extraterritoriale Beweisbeschaffung im deutschen Zivilprozess, S. 56, zu einzelnen Beweismitteln S. 110 ff.; Schulze, IPRax 2001, 527 f.

283 Vgl. §§ 363, 364 ZPO.

284 BGBl. 1977 II, 1472.

285 Jeder Mitgliedstaat schafft danach eine "zentrale Behörde", die die von ausländischen Gerichten vorgebrachten Ersuchen um Vornahme einer bestimmten Beweisaufnahme entgegennimmt und an das zuständige inländische Gericht weiterleitet, das die Beweisaufnahme durchführt. Das Ergebnis der Beweisaufnahme wird dem ersuchenden Prozessgericht über die zentrale Behörde zur Kenntnis gebracht.

286 Berger, IPRax 2001, 522.

287 Mitgliedstaaten des HBÜ sind u.a. Dänemark, Deutschland, Finnland, Frankreich, Großbritannien, Italien, Luxemburg, Niederlande, Portugal, Schweden und Spanien, nicht aber Belgien, Griechenland, Irland und Österreich. Von den zehn seit 1.Mai 2004

Am 1.Juli 2001 ist die EG-Verordnung über die Zusammenarbeit zwischen den Gerichten der Mitgliedstaaten auf dem Gebiet der Beweisaufnahme in Zivil- und Handelssachen (EuBVO)[288] in Kraft getreten, die u.a. den direkten Verkehr zwischen dem Gericht, vor dem das Verfahren anhängig ist, und dem Gericht, das die Beweisaufnahme durchführen soll, eröffnet. Die Ersuchen um Beweisaufnahme sowie Schriftstücke, deren Beifügung das ersuchende Gericht für die Erledigung des Ersuchens für notwendig hält, sind in der Amtssprache des ersuchten Mitgliedstaats abzufassen, vgl. Art. 5 und art. 4 Abs. 3 EuBVO. Zudem wird eine unmittelbare Beweisaufnahme durch das Prozessgericht in einem anderen Mitgliedstaat ermöglicht. Die EuBVO verbietet allerdings in Art. 17 Abs. 2 Satz 1 die Anwendung von Zwangsmaßnahmen bei einer solchen unmittelbaren Beweisaufnahme, die daher nur auf freiwilliger Basis erfolgen kann, worauf das ersuchende Gericht einen Zeugen hinweisen muss, Art. 17 Abs. 2, Satz 2 EuBVO. Darüber hinaus steht eine solche Beweisaufnahme unter dem Vorbehalt der Genehmigung durch die Zentralstelle des Beweiserhebungsstaates, die insbesondere einen ordre-public-Vorbehalt geltend machen, die Genehmigung von der Erfüllung zusätzlicher Voraussetzungen der Beweisaufnahme abhängig machen und die Teilnahme eines inländischen Richters an der Beweisaufnahme zur Sicherung der Einhaltung dieser Bedingungen und Auflagen anordnen kann.[289] Die EuBVO entfaltet ihre volle Wirksamkeit seit dem 1.Januar 2004, sie findet gemäß Art. 24 EuBVO jedoch nicht auf Beweisaufnahmen Anwendung, die vor diesem Datum erfolgt sind. Deutschland hat mit dem zum 1. Januar 2004 in Kraft getretenen EG-Beweisaufnahmedurchführungsgesetz Durchführungsbestimmungen für die Beweisaufnahme in den Mitgliedstaaten der Europäischen Union nach der EuBVO als Abschnitt 2 des neuen Buchs 11 in die ZPO aufgenommen.[290] Ein deutsches Gericht kann nach § 1072 ZPO demnach unmittelbar das zuständige Gericht eines anderen Mitgliedstaates um Aufnahme des Beweises ersuchen oder unter den Voraussetzungen des Art. 17 EuBVO eine unmittelbare Beweisaufnahme in einem anderen Mitgliedstaat beantragen.[291] Für Beweisaufnahmen in Deutschland ist gemäß § 1074 ZPO als ersuchtes Gericht iSd EuBVO dasje-

---

neuen EG-Mitgliedsstaaten sind Estland, Lettland, Litauen, Polen, die Tschechische Republik, Slowenien und die Slowakische Republik, sowie Zypern auch Mitgliedsstaaten des HBÜ, aber nicht Ungarn, vgl. BGBl. Fundstellennachweis B, abgeschlossen zum 31.12.2003.

288 Verordnung (EG) Nr. 1206/2001 des Rates vom 28.05.2001; ABl. (EG) 2001, L 174/1ff.

289 Vgl. Art. 17 EuBVO; siehe dazu auch Berger, IPRax 2001, 522,526; Götz, IPRax 2001, 527,532.

290 Gesetz zur Durchführung gemeinschaftsrechtlicher Vorschriften über die grenzüberschreitende Beweisaufnahme in Zivil- und Handelssachen in den Mitgliedstaaten (EG-Beweisaufnahmedurchführungsgesetz) v. 4.11. 2003, BGBl. I, 2166 v. 12.11. 2003.

291 § 1073 ZPO regelt die Teilnahmerechte des ersuchenden deutschen Gerichts sowie der Parteien, deren Vertreter und Sachverständigen bei der Beweisaufnahme durch das ersuchte Gericht. Die unmittelbare Beweisaufnahme im Ausland darf durch Mitglieder des Gerichts sowie von diesem beauftragte Sachverständige durchgeführt werden.

nige Amtsgericht zuständig, in dessen Bezirk die Verfahrenshandlung durchgeführt werden soll.[292] Aus dem Ausland eingehende Ersuchen um Beweisaufnahme müssen nach § 1075 ZPO in deutscher Sprache abgefasst oder von einer Übersetzung in die deutsche Sprache begleitet sein.

Selbst die durch die EuBVO eingeleitete positive Entwicklung im europäischen Recht der Beweisaufnahme kann jedoch nicht darüber hinwegtäuschen, dass die grenzüberschreitende Beweisaufnahme in ihrer Gesamtheit kompliziert bleibt.[293] Die durch die EuBVO eröffneten Möglichkeiten der direkten Beweisaufnahme und der Teilnahme an der Beweisaufnahme durch das ausländische Gericht im Ausland leiden insbesondere an der fehlenden Möglichkeit der Zwangsmittelanwendung und der deshalb drohenden Erfolglosigkeit. Das Verbot der Zwangsmittelanwendung beschränkt sich dabei nicht auf den Bereich der Zeugenvernehmung, sondern erfasst auch alle anderen Beweisarten. So kann der Beklagte beispielsweise auch nicht von dem Prozessgericht gezwungen werden, einem Sachverständigen den Zutritt zu seinen Produktionsanlagen im Ausland und Einsichtnahme in die Produktionsprozesse zu gewähren. Insbesondere der Nachweis, dass ein patentgeschütztes Herstellverfahren ohne Zustimmung des Patentinhabers im Ausland angewendet wurde, wird sich daher vor inländischen Gerichten in der Praxis kaum auf diesem Weg erbringen lassen. Darüber hinaus sind der Zeitverlust durch Antrags- und Genehmigungsverfahren sowie erhöhte Kostenverursachung nicht zu übersehen. Insbesondere können die Übersetzungserfordernisse zu nicht unerheblichen Verzögerungen des Prozesses führen. Bei Beweisaufnahme durch das Rechtshilfegericht wird zudem der Grundsatz der Unmittelbarkeit der Beweisaufnahme nicht gewahrt, die Nachteile solcher Rechtshilfeersuchen liegen auf der Hand. Neben Übermittlungs- und Übersetzungsproblemen sowohl bei dem Ersuchen als auch bei dem Beweisergebnis erfolgt die Beweisaufnahme durch das Rechtshilfegericht ohne volles Hintergrundwissen bzgl. des konkreten Rechtsstreits und des Sach- und Streitstands der Verfahrens, so dass entscheidende Nachfragen insbesondere bei der Zeugenvernehmung unterbleiben und vertiefende Ermittlungen nicht vorgenommen werden könnten.
Die Beweisnähe des zuständigen Gerichts bleibt somit ein entscheidender Faktor für geordnete Rechtspflege, insbesondere schnelle und zuverlässige Prozessführung. Der Patentinhaber befindet sich bei grenzüberschreitenden Patentverletzungen aufgrund der Schwierigkeiten des Auslandsbeweises prozessual oft in einer ungünstigeren Situation als der (vermeintliche) Patentverletzer. Die Möglichkeit, am Gericht des als besonders beweisnah zu charakte-

---

292 Die Landesregierungen können die Aufgaben des ersuchten Gerichts einem Amtsgericht für die Bezirke mehrerer Amtsgerichte durch Rechtsverordnung zuweisen, § 1074 Abs. 2 ZPO.

293 Vgl. Götz, IPRax 2001, 527, 533 mN.

risierenden Ortes der unerlaubten Handlung zu klagen, gleicht dieses Ungleichgewicht einigermaßen aus.[294]

bb) Bestimmung des Handlungsorts – insbesondere in der Entscheidung „Shevill"

Der Ort des ursächlichen Geschehens (Handlungsort) im Sinne des Art. 5 Nr. 3 EuGVVO muss daher ein Ort sein, der in einer besonders engen Beziehung zur Streitigkeit steht. Im Interesse der sachgerechten Gestaltung des Prozesses und einer geordneten Rechtspflege muss er insbesondere Vorteile für die Beweisermittlung bieten.

Vor diesem Hintergrund erscheint eine Überprüfung der Bestimmung des Handlungsorts in der Shevill-Entscheidung angebracht. Der EuGH legte in apodiktischer Kürze fest, dass der Ort des ursächlichen Geschehens im Fall der Ehrverletzung durch Presseartikel nur der Ort der Niederlassung des Herausgebers sein könne. Denn dieser stelle den Ort dar, an dem das schädigende Ereignis seinen Ausgang nahm und von dem aus die ehrverletzende Äußerung gemacht und in Umlauf gebracht wurde.[295]
Im Gegensatz dazu hatten beide mit dem Fall befassten Generalanwälte den Ort des ursächlichen Geschehens im Herstellungsort des Druckerzeugnisses, d.h. dem Ort des Drucks (lieu d'impression) angenommen.[296]

Wenn der EuGH auch keine weitere Begründung für seine Auffassung anbot, so lässt sich dem Urteil doch entnehmen, dass er am Handlungsort eine gewisse Konzentration der Zuständigkeiten erreichen wollte. Der Ort des ursächlichen Geschehens wird als zentralisierender Gerichtsstand ausgestaltet, weil dieser den Ausgangspunkt, den Ursprung aller nachfolgenden Verletzungen bildet. Aufgrund dieser engen Beziehung zwischen dem Handlungsort und allen Folgen, sollen die Gerichte am Ort des ursächlichen Geschehens auch für die Beurteilung des gesamten Geschehens und des gesamten Schadens in der Gemeinschaft zuständig sein.

Der Ort der Niederlassung des Herausgebers und der Ort, von dem das schädigende Ereignis seinen Ausgang nimmt, liegen jedoch nicht zwingend zugleich an ein und demselben Ort, mag dies auch in der Regel der Fall sein. Eine besondere Sachnähe – insbesondere die besondere Geeignetheit für die Beweiserhebung – weist der Ort der Niederlassung des Herausgebers aller-

294 Ähnlich die Stellungnahme der niederländischen Regierung in EuGH,C-21/76 – Mines de Potasse, Slg. 1976, 1735, 1741 zur Begründung der Klagemöglichkeit am Ort des Schadenseintritts.

295 EuGH, C-68/93 - Shevill, Slg. 1995, I-415, 460/461, Tz 24.

296 GA Darmon, Schlussanträge zu EuGH, C-68/93 – Shevill, Slg. 1995, I-415, 429, Tz 60 u. 438, Tz 111; GA Léger, Schlussanträge zu EuGH, C-68/93 – Shevill, Slg. 1995, I-415, 441, Tz 11.

dings nur dann auf, wenn hier zugleich die Herausgabe erfolgte oder die verantwortliche Redaktion hier ihren Sitz hat. Der Herausgabeort weist naturgemäß eine enge Beziehung zur Veröffentlichung auf. Allein die Niederlassung des Herausgebers selbst kann diese Sachnähe dagegen nicht begründen, da sie durchaus von dem Ort der Herausgabe unterschiedlich sein kann. Selbst wenn man annimmt, dass dort der Entschluss zur Verbreitung der ehrverletzenden Äußerung gefasst oder zumindest die Verantwortung für diese Äußerung übernommen wurde, etwa weil dort die Geschäftsleitung des Herausgebers ihren Sitz hat (was nicht zwingend der Fall ist), so wäre darin allein kein besonderer Vorteil für die geordnete Rechtspflege zu erblicken und kein besonderer Vorteil für das Verfahren erkennbar. Denn die Idee zu einer oder die Verantwortung für eine ehrverletzende Äußerung oder Handlung sind nicht greifbar mit einem bestimmten Ort verbunden und in der Beweisführung für ihr Vorliegen von keinem bestimmten Ort abhängig. Es ist allenfalls denkbar, dass schriftliche Dokumentation von solchen Ideen und Überlegungen, soweit sie überhaupt existent ist, an diesem Ort vorhanden sein könnte. Wenn sich an diesem Ort aber zugleich der Sitz der verantwortlichen Redaktion befindet, so werden sich Rechercheunterlagen und eventuell Protokolle der Redaktionssitzungen, in denen über die Veröffentlichung des betreffenden Berichts gesprochen wurde, dort lokalisieren lassen. Insoweit lässt sich hier eine Beweisnähe für die ehrverletzende Veröffentlichung begründen, die den Ausgangspunkt für die späteren Verbreitungen und die damit verbundene Beeinträchtigung des Ansehens der betroffenen Personen bildet.

Anders liegt dies beim Druckort, den die Generalanwälte in ihren Schlussanträgen als Ort des ursächlichen Geschehens gekennzeichnet haben. Hier ist zwar ein Ursprungsort greifbar vorhanden, schließlich wurde das Druckwerk hier erzeugt und konnte nur deshalb veröffentlicht und weiter verbreitet werden. Für die Kausalität des Drucks im Hinblick auf die Veröffentlichung und Verbreitung ist es auch unerheblich, dass der Druck alleine keine Ehrverletzung bewirkt. Denn obschon die Ehrverletzung erst mit der Veröffentlichung des herabsetzenden Berichts und seiner Verbreitung ihr volles Ausmaß erreicht, ist der Druck conditio sine qua non für eine solche Veröffentlichung und Verbreitung. Gleichwohl kann die Beweisführung an diesem Ort nur hinsichtlich des Drucks selbst ansetzen. Für die weitere Veröffentlichung des Druckerzeugnisses oder seine Verbreitung bietet sich hier jedoch keine Grundlage, sofern sie nicht ebenfalls an diesem Ort stattgefunden haben. Eine besondere Nähebeziehung, insbesondere eine enge Beweisnähe lässt sich zwischen dem Druckort an sich und der Veröffentlichung und Verbreitung des Presseerzeugnisses nicht begründen. Daher wäre es nicht mit der Rechtsprechung des EuGH vereinbar, diesem Ort eine zentralisierende Funktion zuzuerkennen. Dass die Generalanwälte mit dem Druckort eigentlich den Ort der Herausgabe des Presseerzeugnisses bzw. seiner Veröffentlichung gemeint haben, wird in ihren Argumentationen innerhalb der Schlussanträge erkennbar. So bezieht sich Generalanwalt Darmon auf die Stellungnahmen der Kommission, der spanischen sowie der französischen Regierung, die darin übereinstimmen, dass das ursächliche Geschehen dem Ort der Veröffentlichung stattfindet.[297] Noch deutlicher wird dies aber bei Generalanwalt Léger, der den Ort der Veröffentlichung klar als Ort des ursächlichen Geschehens kennzeichnet.[298]

Im Verfahren „Shevill" lagen Niederlassung des Herausgebers, Redaktionssitz und Druckort sowie der Ort der Herausgabe der Zeitung in Frankreich, so dass die verschiedenen Anknüpfungsmerkmale im konkreten Fall zum gleichen Ergebnis führten. Umso weniger war es nötig, dass der EuGH sich auf den schmalen Grat der apodiktischen Festlegung einließ, nur am Ort der Niederlassung des Herausgebers könne sich der Handlungsort befinden, ohne dies näher zu begründen. Es ist andererseits nicht ersichtlich, dass der EuGH seine ständige Rechtsprechung zur Begründung des Gerichtsstands aufgeben wollte, zumal er sie den Ausführungen zur Niederlassung des Herausgebers als Handlungsort vorangestellt hat. Da diese Rechtsprechung im konkreten Fall auch zur Zuständigkeit der Gerichte am Ort der Niederlassung des Herausgebers geführt hätten, weil dieser mit dem Herausgabeort und dem Redaktionssitz zusammentraf, soll hier im folgenden davon ausgegangen werden, dass die strenge Formulierung im Fall Shevill bei einer weiteren Gelegenheit zur Stellungnahme durch den EuGH präzisiert und konsequent am Ausgangspunkt der Mines de Potasse Rechtsprechung, d.h. einem tatsächlichen „Ort des ursächlichen Geschehens" festgehalten werden wird. Auch Generalanwalt Cosmas verstand das Urteil „Shevill" im Rahmen seiner Schlussanträge im Fall „Réunion Européene" offenbar so, dass der Ort des ursächlichen Geschehens der Ort der Herausgabe der Zeitung ist.[299]

cc) Begrenzung der Kognitionsbefugnis der Erfolgsortgerichte im Fall „Shevill"

Vor dem Hintergrund der notwendigen engen Nähebeziehung erklärt sich auch die Begrenzung der Kognitionsbefugnis der Gerichte der Staaten, in denen die ehrverletzende Veröffentlichung verbreitet wurde als der Gerichte des Ortes, an dem sich der Schadenserfolg unmittelbar verwirklicht hat. Gerade bei immateriellen Schäden kann es besonders schwer sein, den Schaden zu bestimmen, zu beziffern und zu ersetzen.[300] Es ist unbestreitbar, dass jedes Gericht eines Verbreitungsortes am besten dazu in der Lage ist, den örtlich entstandenen Schaden zu beurteilen. Hingegen besteht an einem Verbreitungsort keine besonders enge Nähebeziehung zu der Verbreitung und deren Folgen an einem anderen Ort. Dies gilt umso mehr, wenn sich dieser andere Ort zudem in einem anderen Staat befindet. Insbesondere ist ein Vorteil für die

297 GA Darmon, Schlussanträge zu EuGH, C-68/93 – Shevill, Slg. 1995, I-415, 427, Tz 50.
298 GA Léger, Schlussanträge zu EuGH, C-68/93 – Shevill, Slg. 1995, I-415, 444, Tz 33.
299 Vgl. GA Cosmas, Schlussanträge zu EuGH, C-51/97 – Réunion Européene, Slg. 1998, I-6511, 6524, Tz 45.
300 Vgl. GA Léger, Schlussanträge zu EuGH, C 68/93 – Shevill, Slg. 1995, I-415, 440, Tz 9; Huber, ZEuP 1996, 306.

Beweiserhebung an einem Verbreitungsort für die an einem anderen Ort entstandenen Schäden nicht zu erkennen. Hinsichtlich des Kriteriums der Sach- und Beweisnähe stellt es sich daher als folgerichtig dar, den Gerichten am Erfolgsort bei Ehrverletzungen durch Presseerzeugnisse nur eine territorial begrenzte Entscheidungsbefugnis zu gewähren.[301]

dd) Kritische Überprüfung der Argumentation im Fall „Shevill"

Das Urteil im Fall „Shevill" war trotz seiner im Ergebnis konsequenten Weiterführung der vorangegangenen Rechtsprechung Gegenstand z.T. heftiger Kritik. Dem EuGH wurde im deutschen Schrifttum vorgeworfen, das Gericht des Handlungsortes erfülle nicht das Kriterium der Förderung einer geordneten Rechtspflege durch Sachnähe soweit nicht in seinem Sprengel eine Ehrverletzung erfolgt sei. Es sei nicht zu rechtfertigen, warum am Handlungsort ein Gerichtsstand mit Gesamtzuständigkeit für alle entstandenen Schäden gegeben sein soll, ohne dass die Voraussetzung der Sachnähe überhaupt erfüllt sei.[302]

Diese Kritik greift jedoch zu kurz und ist unberechtigt.
Wie oben ausgeführt bezieht der Handlungsort als konzentrativer Gerichtsstand im Fall „Shevill" seine Rechtfertigung aus dem Umstand, dass dort der Ursprung aller Verletzungshandlungen und – erfolge gelegt wurde, dass dort der Ausgangspunkt für alle weiteren Folgen liegt. Der Handlungsort weist zu allen einzelnen Verletzungserfolgen enge Beziehungen auf. An ihm wurde die conditio sine qua non für alle Verletzungen erfüllt, nämlich der ehrverletzende Bericht herausgegeben, ohne dessen Veröffentlichung und Verbreitung keine Ehrverletzungserfolge eingetreten wären. Zudem stand diese Handlung bereits in unmittelbarem zeitlichem Zusammenhang mit den späteren Verbreitungshandlungen.

Selbst wenn die Sachnähe zum den im Einzelnen entstandenen Schäden am Handlungsort nicht unmittelbar vorliegt, so kann die besondere Nähe dieses Ortes zu allen Verletzungserfolgen dennoch nicht in Frage gestellt werden, wenn dort der Ursprung für alle diese Folgen zu finden ist. Gerade hier liegt auch der Sinn der Unterscheidung zwischen Handlungs- und Erfolgsort. Der Erfolgsort bezieht seine Berechtigung allein aus dem Umstand, dass er eine besondere Sachnähe zum eingetretenen Erfolg aufweist. Wäre dies auch beim Handlungsort zwingend erforderlich, wäre die Unterscheidung in zwei Wahlmöglichkeiten überflüssig bzw. würde dem Zweck der Förderung einer geordneten Rechtspflege nicht dienlich sein. Der Handlungsort muss dem gegenüber eine besondere Nähebeziehung zur Handlung, dem Ursprung der Verletzung ausweisen, nicht aber zwingend auch zum Erfolg. Dies wird schon in der Mines de Potasse-Entscheidung deutlich, wo der EuGH die Unterscheidung erstmals ansprach. Die Einleitung der stark belastenden Abwässer stellte die

301 So auch Huber, ZEuP 1996, 306 f. u. 308.
302 Vgl. Kreutzer/Klötgen, IPRax 1997, 90, 94 ff.

tatbestandsmäßige Handlung dar, eine besondere Sach- und Beweisnähe zum viele Kilometer entfernten Erfolgsort ist jedoch nicht gegeben und ist sinnvoller weise auch nicht zu fordern.
Die Anforderung der Sachnähe, die der EuGH aufgestellt hat, ist daher zwar sowohl für den Ort des ursächlichen Geschehens als auch den Ort an dem sich der Schadenserfolg verwirklicht hat, zu stellen. Jedoch darf dabei nicht übersehen werden, dass diese Sachnähe auf unterschiedliche Bezugspunkte gerichtet ist, nämlich die des Handlungsorts auf die Handlung selbst, die des Erfolgsorts auf den Erfolg der Handlung. Diese Bezugspunkte zu vermischen hieße die Unterscheidung zwischen Handlungs- und Erfolgsortsgerichtsstand aufzugeben. Insofern geht die oben genannte Kritik fehl.

Der vom EuGH in der Shevill-Entscheidung gewählte Ansatz erweist sich daher als im Ergebnis konsequente Umsetzung der bereits in den vorangegangenen Entscheidungen zu Art. 5 Nr. 3 EuGVÜ festgelegten Grundsätze.

ee) Ausschluss des Gerichtsstands bei fehlender Möglichkeit zur Lokalisierung

Wenn die besondere Zuständigkeit am Gerichtsstand des Art. 5 Nr. 3 EuGVVO demnach auf der besonders engen Beziehung zwischen den Gerichten und der Rechtsstreitigkeit beruht, so folgt daraus zugleich, dass diese Zuständigkeit nicht gewährt werden kann, soweit es trotz Vorliegens einer unerlaubten Handlung an einer solchen besonderen Nähebeziehung fehlt.

In seinem Urteil im Fall „Réunion Européenne“ hat der EuGH daher den Ort des ursächlichen Geschehens für Schäden bei internationalen Transporten aufgrund von Beweisschwierigkeiten als Gerichtsstand ausgeschlossen. Der Ort des ursächlichen Geschehens lasse sich bei internationalen Transporten nur sehr schwer feststellen, wenn diese Feststellung nicht sogar unmöglich sei. Unter Art. 5 Nr. 3 EuGVÜ bliebe somit nur die Wahl des Gerichts am Ort des Schadenseintritts.[303] Als Ort, an dem der Schaden eintritt, wird der Ort festgelegt, wohin der tatsächliche Verfrachter die Ware auszuliefern hatte. Zwar kann es unsicher sein, wann genau es zum Schadenseintritt gekommen ist, dies ändert aber nichts daran, dass der Schaden jedenfalls während des Transports und spätestens bei dessen Beendigung eingetreten ist. Entscheidend aber ist, dass dieser Ort eine besonders enge Beziehung zum Rechtsstreit zwischen Empfänger und Verfrachter aufweist. Dieser Ort bildet die (einzige) Verbindung zwischen dem Empfänger und dem tatsächlichen Verfrachter, die ja gerade nicht in vertraglicher Beziehung zueinander stehen, und erleichtert somit die Beweiserhebung.[304]

---

303 EuGH, C-51/97 – Réunion Européenne, Slg. 1998, I-6511, 6545, Tz 33; GA Cosmas, Schlussanträge zu EuGH, C-51/97 – Réunion Européenne, Slg. 1998, I-6511,6527, Tz 54 – 56.

304 GA Cosmas, Schlussanträge zu EuGH, C-51/97 – Réunion Européenne, Slg. 1998, I-6511, 6528 f., Tz 58-59.

Später hat der EuGH in einem Fall zu Art. 5 Nr. 1 EuGVÜ entschieden, dass diese Zuständigkeitsvorschrift nicht angewendet werden könne, wenn sich keine solche besonders enge Verknüpfung mit einem bestimmten Gericht begründen lasse. Der Fall betraf eine geographisch unbegrenzte vertragliche Unterlassungspflicht, für die sich kein Erfüllungsort bestimmen lässt, dem eine besondere Sachnähe zugesprochen werden kann. In einem solchen Fall sei die Zuständigkeit nur nach Art. 2 Abs. 1 EuGVÜ zu bestimmen.[305] Diese Grundsätze sind auch auf den Gerichtsstand nach Art. 5 Nr. 3 EuGVVO übertragbar, sie entsprechen der Systematik der Verordnung und dem Zweck seines Art. 5 Nr. 3.

b) Der Schutz des Verletzten als Grundmotiv für Art. 5 Nr. 3 EuGVVO?

Der Schutz des Verletzten und dessen Begünstigung könnte grundsätzlich als ein weiterer entscheidender Grund für das Bestehen und daher als bestimmend bei der Auslegung des Art. 5 Nr. 3 EuGVVO angesehen werden.

aa) Begünstigung des Verletzten

Unbestreitbar führt bereits die Eröffnung der Wahlmöglichkeit zwischen dem allgemeinen Gerichtsstand gemäß Art. 2 Abs. 1 EuGVVO und dem besonderen Gerichtsstand der unerlaubten Handlung in Art. 5 Nr. 3 EuGVVO zu einer Begünstigung des Verletzten. Diese Begünstigung wird noch verstärkt, wenn dem Verletzten im Rahmen des Art. 5 Nr. 3 EuGVVO die Wahl zwischen Gerichten am Ort des ursächlichen Geschehens und am Ort des Eintritts des unmittelbaren Schadenserfolges gestattet wird. Dieser Vorteil für den Geschädigten kann mit der geringeren Schutzwürdigkeit der Interessen des Schädigers, nur in seinem Wohnsitzstaat verklagt zu werden, gerechtfertigt werden. So wird vielfach betont, dass es dem Geschädigten nicht zuzumuten sei, den Schädiger an seinen Wohnsitz zu verfolgen.[306]

In Teilen der deutschen Rechtsprechung und Literatur wird die mit der Wahlmöglichkeit verknüpfte Begünstigung des zumeist mit dem Kläger identischen Geschädigten als gerechtfertigt angesehen.[307] Teilweise wird in der Begünstigung des Geschädigten dabei sogar das entscheidende Motiv für diesen Wahlgerichtsstand erkannt.[308] Vereinzelt wird zudem vorgebracht, der Aspekt

---

305 EuGH, C-256/00 – Besix, Slg. 2002, I-1699, Tz 49 u. 50 = NJW 2002, 1407 (1409); vgl. auch Dietze/Schnichels, EuZW 2003, 583.

306 Vgl. Zöller/Vollkommer § 32 Rn 1 m.N.; Geimer/Schütze, Art. 5 EuGVVO, Rn 202; Geimer, IZVR, S. 393, Rn 1497.

307 Vgl. Zöller/Vollkommer § 32 Rn. 1; Linke IZPR 2. Aufl. 1995, Rdnr. 158 (§ 4 III 3 b)

308 Vgl. Linke, IZPR, 2. Aufl. 1995, Rdnr. 158, der aus diesem Grund vehement gegen das Shevill-Urteil des EuGH protestiert; Geimer/Schütze, Art. 5 EuGVVO, Rn 239; zu § 32 ZPO siehe auch Geimer, IZPR, S. 393, Rn 1497, der dem Gesichtspunkt der Beweisnähe gegenüber dem Schutz des Geschädigten nur eine untergeordnete Rolle zuweisen will. Auch der besondere Gerichtsstand der unerlaubten Handlung in § 32 ZPO wird von der h.M. jedoch auf den Gedanken der Sachnähe zurückgeführt, vgl. Zöller/Vollkommer, § 32 Rn 1.

der Beweisnähe könne gegenüber dem Ziel, den Geschädigten zu schützen, schon deshalb nur eine untergeordnete Rolle spielen, da es sich beim Gerichtsstand der unerlaubten Handlung um einen konkurrierenden Gerichtsstand handelt und es dem Kläger unbenommen bleibt, Klage am Wohnsitz des Beklagten zu erheben.[309] Bei dieser Argumentation wird jedoch übersehen, dass der Gerichtsstand der unerlaubten Handlung gemäß Art. 5 Nr. 3 EuGVVO nach der Rechtsprechung des EuGH zum EuGVÜ maßgeblich aufgrund der Beweisnähe überhaupt neben dem allgemeinen Gerichtsstand des Beklagtenwohnsitzes eröffnet ist. Aus dem Umstand alleine, dass es sich nicht um einen ausschließlichen Gerichtsstand handelt, kann daher nicht abgeleitet werden, dass vorderstes Ziel des Art. 5 Nr. 3 EuGVVO der Schutz des Geschädigten sei.

bb) Schutz der „schwächeren" Partei in Patentverletzungsverfahren?

Andererseits ist der Schutz der schwächeren Partei durchaus ein Motiv, das in EuGVÜ und EuGVVO berücksichtigt wurde. Insbesondere zeigt sich dies in der EuGVVO in Art. 5 Nr. 2 (Unterhaltssachen), Art. 8 ff. (Versicherungssachen), Art. 15 ff. (Verbraucherschutz) und Art. 18 ff. (individuelle Arbeitsverträge). Diese Vorschriften verdeutlichen das Bestreben der Verordnung, jener Partei, die in sozialer Hinsicht als die schwächere anzusehen ist, einen angemessenen Schutz zu gewähren.[310] Der schwächeren Partei wird Vorrang eingeräumt vor dem Schutz des Beklagten, der sich als verklagte Partei sonst üblicherweise in der (prozessual) „schwächeren" Position befindet. Generalanwalt Capotorti war in seinem Schlussantrag zu „Mines de Potasse" davon überzeugt, dass die Verfasser des Übereinkommens diesen Schutz des Verletzten als des schwächsten Glieds niederlegen wollten.[311] Auch die Kläger des Ausgangsverfahrens, Firma G.J. Bier und die Stiftung Reinwater hatten in der mündlichen Verhandlung ausgeführt, dass das EuGVÜ im Bereich der Zuständigkeit Regeln enthalte, deren Zweck es sei, den Schutz der schwächeren Partei, insbesondere des Opfers einer unerlaubten Handlung, zu gewährleisten.[312]

Die Situation der Arbeitnehmer, Unterhaltsberechtigten, Versicherungsnehmer und Verbraucher ist jedoch eine grundlegend andere als bei allgemeinen unerlaubten Handlungen. Der Verletzer ist bei unerlaubten Handlungen zwar regelmäßig als die weniger schutzwürdige, der Geschädigte aber nicht pauschal als die schwächere Partei anzusehen. Gerade im Zusammenhang mit immaterialgüterrechtlichen Streitigkeiten fällt es schwer, den Geschädigten von vorn-

309 Geimer/Schütze, Art. 5 EuGVVO, Rn 202; Geimer, IZVR, S. 393, Rn 1497.

310 Vgl. EuGH, C-133/81-Ivenel/Schwab, Slg. 1982, 1855,1861, Tz 16 = IPRax 1983, 173 m.Anm. Mezger, 153-156; siehe auch Franzosi, 33 IIC, 158 (2002).

311 GA Capotorti, Schlussanträge zu EuGH, C-21/76 – Mines de Potasse, Slg. 1976, 1735, 1758, Tz. 9.

312 Vgl. Tatbestand (III. Mündliche Verhandlung) zu EuGH, C-21/76 – Mines de Potasse, Slg. 1976, 1735, 1744.

herein immer als die schwächere Partei anzusehen. Würde beispielsweise GlaxoSmithKline, eines der größten pharmazeutischen Unternehmen der Welt, als der Inhaber von Patenten auf einen neuen Arzneimittelwirkstoff ein kleines Generika-Unternehmen wegen Verletzung ihrer Patente auf Unterlassung, Rechnungslegung und Schadensersatz verklagen, würde man sicher nicht sagen können, GlaxoSmithKline sei trotz erheblich größerer, insbesondere finanzieller Ressourcen und spezialisierter anwaltlicher Vertretung schon allein deshalb die schwächere Partei in diesem Verfahren, weil sie der potentiell Geschädigte ist. Teilweise wird sogar vertreten, der angebliche Patentverletzer sei stets als die schwächere Partei anzusehen.[313] Andere wiederum sind der Auffassung, es gäbe in immaterialgüterrechtlichen Streitigkeiten grundsätzlich keine schwächere, in besonderem Maße schutzwürdige Partei.[314] Jedenfalls aber lässt sich gerade in diesem Bereich keine regelmäßig vorhandene, der Situation des Unterhaltsberechtigten, Versicherungsnehmers, Verbrauchers oder Arbeitnehmers vergleichbare strukturelle Unterlegenheit gegenüber der anderen Partei und eine daraus entstehende außergewöhnliche Schutzbedürftigkeit des Geschädigten ausmachen, die sich als tragfähige Begründung eine grundsätzliche Auslegung des Art. 5 Nr. 3 EuGVVO zugunsten des geschädigten Klägers rechtfertigen könnte.
Die EuGVVO hebt zudem im zwölften Erwägungsgrund hervor, dass die schwächere Partei in Versicherungs-, Verbraucher- und Arbeitssachen durch für sie günstigere Zuständigkeitsvorschriften geschützt werden sollte. Die ausdrückliche Begrenzung auf diese Fälle spricht deutlich dafür, dass unter der EuGVVO keine generelle Begünstigung der geschädigten Partei in Fällen unerlaubter Handlung beabsichtigt ist.

cc) Rechtsprechung des EuGH

Auch der EuGH hat es trotz mehrfacher Gelegenheit stets vermieden, den Schutz des Verletzten zur Begründung für die Wahlmöglichkeiten, die dem Kläger durch Art. 5 Nr. 3 EuGVÜ gegenüber Art. 2 Abs. 1 EuGVÜ sowie durch die wahlweise Zuständigkeit der Gerichte am Ort des ursächlichen Geschehens und am Ort des Schadenseintritts eröffnet werden, ins Spiel zu bringen. Schon im Fall „Mines de Potasse“ hatte der Generalanwalt Capotorti in seinen Schlussanträgen die Begünstigung des Verletzten als ein Auslegungsmotiv angesehen.[315]

---

313 Vgl. Franzosi, 33 IIC, 158 (2002), der dies als Argument anbringt, um die „Torpedo“-Praxis zu rechtfertigen. Der „angegriffene“ angebliche Patentverletzer müsse sich, da er stets als die schwächere Partei anzusehen sei, auch mit diesem Mittel verteidigen können. Zur „Torpedo“-Problematik, vgl. Fussnote 321.

314 Vgl. Lundstedt, GRUR Int. 2001, 108.

315 GA Capotorti, EuGH Slg. 1976, 1735, 1758; so auch die Auffassung der Kläger Bier und Stiftung Rheinwater, S. 1744. Dies wurde auch von der niederländischen Regierung betont. Sie sah einen Grund dafür, dass die Verfasser des EuGVÜ den Inhalt des Art. 5 Nr. 3 nicht genauer bestimmt hatten, darin, dass diese die Belange der verletzten Partei im Auge gehabt hätten, in deren Interesse es liege, das zuständige Gericht wäh-

Der EuGH hat dagegen weder in der Entscheidung „Mines de Potasse" noch in einer nachfolgenden Entscheidung dem Schutz des Geschädigten ausdrücklich eine maßgebliche Bedeutung für die Zuständigkeit der Gerichte zugemessen.[316] Im Gegenteil lassen die Entscheidungen selbst jede Auseinandersetzung mit dem Gedanken des Schutzes des Geschädigten vermissen. Die Begründung für den Wahlgerichtsstand hat der EuGH vielmehr alleine in Sachnähe, insbesondere der Beweisnähe und der Vereinfachung der ortsgebundenen Tatsachenermittlung erkannt. Man wird daraus schließen können, dass der EuGH die Begünstigung des Verletzten jedenfalls nicht als ein entscheidendes oder besonders wichtiges Auslegungskriterium ansieht und zumindest konkludent dem Gedanken der Sach- und Beweisnähe und anderen Zielen untergeordnet.[317]

Diese Auslegung wird insbesondere in der Shevill-Entscheidung unterstützt. Wäre die Begünstigung des Geschädigten als entscheidender Grund für Art. 5 Nr. 3 EuGVÜ angesehen worden, hätte der EuGH keinen Anlass dafür gehabt, die Kognitionsbefugnis der Gerichte am Ort des Schadenseintritts, im Fall von ehrverletzenden Presseveröffentlichungen zu begrenzen. Dem Opferschutz wäre es gerade entgegengekommen, den Geschädigten an jedem dieser Orte in die Lage zu versetzen, seinen gesamten Schaden einklagen zu können und ihm damit die Möglichkeit zu geben, selbst die Gerichte des Staates auszuwählen, die ihm die größten prozessualen Möglichkeiten eröffnen. Stattdessen verwies der EuGH darauf, der Geschädigte könne den gesamten Schaden ja am Ort des ursächlichen Geschehens oder am Wohnsitz des Beklagten geltend machen.

Auch aus weiteren Entscheidungen geht hervor, dass der EuGH den Schutz der verletzten Partei nicht als ein maßgebliches Motiv für die Auslegung des Art. 5 Nr. 3 EuGVÜ anerkennt. In den Urteilen „Gubisch/Palumbo" und „Tatry"[318] hat der EuGH entschieden, dass auch die negative Feststellungsklage die Sperrwirkung des Art. 21 EuGVÜ auslösen kann. Die Geschädigten hatten in diesen Vorabentscheidungsverfahren argumentiert, der Schädiger verschaffe sich durch die negative Feststellungsklage die prozessualen Vorteile, die grundsätzlich der verletzten Partei insoweit zustünden, als dieser die Wahl des Gerichtsstands vorbehalten sei.[319] In seinen Schlussanträgen lehnte

---

len zu können, vgl. Stellungnahme niederländische Regierung zu EuGH, C-21/76 – Mines de Potasse, Slg. 1976, 1735, 1740.

316 Vgl. Lundstedt, GRUR Int. 2001, 107; Generalanwalt Darmon, Schlussanträge zu EuGH, C-68/93 - Shevill, Slg. 1995, I-415, 420, Tz 18 („ohne besondere Berücksichtigung der Notwendigkeit eines Schutzes des Geschädigten").

317 Vgl. GA Darmon, Schlussanträge zu EuGH,C-220/88 – Dumez France, Slg.1990,I-49, 71, Tz 48; so auch Schwarz, S. 156; vgl. auch Huber, ZEuP 1996, 305.

318 EuGH, C-144/86 – Gubisch/Palumbo, Slg. 1987, 4861 = IPRax 1989, 157 m. Anm. Schack, 139-142 = RIW 1988, 818 m. Anm. Linke; EuGH, C-406/92 – Tatry, Slg. 1994, I – 5439 = IPRax 1996,108 m. Anm. Schack, 80-83.

319 GA Tesauro, Schlussanträge zu EuGH, C-406/92–Tatry, Slg.1994,I–5439, 5453, Tz 21.

der Generalanwalt Tesauro diese Argumentation jedoch ab. Sie sei weder durch den Zweck des Art. 21 EuGVÜ, der in der Vermeidung unvereinbarer Urteile liege, noch durch die Formulierung des Textes indiziert.[320] Der EuGH folgte in Urteil und Begründung den Schlussanträgen des Generalanwalts.

Diese Entscheidungen des EuGH sind die Grundlage für die in der Praxis der letzten Jahre häufiger zu beobachtende Vorgehensweise von Unternehmen, angesichts einer drohenden Patentverletzungsklage in einem Land mit bekanntermaßen langer Prozessdauer negative Feststellungsklagen einzureichen und damit die Durchführung einer Patentverletzungsklage an anderen Gerichten zu blockieren (zu „torpedieren").[321] Durch die Rechtsprechung des

---

320 GA Tesauro, Schlussanträge zu EuGH, C-406/92–Tatry, Slg.1994,I–5439, 5454, Tz 22.

321 Justice Laddie meinte dazu, dass sich nicht einmal Kafka ein unvernünftigeres System hätte ausdenken können; vgl. High Court of Justice – Chancery Division, Patents Court – Sepracor Inc. v. Hoechst Marion Roussel Ltd. a.o., [1999] FSR 746 (752) = GRUR Int. 1999, 784 (785). Als Gegenmaßnahme kommt in solchen Fällen nur u.U. eine einstweilige Verfügung in Betracht. In neuerer Zeit wird diese Vorgehensweise allerdings häufiger über die Anerkennung des Einwands des Rechtsmissbrauchs entschärft, vgl. dazu High Court of Justice, Chancery Division – Patents Court, 14.01.1999 – Sepracor Inc. vs. Hoechst Marion Roussel Limited, [1999] FSR 746 = GRUR Int. 1999, 784; Rechtbank van eerst aanleg te Brüssel, 12.05.2000 – Röhm Enzyme, GRUR Int. 2001, 170 (171); TGI Paris, GRUR Int 2001, 173 – The General Hospital/Bracco m. Anm. Treichel; Högsta Domstolen, GRUR Int 2001, 178 - Flootek. Der EuGH hat allerdings gleichwohl an seiner strikten Auslegung festgehalten und die Torpedo-Problematik sehenden Auges verschärft, vgl. EuGH, 9.11.2003, C-116/02 – Erich Gasser GmbH/MISAT Srl., RIW 2004, 289 ; EuGH, 27.4.2004, C-159/02 – Gregory Paul Turner/Felix Fareed Ismail Grovit u.a., RIW 2004, 533; zu beiden Entscheidungen vgl. auch Mankowski, RIW 2004, 496 ff. Selbst bei offensichtlicher Unzuständigkeit des angerufenen Gerichts (wegen entgegenstehender Gerichtsstandsvereinbarung) und dem eindeutigen Bestreben, dieses Gericht mit dem Ziel anzurufen, die Sachentscheidung zu verzögern, muss danach das später angerufene Gericht das Verfahren aussetzen, bis das zuerst angerufene Gericht sich für unzuständig erklärt hat, vgl. EuGH, C-116/02 – Gasser, RIW 2004, 289, 291, Tz 47-52. Die allgemein unvertretbar lange Verfahrensdauer vor Gerichten des Vertragsstaats, dem das zuerst angerufene Gericht angehört, rechtfertigt keine Abweichung von der Bestimmung des Art. 21 EuGVÜ, EuGH, C-116/02 – Gasser, RIW 2004, 289, 292, Tz 70-73. Selbst in Fällen des Rechtsmissbrauchs scheint der EuGH daher keine Ausnahme zu dulden, vgl. auch EuGH, C-159/02 – Turner/Grovit, RIW 2004, 533, 541.

Vgl. weiter zur „Torpedo"-Problematik Franzosi, [1997] 7 EIPR 382; ders. Mitt.1998, 300; ders. 33 IIC 154 (2002); Jandoli, 31 IIC 783 (2000); Meier-Beck, GRUR 1999, 381; Otte, IPRax 1999, 440; LG Düsseldorf,GRUR Int 1998,804 – Impfstoff; LG Düsseldorf, GRUR Int 1998,803 – Kondensatorspeicherzellen. Das OLG Düsseldorf hat dem EuGH Fragen aus diesem Themenbereich zur Vorabentscheidung vorgelegt, vgl. GRUR Int 2000, 776 - Impfstoff III. Entgegen vielen Erwartungen (vgl. nur Tilmann, GRUR 2001, 1083; Tilmann/von Falck, GRUR 2000, 579) wurde diese Frage auch nicht in der EuGVVO geklärt, so dass davon auszugehen ist, dass die Problematik weiterhin aktuell bleibt, vgl. Micklitz/Rott, EuZW 2001, 325, 333. Durch die Erweiterung der EU durch die 10 neuen Beitrittländer, in denen meist nur wenig Erfahrung in Patentstreitigkeiten besteht, wird sie wohl wieder erheblich an Bedeutung gewinnen. Gerade

EuGH wird der geschädigte Patentinhaber erheblich benachteiligt, ein „Opferschutz" ist hier nicht erkennbar.

Stellt man hingegen entscheidend auf die „besonders enge Beziehung zwischen der Streitigkeit und dem zur Entscheidung über sie berufenen Gericht" ab, ist dies konsequent, da diese enge Beziehung nicht allein deswegen entfällt, weil die Klage vom vermeintlichen Schädiger in Form einer negativen Feststellungsklage erhoben wird.[322]

Es kann daher nicht davon ausgegangen werden, dass der EuGH dem Schutz des Verletzten bzw. Geschädigten im Rahmen der Auslegung des Begriffs „Ort, an dem das schädigende Ereignis eingetreten ist" in Art. 5 Nr. 3 EuGVVO entscheidende Bedeutung beimisst oder in Zukunft beimessen wird. Vielmehr kann die Begünstigung des Verletzten nur als eine bloße – wenn auch ggf. willkommene – Nebenfolge, ein Reflex des durch andere Erwägungen gerechtfertigten Wahlgerichtsstands angesehen werden.

Der Schutz des Geschädigten und seine Begünstigung spielt daher allenfalls eine untergeordnete Rolle, die hinter den anderen Zielen des Übereinkommens zurücktreten muss.[323]

3) Art. 5 Nr. 3 EuGVVO ist als Ausnahme zur Art. 2 Abs. 1 EuGVVO grundsätzlich eng auszulegen (exceptiones sunt stricta interpretanda)

a) Sitz des Beklagten als allgemeiner Gerichtsstand

Der EuGH lässt in seiner Rechtsprechung keine Zweifel daran aufkommen, dass das Übereinkommen in Art. 2 Abs. 1 die Zuständigkeit der Gerichte

---

weil das Bild der Gleichwertigkeit der Justiz in den Mitgliedstaaten (vgl. EuGH, C-116/02 – Gasser, RIW 2004, 289, 292, Tz 72) von der Wirklichkeit noch weit entfernt ist, besteht die Gefahr, dass der EuGH mit seiner streng am Wortlaut orientierten Auslegung jedenfalls im Bereich der Patentstreitigkeiten das Ziel der EuGVVO und des EuGVÜ untergräbt, eine effektive Rechtsverfolgung in Europa zu ermöglichen.
Im Rahmen der ZPO hat dagegen die Leistungsklage aufgrund des weitergehenden Rechtsschutzziels auch Vorrang vor einer zuvor erhobenen negativen Feststellungsklage umgekehrten Rubrums zum selben Anspruch im prozessualen Sinne, vgl. BGH, NJW 1994, 3107f.; Zöller/Greger, § 256 Rn 7d und 16 m.w.N.

322 Vgl. auch Lundstedt, GRUR Int. 2001, 107. Ebenso läuft sie nicht dem Ziel eindeutiger und zuverlässiger Bestimmung der gerichtlichen Zuständigkeit und der Vermeidung der Vermehrung gerichtlicher Zuständigkeiten entgegen.

323 Dass dem Schutz des Geschädigten nicht die entscheidende Bedeutung für die Auslegung beigemessen wird, hat einen zusätzlichen Grund in dem weiteren Anliegen der EuGVVO, mit dem er im unmittelbarem Zusammenhang steht, und das unter Kapitel 5, C. IV. 5) – kein Klägergerichtsstand - näher erörtert werden wird.

des Wohnsitzstaates des Beklagten als den grundsätzlichen allgemeinen Gerichtsstand festgelegt hat.[324] Dasselbe gilt für die EuGVVO.

Sowohl die Verordnung als auch das Übereinkommen folgen somit wie die ZPO der römisch-rechtlichen Grundregel „actor sequitur forum rei". Aus Systematik und Wortlaut der Vorschriften der EuGVVO bzw. des EuGVÜ wird deutlich, dass diese allgemein geteilte Auffassung dem Willen der Verfasser entspricht. Schon im Jenard-Bericht wird der Grundsatzcharakter des Art. 2 Abs. 1 EuGVÜ betont.[325]

Art. 2 Abs. 1 EuGVVO ist als grundlegende Vorschrift, die sowohl den persönlichen Anwendungsbereich der Verordnung selbst als auch die wichtigste Zuständigkeit regelt, systematisch als erste Regelung in den Titel II, Zuständigkeit, erster Abschnitt – allgemeine Vorschriften – aufgenommen, was seine herausragende Bedeutung für die Verordnung besonders hervorhebt. Schon Art. 3 Abs. 1 EuGVVO legt fest, dass Beklagte mit Wohnsitz in einem Vertragsstaat in *anderen* Vertragsstaaten nur gemäß den folgenden Vorschriften des zweiten bis siebten Abschnitts verklagt werden können. Dieser Grundsatz wird in Art. 5 EuGVVO erneut aufgegriffen.

b) Art. 5 Nr. 3 EuGVVO als Ausnahme

Der EuGH hat bereits früh betont, dass die besonderen Zuständigkeiten in Art. 5 und 6 EuGVÜ Ausnahmen zum Grundsatz der Zuständigkeit der Gerichte des Wohnsitzstaates des Beklagten darstellen, die einschränkend auszulegen sind.[326] Diese Auffassung hat der EuGH in ständiger Rechtsprechung bestätigt.[327] Dem Beklagten soll die Verteidigung grundsätzlich erleichtert werden. Die von dem allgemeinen Grundsatz abweichenden Zuständigkeitsregeln könnten daher nicht zu einer Auslegung führen, die über die im Übereinkommen vorgesehenen Fälle hinausgehe.[328]

---

324 Dies wird bereits bei EuGH, C 21/76 – Mines de Potasse, Slg. 1976, 1735, 1746,Tz 11/12 deutlich.

325 ABl. (EG) 1979, C 59/19.

326 EuGH, C-189/87 – Kalfelis./.Schroeder Münchmeier Hengst, Slg. 1988, 5565, 5583 Tz 8 u. 5585 Tz 19 = NJW 1988, 3088 m. Anm. Geimer = IPRax 1989, 288 m. Anm. Gottwald, 272-274. Die enge Auslegung kam in diesem Urteil u.a. darin zum Ausdruck, dass danach die nach Art. 5 Nr. 3 EuGVÜ international zuständigen Gerichte über die Klage nicht auch unter anderen, nicht deliktischen Gesichtspunkten entscheiden, vgl. EuGH, aaO, Tz 19; siehe auch Schultsz in: Internationale Zuständigkeit und Urteilsanerkennung in Europa,89,90;a.A.Geimer/Schütze, Art. 5 EuGVVO, Rn 222 mwN, die eine Annexzuständigkeit kraft Sachzusammenhangs für vertragliche Ansprüche bejahen.

327 Vgl. EuGH, C-220/88 – Dumez France, Slg .1990, I-49, 79, Tz 17; EuGH, C-26/91 – Handte, Slg. 1992, I-3967, 3994, Tz 14; EuGH, C-256/00 – Besix, Slg 2002, I-1699, 1733, Tz 53; siehe auch GA Léger, Schlussanträge zu EuGH, C-68/93 - Shevill, Slg. 1995, I-415, 442, Tz 18 und 446, Tz 40.

328 Vgl. EuGH, C-26/91 – Handte, Slg. 1992, I-3967, 3994, Tz 14.; EuGH, C-256/00 – Besix, Slg. 2002, I-1699, 1732 f. Tz 52 ff. = NJW 2002, 1407 (1409).

Man mag Vorbehalte dagegen äußern, eine besondere Zuständigkeit als *Ausnahme* vom allgemeinen Grundsatz anzusehen. Schließlich sind die allgemeinen und die besonderen Zuständigkeiten getrennt voneinander in verschiedenen Abschnitten des Kapitels II der Verordnung geregelt. Insofern können die besonderen Zuständigkeiten genauso gut als *Ergänzungen* der allgemeinen Zuständigkeit für bestimmte Fallgruppen angesehen werden, die eigenständig und ranggleich neben Art. 2 bestehen.[329] In der Entscheidung Mines de Potasse hat der EuGH diese Ausnahmeeigenschaft des Art. 5 Nr. 3 EuGVÜ auch nicht angeführt. Bei isolierter Betrachtung des Urteils Mines de Potasse fällt es in der Tat schwer, etwas von einer einschränkenden Auslegung zu finden.[330] Diese Überlegung ergänzte der EuGH (ausdrücklich) erst in den nachfolgenden Entscheidungen, in denen er die weite Auslegung des Mines de Potasse Urteils immer mehr präzisierte und einschränkte. Erst in den Entscheidungen Dumez France und Marinari entwickelte der EuGH das Verhältnis zwischen Art. 2 Abs. 1 und Art. 5 Nr. 3 zu einem besonders wichtigen Auslegungskriterium für Art. 5 Nr. 3 EuGVÜ.
Selbst wenn man aber die besonderen Zuständigkeiten nicht als Ausnahme vom Grundsatz der allgemeinen Zuständigkeit nach Art. 2 EuGVVO sondern vielmehr als dessen Ergänzungen begreift, so ist jedenfalls eine insoweit einschränkende Auslegung der besonderen Zuständigkeiten geboten, als die Grundregel des Art. 2 EuGVVO nicht ausgehöhlt werden darf.[331]
Den besonderen Zuständigkeiten darf daher keine Bedeutung zugemessen werden, die über die von der Verordnung vorgesehenen Fälle hinausgeht.[332]

4. Praktische Wirksamkeit (effet utile)

a) Praktische Wirksamkeit im Allgemeinen

Der EuGH hat hervorgehoben, dass bei der Auslegung stets zu beachten ist, dass eine Vorschrift nicht ihrer praktischen Wirksamkeit beraubt wird.[333]

---

329 So auch die Stellungnahme der Kommission zu EuGH, C-21/76 - Mines de Potasse, Slg. 1976, 1735, 1742/1743; GA Caportorti, Schlussanträge zu EuGH, C-21/76 - Mines de Potasse, Slg. 1976, 1735, 1756, Tz 7; vgl. auch Huber, ZEuP 1996, 306.

330 Vor Erlass der Urteile Shevill und Marinari daher sehr kritisch Schultsz in: Internationale Zuständigkeit und Urteilsanerkennung in Europa, 89, 90.

331 Vgl. EuGH, C-364/93 – Marinari, Slg. 1995, I-2719, 2739, Tz 13; EuGH, C-51/97 – Réunion Européenne, Slg. 1998, I-6511, 6545, Tz 29; EuGH, C-256/00 – Besix, Slg. 2002, I-1699, 1733, Tz 54 = NJW 2002, 1407 (1409).

332 Diese Auffassung teilte auch GA Caportorti, Schlussanträge zu EuGH, C-21/76 - Mines de Potasse, Slg. 1976, 1735, 1756, Tz 7; siehe auch EuGH, C-51/97 – Réunion Européenne, Slg. 1998, I-6511, 6541,Tz 16; EuGH, C-269/95 – Benincasa, Slg. 1997, I-3767, 3794, Tz 13.

333 EuGH, C21/26 – Mines de Potasse, Slg. 1976, 1735, 1748, Tz 20-23 ; EuGH, C-68/93 – Shevill, Slg.1995, I-415, 460, Tz 20, 21 u. 22; EuGH, C-364/93 - Marinari, Slg. 1995, I-2719, 2739, Tz 12. Die Ausrichtung nach dem effet utile, der „nützlichen Wirkung" ei-

Der Anwendungsbereich der Vorschrift darf durch die Auslegung nicht in einem Maße verkürzt werden, dass sie ihren praktischen Nutzen im Regelfall verlieren kann. So hat der EuGH argumentiert, die Regelung des Art. 5 Nr. 3 EuGVÜ erlaube die alternative Anknüpfung an den Ort des ursächlichen Geschehens und an den Ort der Verwirklichung des Schadenserfolges, da der Ort des ursächlichen Geschehens in einer Vielzahl von Fällen mit dem Wohnsitz des Beklagten zusammenfalle. Art. 5 Nr. 3 EuGVÜ verlöre daher seine praktische Wirksamkeit, wenn nicht auch am Ort des Eintritts des Schadenserfolges eine Zuständigkeit begründet sei.[334]

b) Der Aspekt der praktischen Wirksamkeit im Urteil Shevill – Begrenzung der Kognitionsbefugnis der Erfolgsortsgerichte

Diesen Aspekt hat der EuGH auch im Fall Shevill betont und ihn zu einer entscheidenden Begründung dafür vorgebracht, dass der Kläger die Wahlmöglichkeit haben muss, Klage an dem Ort zu erheben, an dem sich der Schadenserfolg verwirklicht hat. Zugleich begrenzte er jedoch die Kognitionsbefugnis dieser Gerichte auf die Entscheidung über die Schäden, die im Staat dieses Gerichts verursacht worden sind.[335]

aa) Volle Kognitionsbefugnis der Erfolgsortgerichte?

Diese Begrenzung der Entscheidungsbefugnis ist Gegenstand erheblicher Kritik in der Literatur, insbesondere in Deutschland. Da der EuGH den Ort der Niederlassung des Herausgebers als Handlungsort ansieht, sei – entgegen der Aussage des EuGH – nicht nur „in der Regel“, sondern stets der Ort des ursächlichen Geschehens mit dem Gerichtsstand des Art. 2 Abs. 1 EuGVÜ gleichzusetzen. Die Anknüpfung an die Niederlassung des Herausgebers kann nur in den seltenen Fällen, dass diese Niederlassung nicht mit dem Sitz des Beklagten zusammenfällt (z.B. wenn es sich um eine Zweigniederlassung handelt), zu einem anderen Ort als dem des allgemeinen Gerichtsstands führen. Dies wird noch unwahrscheinlicher, wenn man für den Ort des ursächlichen Geschehens fordert, dass dort die verantwortliche Redaktion ihren Sitz hat und/oder die Veröffentlichung tatsächlich erfolgt ist. Im übrigen würde für eine solche Niederlassung dann in der Regel der besondere Gerichtsstand des Art. 5 Nr. 5 EuGVVO eröffnet sein und damit dem Gerichtsstand am Ort des ursächlichen Geschehens wiederum keine eigenständige Bedeutung zu-

---

ner Vorschrift ist eine Ausprägung der teleologischen Auslegung. Die Auslegung konzentriert sich dabei auf die Auffindung von Gesichtspunkten, die es ermöglichen, der Vorschrift die vom Gesetzgeber gewollte Wirksamkeit zu verleihen, vgl. BBPS, Rn 537.

334 EuGH, C-21/76 – Mines de Potasse, Slg. 1976, 1735, 1747, Tz 20; EuGH, C-68/93 - Shevill, Slg. 1995, I-415, 460/461, Tz 22 u. 26/27; EuGH, C-364/93 - Marinari, Slg. 1995, I-2719, 2739, Tz 12; GA Léger, Schlussanträge zu EuGH, C-68/93 - Shevill, Slg. 1995, I-415, 442, Tz 12/13; GA Capotorti, Schlussanträge zu EuGH, C-21/76 – Mines de Potasse, Slg. 1976, 1735, 1758, Tz 9 a.E.

335 EuGH, C-68/93 - Shevill, Slg. 1995, I-415, 461/462, Tz 27-31.

kommen.[336] Darüber hinaus wäre eine anderer Gerichtsstand nur dann eröffnet, wenn mit „Niederlassung des Herausgebers" *alle* Zweigniederlassungen erfasst werden sollten. Das dies offensichtlich nicht gemeint war, wird schon aus dem Hinweis klar, dass an diesem Ort das schädigende Ereignis seinen Ausgang nahm, also nur *ein* zentraler Ort bezeichnet werden sollte.

Nur am Ort des ursächlichen Geschehens aber soll die Tat und Schadensersatz in vollem Umfang einklagbar sein. Art. 5 Nr. 3 EuGVÜ eröffne daher im Fall von Ehrverletzungen gerade kein weiteres Forum, in dem der gesamte Vorfall entschieden werden kann. Dadurch verliere er maßgeblich an praktischer Wirksamkeit, Art. 5 Nr. 3 EuGVÜ werde ausgehöhlt.[337] Der Geschädigte werde gezwungen, den Schädiger an dessen Wohnsitz zu verklagen, wenn er nicht die zersplitterte Verfolgung der Tat in jedem betroffenen Staat in gesonderten Verfahren auf sich nehmen wolle. Die vom EuGH behauptete Wahlmöglichkeit zwischen zwei zentralen Gerichtsständen, nämlich Art. 2 Abs. 1 EuGVÜ und am Ort der Niederlassung des Herausgebers, sei dagegen in Wahrheit nicht eröffnet, da beide stets zusammen fielen. Es bleibe daher dem Verletzten im Fall von Streudelikten nur die Alternative zwischen dem allgemeinen Gerichtsstand und der Vielzahl zersplitterter Erfolgsortsgerichtsstände.[338]

Aus Sicht des deutschen Rechts kann dagegen bei jedem Gericht unabhängig davon, wie seine Zuständigkeit begründet ist, der Ersatz des gesamten Schadens geltend gemacht werden, nicht nur der im Hoheitsgebiet des Gerichtsstaats entstandene Schaden. Zwar war als eine Einschränkung der Entscheidungsbefugnis der nach § 32 ZPO zuständigen Gerichte lange herrschende Meinung, dass der Gerichtsstand auf den Klagegrund der unerlaubten Hand-

---

336 Der Begriff der Niederlassung ist autonom auszulegen und weit zu fassen, vgl. EuGH, C39/78 – Somafer/Saar Ferngas, Slg. 1978, 2183 = RIW 1979, 56; von Hoffmann, § 3 E. IV 2.,Rn 230; Zöller/Geimer, Art. 5 EuGVVO, Rn 43 mN. Auch eine juristische Person kann Niederlassung im Sinne des Art. 5 Nr. 5 EuGVVO sein, es ist nicht erforderlich, dass die Niederlassung rechtlich unselbständig ist, vgl. EuGH, RIW 1988, 220 m.Anm. Geimer, BGH, RIW 1987, 790 (zu Art. 5 Nr. 5 EuGVÜ). Dies bedarf jedoch näherer Voraussetzungen, insbesondere muss der Betrieb der Tochter wie eine der Betrieb einer Außenstelle organisiert und durchgeführt werden. Jedoch begründet der Ort der Niederlassung nur eine Zuständigkeit für solche Rechtsstreitigkeiten, deren Gegenstand sich auf den Betrieb der Niederlassung bezieht, vgl. EuGH C-33/78 – Somafer/Saar-Ferngas, Slg. 1978, 2183; von Hoffmann, § 3 E. IV. 2., Rn. 230; Zöller/Geimer, Art. 5 EuGVVO, Rn 48 mN. Dies folgt aus der ratio des Art. 5 Nr. 5 EuGVVO, die darin liegt, dass wann immer jemand außerhalb seines Wohnsitzstaates von einer Niederlassung aus am Geschäftsverkehr teilnimmt und aus dieser Betätigung ein Rechtsstreit entsteht, dort auch ein Gerichtsstand gegeben werden muss. Wer die Vorzüge der Teilnahme am Rechtsverkehr am Niederlassungsort nutzt, soll nicht der Einwand eröffnet werden, er sei dort nicht gerichtspflichtig,vgl. Zöller/Geimer, Art. 5 EuGVVO, Rn 43.

337 Vgl. Kreuzer/Klötgen, IPRax 1997, 94 f.; Linke, IZPR, 2. Aufl. 1995, Rn. 158.

338 Vgl. Kreuzer/Klötgen, IPRax 1997, 94 f..

lung beschränkt ist[339], dagegen ist soweit ersichtlich nie ernsthaft bezweifelt worden, dass die konkurrierende Zuständigkeit am Handlungs- wie am Erfolgsort die Kognitionsbefugnis des jeweiligen Gerichts für den gesamten Schaden, nicht nur für den im Hoheitsgebiet des Gerichtsstaates entstandenen Schaden, umfasst.[340] Eine territoriale Beschränkung der Urteilsgewalt der Gerichte widerspreche der prinzipiellen Gleichwertigkeit der konkurrierenden Gerichtsstände und der mit der Aufspaltung der Deliktszuständigkeit beabsichtigten Begünstigung des Geschädigten und verbiete sich daher.[341]

Der deutsche Ansatz kann daher zwar zu einer Vermeidung der Zersplitterung von Zuständigkeiten beitragen, ist aber auch geprägt von dem Bestreben den Geschädigten zu schützen bzw. ihm einen Vorteil zu verschaffen.[342] Der Geschädigte soll nicht gezwungen sein, mehrere parallele Verfahren und Prozesse zu führen, um den Ersatz seines gesamten Schadens zu erstreiten.

bb) Rechtsprechung des EuGH

Wie oben erörtert misst der EuGH dem Schutz des Geschädigten jedoch keine besondere Bedeutung im Rahmen der Auslegung des Art. 5 Nr. 3 EuGVVO/EuGVÜ zu.

Der EuGH hat sich dagegen im Anschluss an die Schlussanträge von Generalanwalt Darmon[343] an der französischen Rechtsprechung zu Art. 46 Abs.3 NCPC im Fall grenzüberschreitender unerlaubter Handlungen durch Presserzeugnisse orientiert. Danach ist dem Kläger neben dem Gericht des Wohnsitzes des Beklagten die Wahl eröffnet zwischen dem Gericht des ursächlichen Geschehens, das am Herausgabeort des Presseerzeugnisses lokalisiert wird, und dem Gericht, in dessen Zuständigkeitsbereich der Schaden eingetreten

---

339 Vgl. BGHZ 132,111 = NJW 1996,1413; BGH NJW 1986, 2437 m.w.N.; BGH NJW 1974, 411; Zöller/Vollkommer, § 32 Rn 20; Nach Einführung von § 17 Abs. 2 GVG wird jedoch zunehmend die Ansicht vertreten, dass bei einheitlichem Sachverhalt das zulässigerweise im Gerichtsstand des § 32 ZPO angerufene Gericht den Rechtsstreit umfassend beurteilen und über die konkurrierenden Anspruchsgrundlagen mitentscheiden darf, vgl. BayObLGZ 95, 304 = NJW-RR 1996, 508; OLG Frankfurt, NJW-RR 1996, 1341, OLG Hamm, NJW-RR 2000, 727; Thomas/Putzo, Vorbem § 12 Rn 8 mN; Zöller/Vollkommer, § 32 Rn 20, Einl. Rn 85 u. § 12 Rn 21 mwN zum Streitstand. Zu Art. 5 Nr. 3 EuGVÜ hat der EuGH im Urteil C-189/87 - Kalfelis, Slg. 1988, 5565, 5585 f., Tz 19 u. 21, entschieden, dass dem nach dieser Vorschrift zuständigen Gericht keine akzessorische Zuständigkeit zugebilligt wird, über die Klage unter anderen, nichtdeliktischen Gesichtspunkten zu entscheiden; vgl. auch GA Léger, Schlussanträge zu EuGH, C-68/93 – Shevill, Slg. 1995, I-415, 448, Tz 51; Staudinger/vHoffmann, Vorbem zu Art. 40 EGBGB, Rz 93; a.A. dennoch Geimer/Schütze, Art. 5 EuGVVO, Rn 222.

340 Vgl. Geimer/Schütze, Art. 5 EuGVVO, Rn 244; Zöller/Geimer, Art 5 EuGVVO, Rn 31 mN.; Staudinger/vHoffmann, Vorbem zu Art. 40 EGBGB, Rz 93 u. 95.

341 Vgl. Linke, 2. Aufl. 1995, S. 60 Rn 160.

342 So auch GA Darmon, Schlussanträge zu EuGH, C-68/93 – Shevill, Slg. 1995, I-415, 430, Tz 65.

343 GA Darmon, Schlussanträge zu EuGH, C-68/93 – Shevill, Slg. 1995, I-415,423,Tz 34,429 ff.

ist, wobei darunter die Gerichte der Verbreitungsorte verstanden werden. Während das Gericht am Herausgabeort für die Entscheidung über den gesamten Schadensersatz zuständig ist, sollen die Gerichte an den Verbreitungsorten über den Ersatz derjenigen Schäden entscheiden können, die in ihrem Zuständigkeitsbereich eingetreten sind, da diesen eine darüber hinausgehende Beziehung zu weiteren Schäden fehle und die Zuweisung einer umfassenden Kognitionsbefugnis auch an die Gerichte der Verbreitungsorte zu einer Begünstigung des forum shopping führe.[344]
Nimmt man den Standpunkt des EuGH in seiner Rechtsprechung „Mines de Potasse“ und „Dumez France“ ein und begründet die Wahlmöglichkeit des Geschädigten maßgeblich aus der besonderen Nähe der Streitigkeit zu dem zur Entscheidung berufenen Gericht, so erscheint die Beschränkung der Zuständigkeit der Erfolgsortsgerichte konsequent. Denn eine besondere Beziehung zum Rechtsstreit weisen diese Gerichte nur in Bezug auf die in diesem Bezirk erfolgten Verletzungserfolge auf, für deren Feststellung sie örtlich am besten geeignet sind und den dort entstandenen Schadensumfang am besten bestimmen können. Dagegen fehlt es an jeder Nähebeziehung zu den in anderen Vertragsstaaten entstandenen Schäden.[345] Weder lässt sich das in einem Vertragsstaat vorhandene Ansehen des Verletzen noch die ihm dort entstandenen Nachteile und Schäden besonders gut vor dem Gericht eines anderen Vertragsstaats ermitteln oder beweisen.

Der Aspekt der praktischen Wirksamkeit wird daher offenbar vom EuGH nicht als ebenso maßgeblich angesehen, wie die Erfüllung der Anforderungen an eine geordnete Rechtspflege, insbesondere das Erfordernis einer besonderen Nähebeziehung zwischen der Streitigkeit und dem zur Entscheidung über sie berufenen Gericht, sondern vielmehr nur innerhalb des durch die Erfüllung dieser Anforderungen gezogenen Rahmens berücksichtigt.

Um den Geist der Verordnung nicht außer Acht zu lassen, darf die Auslegung von Art. 5 Nr. 3 EuGVVO daher zum einen nicht so weit reichen, dass der Grundsatz der Zuständigkeit der Gerichte am Wohnsitz des Beklagten gemäß Art. 2 Abs. 1 EuGVVO ausgehöhlt wird, zum anderen darf die Auslegung dieser besonderen Zuständigkeit aber auch nicht über das Erfordernis der besonderen Nähebeziehung hinaus so stark begrenzt werden, dass sie ihre praktische Wirksamkeit (effet utile) verliert.

---

344 Vgl. TGI Paris, Rev.crit.dr.i.p. 1974, 704 – Hauer - m. Anm. Lagarde; CA Paris, Rev.crit.dr.i.p. 1985, 141 – Caroline de Monaco – m. Anm. Gaudemet-Tallon ; wN bei Gaudemet-Tallon, Rn 193, Fn 122.

345 So auch GA Darmon, Schlussanträge zu EuGH, C-68/93 - Shevill, Slg. 1995, I-415, 431, Tz 70/71; GA Léger, Schlussanträge zu EuGH, C-68/93 - Shevill,Slg.1995,I-415,449,Tz 55.

5. Kein Klägergerichtsstand („forum actoris")

a) Grundsatz

„Das mit dem Übereinkommen verfolgte Ziel ist nicht hauptsächlich der Schutz des Geschädigten, was zum forum actoris hätte führen können."[346]

Generalanwalt Darmon hat in seinen Schlussanträgen in der Sache Dumez France bereits dargelegt, dass eine Lösung, mit der das forum actoris anerkannt würde, in Literatur und Rechtsprechung der meisten Mitgliedsstaaten auf wenig Gegenliebe stößt.[347] Doch auch aus System und Geist des Übereinkommen selbst ergibt sich, dass ein Klägergerichtsstand nur in engen Ausnahmefällen begründet sein soll.[348]

Wie schon das EuGVÜ hat sich auch die EuGVVO grundsätzlich gegen die Zuständigkeit der Gerichte am Wohnsitz des Klägers ausgesprochen, indem sie in Art. 3 Abs. 2 iVm Anhang I EuGVVO die Anwendung innerstaatlicher Vorschriften, die derartige Gerichtsstände vorsehen, gegenüber Beklagten, die ihren Wohnsitz im Hoheitsgebiet eines Vertragsstaats haben, ausgeschlossen hat.[349] Dieser Auflistung exorbitanter Gerichtsstände hätte es – streng genommen – gar nicht bedurft, da bereits in Art. 3 Abs. 1 EuGVVO festgelegt wird, dass Personen mit Wohnsitz im Hoheitsgebiet eines Vertragsstaats in einem anderen Vertragsstaat nur gemäß den Vorschriften des zweiten bis siebten Abschnitts des Kapitels II – „Zuständigkeit" verklagt werden können und damit die Anwendung des gesamten nationalen Zuständigkeitsrechts ausgeschlos-

---

346 Gaudemet-Tallon, Rev. crit. dr.i.p. 1990, 375; vgl. auch GA Darmon, Schlussanträge zu EuGH, C-364/93 - Marinari, Slg.1995, I-2719, 2728, Tz 38.

347 GA Darmon, Schlussanträge zu EuGH, C-220/88 – Dumez France, Slg. 1990, I-49, 65 – 68; vgl. auch Staudinger/vHoffmann, Vorbem zu Art. 40 EGBGB Rz 97; Geimer, IZPR, S. 394/395, Rn 1503; Schwarz, S. 46.

348 Vgl. auch GA Warner, Schlussanträge zu EuGH, C-814/79 – Niederlande ./.Rüffer, Slg. 1980, 3807, 3836.

349 Vgl. EuGH, C-220/88 – Dumez France, Slg. 1990, I-49,79, Tz 16; EuGH, C-364/93 – Marinari, Slg. 1995, I-2719, 2739, Tz 13; EuGH, C-51/97 – Réunion Européenne, Slg. 1998, I-6511, 6544, Tz 29; GA Cosmas, Schlussanträge zu EuGH, C-51/97 – Réunion Européenne, Slg. 1998, I-6511, 6527, Tz 55; GA Darmon, Schlussanträge zu EuGH, C-364/93 – Marinari, Slg. 1995, I-2719, 2725, Tz 22 u. 26; siehe auch Schultsz in: Internationale Zuständigkeit und Urteilsanerkennung in Europa, 89, 91/92; zu den einzelnen ausgeschlossenen Gerichtsständen vgl. Jenard-Bericht, ABl.(EG) 1979, C 59/19,29; Schlosser-Bericht, ABl. (EG) 1979, C 59/71, 99-100, Tz. 83-86; Evrigenis/Kerameus-Bericht, ABl. (EG) 1986, C 298/12, Tz 43, Almeida Cruz/Desantes Real/Jenard-Bericht, ABl. (EG) 1990, C 189/35, 42 f., Tz 15-16. Dagegen erklärt Art. 4 Abs. 2 EuGVVO die in Art. 3 Abs. 2 EuGVVO aufgeführten exorbitanten Gerichtsstände ungeachtet ihrer Staatsangehörigkeit für jede Person, die ihren Wohnsitz in einem Vertragsstaat hat, gegenüber Beklagten, die keinen Wohnsitz im Hoheitsgebiet eines Vertragsstaats haben, für anwendbar.

sen ist, soweit der Anwendungsbereich der EuGVVO reicht.[350] Unmittelbare Bedeutung kommt Art. 3 Abs. 2 EuGVVO daher wesentlich nur noch für die Frage der örtlichen Zuständigkeit zu, sofern diese nicht ausnahmsweise von den Regelungen der EuGVVO mit umfasst ist (wie beispielsweise bei Art. 5 Nr. 3 oder Art. 6 Nr. 1 EuGVVO).[351] Durch diese ausdrückliche Hervorhebung wird aber der Wille, die diesen Normen zugrundeliegenden Anknüpfungskriterien im Rahmen der EuGVVO nicht anzuerkennen, besonders klar zum Ausdruck gebracht. Sie werden durch die gesonderte Erwähnung ausdrücklich missbilligt. Diese klare Ablehnung ist auch bei der Auslegung der übrigen Gerichtsstände zu berücksichtigen.

b) Ausnahmen

Nur in deutlich hervorgehobenen Sonderfällen haben sich die Verfasser des Übereinkommens entschieden, einen Klägergerichtsstand zu eröffnen. Diese Ausnahmefälle sind jedoch nur dann anerkannt, wenn der Kläger in besonderem Maße schutzwürdig ist und ihm eine Hilfestellung durch einen eigenen Gerichtsstand gewährt wird, um das strukturelle Ungleichgewicht bzw. die Überlegenheit des Gegners und die gleichzeitige Schwäche des Klägers zu kompensieren.

So ist der Versicherungsnehmer befugt, den Versicherer vor dem Gericht des Bezirks, in dem er (der Versicherungsnehmer) seinen Wohnsitz hat, zu verklagen, vgl. Art. 9 Abs. 1 b) EuGVVO. Auch der Verbraucher wird als besonders schutzwürdig erachtet und ihm wird daher in Art. 16 Abs. 1 EuGVVO die Gelegenheit eröffnet, den Vertragspartner vor den Gerichten des Staates zu verklagen, in dem der Verbraucher seinen Wohnsitz hat. Dieser besondere Schutz von Verbraucher und Versicherungsnehmer wird durch weitere Regelungen noch verstärkt, die die Erhebung von Klagen des Versicherers bzw. des anderen Vertragspartners gegen den Verbraucher (grundsätzlich) nur vor

---

350 Vgl. auch Schlosser-Bericht, ABl.(EG) 1979, C 59/71, 100, Tz 87; Jenard-Bericht, ABl.(EG) 1979, C 59/19; Zöller/Geimer, Art. 3 EuGVVO, Rn 6.

351 Dabei ist zu beachten, dass sich daraus keine Auswirkungen auf Anerkennung und Vollstreckung von Urteilen der Gerichte eines Vertragsstaats in einem anderen Vertragsstaat ableiten lassen. Selbst ein Urteil, das in einem exorbitanten Gerichtsstand ergeht, muss in den Mitgliedsstaaten anerkannt und vollstreckt werden, vgl. Art. 35 Abs. 1 und Abs. 3 sowie Art. 33 EuGVVO, vgl. dazu auch EuGH, C-7/98 - Krombach, Slg. 2000, I-1935, Tz 29-34 = NJW 2000,1853; BGH, EuZW 1999,26 (Vorlagebeschluss zu EuGH, C-7/98 - Krombach). Bedeutung hat Art. 3 Abs. 2 EuGVÜ daneben auch im Rahmen des Art. 59 EuGVÜ. Die Wirkung der exorbitanten Gerichtsstände wurde nämlich infolge dieser Anerkennungs- und Vollstreckungspflicht gegenüber den Vertragsstaaten und durch Art. 4 Abs. 2 EuGVÜ auch gegenüber Drittstaaten sogar noch verschärft, vgl. auch Zöller/Geimer,22. Aufl.,Art. 59 GVÜ, Rn 1-2. Durch den Vorbehalt des Art. 59 EuGVÜ wird den Vertragsstaaten gegenüber Drittstaaten die Möglichkeit eröffnet, im Rahmen von Anerkennungs- und Vollstreckungsübereinkommen hierzu Ausnahmen zu vereinbaren,vgl. auch Zöller/Geimer, 22.Aufl., Art.59 GVÜ, Rn 2.

Gerichten des Wohnsitzstaat des Versicherungsnehmers (vgl. Art. 12 Abs. 1 EuGVVO) bzw. des Verbrauchers (vgl. Art. 16 Abs. 2 EuGVVO) zulassen. Zudem sind Abweichungen z.B. durch Gerichtsstandsvereinbarungen nur in engen Grenzen und grundsätzlich nur zugunsten des Versicherungsnehmers (vgl. Art. 13 EuGVVO) bzw. Verbrauchers (vgl. Art. 17 EuGVVO) zulässig. Begründet ist dieser besondere Schutz dadurch, dass sowohl Verbraucher als auch Versicherungsnehmer regelmäßig die schwächere Partei sind, die einem oftmals übermächtig erscheinenden Gegner gegenüberstehen. Ihnen wird daher ein erhöhter Schutzumfang zuteil. Auch dem Unterhaltsberechtigten wird in Art. 5 Nr. 2 EuGVVO ein Gerichtsstand an seinem Wohnsitz bzw. gewöhnlichen Aufenthalt eröffnet. Auch er ist gegenüber dem Unterhaltsverpflichteten regelmäßig in einer schwächeren Position, die seine besondere Begünstigung rechtfertigt.

c) Situation bei Patentverletzungsklagen

Diese Situation der Schwäche lässt sich jedoch keinesfalls pauschal auf alle Fälle der unerlaubten Handlungen übertragen. Der Geschädigte einer unerlaubten Handlung kann nicht per se als die schwächere Partei betrachtet werden.[352]

Die unerlaubte Handlung als solche mag es (mit-)rechtfertigen, dass das Interesse des Beklagten, nur an seinem Wohnsitz verklagt zu werden, zugunsten der Tatortgerichte zurücktreten muss, sie begründet aber keine Rechtfertigung dafür, darüber hinaus das noch weitergehende Interesse des Geschädigten zu berücksichtigen, an seinem eigenen Wohnsitz klagen zu dürfen. Das Übereinkommen hat vielmehr durch die klaren und begrenzten Ausnahmen von Art. 3 Abs. 2 EuGVVO zum Ausdruck gebracht, dass der Klägerwohnsitz nicht auch in weiteren Fällen als Gerichtsstand anerkannt werden soll, in denen ein vergleichbares Kräfteverhältnis regelmäßig nicht gegeben ist.[353]

d) Verletzungsort am Sitz des geschädigten Unternehmens?

In der Literatur ist mehrfach die Erwägung geäußert worden, den Sitz des Patentinhabers als den Ort, an dem das schädigende Ereignis eingetreten ist, anzusehen[354], um so eine Konzentration von Verfahren an einem Gericht zu erreichen. Zur Begründung wurde z.T. argumentiert, dass die Schadensfolge schließlich den Patentinhaber treffe, der Umsatz- und Gewinneinbußen hinnehmen müsse.[355] Dieser Argumentation ist jedoch entgegenzuhalten, dass

---

352 Vgl. dazu oben unter Kapitel 5, C. IV. 2) b).

353 Vgl. auch EuGH, C-89/91 – Shearson Lehman Hutton, Slg. 1993, I-139, Tz 17; GA Léger, Schlussanträge zu EuGH, C-68/93 – Shevill, Slg. 1995, I-415, 445, Tz 39.

354 Vgl. Lachat, JCP 1974 II, 421, 424, Tz 23 ; Ohl, GRUR 1961, 521, 523 f.; zu weiteren Nachweisen zu diesem insbesondere in Deutschland früher heftig geführten Streit vgl. Stauder, GRUR Int 1976, 465, 474, Fn 126.

355 Vgl. AG Berlin-Charlottenburg, MDR 1952, 172 zu Urheberrechtsverletzungen.

bei Patentverletzungen die unerlaubte Handlung bereits mit der Verletzung des Patents und völlig unabhängig vom Eintritt eines Vermögensschadens vollendet ist und die Schadensfolge daher nicht zuständigkeitsbegründend sein kann.[356] Auch die weitere Begründung, gewerbliche Schutzrechte seien am Sitz ihres Inhabers belegen und der Verletzungserfolg trete daher an diesem Ort ein[357], ist nicht überzeugend. Das Patent entfaltet wie jedes gewerbliche Schutzrecht seine Wirkung gleichermaßen in seinem gesamten Geltungsbereich. Ein spezifischer Ort, an dem der Verletzungserfolg eintritt, lässt sich daher grundsätzlich nicht lokalisieren.[358] Unabhängig von den weiteren Argumenten, die zutreffend gegen diese Vorschläge vorgebracht werden können[359], ist einem Gerichtsstand der unerlaubten Handlung gem. Art. 5 Nr. 3 EuGVVO am Sitz des Patentinhabers nach der hier herausgestellten Auslegungsleitlinie eine klare Absage zu erteilen. Denn entscheidend ist, dass diese Auffassung zu einem Klägergerichtsstand führen würde, der in dieser Pauschalität in keiner Weise gerechtfertigt sein kann und von der EuGVVO grundsätzlich missbilligt und nicht anerkannt wird.[360]

6. Konzentration von Zuständigkeiten /Vermeidung von forum shopping

a) Vermeidung von Anerkennungshindernissen durch miteinander unvereinbare Entscheidungen

Die EuGVVO stellt im zweiten und sechsten Erwägungsgrund klar, dass ihr vordringliches Ziel die Sicherstellung der gegenseitigen Anerkennung und Vollstreckung gerichtlicher Entscheidungen in den Mitgliedstaaten ist. Auch das EuGVÜ verfolgt gemäß dem ersten Unterpunkt der Präambel in Ausführung des Art. 220 EGV dieses Ziel.

Als einen Grund, aus dem eine Entscheidung nicht anerkannt wird, nennt Art. 34 Nr. 3 EuGVVO die Unvereinbarkeit mit einer im Anerkennungsstaat ergangenen Entscheidung. Die Erreichung dieses Ziels kann also maßgeblich da-

---

356 So auch Ohl, GRUR 1961, 522.

357 Ohl, GRUR 1961, 523 f.

358 Darin ist auch der Grund zu sehen, dass die Regelungen zur Zuständigkeit beim den vereinheitlichten Schutzrechten allein auf die Verletzungshandlung abstellen, nicht aber auf den Erfolg; vgl. Art. 93 Abs. 5 u. 94 GemeinschaftsmarkenVO; Art. 82 Abs. 5 GemeinschaftsgeschmacksmusterVO; Art. 14 Abs. 5 Streitregelungsprotokoll.

359 Zudem kann auch nicht, wie teilweise versucht wurde, die unerlaubte Handlung so „verlagert" werden, dass sie am Sitz des Patentinhabers stattfindet. So besteht die unerlaubte Handlung nicht darin, dass es der Verletzer unterlassen hat, beim Patentinhaber eine Einwilligung einzuholen; vgl. dazu BGH, GRUR 1969, 564, 565 f. – Festzeltbetrieb (zu Urheberrecht), Stauder, GRUR Int 1976, 465, 474.

360 Dagegen schätzte Lachat, JCP 1974 II, 421, 424, Tz 23 diese Situation unzutreffend ein, als sie zu diesem Klägergerichtsstand anmerkte, dass „cette solution ... ne heurterait ni la lettre de l'article 5-3° ni sans doute son esprit..".

durch gefördert werden, dass eine Vermehrung der zuständigen Gerichte verhindert wird, welche die Gefahr der Unvereinbarkeit von Entscheidungen verstärkt.[361] Die Verordnung enthält zudem eine Reihe von Vorschriften, insbesondere Art. 27-30 EuGVVO, die u.a. die Häufung von in zwei oder mehreren Mitgliedstaaten in der selben Sache gleichzeitig anhängigen Gerichtsverfahren verhindern sollen und die im Interesse der Rechtssicherheit und im Interesse der Parteien die Bestimmung desjenigen nationalen Gerichts ermöglichen, das in territorialer Hinsicht zur Entscheidung über einen Rechtsstreit am besten geeignet ist.[362] Auch diese allgemeine Tendenz ist bei der Auslegung zu berücksichtigen.

b) Vermeidung von forum shopping?

Bei einer Vielzahl von zuständigen Gerichten wird gleichzeitig die Gefahr des sogenannten forum shopping erhöht.
Mit forum shopping bezeichnet man die Situation, in der es einem Kläger ermöglicht ist, unter mehreren international zuständigen Gerichten gezielt den für ihn günstigsten Gerichtsstand auszuwählen.[363] Vorbehalte gegen das forum shopping werden zumeist damit begründet, dass die Gefahr sich widersprechender Entscheidungen vergrößert wird, dass ein und derselbe Sachverhalt nicht unterschiedlich bewertet werden soll, dass einige Gerichte infolge des forum shopping überlastet und unnötige Kosten verursacht werden, sowie schließlich, dass forum shopping dem Prinzip der Waffengleichheit und der prozessualen Neutralität widerspreche, weil es dem Kläger die besseren Steuerungsmöglichkeiten eröffnet.[364]
Dabei ist in der Regel der Hauptgrund für forum shopping, der auch aufgrund des unmittelbaren Bezugs zur inhaltlichen Entscheidung zugleich zum größten Unbehagen an diesem Verhalten führt, die Möglichkeit für den Kläger, dasjenige Gericht zu wählen, welches das für ihn günstigste Sachrecht anwenden wird.[365] Dabei darf jedoch nicht außer Acht gelassen werden, dass es die Pflicht des Anwalts ist, dem Kläger die Erhebung der Klage in dem Staat zu empfehlen, vor dessen Gerichten sie die größten Aussichten auf Erfolg – auch hinsichtlich der nachfolgenden Vollsteckung im In- oder Ausland – hat.[366] Die Ausübung von forum shopping ist also ein legitimes und unbestrittenes Recht der Parteien, mit Ausnahme der sehr seltenen Fälle von Rechtsmissbrauch,

---

361 Vgl. GA Darmon, Schlussanträge zu EuGH, C-220/88 - Dumez France, Slg. 1990, I-49, 72 Tz 50; EuGH C-220/88 - Dumez France, Slg. 1990, I-49, 80 Tz 18; siehe auch 15. Erwägungsgrund EuGVVO.

362 Vgl. EuGH, C 38/81 – Effer, Slg. 1982, 825, 834, Tz 6.

363 Vgl. Kropholler, FS Firsching, 165; Geimer, IZPR, S. 306 Rn 1096; Ferrari, RIW 2002, 169 mwN.

364 Vgl. dazu Kropholler, FS Firsching, 166, Ferrari, RIW 2002, 178 f. mN.

365 von Hoffmann, § 1 C.I.3., Rn 48/49; Kropholler,FS Firsching,171; Zöller/Geimer, IZPR, Rn 60.

366 Vgl. Kropholler, FS Firsching, 165 f.; Ferrari, RIW 2002, 179; Geimer, IZPR, S. 306, Rn 1096; Zöller/Geimer, IZPR, Rn 58 m.w.N.

z.B. durch Erschleichung der Voraussetzungen zur Eröffnung eines weiteren Gerichtsstands.[367]
Der Anreiz zur Suche nach dem geeignetsten Gerichtsstand ist unter dem Gesichtspunkt des günstigsten anwendbaren Rechts allerdings nur dann stark, wenn die einzelnen Länder unterschiedliche Anknüpfungsmomente in ihren Kollisionsnormen verwenden und so zu unterschiedlichen anwendbaren Sachrechten führen und es mithin am internationalen Entscheidungseinklang fehlt.[368] Im Hinblick auf die Mitgliedstaaten der EuGVVO ist zwar durch das römische EWG-Übereinkommen über das auf vertragliche Schuldverhältnisse anwendbare Recht vom 19.06.1980[369] ein einheitliches Kollisionsrecht geschaffen worden, das die Gefahr des forum shopping eindämmt, jedoch gilt dies nur bezüglich des Bereichs der vertraglichen Schuldverhältnisse. Für die außervertraglichen Schuldverhältnisse fehlen nach wie vor vereinheitlichte Kollisionsregeln, so dass gerade bei unerlaubten Handlungen grundsätzlich ein nicht unerheblicher Anreiz für forum shopping besteht.[370]
Die Gefahr des forum shopping ist im Bereich der Immaterialgüterrechte allerdings im Hinblick auf das anwendbare Recht durch das kollisionsrechtlich allgemein anerkannte Schutzlandprinzip stark begrenzt. Fehlender internationaler Entscheidungseinklang kann daher keine treibende Kraft für forum shopping bei Patentverletzungsstreitigkeiten sein.

Es bestehen dagegen weiterhin erhebliche Unterschiede in Bezug auf die einzelnen nationalen Verfahren, insbesondere im Hinblick auf das Beweisrecht bei Patentverletzungsverfahren, die den einzelnen nationalen Gerichten von den Parteien zugesprochene Kompetenz auf dem Gebiet des Patentrechts sowie nicht zuletzt die Verfahrensdauer und Verfahrenskosten. Aber auch das in den einzelnen Mitgliedstaaten unterschiedliche „Rechtsklima" in bezug auf Patentverletzungsklagen kann einen starken Anreiz zur gezielten Auswahl des Gerichts geben.[371] Gerade bei Beweiserleichterungen für den Kläger und hinsichtlich der Höhe des Schadensersatzes bestehen erhebliche Unterschiede in den Regelungen und der Praxis der Mitgliedsstaaten der EU.[372] Diese größten-

367 Vgl. Kropholler, FS Firsching, 165; Geimer, IZPR, S. 307, Rn 1000 u. S. 309, Rn 1005; vgl. aus Sicht des französischen Rechts auch Mayer,S.178, Rn 267 u.S. 262, Rn 392 f.

368 Ganz ausgeschlossen ist das forum shopping dagegen selbst im Falle von Einheitssachrechtskonventionen nicht, insbesondere aufgrund der Möglichkeit von Vorbehalten einzelner Vertragsstaaten und der Verweisungen auf nationales Recht, sowie unterschiedlicher Auslegung der Konventionen in den einzelnen Vertragsstaaten, vgl. dazu Ferrari, RIW 2002, 169, 176 ff.; Kropholler, FS Firsching, 165, 171 f.

369 BGBl. 1986 II, 810, in Kraft seit 01.04.1991, BGBl. 1991 II, 871.

370 Vgl. GA Léger, Schlussanträge zu EuGH, C-68/93 – Shevill, Slg. 1995,I-415,449,Tz 57.

371 Vgl. dazu allgemein Geimer, IZPR, S.308, Rn 1002; Im Hinblick auf Patentverletzungsklagen zeigt sich dies u.a. in der Praxis der „Torpedos" durch negative Feststellungsklagen (vgl. Fn 321) sowie der unterschiedlichen Handhabung des Einwands der Patentnichtigkeit und der damit verbundenen Auslegung des Zusammenspiels von Art. 22 Nr. 4 u. 25 EuGVVO bzw. Art. 16 Nr. 4 und 19 EuGVÜ; vgl. dazu unten Kapitel 6.

372 Vgl. Tilmann, GRUR 2001,1083.

teils im prozessualen Bereich anzusiedelnden Gründe und Bedingungen geben den Parteien genügend Abwägungsspielraum und Anlass, unter mehreren zuständigen Gerichten das für sie günstigste auszuwählen.
Dabei fragt sich, ob gegen das forum shopping an sich tatsächlich strenge Vorbehalte geboten sind und ob darin wirklich – abgesehen von miteinander unvereinbaren Entscheidungen - eine große Gefahr zu sehen ist. Denn soweit die Gefahr von miteinander unvereinbaren Entscheidungen nicht besteht und zudem das anwendbare Recht bei Patentverletzungsklagen infolge des allgemein anerkannten Schutzlandprinzips nicht in Abhängigkeit des Gerichts, bei dem der Rechtsstreit anhängig gemacht wird, unterschiedlich beurteilt werden kann, bleiben nur die prozessualen und qualitativen Unterschiede der einzelnen Gerichte. Gerade dies kann aber einen wertvollen Anreiz zur positiven Entwicklung von Qualität und Effizienz der Patentverletzungsverfahren in allen Mitgliedstaaten geben, denn die einzelnen nationalen Gerichte treten hier in einen Wettbewerb um das schnellste, kostengünstigste und qualitativ beste Verfahrensangebot für internationale Patentverletzungsstreitigkeiten.[373] Dieser Wettbewerb muss dabei keinswegs immer „unerbaulich" sein, wie es Richter Laddie in dem Zitat eingangs dieser Arbeit aussprach. In der Praxis der Patentverletzungsstreitigkeiten ist insbesondere bei der Wahl des Gerichtsstands der unerlaubten Handlung sehr häufig zu beobachten, dass besonders erfahrene Gerichte ausgewählt werden, die ein Höchstmass an Rechtssicherheit gewährleisten sowie schnelle, kostengünstige und kompetente Entscheidungen treffen.[374] Die Chancengleichheit der Parteien wird im Rahmen der EuGVVO durch die Möglichkeit der Erhebung einer negativen Feststellungsklage weitgehend hergestellt, zumal nach der Rechtsprechung des EuGH einer später erhobenen Leistungsklage kein Vorrang vor der negativen Feststellungsklage eingeräumt wird.[375] Jedenfalls erscheint es daher nicht geboten, die durch die EuGVVO in Übereinstimmung mit den oben stehenden Grundüberlegungen eröffneten Gerichtsstände nur deswegen zu reduzieren, weil eine Mehrheit von möglichen Gerichtsständen zum forum shopping Anreiz geben kann. Zu berücksichtigen ist dabei auch, dass die EuGVVO mit der neuen autonomen Definition des Wohnsitzes von Gesellschaften und juristischen Personen in Art. 60 Abs. 1 EuGVVO selbst drei Alternativen eröffnet hat und somit dem Kläger schon bei der Bestimmung des allgemeinen Gerichtsstands des Beklagten nach Art. 2 Abs. 1 EuGVVO eine Möglichkeit zum forum shopping einräumt.

---

373 Vgl. Tilmann, GRUR 2001,1079;Ferrari, RIW 2002,169,178/179;Huber,ZeuP 1996,307.

374 Vgl. Schade, GRUR 2000, 101, 105 mwN.

375 Vgl. EuGH, C-116/02 – Gasser, RIW 2004, 289; EuGH, C-144/86 – Gubisch/Palumbo, Slg. 1987, 4861 (insbes. Tz 16/17) = IPRax 1989, 157 m. Anm. Schack, 139-142 = RIW 1988, 818 m. Anm. Linke; EuGH, C-406/92 – Tatry, Slg. 1994, I-5439 = IPRax 1996, 108 m. Anm. Schack, 80-83; siehe auch Kropholler, FS Firsching, 165, 168 u. 172; Geimer, IZPR, S. 310/311, Rn 1113 ff. sowie zur daraus entstehenden „Torpedo"-Problematik Fn 321.

Vielmehr scheinen die angesprochenen Nachteile für die Allgemeinheit durch die potenziellen Vorteile insbesondere für die einzelne Prozesspartei, aber auch für die Allgemeinheit infolge der Verbesserung der Qualität, Dauer und Kosten der Verfahren kompensiert zu werden.[376] Es spricht daher viel dafür, das forum shopping nur insoweit zu begrenzen, als es durch Eröffnung unangemessen weiter Auswahlmöglichkeiten zur Verstärkung der Gefahr von miteinander unvereinbaren Entscheidungen beitragen kann oder die Begründung des forum actoris fördert.

c) Rechtsprechung des EuGH

Dennoch hatte der EuGH im Jahr 1976 in der Mines de Potasse-Entscheidung noch großzügig eine Wahl des Gerichtsstands am Ort der schädigenden Handlung sowie am Ort der Verwirklichung des Schadensereignisses eröffnet – entgegen den Schlussanträgen des Generalanwalts Capotorti, der u.a. aus dem Grund der Verkleinerung der Anzahl der Zuständigkeiten allein für den Ort plädiert hatte, an dem der Schaden eintritt.[377]

Die Gründe des EuGH, beide Orte zu berücksichtigen, sind oben ausführlich erörtert worden.[378]

In den Folgeentscheidungen „Dumez France" und „Marinari" wird dagegen das Bestreben des EuGH deutlich, die weite Zuständigkeitszuweisung, die in dem Mines de Potasse-Urteil ausgesprochen wurde, einzugrenzen. Er sprach nunmehr davon, dass es „unerlässlich" sei, „eine Vermehrung der zuständigen Gerichte zu verhindern, die die Gefahr der Unvereinbarkeit von Entscheidungen verstärkt"[379] und schloss konsequent die Eröffnung des Gerichtsstands für Folgeschäden und für den nur mittelbar Geschädigten aus.

Im Urteil „Shevill" wurde eine weitere Reduzierung der möglichen Gerichtsstände nicht vorgenommen. Der EuGH beließ es bei der grundsätzlichen Zuständigkeit der Gerichte am Handlungs- wie auch am Erfolgsort, die er in der „Mines de Potasse" - Entscheidung aufgestellt hatte. Die gleichwohl vorgenommene Einschränkung der Zuständigkeit der Erfolgsortsgerichte erweckt jedoch – im Hinblick auf die Anzahl der möglichen parallelen Gerichtsverfahren – den Anschein eines Rückschritts. Zur Geltendmachung des gesamten

---

376 So auch Schade, GRUR 2000, 105: „Die generelle Annahme, forum shopping sei immer von Übel, muss durch die Praxis als widerlegt gelten."

377 GA Capotorti, Schlussanträge zu EuGH, C-21/76 - Mines de Potasse, Slg .1976, 1735, 1755,Tz 56.

378 Vgl. insbesondere 5.Kapitel C. IV 2.

379 EuGH, C-220/88 - Dumez France, Slg. 1990, I-49, 80, Tz 18; kritisch Schultsz in: Internationale Zuständigkeit und Urteilsanerkennung in Europa, 89, 92, der hervorhebt, dass gerade das Mines de Potasse Urteil des EuGH erst zu einer Erhöhung der Anzahl der zuständigen Gerichte geführt hat.

Schadens ist der Geschädigte nach der „Shevill" - Rechtsprechung verpflichtet, Parallelverfahren in allen Staaten zu führen, in denen die ehrverletzende Pressemitteilung veröffentlicht wurde, sofern er nicht am Wohnsitz des Beklagten bzw. am Ort der Niederlassung des Herausgebers des Presseerzeugnisses Klage erheben will. Diese für den Geschädigten nachteilige Lösung steht jedoch nicht im Widerspruch zu dem Ziel, dass mit der Vermeidung der Zersplitterung von Zuständigkeiten verfolgt wird. Denn ein Risiko, dass die Zersplitterung der Gerichtsstände zu unvereinbaren Entscheidungen führt, besteht hier gerade nicht. Zwar mögen sich die Entscheidungen in den einzelnen Vertragsstaaten widersprechen können, indem beispielsweise in einem Staat Schadensersatz zugesprochen, in anderen dagegen die Klage abgewiesen wird. Doch sind die Entscheidungen gleichwohl nicht miteinander unvereinbar, denn jede betrifft nur den Ersatz desjenigen Schadens, der in dem betreffenden Staat entstanden ist.[380] Im Gegenteil würde die Zuerkennung der vollen Kognitionsbefugnis an jedes der Erfolgsortgerichte zwar zu einer Konzentration der Verfahren führen können, jedoch andererseits auch gerade wieder das forum shopping begünstigen und die Gefahr von miteinander unvereinbaren Entscheidungen verstärken. Die Alternativlösung, die darin bestünde, den Gerichten am Erfolgsort jede Zuständigkeit abzusprechen, würde dagegen zum nahezu vollständigen Verlust der praktischen Wirksamkeit des Art. 5 Nr. 3 EuGVVO führen und würde der besonders engen Beziehung, die diese Gerichte zu den in ihrem Zuständigkeitsbereich eingetretenen unmittelbaren Schäden haben und dem damit verbundenen Beitrag, den diese zur geordneten Rechtspflege leisten können, nicht gerecht werden und ist daher abzulehnen.

Unter diesem Blickwinkel ist die Zersplitterung der Zuständigkeiten, die aus den o.g. anderen Gründen konform mit dem vom EuGH entwickelten System zur Begründung der Zuständigkeiten bei unerlaubten Handlungen ist, als konsequente Folge dieses Systems hinnehmbar; wenn auch der Verweis auf die Möglichkeit, den gesamten Schaden am Wohnsitz des Beklagten oder am Ort des ursächlichen Geschehens geltend machen zu können, für den Kläger nur ein schwacher Trost ist. Das Bestreben, das forum shopping zu verbieten, um die Gefahr miteinander unvereinbarer Entscheidungen zu begrenzen, ist im allgemeinen System des Übereinkommens jedoch weit stärker ausgeprägt als der Gedanke des Vorteils für den Geschädigten.[381] Mit dem Ziel, forum shopping möglichst zu verhindern, ist auch das Bestreben, das forum actoris zu unterbinden, unmittelbar verknüpft. Denn einerseits eröffnet das forum actoris durch den einfachen Wechsel des Wohnsitzes zugleich großen Anreiz und

380 Vgl. auch GA Léger, Schlussanträge zu EuGH, C-68/93 – Shevill, Slg. 1995, 415-I, 443, Tz 21 ff.; Huber, ZEuP 1996, 304.

381 GA Darmon, Schlussanträge zu EuGH, C-220/88 – Dumez France, Slg. 1990, I-49, 71, Tz 41 mN.

nahezu unbegrenzte Möglichkeiten zum forum shopping.[382] Andererseits soll durch eine Begrenzung der möglichen Zuständigkeiten verhindert werden, dass es zu ein Klägergerichtsstand eröffnet werden kann.[383]

Auch aus der Rechtsprechung des EuGH ergibt sich mithin, dass die Eingrenzung des forum shopping im Bereich der Patentverletzungsstreitigkeiten nur erfolgt, um die Anzahl der durch die EuGVVO eröffneten Gerichtsstände gering zu halten, damit die Gefahr miteinander unvereinbarer Entscheidungen verringert wird und um zugleich die Begründung eines forum actoris über die vom Übereinkommen bzw. der Verordnung beabsichtigten Fälle hinaus zu vermeiden. Wenn und soweit diese Gefahr hingegen nicht besteht, ist eine Eingrenzung von Gerichtsständen nicht geboten.

7. Geordnete Rechtspflege, Rechtssicherheit und voraussehbare Zuständigkeitszuweisungen

Untrennbar verknüpft mit dem Aspekt, keine Häufung von Gerichtsständen zuzulassen, ist das Bestreben, die Vorhersehbarkeit der Zuständigkeitszuweisung und die Rechtssicherheit zu erhöhen.

Im elften Erwägungsgrund zur EuGVVO wird betont, dass Zuständigkeitsvorschriften in hohem Maße vorhersehbar sein müssen.
Ebenso ist in der Präambel des EuGVÜ dem Ziel des Übereinkommens, innerhalb der Gemeinschaft den Rechtsschutz der dort ansässigen Personen zu verstärken, besonderer Ausdruck verliehen worden. In diesem Zusammenhang wird im Sachverständigenbericht von Berichterstatter Jenard ausgeführt, dass durch die Regelung des EuGVÜ größtmögliche Rechtssicherheit gewährleistet werden soll.[384]
In diesem Sinne legen die unter Kapitel II EuGVVO bzw. Titel II EuGVÜ vorgesehenen Normen die Zuständigkeit desjenigen Gerichts fest, das unter Abwägung aller in Betracht kommenden Interessen örtlich am ehesten berufen ist den Rechtsstreit zu entscheiden.

Die Regelungen der EuGVVO und des EuGVÜ müssen daher so ausgelegt werden, dass ein informierter, verständiger Beklagter vorhersehen kann, vor

---

382 Vgl. GA Darmon, Schlussanträge zu EuGH, C-220/88 – Dumez France, Slg. 1990, I-49, 71, Tz 48; siehe auch EuGH, C-256/00 – Besix, Slg. 2002, I-1699, Tz 34 = NJW 2002, 1407 (1408).

383 EuGH, C-51/97 – Réunion Européenne, Slg. 1998, I-6511, 6546, Tz 34; GA Cosmas, Schlussanträge zu EuGH, C-51/97–Réunion Européenne, Slg.1998,I-6511,6527,Tz 55.

384 ABl. (EG) 1979, C 59/15.

welchem anderen Gericht als denen seines Wohnsitzstaates er verklagt werden könnte.[385]

Die parallele Anknüpfung an den Ort des ursächlichen Geschehens wie auch an den Ort des unmittelbaren Schadenseintritts führt gleichzeitig zu einem Vorteil des Verletzten in Form der Wahlmöglichkeit und zu einer Benachteiligung des Schädigers, vor mehreren Gerichten verklagt werden zu können. Für den Schädiger ist damit potentiell eine Steigerung der Rechtsunsicherheit verbunden, vor welchem Gericht welches Staates er mit einer Klage rechnen muss. Gleichwohl bleibt es für den Schädiger infolge der „Shevill" Rechtsprechung vorhersehbar, an welchem Ort er in welchem Umfang ggf. herangezogen werden kann. Dadurch bleibt das Risiko für ihn beherrschbar und es ihm zumutbar, sich dem Verfahren vor den vom Kläger gewählten Gerichten zu stellen. Der potentielle Verlust an Rechtssicherheit für den Schädiger wird zudem dadurch kompensiert, dass die alternativ zum Gerichtsstand des Beklagtenwohnsitzes zuständigen Gerichte eine besondere Nähebeziehung zur Rechtsstreitigkeit aufweisen müssen und insbesondere aufgrund der erleichterten Beweisaufnahme am besten geeignet sind, über den Rechtsstreit zu entscheiden.

Der Aspekt der Vorhersehbarkeit wird besonders in den Entscheidungen „Réunion Européenne" und „DFDS Torline" berücksichtigt. Der Ort des Schadenseintritts wurde im Fall „Réunion Européenne" an dem Ort festgelegt, wohin der tatsächliche Verfrachter die Ware auszuliefern hatte. Dieser Ort ist daher für den beklagten Verfrachter konkret vorhersehbar und zudem nicht mehr nachträglich von den Parteien beeinflussbar; dadurch wird zugleich jegliches forum shopping vermieden. Dagegen wurden der Ort der abschließenden Auslieferung und der Ort der Feststellung des Schadens für die Bestimmung des zuständigen Gerichts ausgeschlossen, da sie manipulierbar bzw. von ungewissen Umständen und Zufällen abhängig sind und daher keine sichere und voraussehbare Zuständigkeitszuweisung ermöglichen.[386] In der Entscheidung „DFDS Torline" hat der EuGH festgelegt, dass die Aussetzung des unerlaubten Verhaltens, das der Klage zugrunde liegt, durch den Beklagten, die Zuständigkeit nach Art. 5 Nr. 3 EuGVÜ nicht beeinflussen kann.[387] Die Rechtssicherheit würde eindeutig ausgehöhlt, wenn ein bei Klageerhebung nach dem EuGVÜ bzw. der EuGVVO zuständiges Gericht durch das spätere Verhalten des Beklagten unzuständig werden könnte.[388]

---

385 EuGH, C-256/00 – Besix, Slg. 2002, I-1699, 1726, Tz 26 = NJW 2002, 1407 (1408); EuGH, C-18/02 – DFDS Torline, Slg. 2004, I-1417, 1454, Tz 35; GA Jacobs, Schlussanträge zu EuGH, C-18/02 – DFDS Torline, Slg. 2004, I-1417, 1433, Tz 56.

386 EuGH, C-51/97 – Réunion Européenne, Slg. 1998, I-6511, 6545 f., Tz 33-34; GA Cosmas, Schlussanträge zu EuGH, C-51/97 – Réunion Européenne, Slg. 1998, I-6511, 6527 f., Tz 54-57.

387 EuGH, C-18/02 – DFDS Torline, Slg. 2004, I-1417, 1455, Tz 37-38.

388 So auch GA Jacobs, Schlussanträge zu EuGH, C-18/02 – DFDS Torline, Slg. 2004, I-1417, 1434, Tz 64.

Die Rechtssicherheit kann im übrigen am Besten durch die möglichst einfache Bestimmung des Gerichtsstands anhand klarer, bestimmter und hinreichend objektiver Merkmale gewährleistet werden, die zugleich zur einheitlichen Anwendung in allen Vertragsstaaten des Übereinkommens geeignet sind. Ein Merkmal, das hingegen einer abstrakten Bestimmung nicht leicht zugänglich ist und eher auf die Wertung nach richterlichem Ermessen baut, könnte in dieser Hinsicht keine genügenden Garantien bieten.[389] Aus diesem Grund hat der EuGH die Anwendung von Schwerpunkttheorien bzw. „most significant relationship connection“ stets abgelehnt.[390] Die Zuständigkeit muss spätestens nach Abschluss der Tat feststehen; auf etwaige Folgeschäden kann es dagegen aufgrund der damit verbundenen Unsicherheiten und Manipulationsmöglichkeiten nicht ankommen; dieser Grundsatz liegt dem „Marinari“ - Urteil ebenso wie der Entscheidung im Fall „Dumez France“ zugrunde.[391]

8. Zuständigkeit unabhängig vom anwendbaren Recht

Zu Art. 5 Nr. 3 EuGVÜ wird in der Literatur oftmals betont, dass diese Vorschrift ihren besonderen Wert darin habe, dass Kollisionsrecht und Zuständigkeitsregeln an die selben Umstände anknüpfen und so ein Gleichlauf zwischen gerichtlicher Zuständigkeit und anwendbarem Recht herbeigeführt werden kann.[392] Auch hat der EuGH im Urteil „Ivenel/Schwab“[393] einen besonderen Anknüpfungsfaktor in dem Gleichlauf zwischen dem auf einen Vertrag anwendbaren Recht und dem Gerichtsort grundsätzlich anerkannt.

Sieht man jedoch den Zweck der Verordnung bzw. des Übereinkommens im wesentlichen darin, die Probleme bei der Bestimmung des international zuständigen Gerichts zu vereinfachen, wäre ein strikter Gleichlauf von anwendbarem materiellen Recht und der Frage der Zuständigkeit mit diesem Ziel nur schwer zu vereinbaren, da zwingend die Frage des anwendbaren Rechts zuerst oder spätestens zugleich mit der Zuständigkeitsfrage beantwortet werden müsste. Da grundsätzlich zudem bei der Frage des anwendbaren Rechts trotz gleicher Ausgangslage und gleicher Anknüpfungsmomente weitere Umstände zu berücksichtigen sind – z.B. Rück- oder Weiterverweisung oder eine wesent-

---

389 Vgl. GA Capotorti, Schlussanträge zu EuGH, C-21/76 - Mines de Potasse, Slg. 1976, 1735, 1755, Tz 6.

390 Vgl. EuGH, C-241/83 – Rösler, Slg. 1985, 99, Tz 13; EuGH C-26/91 – Handte, Slg. 1992, I-3967, 3995, Tz 19; GA Léger, Schlussanträge zu EuGH, C-68/93 – Shevill, Slg. 1995, I-415, 448, Tz 51 ff; vgl. auch Huber, ZEuP 1996, 310, der aus diesem Grund einen einheitlichen Gerichtsstand aufgrund von Schwerpunkterwägungen ablehnt.

391 Vgl. EuGH, C-220/88 – Dumez France, Slg. 1990, I-49, 80, Tz 19; EuGH, C-364/93 – Marinari, Slg. 1995, I-2719,2741, Tz 19; die Vorhersehbarkeit wird besonders betont auch in EuGH, C-256/00 – Besix, Slg. 2002, I-1699, 1728 Tz 35 u. 1733, Tz 54 = NJW 2002, 1407 (1408 f.).

392 Vgl. von Hoffmann, AWD 1973, 57, 61 m.N.

393 EuGH, C-133/81 - Ivenel/ Schwab, Slg. 1982, 1861

lich engere Verbindung – ließe sich der Gleichlauf nur auf Kosten einer erschwerten Feststellung der internationalen Zuständigkeit sichern. Ein Gleichlauf von Zuständigkeit und anwendbarem Recht wird daher von Art. 5 Nr. 3 EuGVVO auch nicht vorausgesetzt.[394] Im Gegensatz zum materiellen Recht, wo schließlich nur ein einziges Recht auf ein bestimmtes Rechtsverhältnis angewendet werden kann, ist es auch nicht zwingend, dass stets nur ein Gericht eines Staates zuständig ist. Dies ergibt sich schon aus der puren Existenz des Art. 5 Nr. 3 neben Art. 2 EuGVVO. Zudem bezieht sich der Wortlaut des Art. 5 Nr. 3 EuGVVO auf den gesamten Tatbestand der unerlaubten Handlung vom Beginn der Handlung bis zum Schadenseintritt, daher steht er einer Zuständigkeit mehrerer Gerichte in mehreren Staaten nicht von vornherein entgegen.[395]

Jedenfalls aber in den Fällen, in denen die Anknüpfungsumstände für das anwendbare Recht – sei es durch Auflockerung der Tatortregel oder aus anderen Gründen – nicht die gleichen sind wie für die internationale Zuständigkeit, findet die Berücksichtigung des anwendbaren Rechts bei der Prüfung der internationalen Zuständigkeit ihre Grenzen.[396] Da, wie oben erörtert, die Tatortregel im internationalen Privatrecht der Immaterialgüterrechte augrund der allgemein anerkannten Geltung des Territorialitätsprinzips keine Geltung hat und stattdessen das Schutzlandprinzip greift, ist keine Grundlage für eine zwingende Orientierung der internationalen Zuständigkeit nach Art. 5 Nr. 3 EuGVVO am anwendbaren Recht geboten. Im Gegenteil verbietet sich ein solcher strikter Gleichlauf bei Immaterialgüterrechten, denn er liefe darauf hinaus, dass nur die Gerichte des Schutzlandes für Verletzungsklagen zuständig wären. Es würde damit über die Regelung des Art. 22 Nr. 4 EuGVVO hinaus eine quasi-ausschließliche Zuständigkeit für Immaterialgüterrechtsverletzungen geschaffen. Lediglich der allgemeine Gerichtsstand des Art. 2 Abs. 1 EuGVVO wäre daneben denkbar. Das dies nicht der Falls ein sollte, wird bereits aus dem Wortlaut der Vorschrift des Art. 22 Nr. 4 EuGVVO als auch aus dem Jenard-Bericht deutlich, wonach ausdrücklich Patentverletzungsklagen nach den allgemeinen Zuständigkeitsregeln behandelt werden sollten.[397]

Außerhalb des Immaterialgüterrechts steht es dem Kläger bei Eröffnung der Wahlmöglichkeit zwischen Handlungs- und Erfolgsort auch grundsätzlich frei, einen dieser Orte für die Zuständigkeit auszuwählen, sich in Bezug auf das anwendbare Recht jedoch im Rahmen der vom Internationalen Privatrecht eröffneten Möglichkeiten für die Anknüpfung an das Recht des anderen Ortes zu

---

394 Vgl. Geimer/Schütze, Art. 5 EuGVVO, Rn 202 u. 235; MüKo-ZPO/Gottwald, Art. 5 EuGVÜ, Rn 38; zu § 32 ZPO vgl. auch Geimer, IZPR, S.393, Rn 1498.

395 Vgl. Stellungnahme der Kommission in EuGH Slg. 1976, 1735, 1743 – Mines de Potasse.

396 So auch von Hoffmann, AWD 1973, 61

397 ABl. (EG) 1979, C59/36.

entscheiden.[398] Zwar dürfte dies in der Praxis kaum vorkommen, wäre aber dennoch nicht ausgeschlossen. Ein strikter Gleichlauf würde diese doppelte Wahlmöglichkeit zum Nachteil des Klägers auf eine einzige reduzieren. Zugleich steht es den Parteien einer unerlaubten Handlung in vielen Rechtsordnungen der Mitgliedsstaaten frei, das anwendbare Recht auf eine begangene unerlaubte Handlung durch Rechtswahl zu vereinbaren.[399] Auch eine solche Vereinbarung hätte keinerlei Bezugspunkt mehr zu den Anknüpfungskriterien des Art. 5 Nr. 3 EuGVVO und könnte somit nicht zu dessen veränderter Auslegung führen, zumal dadurch die Regelung des Art. 24 EuGVVO umgangen würde bzw. ihre praktische Wirksamkeit verlöre. Weder das EuGVÜ noch die EuGVVO wollten jedoch die Anwendung der Regeln des IPR der Mitgliedstaaten in irgendeiner Weise beeinflussen und ebenso wenig die Bestimmung der Zuständigkeit von der Wahl des materiellen Rechts abhängig machen.[400]

Der EuGH hat im Fall Marinari ausdrücklich klargestellt, dass das Übereinkommen die Regeln über die Zuständigkeit nicht an die nationalen Vorschriften über die Voraussetzungen der außervertraglichen zivilrechtlichen Haftung knüpft.[401]

Zudem wäre die strikte Orientierung am anwendbaren Recht unvereinbar mit dem Ziel des Übereinkommens, sichere und voraussehbare Zuständigkeitszuweisungen festzulegen. Denn die Bestimmung der zuständigen Gerichte würde dann von ungewissen Umständen und vom anwendbaren nationalen System der zivilrechtlichen Haftung abhängen.[402] Die nationalen Gerichte sollen dagegen nach Sinn und Zweck des Übereinkommens über ihre Zuständigkeit entscheiden können, ohne in eine solche Sachprüfung eintreten zu müssen.[403]

398 Das in Art. 40 – 42 EGBGB geregelte internationale Deliktsrecht unterstellt im Grundsatz Ansprüche aus unerlaubter Handlung dem Recht des Handlungsorts, Art. 40 Abs. 1 S. 1 EGBGB. Dem Verletzten wird jedoch ein Wahlrecht eingeräumt, dass anstelle dieses Rechts das Recht des Erfolgsorts angewandt wird, Art. 40 Abs. 1 S. 2 EGBGB. Diese allgemeine Regel wird zugunsten der wesentlich engeren Verbindung mit dem Recht eines anderen Staates aufgelockert, wobei dem gemeinsamen gewöhnlichen Aufenthalt von Ersatzpflichtigem und Verletztem gemäß Art. 40 Abs. 2 EGBGB automatisch der Vorrang eingeräumt wird. Auch diese Anknüpfung unterliegt jedoch der nachfolgenden Kontrolle des Art. 41 EGBGB, ob nicht eine wesentlich engere Verbindung zu dem Recht eines anderen Staates besteht.

399 z.B. Art. 42, S.1 EGBGB, von Hoffmann, § 11 C. III. 6., Rn 45 mwN; siehe auch Schweiz: Art. 132 IPRG, der eine limitierte Rechtswahl zugunsten des Rechts am Gerichtsstand eröffnet.

400 Vgl. bereits GA Capotorti, Schlussanträge zu EuGH, C-21/76 - Mines de Potasse, Slg. 1976, 1735, 1755, Tz 6 a.E.

401 EuGH, C-394/93-Marinari, Slg. 1995, I-2719, 2740/ 2741, Tz 18

402 EuGH, C-394/93-Marinari, Slg. 1995, I-2719, 2741, Tz 19; EuGH, C-241/83 – Rösler, Slg. 1985, 99, Tz 13; EuGH C-26/91 – Handte, Slg. 1992, I-3967, 3995 Tz 19.

403 Vgl. GA Léger, Schlussanträge zu EuGH, C-68/93 - Sheville, Slg. 1995, I-415, 448, Tz 52; EuGH, C-288/92 – Custom Made Commercial, Slg. 1994, I-2913, 2957, Tz 20 = JZ

V. Zusammenfassung der Leitlinien und Gewichtung

Die herausgearbeiteten und den Entscheidungen in der Rechtsprechung des EuGH zugrunde liegenden Leitlinien lassen sich wie folgt zusammenfassen:

Der EuGH sieht die Grundlage des Art. 5 Nr. 3 EuGVÜ in der besonders engen Beziehung zwischen der Streitigkeit und dem zur Entscheidung über sie berufenen Gericht, die im Interesse einer geordneten Rechtspflege und der sachgerechten Gestaltung des Prozesses eine Zuständigkeit dieses Gerichts rechtfertigt. Dabei wird insbesondere die Bedeutung der Beweiserhebung für die sachgerechte Gestaltung des Prozesses hervorgehoben. Der Schutz des Verletzten spielt dagegen aus Sicht des EuGH nur eine untergeordnete Rolle. Er ist nicht Ziel des Art. 5 Nr. 3 EuGVVO, sondern nur eine – wenn auch willkommene – Folge der Wahlmöglichkeiten für den Kläger, die aufgrund der möglichen engen Beziehungen der Streitigkeit zu mehreren Orten eröffnet sind.
Zu einem weiteren wichtigen Auslegungskriterium ist in der Rechtsprechung des EuGH daneben der Grundsatz avanciert, dass Art. 5 Nr. 3 EuGVÜ als Ausnahme zum allgemeinen Gerichtsstand am Wohnsitz des Beklagten eng auszulegen ist. Eine Zuständigkeit am Ort, an dem das schädigende Ereignis eingetreten ist, kann daher nur dann bejaht werden, wenn eine besondere Nähebeziehung zur Streitigkeit besteht und wenn dadurch nicht die Grundregel des Art. 2 Abs. 1 EuGVÜ/EuGVVO ausgehöhlt wird. An die Annahme einer hinreichend engen Nähebeziehung sind entsprechend hohe Anforderungen zu stellen.
Zudem ist eine Art „praktischer Konkordanz“ zwischen dem Grundsatz der Zuständigkeit der Gerichte am Sitz des Beklagten und der besonderen Zuständigkeit am Ort der unerlaubten Handlung dahingehend herzustellen, dass mit der Auslegung des Art. 5 Nr. 3 EuGVVO zum einen die Grundregel des Art. 2 Abs. 1 EuGVVO nicht ausgehöhlt, zum anderen aber auch die besondere Zuständigkeit nach Art. 5 Nr. 3 EuGVVO nicht ihrer praktischen Wirksamkeit (effet utile) beraubt werden darf. Um der Nähebeziehung der Streitigkeit sowohl zum Ort des ursächlichen Geschehens als auch zum Ort des Eintritts des Schadensereignisses Rechnung zu tragen, muss daher die Zuständigkeit nach Art. 5 Nr. 3 EuGVVO nach der ständigen Rechtsprechung des EuGH zum EuGVÜ grundsätzlich an beiden Orten begründet sein. Die Begrenzung auf nur einen, insbesondere auf den Ort des ursächlichen Geschehens könnte zu dem Verlust der praktischen Wirksamkeit der Vorschrift führen, da dieser Ort oftmals mit dem Sitz des Beklagten und damit dem allgemeinen Gerichtsstand nach Art. 2 Abs. 1 EuGVVO zusammenfällt. Dabei wird bewusst in Kauf genommen, dass die Anzahl der für diese Streitigkeit zuständigen Gerichte vermehrt wird, jedoch begrenzt der EuGH konsequent die Zuständigkeit dieser

---

1995,244 m. Anm. Geiger = IPRax 1995, 31 m. Anm. Jayme, 13-14; EuGH, C-34/82 – Peters, Slg. 1983, 987,Tz 17.

Gerichte auf die Geschehnisse, zu denen eine solche besondere Nähe tatsächlich besteht und vermeidet damit trotz der Steigerung der Anzahl zuständiger Gerichte sowohl die Gefahr miteinander nicht vereinbarer Entscheidungen als auch das forum shopping. Daraus wird zugleich deutlich, dass der Gedanke des effet utile nicht zu einer Erweiterung der Zuständigkeit bzw. der Kognitionsbefugnis der Gerichte führen kann, wenn eine solche Erweiterung nicht auch durch die besonders enge Beziehung des betreffenden Gerichts zur Streitigkeit legitimiert ist.[404]
Die EuGVVO vermeidet zudem die Begründung eines forum actoris und spricht sich eindeutig gegen ein solches aus, wenn nicht besondere Gründe, insbesondere die gesteigerte Schutzbedürftigkeit und Schutzwürdigkeit des Klägers ausnahmsweise den Klägergerichtsstand rechtfertigen. Wie sich aus Systematik und Zusammenhang mit anderen Regelungen der Verordnung gezeigt hat, ist der Kläger einer Patentverletzungsklage jedenfalls nicht grundsätzlich die schwächere und besonders schutzbedürftige Partei im Patentverletzungsverfahren. Die Begründung eines Klägergerichtsstands ist daher in Patentverletzungsverfahren zu vermeiden. Dadurch wird allerdings nicht ausgeschlossen, dass sich der Gerichtsstand der unerlaubten Handlung auch am Wohnsitz des Klägers befinden kann, was jedoch aufgrund einer besonders engen Beziehung zur Streitigkeit gerechtfertigt sein muss.

Der EuGH sieht es zudem als unerlässlich an, die Vermehrung der zuständigen Gerichte zu verhindern, um die Gefahr von miteinander unvereinbaren Entscheidungen zu verringern und das sogenannte forum shopping zu vermeiden. Dabei ist jedoch zu berücksichtigen, dass sich die Kritik am forum shopping bei Patentverletzungsstreitigkeiten aufgrund der allgemein anerkannten Geltung des Schutzlandprinzips maßgeblich auf die Verfahrensseite beschränkt ist, wo ihre Berechtigung sich als fraglich erweist und daher in diesem Bereich ein rechtfertigender Grund für die Begrenzung der Möglichkeiten zum forum shopping nur noch in der Vermeidung des forum actoris liegen kann.
Eine Konzentration von Zuständigkeiten und damit die weitere Vermeidung von forum shopping kann aus dem Kreis der möglichen zuständigen Gerichte, die eine besonders enge Beziehung zum Streitgegenstand aufweisen, vorgenommen werden, sofern sich dies noch in dem Rahmen, der durch die weiteren Leitlinien vorgegeben ist, bewegt. In der Regel lässt es der EuGH ausreichen, wenn der Konzentrationseffekt allein am Sitzstaat des Beklagten erreicht wird; so argumentierte er bereits in den Fällen Marinari und Shevill. Wenn durch das Kriterium der Nähebeziehung keine Konzentration geschaffen wird, so sind auch zersplitterte Zuständigkeiten mit begrenzter Entscheidungsbefugnis nach der Auffassung des EuGH in Kauf zu nehmen.
Dies ist wiederum ein klares Indiz dafür, dass der Leitlinie der Nähebeziehung des Gerichts zur Streitigkeit und der damit verbundenen Förderung der sach-

404 Besonders deutlich wird dies in EuGH, C-68/93, Slg.1995, I-415 - Shevill.

gerechten Gestaltung des Prozesses und der geordneten Rechtspflege eine herausragende Bedeutung beigemessen wird, die gegenüber allen anderen Leitgedanken stets Vorrang haben muss.

Im Hinblick auf die Förderung der geordneten Rechtspflege sind insbesondere Rechtssicherheit und objektive Vorhersehbarkeit der Zuständkeitszuweisungen von großem Interesse. Die Zuständigkeit des Gerichts am Ort der unerlaubten Handlung muss daher bei Abschluss der Handlung im Hinblick auf den Handlungsort und bei Eintritt des unmittelbaren Schadens im Hinblick auf den Erfolgsort bereits feststehen und darf nicht durch spätere Ereignisse verändert, ergänzt oder erweitert werden können. Insbesondere kann ein späteres Verhalten des Beklagten nicht zum Verlust der bereits wirksam begründeten Zuständigkeit eines angerufenen Gerichts führen. Zudem kann eine besonders enge Beziehung nur dann vorliegen, wenn dieser Gerichtsstand nicht völlig unvorhersehbar begründet wird. Die besondere Nähe impliziert, dass sie bereits zu Beginn der ursächlichen Handlung bzw. zur Zeit des Eintritts des unmittelbaren Schadenserfolges objektiv erkennbar ist.

Darüber hinaus hat der EuGH sich dafür ausgesprochen, die internationale Zuständigkeit unabhängig vom anwendbaren Sachrecht zu bestimmen. Gerade im Bereich der Patentverletzungsklagen würde jede andere Beurteilung zu einer vollständigen Aushöhlung der Zuständigkeitsregeln der EuGVVO zugunsten von Art. Art. 22 Nr. 4 EuGVVO und damit zugunsten der Zuständigkeit der Gerichte des Staates führen, für den das betreffende Patent erteilt wurde. Das dies den Vorstellungen der Mitgliedsstaaten bei Abfassung des EuGVÜ widersprechen würde, wird schon aus dem Bericht Jenards deutlich, in dem er ausführt, dass für Patentsverletzungsklagen gerade nicht Art. 16 Nr. 4 EuGVÜ, sondern die allgemeinen Regeln des Übereinkommens gelten sollen.[405]

Zusammenfassend ist daher festzustellen, dass es nach der Auslegungspraxis des EuGH entscheidend auf die besonders enge Beziehung zwischen Streitigkeit und dem zur Entscheidung berufenen Gericht ankommt.[406] Nur wenn diese grundlegende Voraussetzung erfüllt ist kann der Umfang der Zuständigkeit durch weitere Faktoren, nämlich insbesondere den Grundsatz, dass Ausnahmen eng auszulegen sind, den Aspekt der Rechtssicherheit und der Voraussehbarkeit von Zuständigkeitszuweisungen sowie dem Grundsatz der Vermeidung des forum actoris näher ausgestaltet und konkretisiert werden.
Insbesondere führt die Forderung, dass der Grundsatz der allgemeinen Zuständigkeit am Sitz des Beklagten aus Art. 2 Abs. 1 EuGVVO nicht ausgehöhlt werden darf dazu, an die besonders enge Beziehung zwischen Streitigkeit und dem zur Entscheidung berufenen Gericht hohe Anforderungen zu stellen. Dies

---

405 ABl.(EG) 1979, C59/36.

406 GA Jacobs bezeichnet dies in seinen Schlussanträgen zu EuGH, C-18/02 – DFDS Torline, Slg. 2004, I-1417, 1438, Tz 79, treffend als den übergeordneten Grundsatz in der Rechtsprechung des EuGH.

hat der EuGH im „Shevill"-Urteil eindrucksvoll unterstrichen, indem er die Kognitionsbefugnis konsequent auf den Bereich reduzierte, für den eine besondere Nähe vorhanden war und der eine sachgerechte Gestaltung des Prozesses durch das jeweils zur Entscheidung berufene Gericht erwarten ließ.

VI. Beispielsfälle

Die Anwendung dieser Auslegungsleitlinien auf Fälle von Patentverletzungsklagen soll nun anhand von mehreren Beispielsfällen im folgenden dargestellt und überprüft werden, wobei insbesondere untersucht werden soll, ob und wann ein Gerichtsstand der unerlaubten Handlung gemäß Art. 5 Nr. 3 EuGVVO im Inland für die Verletzung ausländischer Patente in Betracht kommt.

1) Beispielsfall 1

a) Sachverhalt

Dem ersten Beispielsfall liegt der folgende Sachverhalt zugrunde, der sich an dem vom BGH entschiedenen Fall Taeschner orientiert:

> Die in Deutschland ansässige Klägerin K ist eingetragener Inhaber eines u.a. mit Wirkung für Deutschland, Frankreich, Belgien, Italien, Niederlande, Großbritannien und Österreich erteilten europäischen Patents auf einen Pharmawirkstoff. Die Beklagte B mit Sitz in Belgien stellt in Belgien den Pharmawirkstoff unter Verletzung des Patents der K her und vertreibt diesen u.a. nach Österreich, wobei der Stoff von Belgien über Deutschland im Transitverkehr nach Österreich geliefert wird.
>
> K möchte gegen B in Deutschland Klage u.a. wegen Verletzung des österreichischen Teils ihres europäischen Patents in Österreich erheben.

b) Ergebnis bei Anwendung der Leitlinien

Der Sitz der Beklagten ist in Belgien, so dass ein Gerichtsstand in Deutschland nicht über Art. 2 Abs. 1 EuGVVO begründet werden kann. In Betracht kommt daher eine Klage in Deutschland als einem anderen als dem Sitzstaat gemäß Art. 5 Nr. 3 EuGVVO, wenn die weiteren Voraussetzungen für die Begründung eines Gerichtsstandes der unerlaubten Handlung in Deutschland gegeben sind. Dabei scheidet eine Verletzung des deutschen Teils des europäischen Patents mangels relevanter Inlandsbeziehung aus. Nur der bloße Transit durch Deutschland stellt kein Inverkehrbringen der Ware in Deutschland gem. § 9 Satz 2 Nr. 1 PatG dar, so dass keine Verletzung des deutschen Teils des europäischen Patents vorliegt. Die Verletzung des österreichischen Teils des Klagepatents hingegen findet ausschließlich in Österreich statt. Die territoriale Begrenzung der einzelnen Schutzrechtsteile eines europäischen Patents hat zur Folge, dass sich sowohl der Handlungsort als auch der Erfolgsort im Falle der Patentverletzung dort befindet, wo der betreffende Schutzrechtsteil belegen ist.[407] Die Verletzung des österreichischen Teils des Klagepatents kann deshalb nur in Österreich begangen werden und nur dort kann dem Patentinhaber ein unmittelbarer Schaden entstehen.[408]

Fraglich bleibt, ob in der Durchfuhr durch das Gebiet der Bundesrepublik Deutschland ein in Deutschland begangener Teil einer unerlaubten Handlung in Österreich gesehen werden kann, für den der Gerichtsstand der unerlaubten Handlung in Deutschland eröffnet ist.[409]

Ein Gerichtsstand am Durchfuhrort kann zwar zu einer Begünstigung des Verletzten führen, denn allein schon in der Eröffnung einer weiteren Wahlmöglichkeit wird eine solche Begünstigung gesehen werden können. Jedoch stellt der Schutz oder die Begünstigung des Geschädigten gerade kein entscheidendes Motiv für die Eröffnung des Wahlgerichtsstands im Sinne des Art. 5 Nr. 3 EuGVVO dar. Beides spielt in der Rechtsprechung des EuGH allenfalls eine untergeordnete Rolle und muss hinter den vorrangig verfolgten Zielen der EuGVVO zurücktreten.

Anhand der erarbeiteten Leitlinien muss die Eröffnung eines solchen Gerichtsstands – im Gegensatz zu den oben behandelten Entscheidung des BGH zu § 32 ZPO – klar verneint werden. Beim bloßen Durchfuhrort fehlt eine besondere Nähebeziehung zum Rechtsstreit, die zur sachgerechten Gestaltung des Prozesses beitragen kann. Insbesondere kommt dieser Ort für eine Beweiserhebung nur insofern in Betracht, als es um die Tatsache der Durchfuhr selbst geht, die für sich genommen gerade keine Patentverletzung darstellt. Darüber hinaus ist keine besondere Beweisnähe für die Verletzungshandlung (Einfuhr nach Österreich) oder den Verletzungserfolg in Österreich erkennbar. Die Anerkennung dieses Durchfuhrorts als möglichen Gerichtsstand der unerlaubten Handlung für die in Österreich begangene Verletzung erscheint vielmehr willkürlich. Nicht zuletzt aus diesem Grunde wurde daher auch im Rahmen der internationalprivatrechtlichen Problematik der res in transitu eine Anknüpfung an den jeweiligen Lageort zur Bestimmung des anwendbaren Rechts bisher

---

407 Vgl. OLG Düsseldorf, IPRax 2001, 336 = IPRspr. 1999 Nr. 122;

408 Mit Bezug auf EuGH, C-364/93 – Marinari, Slg. 1995, I-2719, kann der Eintritt eines nur mittelbaren Schadens dagegen nicht ausreichen, um an diesem Ort einen Gerichtsstand der unerlaubten Handlung zu begründen.

409 In diese Richtung gehen BGH, GRUR 1957, 231 – Taeschner; BGH, GRUR 1957, 352 – Pertussin II; BGH, GRUR 1958, 189 – Zeiss.

von der hM abgelehnt.[410] In beiden Fällen fehlt ein hinreichender Bezug zum Lageort der Sache, der die Anwendung der lex rei sitae bzw. die Eröffnung eines Gerichtsstands an diesem Ort rechtfertigt.[411]
Eine Ausdehnung des Gerichtsstands der unerlaubten Handlung auf den Durchfuhrort würde dem Grundsatz entgegen laufen, dass Ausnahmen von der Grundregel des Beklagtengerichtsstands eng auszulegen sind. Hier würde ohne erkennbaren Vorteil für die Prozessgestaltung und die geordnete Rechtspflege ein weiterer Gerichtsstand eröffnet, was zur Aushöhlung der Grundsatzzuständigkeit nach Art. 2 Abs. 1 EuGVVO führen könnte.[412] Die Verneinung eines solchen zusätzlichen Gerichtsstandes nimmt der Vorschrift des Art. 5 Nr. 3 EuGVVO auch nicht ihre praktische Wirksamkeit. Der Anwendungsbereich dieser Vorschrift wird hier nicht verkürzt, sondern lediglich nicht über den bisher anerkannten Maßstab der Zuständigkeit am Handlungs- oder Erfolgsort hinaus erweitert.

Auch der Aspekt der Vorhersehbarkeit der Zuständigkeitszuweisung und der Rechtssicherheit könnte bei einer Auslegung, die die Durchfuhr zur Begründung eines Gerichtsstands der unerlaubten Handlung ausreichen lässt, nur bei sehr vordergründiger Betrachtung als noch beachtet angesehen werden. Denn wird jeder Durchfuhrort zum möglichen Tatort im Sinne der Zuständigkeitsvorschriften erklärt, so kann der Schädiger klar vorhersehen, dass auch an diesem Ort ein Verfahren stattfinden kann. Es ist aber auch zu berücksichtigen, dass es durchaus zu einer ganzen Reihe hintereinander im Transitver-

---

410 Vielmehr wird das Recht des Bestimmungslandes für anwendbar erklärt: vgl. von Hoffmann, § 12 Rn 39 mwN; Ferid, § 7-82 f.; für die Schweiz: Art. 101 IPR; dagegen sieht Art. 43 EGBGB keine Sonderregelung für res in transitu vor, sondern knüpft auch bei diesen grds. an den Lageort an, vgl. Palandt/Heldrich, Art. 43 EGBGB, Rn 2 u. 9; eine Sonderbehandlung wird nur über Art. 46 EGBGB bei einer wesentlich engeren Verbindung zum Recht eines anderen Staates ermöglicht.

411 Eine Ausnahme wird von der hM zum anwendbaren Recht bei res in transitu jedoch anerkannt, wenn am Ort der belegenen Sache selbst Maßnahmen der Zwangsvollstreckung gegen die Sache stattfinden oder ein lageortsbezogenes Rechtsgeschäft abgeschlossen wird. In diesen Fällen besteht ein hinreichender Bezug zum Lageort, der die Anwendbarkeit der lex rei sitae rechtfertigt; vgl. von Hoffmann, § 12 Rn 40 mwN.

412 In Anlehnung an die Entscheidung „Shevill" könnte man zwar erwägen, jedem dieser Durchfuhrorte allenfalls die Zuständigkeit und Entscheidungsgewalt für den an diesem Ort entstandenen Schaden zuzusprechen. Da aber an keinem dieser Orte ein Schaden (in Form der Verletzung eines Patents) eingetreten ist, wäre dann auch keines dieser Gerichte für eine Entscheidung zuständig bzw. keines der Gerichte könnte einen Schadensersatz zusprechen oder auch nur eine Unterlassung der Durchfuhr anordnen, da diese Durchfuhr selbst noch nicht im Gerichtsstaat zu einer Verletzung des ausländischen Patents führen kann und insofern kein Schaden im Inland entstehen kann. Eine solche Argumentation wäre zudem nur dann möglich, wenn man die Durchfuhrorte nicht als Orte des ursächlichen Geschehens ansehen würde, sondern als Orte des Eintritts des Schadensereignisses. Schon dies erscheint allerdings nicht vertretbar, da die Durchfuhr allenfalls einen im Inland vorgenommenen Teil der unerlaubten Handlung im Ausland darstellen kann.

kehr berührten Staaten kommen kann, beispielsweise bei einer Versendung von *Portugal über Spanien, Frankreich, Belgien, Deutschland und Polen in die* Russische Föderation. Eine solche Hintereinanderreihung von Durchfuhrstaaten zöge dann eine nicht mehr zu übersehende Zahl möglicher Gerichtsstände nach sich, die dadurch noch verschärft wird, dass als Ort der Klageerhebung nach Art. 5 Nr. 3 EuGVVO jedes Gericht in Betracht käme, dessen Bezirk beim Transport berührt würde. Der willkürlichen Wahlmöglichkeit des Geschädigten wären damit kaum Grenzen gesetzt, dem forum shopping und der Wahl eines forum actoris Tür und Tor geöffnet und ein nicht mehr zu übersehendes Risiko einander widersprechender oder gar miteinander unvereinbarer Entscheidungen würde begründet. Von einer sicheren und vorhersehbaren Zuständigkeitszuweisung wird man in einem solchen Fall kaum sprechen können. Im vorliegen Fall liegt zudem keine strukturelle Unterlegenheit des geschädigten Klägers gegenüber dem beklagten Schädiger vor, die eine Ausnahme von dem in Übereinkommen und Verordnung zum Ausdruck kommenden Grundsatz, keinen Klägergerichtsstand zu eröffnen, rechtfertigen könnte.

Letztlich kommt es aber entscheidend darauf an, dass die Gerichte der Durchfuhrorte nicht geeignet sind, einen relevanten Beitrag zur sachgerechten Gestaltung des Prozesses zu leisten und zu einer einseitigen Bevorzugung des Klägers führen würden. Es würde daher der in Anwendung der Leitlinien gebotenen engen Auslegung widersprechen, diesen Orten eine Zuständigkeitsrelevanz zuzuweisen und es ist davon auszugehen, dass auch der EuGH keinen Gerichtsstand der unerlaubten Handlung nach Art. 5 Nr. 3 EuGVVO an einem Durchfuhrort eröffnen würde. Die Entscheidung „Réunion Européenne"[413] lässt im Gegenteil bereits erkennen, dass der EuGH einem solchen Gerichtsstand ablehnend gegenübersteht.

2) Beispielsfall 2

a) Sachverhalt

Dem zweiten Beispielsfall liegt die Entscheidung „Schussfadengreifer" des Landgerichts Düsseldorf zugrunde.[414]

> Die in Italien ansässige Klägerin K ist Inhaberin des u.a. mit Wirkung für Deutschland und Belgien erteilten europäischen Patents über Mittel zum Führen der Hin- und Herbewegung eines Paares den Schussfaden tragender Greifer im Fach einer Webmaschine. Die in Belgien ansässige Beklagte B stellt in Belgien solche Mittel her, die sie sowohl in Belgien als auch Deutschland (Nordrhein-Westfalen) anbietet und vertreibt. K sieht hierin eine Verletzung des belgischen und des deutschen Teils ihres europäischen Patents und erhebt Klage vor dem Landgericht Düsseldorf sowohl bzgl. des deutschen als auch des belgischen Teils des Klagepatents.

---

413 EuGH, C-51/97 – Réunion Européenne, Slg. 1998, I-6511.
414 LG Düsseldorf, GRUR Int. 1999, 455.

Das Landgericht Düsseldorf hatte die Klage soweit sie auf den belgischen Teil des Klagepatents gestützt wurde, durch Teilurteil gemäß § 301 ZPO abgewiesen. Die Entscheidung wurde vom OLG Düsseldorf in der Berufungsinstanz bestätigt.[415]

b) Ergebnis bei Anwendung der Leitlinien

Da der allgemeine Gerichtsstand des Sitzes der Beklagten in diesem Fall in Belgien liegt, kann die internationale Zuständigkeit deutscher Gerichte nicht nach Art. 2 Abs. 1 EuGVVO begründet sein. In Betracht kommt aber die besondere Zuständigkeit des Gerichtsstands der unerlaubten Handlung gemäß Art. 5 Nr. 3 EuGVVO.

Im Hinblick auf den deutschen Teil des Klagepatents liegt in dem Anbieten und Verbreiten der Mittel in Deutschland eine Verletzung dieses deutschen Teils, so dass Handlungs- und Erfolgsort in Deutschland liegen und der Gerichtsstand der unerlaubten Handlung bei dem Gericht eröffnet ist, in dessen Bezirk die Verletzungshandlungen stattgefunden haben. Dies ist, da der Vertrieb auch in Nordrhein-Westfalen stattgefunden hat, das Landgericht Düsseldorf[416]. In Anbetracht des Charakters des europäischen Patents als Bündelpatent mit nach der Erteilung in Wirkung und Bestand rechtlich selbstständigen nationalen Patenten kann ein einzelner Beklagter im Gerichtsstand der unerlaubten Handlung gemäß Art. 5 Nr. 3 EuGVVO in dem Mitgliedstaat, in dem die Patentverletzung begangen wurde, und in dem er nicht wohnhaft ist, grundsätzlich nur wegen der dort begangenen Patentverletzung (in der Regel also wegen der Verletzung des in diesem Mitgliedstaat bestehenden nationalen Teils des europäischen Patents) verklagt werden, nicht aber auch wegen weiterer Patentverletzungen, die in anderen Mitgliedstaaten betreffend in diesen Staaten bestehender – paralleler oder inhaltsgleicher Patente begangen worden sind.[417] Etwas anderes kann nur dann gelten, wenn in dem Gerichtsstaat bereits ein Teil der weiteren Patentverletzungen, die in anderen Mitgliedstaaten begangen wurden, stattgefunden hat. Die behauptete Verletzung des belgischen Anteils des Klagepatents erfolgt aber allein durch die in Belgien vorgenommenen Handlungen, nämlich die Herstellung und der Vertrieb in Belgien. Mit der Vollendung der Vorrichtung und deren Vertrieb in Belgien tritt zugleich auch der Erfolg der Verletzung des belgischen Patentrechts in Belgien ein. Der Erfolgsort kann auch nicht mit dem Argument nach Deutschland „interpretiert" werden, dass sich die Angebots- und Vertriebshandlungen der Beklagten letztlich erst in Deutschland verwirklicht hätten, etwa weil die angebotenen Vorrich-

---

415 OLG Düsseldorf, IPRax 2001, 336, IPRspr. 1999 Nr. 122.

416 Vgl. § 143 Abs. 2 PatG iVm Verordnung des Justizministeriums Nordrhein-Westfahlen v. 26.09.1949, GVBl. S. 277 – u.v. 15.07.1960, GVBl. NR S. 288 (zitiert nach Benkard/ Rogge, PatG, § 143 Rn 15).

417 Vgl. LG Düsseldorf, GRUR Int. 1999, 455 (457); Neuhaus, Mitt. 1996, 264ff.; Peter von Rospatt, GRUR Int. 1997, 862.

tungen nach Deutschland exportiert wurden. Denn dieser weitere Schritt betrifft allein die Verletzung des deutschen Teils des Klagepatents. Der Erfolgsort bzgl. der in Belgien vorgenommene Handlungen, die den belgischen Teil des Klagepatents verletzt haben, liegt ausschließlich in Belgien, nicht in Deutschland. Aufgrund des Territorialitätsprinzips kann der Erfolgsort für die Verletzung eines belgischen Patents nur in Belgien belegen sein.

Die Verletzung des belgischen Patents findet daher allein in Belgien statt. Jeder weitere Erfolg in Deutschland wäre dagegen ein Ort der Schadensvertiefung im Sinne der „Marinari"-Rechtsprechung des EuGH[418] gleichzusetzen und als Ort der Folgeschäden oder mittelbaren Schäden grundsätzlich für eine effektive Beweiserhebung bzgl. der Verletzung des belgischen Patents gänzlich ungeeignet. Die konkrete Nähebeziehung zum deutschen Gerichtsstand fehlt hier bzgl. der Verletzung des belgischen Teils des Klagepatents. Aus verfahrenstechnischer, insbesondere beweistechnischer Sicht bietet ein deutscher Gerichtsstand für die Aufklärung der Verletzung in Belgien keinerlei Vorteile. Die in Deutschland vorgenommenen Handlungen haben keine grenzüberschreitenden Auswirkungen sondern beschränken sich in allen Folgen allein auf Deutschland und auf das hier belegene Patent. Auswirkungen im Hinblick auf das belgische Patent sind nicht feststellbar. Der einzige Vorteil, den dieser Gerichtsstand für sich in Anspruch nehmen könnte, wäre die damit bewirkte Konzentration der Verletzungsverfahren an einem Gericht. Hier sprechen aber für eine solche Konzentration gerade am deutschen Gericht keine einschlägigen Argumente im Sinne der erarbeiteten Leitlinien, so dass eine solche auch nicht gerechtfertigt erscheint. Die Konzentration der Verfahren kann ebenso gut am Wohnsitz des Beklagten gemäß Art. 2 Abs. 1 EuGVVO durchgeführt werden. Die Deliktszuständigkeit soll und darf aber nicht ohne Grund zu Lasten des allgemeinen Grundsatzes der Zuständigkeit der Gerichte am Wohnsitzstaat zu stark ausgedehnt und einem Klägergerichtsstand angenähert werden. Der Schutz des Geschädigten spielt insofern nur eine untergeordnete Rolle und ist nicht geeignet, den Grundsatz des Beklagtenwohnsitzes auszuhebeln.

Insofern führen die Leitlinien also zum gleichen und zweifelsohne richtigen Ergebnis, zu dem Landgericht und Oberlandesgericht Düsseldorf gekommen sind und damit zur Verneinung eines deutschen Gerichtsstands der unerlaubten Handlung bzgl. des belgischen Teils des Klagepatents.

418 EuGH, C-364/93 – Marinari, Slg. 1995, I-2719.

3) *Beispielsfall 3*

a) *Sachverhalt*

Die Klägerin K mit Sitz in USA ist eingetragene Inhaberin des u.a. mit Wirkung für die Bundesrepublik Deutschland und Österreich, Niederlande und Großbritannien eingetragenen europäischen Patents zur Herstellung eines Pharmawirkstoffs. Die Beklagte zu 1 hat ihren Sitz in den Niederlanden und lässt durch ihre Tochtergesellschaft mit Sitz in München, der Beklagten zu 2, an deren unselbständiger Produktionsniederlassung Köln den Wirkstoff herstellen und vertreibt ihn in Deutschland, Österreich, Niederlande und Großbritannien. Die Klägerin sieht darin eine Verletzung des deutschen, österreichischen, niederländischen und englischen Teils ihres europäischen Patents und möchte in Deutschland beim Landgericht Düsseldorf Klage gegen beide Beklagte erheben.

b) *Bewertung*

Gegen die Beklagte zu 2 kann die Klägerin in Deutschland aufgrund von Art. 2 Abs. 1 EuGVVO Klage erheben und Unterlassung der Herstellung begehren. Jedoch wäre eine solche Klage nur beim Landgericht München möglich, da dort der Sitz der Beklagten zu 2 ist. Beim Landgericht Düsseldorf könnte die Klägerin aber aufgrund von Art. 5 Nr. 5 EuGVVO am Ort der Niederlassung oder Art. 5 Nr. 3 EuGVVO als Gerichtsstand der unerlaubten Handlung eine solche Klage erheben.

Da die Beklagte zu 1 keinen Wohnsitz in Deutschland hat, ist eine Klage nach Art. 2 Abs. 1 EuGVVO in Deutschland nicht möglich. Auch die Beklagte zu 2 hat ihren Sitz nicht in dem Bezirk des Landgerichts Düsseldorf, daher kann die Klage gegen die Beklagten zu 1 schon aus diesem Grunde nicht über Art. 6 Nr. 1 EuGVVO mit der gegen die Beklagte zu 2 zusammengeführt und gemeinsam verhandelt werden, unabhängig davon ob der erforderliche enge Zusammenhang der beiden Klagen im Sinne der „Kafelis"-Rechtsprechung des EuGH[419], die nunmehr auch im Wortlaut der Verordnung Berücksichtigung gefunden hat, gegeben ist.[420] In Betracht kommt die Klage gegen die Beklagte zu 1 im Gerichtsstand der unerlaubten Handlung gem. Art. 5 Nr. 3 EuGVVO. Für

---

419 EuGH, C-189/87 – Kalfelis, Slg. 1988, 5565 = NJW 1988,3088 m. Anm. Geimer.

420 Ob und wann dieser Zusammenhang bei Verletzung mehrerer Teile eines europäischen Bündelpatents vorliegt, ist str. Zu den Fragen im Zusammenhang mit Art. 6 Nr. 1 EuGVVO/EuGVÜ vgl. Gerechtshof den Haag, [1999] FSR 352 – Expandable Grafts/Boston Scientific; High Court of Justice [1997] 3 All ER, 45 – Coin Controls; Court of Appeal, [1998] FSR 222 = 29 IIC 927 (1998) – Fort Dodge Animal Health/Akzo Nobel; Grabinski, GRUR Int. 2001, 206 f.; Meier-Beck, GRUR Int. 1999, 379f.; ders. GRUR Int. 2000, 355 f.; Peter von Rospatt, GRUR Int 1997, 862 f.; ders. 29 IIC 504 ff. (1996).

die Vertriebshandlungen in Deutschland ist dies im Hinblick auf den deutschen Teil des europäischen Patents unproblematisch gegeben. Die Klägerin möchte jedoch auch wegen der Vertriebshandlungen in den Niederlanden, Österreich und Großbritannien klagen. Die Verletzungshandlungen des Anbietens und Inverkehrbringens fanden jedoch ausschließlich in den jeweiligen Staaten statt, so dass sowohl Handlungs- als auch Erfolgsort bzgl. der Verletzung des niederländischen, österreichischen und britischen Teils des europäischen Patents im jeweiligen Land liegen. Es fragt sich, ob dennoch eine ausreichend enge Beziehung zum Ort der Klage in Deutschland am Landgericht Düsseldorf gegeben sein kann, weil die Herstellung des patentverletzenden Wirkstoffs in Deutschland erfolgte und daher die Verletzung auch der anderen Teile des europäischen Patents ihren Ursprung in Deutschland nahm.
Damit könnte eine Konzentration der Verfahren wegen Verletzung aller Teile des europäischen Patents und sowohl gegen die Beklagte zu 1 als auch gegen die Beklagte zu 2 bei nur einem Gericht erreicht werden.

Diese Frage stellt sich in vergleichbarer Weise in Beispielsfall 4 und soll daher gemeinsam mit diesem erörtert werden.

4) Beispielsfall 4

a) Sachverhalt

Die Klägerin mit Sitz in USA ist eingetragene Inhaberin des u.a. mit Wirkung für Großbritannien, Niederlande, Deutschland und Österreich eingetragenen europäischen Patents betreffend die Entfernung von Verfahrenschemikalien aus labilen biologischen Gemischen durch hydrophobische Austauschchromatographie. Die in Österreich ansässige Beklagte stellt in Deutschland unter der Bezeichnung Oktaplas ein in der Humanmedizin verwendetes Blutplasmapräparat her. Bei der Herstellung wird Tri(N-Butyl)Phosphat (TNBP) und Triton X-100 verwendet und anschließend aus der mit den Lösungsmittelreagenzgemisch behandelten biologischen Flüssigkeit entfernt. Die Entfernung wird mittels einer hydrophoben Austauschchromatographie vorgenommen. Die Beklagte vertreibt anschließend das Blutplasmapräparat in Deutschland, Österreich, Niederlande und Großbritannien. Die Klägerin will die Beklagte wegen Verletzung ihrer Verfahrenspatente auf Unterlassung, Rechnungslegung, Entschädigung, Schadenersatz und Vernichtung der Verfahrenserzeugnisse in Anspruch nehmen. Ihr Unterlassungsbegehren richtet sich einerseits auf die Vertriebshandlungen in Deutschland, Österreich, Niederlande und Großbritannien, andererseits auf die Herstellungshandlungen in Deutschland.[421]

421 Der Sachverhalt ist der Entscheidung des Landgerichts Düsseldorf vom 22.03.2001, 4O 67/00 – bisher nicht veröffentlich – nachgebildet.

Abwandlung: Das Verfahrenspatent ist nicht mit Wirkung für Deutschland erteilt worden.

b) Bewertung

Eine Klage gegen die in Österreich ansässige Beklagte in Deutschland ist nicht augrund von Art. 2 Abs 1 EuGVVO möglich, mangels Sitzes der Beklagten in Deutschland. Nach Art. 5 Nr. 3 EuGVVO kann bezüglich der Herstellungshandlungen und des Vertriebs in Deutschland Klage in Deutschland gegen die Beklagte erhoben werden. Dabei kann die Herstellungshandlung als Nutzung des geschützten Verfahrens, § 9 Satz 2 Nr. 2 PatG und der Vertrieb aufgrund des Schutzes, den die unmittelbaren Verfahrenserzeugnisse genießen, § 9 Satz 2 Nr. 3 PatG, jeweils den deutschen Teil des europäischen Patents verletzen.

Im Hinblick auf den österreichischen, niederländischen und englischen Teil des Klagepatents liegt das verletzte Schutzgut jedoch jeweils ausschließlich in dem betroffenen Staat. Nur dort kann es aufgrund der Territorialität der Schutzrechte verletzt werden und nur dort kann ein unmittelbarer Schaden entstehen. Dass die hergestellten Produkte bestimmungsgemäß in diesen Ländern vertrieben werden, führt im Hinblick auf die Verletzung der Schutzrechte zu keiner anderen Beurteilung. Denn die Ausfuhr aus Deutschland und hierauf bezogene Angebotshandlungen betreffen allein den deutschen Teil des Patents, wohingegen Einfuhr und Zugang des Angebots den jeweils ausländischen Teil des Patents berühren.

Zu fragen bleibt aber, ob nicht gleichwohl der Gerichtsstand der unerlaubten Handlung in Deutschland auch hinsichtlich der Verletzungen des niederländischen, österreichischen und englischen Teils des Klagepatents eröffnet sein kann, weil in Deutschland mit der Herstellung des Blutplasmas ein maßgeblicher Teil der unerlaubten Handlung in diesen Ländern begangen wurde und diese in Deutschland ihren gemeinsamen Ausgangspunkt bzw. ihren Ursprung finden, der im Rahmen der vorstehend dargestellten Leitlinien einen Gerichtsstand in Deutschland rechtfertigt.
Auch hier wäre so eine Zusammenfassung der Klageverfahren an einem Gericht möglich.

5) Beispielsfall 5:

In Abwandlung zum Beispielsfall 3 enthält das europäische Patent betreffend den neuen Pharmawirkstoff neben dem 1. Anspruch auf Stoffschutz auch einen 2. Anspruch auf Schutz eines Verfahrens zur Herstellung des Wirkstoffs. Die Klägerin will wiederum beim Landgericht Düsseldorf Klage erheben und dabei sowohl aus dem Stoffschutzanspruch als auch aus dem Verfahrensanspruch im Hinblick auf den deutschen, österreichischen, niederländischen und englischen Teil ihres europäischen Patents vorgehen.

Da die Lösung von Fall 5 im wesentlichen von den Ergebnissen der Fälle 3 und 4 abhängig ist, soll Fall 5 im Anschluss an diese behandelt werden.

VII. Gerichtsstand der unerlaubten Handlung am Ursprungsort (Herstellungsort) im Inland für Verletzung ausländischer Patente

Nach ständiger Rechtsprechung des EuGH kommt eine Haftung aus unerlaubter Handlung nur in Betracht, wenn ein ursächlicher Zusammenhang zwischen dem Schaden und dem diesem zugrunde liegenden Ereignis feststellbar ist.[422] In der Entscheidung „DFDS Torline" hat der EuGH die Anwendung des Art. 5 Nr. 3 EuGVÜ für den Fall bejaht, dass die dem Kläger entstandenen Schäden weder unmittelbar durch den Aufruf der Beklagten zu kollektiven Kampfmaßnahmen noch diese Kampfmaßnahmen selbst hervorgerufen werden konnten. Sie waren jedoch notwendige Voraussetzung für schadenverursachende Solidaritätsaktionen, die von der Beklagten ebenfalls verlangt worden waren.[423]
In weitem Sinne vergleichbar ist diese Situation mit Patentverletzungsklagen am Herstellungsort, wie sie den Beispielsfällen 3 und 4 zugrundeliegen. Die Herstellung eines Erzeugnisses im Inland kann nicht unmittelbar zur Verletzung eines ausländischen Patents führen. Sie ist aber zwingende Voraussetzung für eine spätere Patentverletzung im Ausland durch die Benutzung dieses Erzeugnisses. Der notwendige ursächliche Zusammenhang ist insoweit feststellbar.

Den Beispielsfällen Nr. 3 und 4 ist gemeinsam, dass die Herstellungshandlung im Inland den Ursprung aller nachfolgenden Verletzungen der in- und ausländischen Teile des betreffenden europäischen Patents darstellt. Alle Verletzungen lassen sich an diesen Ort zurückverfolgen, denn hier wurde mit der Herstellung der Erzeugnisse eine allen Verletzungen gemeinsame conditio sine qua non gesetzt, die diese gleichsam miteinander verknüpft. Dies alleine kann jedoch nicht als Begründung dafür ausreichen, an diesem Ursprungsort auch einen Gerichtsstand der unerlaubten Handlung zu eröffnen. Denn die Konzentration der Verletzungsverfahren an einem Ort lässt sich jedenfalls am Gericht des Orts des (Wohn)Sitzes des Beklagten erreichen. Vielmehr ist auch hier erforderlich, dass die Eröffnung eines Gerichtsstands der unerlaubten Handlung im Lichte der Leitlinien gerechtfertigt ist, insbesondere also die erforderliche enge Nähebeziehung des Gerichts zur jeweiligen Verletzungshandlung nachgewiesen werden kann.

---

422 EuGH, C-21/76, Slg. 1976, 1735, 1746, Tz 15/19 – Mines de Potasse; EuGH, C-18/02 – DFDS Torline, Slg. 2004, I-1417, 1453, Tz 32.

423 EuGH, C-18/02 – DFDS Torline, Slg. 2004, I-1417, 1453-1454, Tz 29-34.

Da der Beweisnähe im Rahmen der erforderlichen engen Beziehung zur Streitigkeit eine überragende Bedeutung zukommt, ist es hilfreich, zunächst einen Blick auf die Besonderheiten des Patentrechts im Hinblick auf Beweislast und Beweisführung in Patentverletzungsklagen zu werfen.

1) Beweis und Beweisnähe – Patentverletzung und Beweislast

Auch im Patentverletzungsprozess gilt grundsätzlich die allgemeine Regel, dass jede Partei die tatsächlichen Voraussetzungen der ihr günstigen Rechtsnorm darlegen und beweisen muss. Insbesondere muss der Kläger daher die Verletzungshandlung sowie alle weiteren anspruchsbegründenden Tatsachen darlegen und im Streitfall beweisen.[424] Den Beklagten trifft dagegen die Darlegungs- und Beweislast für den Ausschluss der Widerrechtlichkeit bzw. ein Gegenrecht.[425] Der Beklagte braucht dem Kläger die Führung des Beweises der Tatsachen, in denen die Benutzung des geschützten Gegenstands besteht, nicht zu erleichtern, insbesondere nicht schon deswegen, weil er der Wahrheit näher stünde.[426] Allerdings sieht Art. 43 Abs. 1 TRIPS Sonderregelungen für den Fall vor, dass sich eine Partei in Beweisnot befindet. Hat eine Partei alle vernünftigerweise verfügbaren Beweismittel zur hinreichenden Begründung ihrer Ansprüche vorgelegt, kann das Gericht anordnen, dass die gegnerische Partei Beweismittel[427], die sich in ihrer Verfügungsgewalt befinden und die von der anderen Partei bezeichnet worden sind, vorlegen muss. Diese Vorlage muss ggf. unter Bedingungen erfolgen, die den Schutz vertraulicher Informationen gewährleisten. Ähnliche Regelungen sieht auch die Richtlinie 2004/48/EG zur Durchsetzung der rechte des geistigen Eigentums in Art. 6 vor.[428] Soweit eine Vorlage aufgrund der Beschaffenheit der Sache nicht mög-

---

424 Vgl. im einzelnen Mes, § 139 Rn 60, 61; Benkard/Rogge § 139 PatG Rn 115 ff.; Dies betrifft z.B. den Rechtsbestand des geltend gemachten Patents, Inhaberschaft bzw. Ermächtigung zur Geltendmachung des Anspruchs auf Unterlassung, Schadensersatz, Rechnungslegung, etc. (wobei der Nachweis des Rolleneintrags im deutschen Recht genügt; auch wenn § 30 PatG rein deklaratorisch ist, hat er doch Legitimationswirkung ggü. Patentamt und Gerichten, vgl. Mes § 30 Rn 5; Benkard/Schäfers § 30 Rn 8 u. 17 mwN), sowuie den Tatbestand der Patentverletzung; bei Schadensersatzanspruch zudem Schadenseintritt und Verschulden. Die Widerrechtlichkeit des Eingriffs braucht der Kläger nicht darzulegen oder zu beweisen; vielmehr trifft diese Last den Beklagten.

425 z.B. Vorbenutzungsrecht, Einverständnis des Patentinhabers, Erschöpfung des Patentrechts, Verwirkung, Verjährung, Zurückbehaltungsrecht, Verzicht; vgl. Benkard/Rogge § 139 Rn 115 mwN; Mes § 139 Rn 62.

426 BGH, GRUR 1976, 579 (581) – Tylosin.

427 Betroffen sind alle Arten von Beweismitteln, vgl. Mes § 139 Rn 65.

428 Richtlinie 2004/48/EG des Europäischen Parlaments und des Rates v. 29.4.2004, ABl. (EG) L 157/45 v. 30.4.2004. Die Richtlinie gibt zudem die Sicherstellung von Maßnahmen zur Beweissicherung und Auskunftsrechten, sowie einsweilige Maßnahmen, Sicherungs- und Abhilfemaßnahmen vor. Darüberhinaus harmonisiert sie Schadensersatz- und Kostenerstattungsregelungen. Sie verfolgt aber ausdrücklich nicht das Ziel,

lich ist, ist die Inaugenscheinnahme (Besichtigung) eine Alternative, die zur Wahrung der Geschäftsgeheimnisse der Partei ggf. durch einen neutralen Sachverständigen erfolgen kann, der nur über konkret zu bestimmende Merkmale der Sache berichten darf und im übrigen zur Geheimhaltung verpflichtet ist.[429] Art. 43 Abs. 2 TRIPS sieht die Möglichkeit vor, im Falle der Vereitelung der Beweisführung durch die gegnerische Partei Schlussfolgerungen zu Lasten dieser Partei zu ziehen. Den Mitgliedsstaaten des TRIPS ist es allerdings freigestellt, diese Möglichkeit in ihre Prozessrechte aufzunehmen. In Deutschland ist eine ausdrückliche Regelung nur für den Urkundsbeweis, §§ 427, 444 ZPO erfolgt, jedoch ist im deutschen Patentrecht und Patentverfahrensrecht anerkannt, die Beweisvereitelung im Rahmen der freien Beweiswürdigung nach § 286 ZPO entsprechend zu berücksichtigen, was bis zur Beweislastumkehr führen kann.[430]

Im Hinblick auf Verfahrenspatente enthalten nationale und internationale Regelungen weitere besondere Beweislastregeln. Ist Gegenstand des Patents ein Verfahren zur Herstellung eines neuen Erzeugnisses, so regeln übereinstimmend Art. 34 Abs. 1 a TRIPS und § 139 Abs. 3 Satz 1 PatG, dass bis zum Beweis des Gegenteils das gleiche[431] Erzeugnis, das von einem anderen hergestellt worden ist, als nach dem patentierten Verfahren hergestellt gilt; es wird somit eine Beweislastumkehr angeordnet.[432] Die gleiche Umkehr der Beweislast ist auch in den nicht in Kraft getretenen Regelungen der Art. 75 Abs. 1 GPÜ (1975), Art. 35 Abs. 1 GPÜ (1989), dem Kommissionsentwurf zur Gemeinschaftspatentverordnung, Art. 13 Abs. 1, sowie Art. 36 Abs. 1 des Entwurfs der Arbeitsgruppe Streitregelung für ein Übereinkommen über die Schaffung eines Streitregelungssystems für europäische Patente[433] vorgesehen. Diese Beweislastumkehr greift allerdings nur bei Verfahren zur Herstellung *neuer* Erzeugnisse ein. Umstritten ist, ob damit Neuheit im Sinne des § 3 PatG erforderlich ist. Während man sich einig ist, dass sich das Erzeugnis in irgendeiner mit Sicherheit unterscheidbaren Eigenschaft von dem Vorbekann-

---

die Vorschriften über die gerichtliche Zuständigkeit zu harmonisieren, vgl. 11.*Erwägungsgrund*.

429 Vgl. Benkard/Rogge § 139 Rn 117 zu Überlegungen eines eigenen Besichtigungsanspruchs nach § 809 BGB (vor Inkrafttreten des TRIPS); Mes § 139 Rn 65.

430 Vgl. nur Thomas/Putzo, § 286 Rn 17 ff. mvwN u. Bsp.; Mes § 139 Rn 65, Benkard/Rogge § 139 Rn 116; Zöller/Greger § 286 Rn 14a – der allerdings eine Beweislastumkehr bei Beweisvereitelung grundsätzlich aus strukturellen Gründen verneint (dazu Zöller/Greger vor § 284 Rn 17).

431 Das TRIPS spricht hier vom „identischen" Erzeugnis. Der Ausdruck „identisches Erzeugnis" ist auch im Entwurf zur Gemeinschaftspatentverordnung enthalten. Dort wird ausgeführt, dass diese Vorschrift dem GPÜ entspreche (BR-Drucks 527/00 v. 30.08.2000, S. 22), wobei im GPÜ der Begriff „gleiches Erzeugnis" verwendet wird. Es ist daher davon auszugehen, dass keine materiellen Unterschiede durch die verschiedenen Begriffe zum Ausdruck gebracht werden sollten.

432 So auch im französischen Recht, vgl. Schmidt-Szalewski, 31 IIC 500 (2000).

433 Europäisches Patentamt im Auftrag der Untergruppe der Arbeitsgruppe „Streitregelung", WPL/3/02 v. 27.11.2002.

ten abheben muss[434], wird andererseits sowohl das Bedürfnis als auch die rechtliche Grundlage für die Erarbeitung eines eigenständigen Neuheitsbegriffs verneint.[435] Die Neuheit wird einem Erzeugnis auch nicht schon durch den Umstand abgesprochen werden können, das ähnliche Erzeugnisse zu einem gleichen technischen Verwendungszweck bereits auf anderen Verfahrenswegen produziert worden sind.[436] Weitere Vorraussetzung ist die Gleichheit der Erzeugnisse, was die gleiche Beschaffenheit der Erzeugnisse erfordert (Identität).[437] Diese Identität wiederum ist durch den Kläger zu beweisen.

Art. 34 Abs. 1 b TRIPS sieht darüber hinaus einen weiteren Fall der Beweislastumkehr vor, wenn das identische Erzeugnis mit erheblicher Wahrscheinlichkeit nach dem geschützten Verfahren hergestellt wurde und es dem Inhaber des Patents trotz angemessener Bemühungen nicht gelungen ist, das tatsächlich angewendete Verfahren festzustellen. Die Regelung geht damit weit über die allgemeine Vorschrift des Art. 43 TRIPS hinaus. Sie betrifft zwar auch den Fall der Beweisnot, legt aber im Gegensatz zu Art. 43 TRIPS nicht nur die Möglichkeit der Anordnung der Vorlage von Beweismitteln fest, sondern eine Beweislastumkehr. Es ist den Mitgliedsstaaten des TRIPS in Art. 34 Abs. 2 TRIPS ausdrücklich freigestellt, nur die Bedingungen in Art. 34 Abs. 1 a oder b TRIPS zur Beweislastumkehr vorzusehen. Weder das deutsche Recht, noch das GPÜ, noch der Kommissionsentwurf zur Gemeinschaftspatentverordnung sehen diese zweite Alternative vor.[438] Alle Regelungen enthalten einen Schutz des Beklagten vor Ausforschung. Bei Führung des Beweises des Gegenteils sind berechtigte Interessen des Beklagten an der Wahrung seiner Herstellung- und Betriebsgeheimnisse zu berücksichtigen[439], was insbesondere durch die Einschaltung neutraler Sachverständiger bei der Ermittlung sowie ergänzend durch Ausschluss der Öffentlichkeit bei der Verhandlung (§ 172 Nr. 2 GVG) geschehen kann[440].

All dies macht deutlich, dass die besondere Beweisnähe des Gerichts im Patentverletzungsverfahren von herausragender Bedeutung ist. Im Fall der Beweislastumkehr kommt diese Nähe nicht nur dem beweisbelasteten Beklagten

434 Mes, PatG § 139 Rn 64; LG München GRUR 1964, 679 (680) – Appreturmittel.

435 So Benkard/Rogge § 139 Rn 121 mwN.

436 LG München GRUR 1964, 679 (680) – Appreturmittel; Benkard/Rogge § 139 Rn 121.

437 Vgl. dazu BGHZ 67, 38 (44 ff.) = GRUR 1977, 100 (104 ff.) – Alkylendiamine II; Mes, § 3 PatG Rn 64; ausführlich dazu Benkard/Rogge § 139 Rn 122.

438 Der Entwurf der Arbeitsgruppe „Streitregelung" nimmt beide Möglichkeiten kumuliert auf, wogegen bereits Vorbehalte vom Vereinigten Königreich geäußert wurden, vgl. WPL 3/02 S. 19.

439 Vgl. Art. 34 Abs. 3 TRIPS; § 139 Abs. 3 Satz 2 PatG; Art. 13 Abs. 2 Kommissionsentwurf Gemeinschaftspatentverordnung; Art. 35 Abs. 2 GPÜ (1989); Art. 36 Abs. 3 Entwurf der Arbeitsgruppe „Streitregelung".

440 s.o. bei Beweisnot Art. 43 Trips; vgl. zu weiteren Möglichkeiten Benkard/Rogge § 139 Rn 123.

zugute, sondern auch dem Kläger, der so einfacher die Vorraussetzungen für die Beweislastumkehr nachweisen kann.[441]

2) Beurteilung anhand der Leitlinien unter besonderer Berücksichtigung der Shevill-Entscheidung

Aus der Shevill-Entscheidung des EuGH[442] lassen sich Hinweise entnehmen, die dafür sprechen, dass der EuGH der Eröffnung eines Gerichtsstands am Ort der Herstellung in den Beispielsfällen 3 und 4 grundsätzlich positiv gegenüberstehen könnte.

In der Tat hat der EuGH hier Ausführungen gemacht, die geeignet sind, einen Gerichtsstand der unerlaubten Handlung auch an dem Ort zu stützen, an dem die gemeinsame Ursprungshandlung von Patentverletzungen in mehreren Mitgliedsstaaten stattgefunden hat, namentlich die Herstellung eines Erzeugnisses, unabhängig davon, ob diese Herstellung am Produktionsort selbst geschützt ist, oder nicht. Die Zuständigkeit an diesem Ort kann sich auf sämtliche Verletzungen von ausländischen Patenten erstrecken, die auf der gemeinsamen Ursprungshandlung beruhen.

a) Keine Begrenzung der Zuständigkeit am „Ort des ursächlichen Geschehens"

Freilich wird das Shevill-Urteil, soweit es von den wenigen Autoren, die sich mit dieser Frage befasst haben, herangezogen wird, zumeist zur Unterstützung der Ablehnung eines solchen Gerichtsstands zitiert. Insbesondere wird dabei geltend gemacht, der EuGH habe sich für eine Begrenzung der Zuständigkeit am Gerichtsstand der unerlaubten Handlung auf die Schäden, die in dem jeweiligen Gerichtsstaat verursacht worden sind, ausgesprochen. Jedenfalls sei eine Zersplitterung in zahlreiche Prozesse und Zuständigkeiten problematisch und zu vermeiden.[443]

Eine solche Einschränkung lässt sich jedoch dem Urteil nur im Hinblick auf den oder die Orte, an denen sich der Schadenserfolg verwirklicht hat, entnehmen. In Bezug auf den „Ort des ursächlichen Geschehens" im Sinne seiner Rechtssprechung hat der EuGH jedoch gerade keine Beschränkung der Zuständigkeit festgestellt, sondern im Gegenteil ausdrücklich betont, dass diese

---

441 Daraus folgt, dass der Kläger / Patentinhaber abwägen muss, ob sich die Klage am Ort der Verfahrensanwendung eignet, da er einerseits den Vorteil der Beweislastumkehr genießt, andererseits der Beweis des Gegenteils auch für den Beklagten durch die besondere Beweisnähe des Gerichtsstands erleichtert wird.

442 EuGH, C-68/93 – Shevill, Slg. 1995, I-415.

443 Vgl. Neuhaus, Mitt. 1996, 265; deutlicher Grabinski, GRUR Int. 2001, 204 ff; vgl. auch Véron, JDI (Clunet) 2001, 819 f.

Gerichte für die Entscheidung über die Klage auf Ersatz des gesamten durch die unerlaubte Handlung verursachten Schadens zuständig seien.[444]
Der Ort der Herstellung des Erzeugnisses ist jedoch sowohl im Fall von Erzeugnispatenten als auch im Hinblick auf Verfahrenspatente der Ort, an dem das schädigende Ereignis in Form des Anbietens, Inverkehrbringens, Gebrauchens sowie Einführens oder Besitzens des Erzeugnisses zu diesen Zwecken in den einzelnen Schutzstaaten seinen Ausgang nahm und von dem aus das Erzeugnis in Umlauf gebracht wurde. Insofern lässt sich eine Parallele ziehen zu den Ehrverletzungsdelikten durch Presseerzeugnisse im Fall Shevill. Wie die Verbreitung eines Presseartikels und die damit in verschiedenen Staaten bewirkten Beeinträchtigungen der Ehre und des Ansehens einer Person sämtlich auf die Herausgabe und Veröffentlichung des Artikels zurückzuführen sind, lassen sich die einzelnen Schutzrechtsverletzungen in den jeweiligen Schutzstaaten alle auf die Ursprungshandlung der Herstellung der Erzeugnisse zurückführen. Es gibt keinen Zweifel daran, dass dieser Ort einen „Ort des ursächlichen Geschehens" für alle folgenden Verletzungen in den einzelnen Staaten darstellt.

b) Herstellung als Teil einer unerlaubten Handlung

Es erscheint auch möglich und gerechtfertigt, die Herstellung als im Inland begangenen Teil einer einheitlichen unerlaubten Handlung ansehen können, die im Ausland zur Verletzung des ausländischen Patentrechts geführt hat.
Diese Lösung ist vom EuGH in der Shevill-Entscheidung bereits vorgezeichnet worden. Sieht man den Ort der Niederlassung des Herausgebers deshalb als den gewählten Ort des ursächlichen Geschehens bei Ehrverletzungen durch Presseartikel an, weil er mit dem Herausgabeort als dem Zentrum und Ursprung aller folgenden Verbreitungshandlungen identisch ist, so fällt auf, dass die Herausgabe bzw. Veröffentlichung streng genommen eine erste, die Verbreitung des Presseerzeugnisses an den Orten, an denen die betroffene Person bekannt ist, weitere Handlungen darstellen. Erst durch die Übermittlung des Druckwerks an Leser wird aber die Ehre und Ansehen der Betroffenen unmittelbar geschädigt. Obwohl also ein Verletzungstatbestand an den Verbreitungsorten eine zweite Handlung voraussetzt, sah der EuGH im Ort der ersten Handlung den Ausgangspunkt für sämtliche nachfolgenden Ehrverletzungen. Offensichtlich wurde hier keine Zäsur zwischen der Veröffentlichung und der Verbreitung des Druckwerks gezogen, die beide in zwei selbstständigen Handlungen getrennt hätte. Vielmehr sah der EuGH ein einheitliches untrennbares Geschehen und eine einheitliche Handlung als gegeben an.
Auch im Fall „DFDS Torline" hat der EuGH den Ort des ursächlichen Geschehens an dem Ort lokalisiert, von dem aus der Aufruf zu kollektiven Kampfmaßnahmen erfolgte, obwohl weder der Aufruf selbst noch die kollektiven Kampf-

---

444 Vgl. EuGH, C-68/93 – Shevill, Slg, 1995, I-415, 460/461, Tz 24, 25; zu eng daher Véron, JDI (Clunet) 2001, 819.

maßnahmen zu einem unmittelbaren Schaden des Klägers führen konnten. Schaden drohte vielmehr erst durch Solidaritätsmaßnahmen, für die die kollektiven Kapmfmaßnahmen allerdings notwendige Voraussetzung waren.

Ebenso liegt es bei Herstellung und internationalem Vertrieb patentverletzende Erzeugnisse. Während die Herstellung im Inland nur dort bestehende Patente verletzen kann, nicht aber auch solche anderer Länder, kann in ihr doch der Ursprung sämtlicher folgender Vertriebshandlungen gesehen werden, die für sich in den einzelnen Schutzstaaten stets eigene Patentverletzungen darstellen können. Auch hier können Herstellung und Vertrieb als ein untrennbares Geschehen betrachtet werden, so dass die Herstellung bereits ein Teil der unerlaubten Handlung der Einfuhr bzw. des Inverkehrbringens in dem einzelnen Schutzstaat darstellt.

Hier wird zudem ein wesentlicher Unterschied in den der Entscheidung Shevill und auch den Patentverletzungsklagen in der hier erörterten Konstellation zugrundeliegenden Sachverhalten mit denen der Urteile Mines de Potasse, Marinari und Dumez France offenbar. Der EuGH hat seine Rechtsprechung zu Art. 5 Nr. 3 EuGVÜ im Mines de Potasse-Urteil an einem Sachverhalt entwickelt, der *eine Handlung* betraf, die an einem anderen Ort einen bestimmten Erfolg bewirkte. Die Einleitung der Stoffe in das Gewässer führte Fluss abwärts zu Schädigungen der Gartenanlagen, ohne dass es eines weiteren Zwischenschrittes, einer weiteren Handlung des Schädigers bedurft hätte. Im Urteil Shevill und bei den hier untersuchten Patentverletzungen liegt die Situation anders. Sowohl die Herstellung und Veröffentlichung des ehrverletzenden Druckwerks als auch die Herstellung des Erzeugnisses führen nicht alleine zur Verwirklichung eines Verletzungstatbestands in anderen Staaten; das Druckwerk muss zunächst verbreitet werden, das hergestellte Erzeugnis verletzt das geschützte ausländische Patent erst bei Einfuhr in den betreffenden Schutzstaat zum Zwecke des Anbietens, Inverkehrbringens oder Gebrauchens. Es bedarf also in beiden Fällen einer weiteren, *zweiten Handlung*, um einen Verletzungserfolg zu bewirken. Die „Mines de Potasse" - Rechtsprechung des EuGH lässt sich auf diese Situation nur dann übertragen, wenn die erste und zweite Handlung wie ein einheitliches, untrennbares Gesamtgeschehen beurteilt wird, das als eine einheitliche Handlung gewertet werden kann. Der EuGH hat dies getan und den Herausgabeort als Handlungsort, die Verbreitungsorte jeweils als Erfolgsorte angenommen.
Würde man dagegen die Veröffentlichung und die Verbreitung für sich genommen und gesondert betrachten, würde die Herausgabe der Zeitung an sich mit der Begründung, dass sie selbst noch nicht unmittelbar zu einem Schaden führt, gänzlich für die Bestimmung des „Orts, an dem das schädigende Ereignis eingetreten ist", ausgeschlossen werden müssen. Vielmehr müsste dann jede einzelne Übermittlung des ehrverletzenden Schriftstücks als eine eigene Handlung angesehen werden, so dass eine Vielzahl von Handlungsorten entsteht. Dies würde aber nichts daran ändern, dass die einzelne

Verbreitungshandlung jeweils nur zu einem Schaden in dem Staat führen kann, in dem sie ausgeübt wird.[445] Damit würden Ort des ursächlichen Geschehens und Ort des unmittelbaren Schadenseintritts bei Ehrverletzungen durch Druckerzeugnisse stets zusammenfallen. Das Ergebnis wäre eine völlige Zersplitterung eines an sich einheitlichen Lebenssachverhaltes, der einen Ursprung, ein gemeinsames Zentrum am Ort der Herausgabe des Presseerzeugnisses hat. Einen zentralen Gerichtsstand, in dem alle Verletzungen geltend gemacht werden können, würde es dann auch formal nur am allgemeinen Gerichtsstand des Beklagten gemäß Art. 2 Abs. 1 EuGVÜ geben.

Ebenso liegt es bei Patentverletzungsklagen, denn jede einzelne Vertriebshandlung in jedem Land stellt für sich die Verletzung eines gesonderten Schutzrechts dar, in jedem Falle müsste man daher einen eigenen Tatort annehmen, bei dem Handlungs- und Erfolgsort stets zusammenfallen müssen. Auch hier würde aber ein einheitliches Geschehen aufgrund von Territorialitätsüberlegungen auseinandergerissen und der Beurteilung durch einzelne Gerichte unterstellt, obwohl alle Verletzungen ein gemeinsames Zentrum, einen Ursprung im Herstellungsort haben.

Diese Lösung würde aber nicht nur zur Parzellierung einheitlicher Sachverhalte führen, sie könnte zugleich auch dazu führen, dass eine sachgerechte Verbindung zu einem der Schadensursache besonders nahen Gerichtsstand ausgeschlossen würde. Dies würde in klarem Widerspruch zu der grundlegenden Auslegungsleitlinie der EuGH-Rechtsprechung stehen. Daher ist genau zu prüfen, ob die für die Eröffnung der besonderen Zuständigkeit erforderliche Nähebeziehung für Patentverletzungen im Ausland am Ort der Herstellung des Erzeugnisses nachgewiesen werden kann.

c) Unterschiedliche Beurteilung bei Erzeugnispatent und Verfahrenspatent

aa) Erzeugnispatent

Diese besondere Sachnähe im Sinn der Förderung der geordneten Rechtspflege erscheint zwar beim Erzeugnispatent auf den ersten Blick gegeben, da ja die Herstellung des patentverletzenden Erzeugnisses an diesem Ort erfolgte und damit der Ursprung für alle weiteren Patentverletzungen hier gelegt wurde. Es darf jedoch dabei nicht übersehen werden, dass das Inverkehrbringen, Gebrauchen und Anbieten sowie die Einfuhr und das Besitzen solcher Erzeugnisse zu den vorgenannten Zwecken von der Herstellung selbst

---

445 Vgl. dazu auch Tz 16 u. 17 der Erklärungen der Regierung des Vereinigten Königreichs im Fall Shevill, zitiert nach GA Léger, Schlussanträge zu EuGH, C-68/93 – Shevill, Slg. 1995, I-415, 444, Tz 31; GA Léger lehnte diesen Ansatz mit Hinweis auf die nötige Unterscheidung zwischen Ort der Veröffentlichung und Ort der Verbreitung sowie der damit verbundenen Trennung von Ort des ursächlichen Geschehens uns Ort des Schadenseintritts nach der Mines de Potasse Rechtsprechung des EuGH, vgl GA Léger, aaO, Tz 33-37.

unabhängige, eigenständige Patentverletzungstatbestände erfüllen. Sie können daher auch völlig losgelöst von dem Herstellvorgang betrachtet und unabhängig von ihm beurteilt werden. Daher ist die Sachnähe zum Patentverletzungstatbestand des Anbietens, Inverkehrbringens oder Gebrauchens sowie der Einfuhr oder des Besitzes des Erzeugnisses zu diesen Zwecken beim Erzeugnispatent nicht bereits mit der Herstellung des Erzeugnisses am Herstellungsort zu begründen. Es ist für die Beurteilung der Patentverletzung durch Inverkehrbringen oder sonstige Benutzung eines durch Erzeugnispatent geschützten Erzeugnisses nicht einmal erforderlich, Kenntnis von dessen Herstellungsort oder Herstellungsvorgang zu haben. Ob das Erzeugnis patentverletzend ist, kann vielmehr vom Erzeugnis selbst her beurteilt werden, ohne dass es auf Besonderheiten seiner Herstellung ankäme. Daher fehlt aber dem Herstellungsort beim Erzeugnispatent in der Regel die besondere Beweisnähe zur Verletzung durch das Inverkehrbringen oder eine andere dem Patentinhaber vorbehaltene Benutzung. Der Umstand allein, dass hier eine Ursprungshandlung für die folgenden Verletzungshandlungen vorliegt, kann für sich allein eine besondere Sachnähe bzgl. des von der Herstellung insoweit unabhängigen Verletzungstatbestands nicht begründen. Vielmehr gebietet der Grundsatz, dass Art. 5 Nr. 3 EuGVVO als Ausnahme zum allgemeinen Gerichtsstand des Beklagtenwohnsitzes eng auszulegen ist, dass in diesem Fall kein Gerichtsstand der unerlaubten Handlung eröffnet werden kann. Denn dieser darf nicht über die ihn rechtfertigenden besonderen Umstände hinaus ausgedehnt werden, will man das Risiko vermeiden, den allgemeinen Gerichtsstand nach Art. 2 Abs. 1 EuGVVO auszuhöhlen. Alleine die Erfüllung der weiteren Leitlinien, wie der Vorhersehbarkeit, der Vermeidung des forum actoris, und der Reduzierung der Möglichkeit miteinander unvereinbarer Entscheidungen, reichen nicht aus, solange das entscheidende Kriterium der besonderen Nähebeziehung, insbesondere der Beweisnähe nicht erreicht wird.

bb) Verfahrenspatent

Grundlegend anders verhält es sich hingegen bei einem Erzeugnis, dass aufgrund bzw. unter Verwendung eines geschützten Verfahrens hergestellt wurde.

Gerade im Fall des europäischen Verfahrenspatents kann eine besondere Nähebeziehung des Gerichts am Herstellungsort auch im Hinblick auf die nachfolgenden Verletzungen ausländischer Teile des europäischen Patents vorliegen, wie sich aus einer Betrachtung des Schutzumfangs des Verfahrenspatents ergibt.

bb) (1) Schutzbereich des Verfahrenspatents/ mittelbarer Erzeugnisschutz

Der Schutzbereich von Verfahrenspatenten ist in Europa weitgehend harmonisiert worden.

Art. 5 quater PVÜ bestimmt, dass wenn ein Erzeugnis in ein Verbandsland eingeführt wird, in dem ein Patent zum Schutz eines Verfahrens zur Herstellung dieses Erzeugnisses besteht, der Patentinhaber hinsichtlich des eingeführten Erzeugnisses alle Rechte hat, die ihm die Rechtsvorschriften des Einfuhrlandes aufgrund des Verfahrenspatents hinsichtlich der im Land selbst hergestellten Erzeugnisse gewähren. Das PVÜ ist innerdeutsches Recht, es wirkt wie jedes innerdeutsche Gesetz.[446] Nach dem deutschen Patentgesetz ist es zudem jedem Dritten ohne die Zustimmung des Patentinhabers gemäß § 9 Satz 2 Nr. 3 PatG verboten, dass durch Benutzung eines Verfahrenspatents unmittelbar hergestellte Erzeugnis anzubieten, in Verkehr zu bringen, zu gebrauchen oder zu diesen Zwecken einzuführen oder zu besitzen. Es hängt jedoch vom Verfassungssystem des einzelnen Verbandstaates ab, ob die Regeln des PVÜ als unmittelbar geltendes nationales Recht anzusehen sind.[447] Durch Art. 64 Abs. 2 EPÜ wird allerdings in jedem Falle einheitlich für das europäische Bündelpatent festgelegt, dass sich der Schutzbereich bei Verfahrenspatenten auch auf die durch das Verfahren unmittelbar hergestellten Erzeugnisse erstreckt. Ebenso sehen ferner Art. 28 Abs. 1 TRIPS sowie die (noch) nicht in Kraft getretenen Regelungen der Art. 7, lit.c) GPVO und Art. 25 (c) GPÜ zum Gemeinschaftspatent den Schutz des unmittelbaren Verfahrenserzeugnisses vor.[448] Sofern Mitgliedstaaten des EPÜ einen Schutz der unmittelbaren Verfahrenserzeugnisse in ihren nationalen Prozessordnungen nicht vorgesehen hatten, legt die Bestimmung bindend fest, dass ein solcher Schutz zu gewähren ist. Dies ist insbesondere dann wichtig, wenn das Verfahrenspatent im Herstellungsland selbst nicht gilt und daher § 9 Satz 2 Nr. 2 PatG oder eine entsprechende Regelung eines ausländischen Patentgesetzes nicht bzgl. der Anwendung des geschützten Verfahrens eingreift. Die Regelung enthält somit eine notwendige Ergänzung, um das Verfahrenspatent vor Aushöhlung und Umgehung zu schützen.

Ob die Herstellung im In- oder Ausland erfolgt ist, ist daher unerheblich; auch die im Ausland nach dem Verfahrenspatent hergestellte Ware ist im Inland geschützt.[449]
Dem Verfahrenspatent ist insoweit trotz des Territorialitätsprinzips auch ein gewisser grenzüberschreitender Schutz zu eigen. Kann es zwar keine Wirkung im Ausland entfalten, erfasst es doch im Ausland produzierte Erzeugnisse, sofern diese unmittelbar durch das im Inland geschützte Verfahren hergestellt worden sind. Obwohl also die Herstellung selbst im Ausland keine Verletzung

446 Art. 5 quater PVÜ ist self-executing, vgl. Benkard/Ullmann, PatG Internationaler Teil, Rn 10 mN; siehe auch BGHZ 71,152, 159f.

447 Vgl. Benkard/Ullmann, PatG Internationaler Teil, Rn 10.

448 Besondere Bedeutung konnte Art. 64 Abs. 2 EPÜ insbesondere in den Staaten erlangen, die einen Stoffschutz für chemische Erzeugnisse als solche oder Nahrungs- und Arzneimittel als solche augrund eines Vorbehalts nach Art. 67 Abs. 2 (a) EPÜ nicht gewährt hattenDieser Vorbehalt war jedoch auf einen Zeitraum von maximal 10 Jahren mit einmaliger Verlängerungsmöglichkeit um weitere 5 Jahre beschränkt, vgl. Art. 164 Abs. 3 und 4 EPÜ, und dürfte daher heute kaum noch von bedeutender Relevanz sein.

449 Vgl. BGH, GRUR 1964, 439, 441 - Arzneimittelgemisch; Mes, PatG § 9 Rn. 26; Benkard/Bruchhausen, § 9 PatG Rn 52 mwN.; dies ergibt sich auch klar aus dem Wortlaut des Art. 5 quater PVÜ.

des inländischen Verfahrenspatents darstellen kann, weil das Verfahren in diesem Land nicht geschützt ist bzw. sich der Schutz des inländischen Verfahrenspatents aufgrund des Territorialitätsprinzips nicht auf das Ausland erstrecken kann, wird das Erzeugnis dennoch vom Schutz des inländischen Verfahrenspatents erfasst, sobald es in den Hoheitsbereich des Schutzstaats gelangt. Zum Import ist daher ausschließlich der Verfahrenspatentinhaber berechtigt.[450] Dennoch darf nicht unbeachtet bleiben, dass sich die durch das Verfahrenspatent geschützte Lehre allein auf das Herstellverfahren bezieht. Wird das geschützte Verfahren nicht benutzt, ist daher selbst ein völlig identisches Erzeugnis nicht vom Schutz des Verfahrenspatents erfasst.[451]

bb) (2) Herstellung als Teil der unerlaubten Handlung und Bedeutung für die Beweiserhebung und Beweisführung

Die Verletzungshandlung ist zwar erst das Angebot, das Inverkehrbringen, das Gebrauchen oder das Einführen oder Besitzen des Verfahrenserzeugnisses zu diesen Zwecken. Den Tatbestand der Patentverletzung kann diese Handlung allerdings nur erfüllen, wenn es sich bei dem Erzeugnis um ein solches handelt, das unmittelbar durch das geschützte Verfahren hergestellt wurde.

Die Herstellung ist deshalb als ein Teil der einheitlichen unerlaubten Handlung des Anbietens, Inverkehrbringens, Gebrauchens oder Einführens bzw. Besitzes eines Erzeugnisses, das nach einem im Inland geschützten Verfahren hergestellt wurde, zu charakterisieren. Denn die Verwendung des geschützten Verfahrens ist ein entscheidendes Tatbestandsmerkmal für die Verletzung des Patents durch das spätere Inverkehrbringen und alle anderen dem Patentinhaber vorbehaltenen Benutzugsarten. Die Herstellung und die Benutzung des Erzeugnisses sind in soweit untrennbar miteinander verknüpft, da die Benutzungshandlungen ohne die Herstellung nicht nur nicht möglich, sondern zudem nur aufgrund der besonderen Umstände der Herstellung (nämlich der Verwendung des geschützten Verfahrens) überhaupt den Tatbestand einer unerlaubten Handlung erfüllen Die Herstellung erfolgt darüber hinaus stets mit dem Ziel und im Hinblick auf die späteren Benutzungshandlungen. Es ist daher gerechtfertigt, den gesamten Vorgang als eine einheitliche unerlaubte Handlung anzusehen.

Die Tatsache, dass eine bestimmte Ware vom angeblichen Verletzer angeboten oder in Verkehr gebracht wurde, etc., ist in der Praxis oft unstreitig oder zumindest leichter nachzuweisen.

Entscheidende Frage im Patentverletzungsprozess gegen das Anbieten, Inverkehrbringen, Gebrauchen, Einführen oder Besitzen eines solchen Erzeugnisses ist daher, ob es sich tatsächlich um ein Erzeugnis handelt, dass unmittelbar durch die Anwendung der vom Verfahrenspatent geschützten Lehre

450 Vgl. Benkard/ Ullmann, PatG, Internationaler Teil, Rn 16; Kunz-Hallstein, GRUR Int. 1983, 548, 552.

451 Vgl. BGHZ 57, 1, 23 ff. – Trioxan m.w.N.; Benkard/ Bruchhausen, PatG § 9, Rn 52.

hergestellt wurde, vgl. auch § 9 Satz 2 Nr. 3 PatG. Diese Frage lässt sich aus beweistechnischer Sicht grundsätzlich am besten am Herstellungsort selbst beantworten.

bb) (3) Schlussfolgerungen

Der Ort der Herstellung des Erzeugnisses ist daher bei Verfahrenspatenten nicht nur der Ursprungsort für alle weiteren Verletzungshandlungen und damit das verbindende Zentrum aller einzelnen Verletzungen. Er ist zugleich der einzige Ort, der beweistechnisch Relevanz für jede einzelne Verletzung in den Vertragsstaaten hat. Er ist insbesondere aus diesem Grund der für die geordnete Rechtspflege und sachgerechte Gestaltung des Prozesses am besten geeignete Ort. Kein anderer Ort hat eine engere Beziehung zur Streitigkeit, denn die Frage, *ob* das Erzeugnis angeboten, in Verkehr gebracht oder eingeführt wurde, wird in den seltensten Fällen einmal einen Streitpunkt darstellen. Vielmehr ist die entscheidende Frage, ob bei der Herstellung des Erzeugnisses das geschützte Verfahren ohne Zustimmung des Patentinhabers angewendet wurde. Die besondere Beweisnähe des Gerichts am Ort der Herstellung für alle nachfolgenden Benutzungshandlungen liegt daher auf der Hand.

Die internationale Zuständigkeit ist für jede geltend gemachte Verletzung jedes einzelnen Patents bzw. nationalen Teils eines europäischen Patents individuell zu prüfen. In jedem Einzelfall muss anhand der Auslegungsleitlinien ermittelt werden, ob die Voraussetzungen für die Eröffnung eines Gerichtsstands nach Art. 5 Nr. 3 EuGVVO erfüllt sind. Ist das verwendete Herstellverfahren am Ort der Herstellung patentgeschützt, so sind selbstverständlich die Gerichte am Ort der Herstellung für die Verletzung des inländischen Verfahrenspatents zuständig. Darüber hinaus besteht eine besonders enge Beziehung auch zu nachfolgenden Benutzungshandlungen in verschiedenen Ländern betreffend das Erzeugnis, die unter den Schutz der nationalen Verfahrenspatente fallen können. Für den übergeordneten Grundsatz der erforderlichen Nähebeziehung des Gerichts zu der Verletzung eines ausländischen Patents ist es aber unerheblich, ob die Herstellung im Inland selbst schon eine Verletzung eines inländischen Patents darstellt. Denn die Beantwortung dieser Frage kann auf die Bewertung der Beweiserheblichkeit für die Verletzung des ausländischen Patents keinen Einfluss haben. Der Beweis für die Erfüllung des entscheidenden Tatbestandsmerkmals „durch das Verfahren unmittelbar hergestelltes Erzeugnis" kann am besten am Ort der Herstellung des Erzeugnisses geführt werden, unabhängig davon, ob an diesem Ort ein nationales Schutzrecht besteht. Daher kann bei konsequenter Anwendung dieser Hauptauslegungsleitlinie die Eröffnung eines inländischen Gerichtsstands der unerlaubten Handlung nicht davon abhängig gemacht werden, dass zumindest auch die Verletzung eines inländischen Patents geltend gemacht wird.[452] Erforderlich ist dabei, dass die Handlung im Inland notwendige Voraussetzung für die nachfolgenden

452 A.A. offenbar Grabinski, GRUR Int 2001, 200ff.

Verletzungen im Ausland ist[453] und bereits als im Inland sattfindender Teil der Patentverletzung im Ausland angesehen werden kann. Auch diese Bewertung ist aber nicht davon abhängig, ob zugleich ein inländisches Schutzrecht verletzt sein kann.

Die Gerichte am Ort der Herstellung des Erzeugnisses verfügen damit über die größte Sachnähe und sind am besten geeignet, Beweiserhebungen zur Art und Weise der Herstellung durchzuführen und eine geordnete Rechtspflege sowie einen zielgerichteten Ablauf des Prozesses zu gewährleisten und damit auch die Kosten und Dauer eines Verfahrens niedrig zu halten.

Auch aus Sicht der Parteien ist das Gericht am Ort der Herstellung des Erzeugnisses daher in der Regel der am besten geeignete Gerichtsstand.

Eine nähere Untersuchung zeigt, dass diese Lösung auch mit den weiteren Auslegungsleitlinien in Einklang steht. Sie respektiert insbesondere den Grundsatz, dass Art. 5 Nr. 3 EuGVVO als Ausnahme zu Art. 2 Abs. 1 EuGVVO eng auszulegen ist. Bei Verfahrenspatenten wird die Zuständigkeit am Ort der Herstellung der Erzeugnisse nicht über den Rahmen hinaus ausgedehnt, der durch eine besondere Beweisnähe gekennzeichnet ist. Dadurch wird der allgemeine Gerichtsstand am Beklagtenwohnsitz nicht ausgehöhlt. Zudem wird die praktische Wirksamkeit des Gerichtsstands der unerlaubten Handlung gefördert. Gerade an einem Ort, der zentrale Beweisnähe für eine Vielzahl von Verletzungshandlungen in unterschiedlichen Staaten bietet, wird die Zuständigkeit eröffnet. An einem solchen Ort kann Art. 5 Nr. 3 EuGVVO seine volle nach seinem Sinn und Zweck ihm eigene Wirksamkeit entfalten. Ein Klägergerichtsstand wird an diesem Ort ebenfalls nicht begründet. Im Gegenteil dürfte der Ort der Herstellung des Erzeugnisses in aller Regel dem Ort des Beklagtenwohnsitzes wesentlich näher stehen, als dem Wohnsitz des Klägers. Durch die Eröffnung eines Gerichtsstands am Ort der Herstellung wird allerdings die Anzahl der möglichen zuständigen Gerichte erweitert, er tritt neben die Gerichtsstände in den einzelnen Schutzstaaten. Im Gegensatz zu den überkommenen Zuständigkeiten in den einzelnen Schutzstaaten begründet er jedoch eine umfassende Zuständigkeit für alle Verletzungen der betroffenen parallelen Teile des Verfahrenspatents in diesen Staaten. An diesem Gerichtsstand ist damit eine Konzentration von Verfahren möglich, die im Interesse einer geordneten Rechtspflege und einheitlicher Entscheidungen wünschenswert ist. Die eröffnete Möglichkeit zum forum shopping ist begrenzt und kann jedenfalls nicht dazu führen, einen Klägergerichtsstand zu begründen. Auch im Hinblick auf Rechtssicherheit und Vorhersehbarkeit der Zuständigkeitszuweisung bietet der Gerichtsstand am Ort der Herstellung Vorteile. Zum einen ist es für alle Beteiligten ohne weiteres vorhersehbar, dass an dem Ort, an dem das gesamte schädigende Verhalten seinen Ausgang nahm, ein Gerichtsverfahren eröff-

453 vgl. dazu EuGH, C-18/02 – DFDS Torline, Slg. 2004, I-1417, 1453-1454, Tz 32 u. 34; EuGH, C-21/76 – Mines de Potasse, Slg. 1976, 1735, 1743, Tz 15/19.

net werden kann. Dass sich das zuständige Gericht mit der Verletzung ausländischer Patente auseinandersetzen sowie ausländische Rechte anwenden muss, kann dem nicht entgegengehalten werden – die Situation ist die gleiche wie am Gerichtsstand des Beklagtenwohnsitzes. Es ist auch beiden zumutbar, sich dort dem Verfahren zu stellen. Durch die Konzentrationswirkung dieses Gerichtsstands wird zudem die Rechtssicherheit gefördert und einander widersprechende Entscheidungen werden vermieden.

Im Ergebnis spricht daher im Falle von Verfahrenspatenten alles dafür, Art. 5 Nr. 3 EuGVVO so auszulegen, dass die Eröffnung eines Gerichtsstands der unerlaubten Handlung am Herstellungsort im Inland auch im Hinblick auf die Geltendmachung der Verletzung ausländischer Verfahrenspatente durch Benutzung von im Inland unmittelbar durch das (im Ausland) geschützte Verfahren hergestellter Erzeugnisse zuzulassen. Dies gilt unabhängig davon, ob das Verfahren zugleich am Herstellort selbst Gegenstand eines inländischen Schutzrechts ist.

Der EuGH hat im Urteil Shevill zu verstehen gegeben, dass er die in den vorangegangenen Entscheidungen entwickelten wesentlichen Leitlinien der Beweisnähe, der Forderung geordneter Rechtspflege und sachgerechter Gestaltung des Prozesses, sowie der Konzentration von Zuständigkeiten auch bei formal mehreren Handlungen aber einheitlichem Lebenssachverhalt weiterverfolgen will und anhand dieser Leitlinien konsequente und prozessfördernde Entscheidungen bevorzugt. Eine Konzentration am Ort des Ursprungs mehrerer Folgehandlungen ist daher stets dann zu bejahen, wenn dadurch den Leitlinien entsprechende Ergebnisse erzielt werden. Dies ist wie oben dargelegt zumindest bei Verfahrenspatenten der Fall.

3) Lösung der Ausgangsfälle Nr. 3 und 4

In Beispielsfall Nr. 3 ist ein Gerichtsstand der unerlaubten Handlung gemäß Art. 5 Nr. 3 EuGVVO gegen die Beklagte zu 1 beim LG Düsseldorf nur insoweit eröffnet, als es um die Verletzung des deutschen Teils des Patents geht. Für die Verletzungen des österreichischen, niederländischen und britischen Teils des Patents ist jedoch eine Klage vor dem gleichen Gericht bei Anwendung der Auslegungsleitlinien nicht zulässig. Zwar liegt mit der Herstellung der Erzeugnisse in Köln auch der Ursprung für die nachfolgenden patentverletzenden Vertriebshandlungen im Ausland im Bezirk des angerufenen Gerichts. Dem deutschen Gericht fehlt es jedoch an der erforderlichen Sach- und Beweisnähe im Hinblick auf die Verletzungen dieser ausländischen Patente. Denn allein aus der Herstellung der Erzeugnisse ergeben sich keine beweiserheblichen Erkenntnisse für die Patentverletzungen im Ausland. Eine Auslegung des Art. 5 Nr. 3 EuGVVO, die trotz fehlender enger Beziehung des Gerichts zum Streitfall einen Gerichtsstand eröffnete, würde aber zur Aushöhlung des allgemeinen Gerichtsstands am Wohnsitz des Beklagten führen und ist daher mit dem Grundsatz der engen Auslegung der Ausnahmevorschrift nicht vereinbar und daher nicht gerechtfertigt. Eine zusammenfassende Klage gegen den Beklagten zu 1 wegen aller Verletzungen ist daher nur an seinem Wohnsitz in den Niederlanden möglich.

In Beispielsfall Nr. 4 hingegen kann die Klägerin auch Hinblick auf den österreichischen, niederländischen und englischen Teil des Klagepatents Klage vor dem LG Düsseldorf gegen die Beklagte erheben. Die Herstellungshandlung in Deutschland ist nicht nur der Ausgangspunkt, sondern die Art und Weise ihrer Ausführung hat zudem Tatbestandsrelevanz für alle weiteren Verletzungen ausländischer Patente. Denn der Erzeugnisschutz wird nur gewährt, wenn das geschützte Verfahren bei der Herstellung der Erzeugnisse angewendet wurde. Diese Tatbestandsrelevanz rechtfertigt zum einen, die Herstellung als im Inland begangenen Teil der unerlaubten Handlung im Ausland anzusehen. Zum anderen begründet sie die erforderliche Sach- und Beweisnähe deutscher Gerichte am Ort der Herstellung für sämtliche nachfolgenden Patentverletzungen, die in der Benutzung der Erzeugnissen liegen sollen, so dass der übergeordnete Auslegungsgrundsatz beachtet wird. Dies gilt auch im Falle der Abwandlung, denn es ist für die besondere Nähebeziehung zur Verletzung ausländischer Schutzrechte nicht erheblich, ob durch die Herstellung selbst bereits eine Verletzung eines im Inland geltenden Patents möglich ist oder geltend gemacht wird. Auch die weiteren Auslegungsleitlinien sind gewahrt. Insbesondere erfährt Art. 5 Nr. 3 EuGVVO keine Auslegung, die über die besondere Nähebeziehung hinausgeht und daher dem Grundsatz der engen Auslegung gerecht wird. Ein Klägergerichtsstand wird nicht begründet, der Ort der Herstellung der Erzeugnisse ist zudem von allen Beteiligten als Gerichtsort vorhersehbar und ihnen zumutbar. Die Möglichkeit, hier alle Verletzungsverfahren zu konzentrieren und an einem zentralen Gerichtsstand gemeinsam zu verhandeln und zu entscheiden fördert die Rechtssicherheit und dient dem Interesse der Praxis an schnellen und einheitlichen Entscheidungen.
Die Klage wegen Verletzung aller relevanten Teile des betroffenen europäischen Patents ist dem Kläger damit am Gerichtsstand der unerlaubten Handlung gemäß Art. 5 Nr. 3 EuGVVO vor dem Landgericht Düsseldorf möglich.

4) Gleichzeitige Geltendmachung von Ansprüchen auf Stoffschutz und Verfahrensschutz aus dem gleichen Patent (Beispielsfall 5)

Gerade im Bereich der Arzneimittel und pharmazeutischen Wirkstoffe werden Patentansprüche häufig sowohl auf den Stoff selbst als auch auf Verfahren zu seiner Herstellung angemeldet und entsprechende Patente mit Ansprüchen aus unterschiedlichen Patentkategorien erteilt. Nach den oben dargestellten Ergebnissen könnte der Stoffschutzanspruch alleine nicht konzentriert für alle benannten Staaten beim Landgericht Düsseldorf als Gerichtsstand der unerlaubten Handlung geltend gemacht werden, da es an der erforderlichen besonderen Nähebeziehung fehlt. Möglich wäre dagegen gemäß Art. 5 Nr. 3 EuGVVO ein gebündeltes Vorgehen beim Landgericht Düsseldorf aus dem Verfahrensanspruch wegen Verletzung aller relevanten nationalen Teile des europäischen Patents. Bei Patenten, die zugleich Stoffschutz und Verfahrensschutz beinhalten, wird der Kläger jedoch in der Regel beide Arten von Schutzansprüchen parallel geltend machen. Es stellt sich daher die Frage, ob die konzentrierte Klage am Ort der Herstellung des Erzeugnisses im Falle von „gemischten" Patenten auch im Hinblick auf den Stoffschutzanspruch möglich ist, die Zuständigkeit für den Verfahrensanspruch sich also auch auf den parallel dazu geltend gemachten Stoffschutzanspruch erstreckt.

Die Konstellation ist zwar bisher nicht Gegenstand gerichtlicher Entscheidungen gewesen, ist aber weitgehend vergleichbar mit der Situation, dass neben deliktischen Anspruchsgrundlagen konkurrierende Klagegründe (z.B. aus Vertrag) im Gerichtsstand der unerlaubten Handlung geltend gemacht werden.

a) Situation im deutschen Recht bei konkurrierenden Klagegründen

Im deutschen Recht war lange ganz hM, dass im Gerichtsstand der unerlaubten Handlung nach § 32 ZPO nur über die deliktsrechtlichen materiellen Anspruchsgrundlagen entschieden werden dürfe, auch wenn ein einheitlicher prozessualer Anspruch geltend gemacht wird.[454] Nach Inkrafttreten des § 17 Abs. 2 GVG in der seit dem 1. Januar 1991 geltenden Fassung wird dies jedoch zunehmend in Rechtsprechung und Literatur als nicht mehr sachgerecht empfunden.[455] Nach dieser Vorschrift muß ein Gericht, zu dem für ein bestimmtes Begehren der Rechtsweg eröffnet ist, den Streitgegenstand auch unter anderen, an sich nicht zur Zuständigkeit seines Rechtswegs gehörenden rechtlichen Gesichtspunkten prüfen und entscheiden. Hierdurch wird vermieden, daß es über denselben Streitgegenstand zu mehreren Verfahren in verschiedenen Gerichtszweigen kommt; die Vorschrift dient daher letztlich der Förderung der Prozessökonomie. Der BGH sowie mehrere Obergerichte und ein Großteil der Literatur sind der Auffassung, dass der darin zum Ausdruck kommende Rechtsgedanke im Zusammenhang mit der örtlichen Zuständigkeit ebenfalls zur Anwendung kommen müsse.[456] Wenn nach der Entscheidung

---

454 RGZ 27, 385, BGH, NJW 1986, 2436, 2437; BGH, VersR 1980, 846, jeweils mwN.; vgl. auch Nachweise bei Zöller/Vollkommer, § 12 Rn 20.

455 Zöller/Vollkommer, § 12 Rn 20 mwN; Thomas/Putzo, Vorbem. § 12 Rn 8.

456 BGHZ 153, 173-181; BayObLG, NJW-RR 1996, 508; OLG Koblenz, ZMR 1997, 77; OLG Frankfurt, NJW-RR 1996, 1341; OLG Hamburg, MDR 1997, 884; OLG Köln, NJW-RR 1999, 1081; OLG Hamm, NJW-RR 2000, 727; KG Berlin, MDR 2000, 413; Zöller/Vollkommer, § 12 Rn 20; Thomas/Putzo, Vorbem § 12, Rn 8 jeweils mwN.; str., a.A. KG Berlin, KGR Berlin, 1995, 202; OLG Karlsruhe, TranspR 1997, 166; OLG Hamburg, OLGR Hamburg, 1996, 347; OLG Köln, MDR 2000, 170 und OLG Hamm, NJW-RR 2002, 1291.

des Gesetzgebers ein Gericht befugt und verpflichtet ist, über "rechtswegfremde" Anspruchsgrundlagen zu entscheiden, müsse es erst recht befugt sein, über in seine Rechtswegzuständigkeit fallende Anspruchsgrundlagen zu entscheiden, die für sich gesehen seine örtliche Zuständigkeit nicht begründen würden. Der Gesetzgeber habe durch § 17 Abs. 2 GVG n.F. zum Ausdruck gebracht, daß das Interesse an einer möglichst schnellen und einfachen Beilegung des Rechtsstreits höher zu bewerten ist als das Anliegen, das Bestehen von Rechten stets von demjenigen Gericht beantworten zu lassen, das zu der jeweiligen Rechtsmaterie die engsten Beziehungen hat. Das könne seitdem auch bei der Auslegung von § 32 ZPO nicht unberücksichtigt bleiben.[457] Denn auch im Hinblick auf die örtliche Zuständigkeit bestehe die durch § 17 Abs. 2 GVG n.F. Im Sinne der Prozeßökonomie gelöste Interessenlage. Auch hier könne es ansonsten dazu kommen, daß derselbe Streitgegenstand mehrfach Gegenstand eines Rechtsstreits werden kann. Insbesondere sei der Beklagte regelmäßig und berechtigter Weise daran interessiert, daß er nach einer ersten Klage und deren Abweisung nicht erneut mit demselben, auf denselben Sachverhalt gestützten Begehren gerichtlich konfrontiert werden kann. Eine unberechtigte Bevorzugung des Klägers könne in der umfassenden Entscheidungsbefugnis des nach § 32 ZPO zuständigen Gerichts nicht gesehen werden, da diese ebenso wie Begrenzung auf deliktische Anspruchsgrundlagen sowohl für den Kläger als auch für den Beklagten Vor- und Nachteile mit sich bringe.[458] Die in § 17 Abs. 2 GVG zum Ausdruck kommende sachbezogene Wertung gebe hier den Ausschlag zugunsten der umfassenden Entscheidungsbefugnis.

Diese Begründungen treffen ebenso zu, wenn – wie im Beispielsfall 5 – zwei deliktische Anspruchsgrundlagen geltend genmacht werden, von denen nach den Auslegungsleitlinien jedoch nur eine zur Zuständigkeit der angerufenen Gerichte führen kann.

Gleichwohl hat selbst der BGH seine neue Rechtsprechung ausdrücklich auf die örtliche Zuständigkeit begrenzt und nicht auf den Bereich der internationalen Zuständigkeit erstreckt.[459] Wie der BGH zutreffend ausführt ist die Entscheidung über die internationale Zuständigkeit mit besonders weitreichenden Konsequenzen verknüpft, insbesondere weil von ihr abhängt, welche nationalen Vorschriften für das Verfahrensrecht anwendbar sind. Auch unabhängig davon ist es für die Beteiligten in aller Regel von besonderer Bedeutung, ob sie in ihrem Heimatstaat oder im Ausland vor Gericht stehen.

Einer unmittelbaren Übertragung dieser Rechtsprechung auf Art. 5 Nr. 3 EuGVVO steht neben dem Grundsatz der autonomen Auslegung der europarechtlichen Vorschriften zudem entgegen, dass das europäische Prozessrecht eine § 17 Abs. 2 GVG vergleichbare Regelung nicht kennt.

---

457 BGHZ 153, 173.

458 BGHZ 153, 173.

459 BGHZ 153, 173; BGHZ 132, 105 unter Berufung auf EuGH, C-189/87, Slg. 1988, 5565 – Kalfelis.

b) Bewertung im Rahmen des Art. 5 Nr. 3 EuGVVO

Der EuGH hat die Frage, ob Art. 5 Nr. 3 EuGVÜ eine Annexzuständigkeit kraft Sachzusammenhangs auch für nicht deliktische Klageansprüche eröffnet, in seinem Urteil „Kalfelis" behandelt.[460]
Darin entschied der EuGH, dass ein Gericht, das nach Art. 5 Nr. 3 EuGVÜ für die Entscheidung über eine Klage unter einem auf deliktischer Grundlage beruhenden Gesichtspunkt zuständig ist, nicht auch zuständig ist, über diese Klage unter anderen, nichtdelikitschen Gesichtspunkten zu entscheiden. Der EuGH begründet dies allein damit, dass Art. 5 Nr. 3 als Ausnahme vom Grundsatz der Zuständigkeit der Gerichte des Wohnsitzstaates des Beklagten einschränkend auszulegen ist. Nähere Erläuterungen, warum eine solche Auslegung geboten ist, erfolgten nicht. Statt dessen verwies der EuGH darauf, das der Kläger stets die Möglichkeit habe, seine Klage unter sämtlichen Gesichtspunkten vor das Gericht des Wohnsitzes des Beklagten zu bringen, womit die Nachteile vermieden werden können, die entstehen, wenn über einzelne Aspekte eines Rechtsstreits von verschiedenen Gerichten entschieden wird. Zudem verwies er auf die Möglichkeit der Klageverbindung nach Art. 22 EuGVÜ, wenn zwischen den vor verschiedenen Gerichten erhobenen Klagen ein Zusammenhang besteht.

Die Kommssion sowie der mit dem Fall betraute Generalanwalt Marco Darmon vertraten im Gegensatz dazu die Auffassung, dass der Gedanke der Prozessökonomie maßgebend sein müsse. Bereits in seiner Entscheidung im Fall „Peters" hat der EuGH ausgeführt, dass die Bestimmungen des Übereinkommens so auszulegen sind, dass das angerufene Gericht nicht dazu veranlasst wird, seine Zuständigkeit für eine bestimmte Klage zu bejahen, für eine andere jedoch zu verneinen, obwohl zwischen beiden ein enger Zusammenhang besteht.[461] Auf dieser Grundlage hat der EuGH in dieser Entscheidung eine Annexzuständigkeit für Artikel 5 Nr. 1 EuGVÜ bejaht, da die engen Bindungen, die ein Vertrag zwischen den Vertragsparteien schaffe, es rechtfertigen, „sämtliche Schwierigkeiten, die bei der Erfüllung einer vertraglichen Verpflichtung auftreten können, vor ein und dasselbe Gericht, nämlich das Gericht des Erfüllungsortes, zu bringen."[462] Der Generalanwalt betonte in seinen Schlussanträgen im Fall „Kalfelis", dass dieses Gericht am besten in der Lage sei, den Zusammenhang des Vertrags und die Gesamtheit seiner streitigen Implikationen zu verstehen. Bei Vorliegen konkurrierender Klagegründe aus Vertrag und Delikt sei daher allein Artikel 5 Nr. 1 EuGVÜ maßgebend.[463] Daraus folge auch, dass selbst deliktische Ansprüche vom Anwendungsbereich des Art. 5 Nr. 3 EuGVÜ auszuschließen sind, wenn die Klage

460 EuGH, C-189/87, Slg. 1988, 5565 – Kalfelis.
461 EuGH, C-34/82, Slg. 1983, 987, Tz 17 – Peters.
462 EuGH, C-34/82, Slg. 1983, 987,Tz 12 – Peters.
463 GA Darmon, Schlussanträge zu EuGH, C189/87, Slg. 1988, 5565, 5577, Tz. 28.

selbst Ausdruck der Schwierigkeiten ist, die bei der Erfüllung einer vertraglichen Verpflichtung auftreten können.[464]

c) Erörterung und Stellungnahme

Nach der Entscheidung des EuGH im Fall „Kalfelis“ könnten deliktische Ansprüche und vertragliche Ansprüche aus ein und demselben Sachverhalt (Streitgegenstand) vor verschiedenen Gerichten geltend gemacht werden. Der EuGH setzt sich damit in Widerspruch zu seiner eigenen Rechtsprechung im Fall „Peters“, wonach eine solche Auslegung der Bestimmungen des EuGVÜ gerade vermieden werden sollte. Zu diesem Widerspruch nimmt der EuGH allerdings in keinem Punkt Stellung, obwohl der Generalanwalt in seinen Schlussanträgen ausdrücklich auf diese entgegenstehnende Rechtsprechung hingewiesen hat.

Kann die Entscheidung des EuGH im Fall „Kalfelis“ mit den erarbeiteten Auslegungsleitlinien zu Art. 5 Nr. 3 EuGVVO begründet werden? Als Ausnahme zu Art. 2 Abs. 1 EuGVVO ist der Gerichtsstand der unerlaubten Handlung eng auszulegen. Die Auslegung darf nicht dazu führen, dass der Grundsatz der Zuständigkeit der Gerichte des Wohnsitzstaates des Beklagten ausgehöhlt wird. Sofern die besondere Zuständigkeit der Gerichte außerhalb des Wohnsitzstaates des Beklagten daher nicht durch eine besondere Nähebeziehung zu der Streitigkeit gerechtfertigt werden kann, ist der Gerichtsstand nach Art. 5 Nr. 3 EuGVVO nicht eröffnet. Diese besondere Nähebeziehung, insbesondere die Beweisnähe, muss im Hinblick auf die Tatbestandsmerkmale eines deliktischen Anspruchs erfüllt sein. Die Entscheidung des EuGH wäre daher dann aus dem übergeordneten Grundsatz der besonderen Nähebeziehung zu rechtfertigen, wenn diese bezüglich der Tatbestandsmerkmale eines deliktischen Anspruchs besteht, sich aber nicht notwendigerweise zugleich auf die Tatbestandsmerkmale eines vertraglichen oder sonstigen nicht deliktischen Anspruchs erstreckt. Dies dürfte bei einem einheitlichen Streitgegenstand zumindest nicht der Regelfall sein, meist werden deliktische und vertragliche Haftung auf ein und demselben Verhalten beruhen, für das die Beweisnähe in beiden Fällen gleich ist. Der EuGH zielt in seiner Begründung daher auch nicht auf diesen übergeordneten Grundsatz ab, sondern beruft sich auf die Ausnahmeeigenschaft des besonderen Gerichtsstands. Art. 5 Nr. 3 EuGVVO begründet einen besonderen Gerichtsstand gerade nur für Klagen, die eine unerlaubte Handlung oder eine Handlung, die einer unerlaubten Handlung gleichgestellt ist, zum Gegenstand haben. Eine erweiterte Auslegung, nach der eine Annexzuständigkeit für nichtdeliktische Ansprüche begründet wird, könnte zur Verkürzung des Anwendungsbereichs der Grundsatzzuständigkeit im Wohnsitzstaat des Beklagten führen. Der EuGH stellt hier also offenbar den Grund-

464 GA Darmon, Schlussanträge zu EuGH, C189/87, Slg. 1988, 5565, 5577, Tz. 30.

satz der engen Auslegung ausnahmsweise höher als die besondere Nähebeziehung.

Der EuGH scheint allerdings im Rahmen des Art. 5 Nr. 1 einen anderen Maßstab anzulegen. Obwohl hier die gleichen Bedenken hinsichtlich einer zu weiten Auslegung dieses besonderen Gerichtsstands wie bei Art. 5 Nr. 3 gelten, sollen sämtliche Schwierigkeiten, die bei der Erfüllung einer vertraglichen Verpflichtung auftreten können, vor ein und demselben Gericht, nämlich dem des Erfüllungsortes einklagbar sein.[465] Diese Inkonsistenz lässt sich nur damit erklären, dass der EuGH den besonders engen Bindungen, die ein Vertrag zwischen den Vertragsparteien schafft, eine überragende Bedeutung zumisst. Entgegen dem Vorschlag des Generalanwalts Darmon ging der EuGH jedoch gleichwohl nicht so weit, die Klage im Gerichtsstand des Art. 5 Nr. 3 EuGVÜ vollständig auszuschließen, wenn neben den deliktischen auch vertragliche Ansprüche geltend gemacht werden. Der EuGH honoriert damit die besondere Nähebeziehung der Gerichte zum deliktischen Teil der Streitigkeit. Es ist daher möglich, dass der EuGH die Zuständigkeit der nach Art. 5 Nr. 3 EuGVÜ zuständigen Gerichte nur deswegen beschränkte, weil ein Anspruch erhoben wurde, der nicht aus einer unerlaubten Handlung oder einer Handlung, die einer unerlaubten Handlung vergleichbar ist, hergeleitet wurde und somit seinem Wesen nach nicht von Art. 5 Nr. 3 EuGVÜ erfasst werden konnte.

Im Hinblick auf die besondere Konstellation bei Patentverletzungsklagen aus dem Verfahrens- und zugleich dem Stoffanspruch stellt sich daher die Frage, ob der vom EuGH im Fall „Kalfelis" vertretenen Auslegung mit der Folge einer getrennten Zuständigkeit der Vorrang vor der Auslegung nach der rechtsprechung im Fall „Peters" zu geben ist.
Der Gerichtshof hat stets betont, dass allein Gründe der Prozessökonomie nicht dazu führen, dass am Gerichtsstand der unerlaubten Handlung eine umfassende Zuständigkeit begründet wird. Er hat diese vielmehr stets auf das gemäß dem übergeordneten Auslegungsgrundsatz einer besonderen Nähebeziehung zur Streitigkeit gerechtfertigte Maß begrenzt. Wenn und soweit die Voraussetzungen nach dieser Hauptauslegungsleitlinie nicht erfüllt waren, hat er die Nachteile einer Begrenzung der Zuständigkeit ausdrücklich hervorgehoben, jedoch stets darauf verwiesen, dass der Kläger diese Nachteile durch eine Klage am allgemeinen Gerichtsstand des Beklagten vermeiden könne. Der EuGH hat damit dem Grundsatz der engen Auslegung der besonderen Gerichtsstände Nachdruck verliehen. Gerade in der Entscheidung „Kalfelis" kann man erkennen, dass eine Annexkompetenz im Rahmen des Art. 5 Nr. 3 EuGVÜ vom EuGH nicht befürwortet wird. Danach wäre neben den inländischen Patenten nur die Geltendmachung der ausländischen Verfahrenspatente, nicht aber der ausländischen Stoffpatente möglich.

---

465 EuGH, C-34/82, Slg. 1983, 987,Tz 12 – Peters.

Ein wesentlicher Unterschied zum Fall „Kalfelis“ liegt aber darin, dass hier mit dem Verfahrens- und dem Stoffanspruch zwei deliktische Ansprüche geltend gemacht werden, hinsichtlich des Stoffanspruchs allerdings die erforderliche besondere Nähebeziehung der Gerichte zur Streitigkeit fehlt. Es wird also gerade kein nicht-deliktischer Anspruch erhoben, der schon seinem Wesen nach nicht unmittelbar von Art. 5 Nr. 3 erfasst sein kann. In einer solchen Situation sollte in Anlehnung an die Entscheidung „Peters“ eine Auslegung in der Weise erfolgen, dass das angerufene Gericht nicht dazu veranlasst wird, seine Zuständigkeit für die Klage aus dem Verfahrensanspruch zu bejahen, für eine Klage aus dem Stoffanspruch jedoch zu verneinen, obwohl zwischen beiden ein enger Zusammenhang besteht. Im Hinblick auf den Verfahrensanspruch muss die besondere Nähebeziehung in jedem Fall bestehen. Doch auch bezüglich des Stoffanspruchs ist das gleiche Gericht jedenfalls nicht grundsätzlich weniger nah an der Schadensursache, als andere Gerichte. Denn den Nachweis, dass das in Verkehr gebrachte Erzeugnis die Merkmale des patentgeschützenten Erzeugnisses aufweist, kann an jedem Ort in gleicher Weise nachgewiesen werden. Wenn es auch für sich nicht ausreichen kann, eine selbständige Zuständigkeit nach Art. 5 Nr. 3 EuGVVO zu begründen, so ist der Herstellungsort doch auch im Hinblick auf das Erzeugnis der Ursprungsort aller weiteren Verletzungen der ausländischen Teile des Patents – eine gewisse Verbindung zum gesamten Schadensgeschehen kann diesem Ort daher nicht abgesprochen werden. Der für eine Annexkompentenz ausreichenden Nähe dieses Anspruchs zum zuständigkeitsbegründenden Anspruch und zum Gericht selbst ist daher in der Regel zu bejahen. Dem Grundsatz der engen Auslegung sollte jedenfalls dann gegenüber dieser Nähebeziehung kein überragendes Gewicht zugemessen werden, wenn alle geltend gemachten Ansprüche ihrem Wesen nach in den Anwendungsbereich des Art. 5 Nr. 3 EuGVVO fallen.
Es sind danach zwei Lösungsmöglichkeiten denkbar – entweder muss die Zuständigkeit der Gerichte am Herstellungsort für Klagen betreffend die Verletzung ausländischer Patente vollständig ausgeschlossen werden, wenn sowohl Verfahrens- als auch Stoffansprüche geltend gemacht werden, oder man eröffnet neben der Zuständigkeit für Verfahrensansprüche in solchen Fällen auch die Zuständigkeit für Stoffansprüche aus dem gleichen Patent im Wege der Annexkompetenz aufgrund Sachzusammenhangs.

Während in beiden Alternativen die praktisch unerwünschte Situation gespaltener Zuständigkeiten vermieden wird, kann mit der letzteren Auslegung eine effektivere Rationalisierung der Zuständigkeit erreicht werden. Denn dann wird die Klage aus allen Patentansprüchen bezüglich aller relevanten nationalen Teile des europäischen Patents in einem einzigen Verfahren vor ein und demselben Gericht ermöglicht. Verneint man dagegen mit der ersten Alternative auch die Zuständigkeit für Verfahrensansprüche in dieser Situation, so würde zugleich eine sachgerechte Verbindung zu einem für die Schadensursache besonders nahen Gerichtsstand ausgeschlossen. Der Kläger kann seine Ansprüche dann nur entweder gesammelt bei den Gerichten des Wohnsitzstaates des Beklagten geltend machen oder muss sie individuell vor den Gerichten jedes Landes, in dem die Patentverletzung behauptet wird, erheben. Aus Gründen der Prozessökonomie ist daher die Eröffnung einer Annexkompetenz zu bejahen.

Um dem Missbrauch einer solchen Annexkompetenz entgegenzuwirken, ist diese Annexkompetenz jedoch nur unter dem Vorbehalt zu eröffnen, dass die Verletzung des jeweiligen Verfahrensanspruchs vom Kläger schlüssig dargelegt wird. Offensichtlich nicht gegebene Verfahrensansprüche müssten außer Betracht bleiben.[466] Hat der Kläger dieser Darlegungslast genügt, kann die gemeinsame Verhandlung beider Ansprüche aus dem Patent die Prozessökonomie entscheidend fördern.

Die unter diesen Voraussetzungen einmal begründete Annexzuständigkeit entfällt aus Gründen der Prozessökonomie nach dem in § 261 Abs. 3, S. 2 ZPO verkörperten Grundsatz der perpetuatio fori nicht durch nach Rechtshängigkeit eintretende Ereignisse.[467] Die Zuständigkeit für die Klage aus dem Stoffanspruch kann den Gerichten am Herstellort daher nicht mehr genommen werden, wenn sich der Verfahrensanspruch als unbegründet erweist oder für nicht nichtig erklärt oder vom Prozessgericht als nicht rechtsbeständig eingestuft wird[468]. Die internationale und örtliche Zuständigkeit bleibt auch bestehen, wenn in zweiter Instanz nur der Stoffanspruch weiter verfolgt wird.

Es bleibt abzuwarten, ob der EuGH im Falle von Patentverletzungsklagen im Gerichtsstand der unerlaubten Handlung den Weg zu einer prozessökonomischeren Alternative eröffnen wird.

d) Lösung Beispielsfall 5

In Anlehnung an den Grundgedanken des § 17 Abs. 2 GVG sowie die Entscheidung „Peters" des EuGH erscheint es vertretbar, dass sowohl die Verfahrens- als auch die Stoffansprüche hinsichtlich aller nationalen Teile des europäischen Patents beim Landgericht Düsseldorf gemeinsam geltend gemacht werden können. Der Kläger muss dazu allerdings darlegen, dass seine Verfahrenspatente verletzt sein können. Sind die Verfahrensansprüche offensichtlich ausgeschlossen, ist die Zuständigkeit beim Landgericht Düsseldorf auf die Verletzung des deutschen Stoffpatents beschränkt.

---

466 Vgl. zu paralleler Problematik des § 17 GVG vgl. BGH, NVwZ 1990, 1104; BVerwG, NVwZ 1993, 358.

467 Zur perpetuatio fori vgl. Zöller/Greger, § 261 Rn 12; Thomas/Putzo, § 261 Rn 16,beide mwN.

468 Zur Frage der Beurteilung des Nichtigkeitseinwands im Prozess und der Entscheidungskompetenz des Verletzungsgerichts s.u. 6.Kapitel.

VIII. Bedenken gegen die Anerkennung eines Gerichtsstands der unerlaubten Handlung außerhalb des Schutzrechtsstaates

Die Frage, ob ein Verletzer auch in einem anderen Vertragsstaat als dem Schutzrechtsstaat wegen Verletzung des insoweit ausländischen Patents im Gerichtsstand der unerlaubten Handlung gemäß Art. 5 Nr. 3 EuGVVO verklagt werden kann, ist bisher nur sehr vereinzelt in der Literatur angesprochen worden. Die Stellungnahmen sind in der Mehrzahl zweifelnd oder ablehnend. In der Rechtssprechung ist nur die Entscheidung des Landgerichts Düsseldorf im Fall „Schussfadengreifer" veröffentlicht, die diese Frage aber – wenngleich Zweifel deutlich geäußert werden – ausdrücklich offen lässt, da sie nicht streiterheblich war.[469]

1) Streitregelungsprotokoll und Gemeinschaftsmarkenverordnung

Die insbesondere von Neuhaus[470] geäußerten und vom Landgericht Düsseldorf[471] aufgegriffenen Bedenken gegen die Anerkennung eines Gerichtsstands der unerlaubten Handlung außerhalb des Schutzstaates, selbst wenn dieser der Ursprungsort für vielfältige Verletzungen ist, verweisen in diesem Zusammenhang auf das Protokoll über die Regelung von Streitigkeiten über die Verletzung und Rechtsgültigkeit von Gemeinschaftspatenten (Streitregelungsprotokoll)[472] und die Gemeinschaftsmarkenverordnung[473]. Es ist daher zu untersuchen, ob und inwiefern sich aus Streitregelungsprotokoll oder Gemeinschaftsmarkenverordnung Hinweise für die Auslegung des Art. 5 Nr. 3 EuGVVO entnehmen lassen.

Art. 14 Streitregelungsprotokoll sieht eine kaskadenförmige Bestimmung der internationalen Zuständigkeit vor. Danach sind grundsätzlich die Gerichte des Vertragsstaats zuständig, in dem der Beklagte seinen Wohnsitz oder, in Ermangelung eines solchen in einem Vertragsstaat, eine Niederlassung hat. Eine eigene Definition des Wohnsitzes oder der Niederlassung enthält das Streitregelungsprotokoll jedoch nicht. Sofern der Beklagte weder Wohnsitz noch Niederlassung in einem Vertragsstaat hat, erklärt Art. 14 Abs. 2 Streitregelungsprotokoll die Gerichte des Vertragsstaats für zuständig, in dem der Kläger seinen Wohnsitz oder – in Ermangelung eines solchen in einem Vertragsstaat – seine Niederlassung hat. Damit wird bereits als zweite Anknüp-

---

469 LG Düsseldorf GRUR Int. 1999, 455, 457.

470 Mitt.1996,265; vgl.auch Grabinski, GRUR Int.2001, 205; Brinkhof, GRUR Int 1997, 491.

471 GRUR Int. 1999, 455, 457 ff.; dazu auch Meier-Beck; GRUR 1999, 381, im Berufungsverfahren bestätigt vom OLG Düsseldorf, IPRax 2001, 336.

472 ABl. (EG) 1989, L 401/ 34 ff.

473 Verordnung (EG) Nr. 40/ 94 des Rates v. 20.12.1993 über die Gemeinschaftsmarke; ABl. (EG) L 11/1 v. 14.1.1994, zuletzt geändert durch Verordnung (EG) Nr. 1992/2003 v. 27.10.2003, ABl. (EG) L 296/1 v. 14.11.2003, die zum 1.10.2004 in Kraft tritt, ABl. (EG) L 256/23 v. 3.8.2004.

fung ein Klägergerichtsstand eröffnet. Haben weder Beklagter noch Kläger Wohnsitz oder Niederlassung in einem Vertragsstaat so sind die Gerichte des Vertragsstaats zuständig, in dem das Gemeinsame Berufungsgericht seinen Sitz hat.
Wahlweise sollen nach Art. 14 Abs. 5 Streitregelungsprotokoll Patentverletzungsstreitigkeiten bzgl. eines Gemeinschaftspatents auch bei den Gemeinschaftspatentgerichten eines jeden Landes anhängig gemacht werden können, in dem eine Verletzungshandlung begangen worden ist oder droht. Während sich die Reichweite der Zuständigkeit nach Art. 14 Abs. 1 – 4 Streitregelungsprotokoll auf die im Hoheitsgebiet eines jeden Vertragsstaats begangenen oder drohenden Verletzungshandlungen erstreckt (vgl. Art. 17 Abs. 1, erster Spiegelstrich Streitregelungsprotokoll) ist die Kompetenz der nach Art. 14 Abs. 5 Streitregelungsprotokoll international zuständigen Gerichte auf die im Hoheitsgebiet des Staates begangenen oder drohenden Handlungen begrenzt, in dem das Gericht seinen Sitz hat.[474]
Ähnliche Regelungen sehen die Gemeinschaftsmarkenverordnung in Art. 93 Abs. 5 iVm 94 Abs. 2 sowie Art. 83 Abs. 2 iVm Art. 82 Abs. 5 der Verordnung über das Gemeinschaftsgeschmacksmuster[475] vor.

Neuhaus möchte aus diesen Regelungen des Streitregelungsprotokolls und der Gemeinschaftsmarkenverordnung auf eine allgemeine Tendenz schließen, den Gerichten am Ort der unerlaubten Handlung keine Kognitionsbefugnis über Handlungen zu gewähren, die außerhalb des Gerichtsstaats vorgenommen wurden.[476] Die Nachteile der Aufsplitterung in zahlreiche Prozesse könne durch die Erhebung der Klage am Sitzstaat des Beklagten vermieden werden, dem unstreitig umfassende Kognitionsbefugnis zuzusprechen ist. Zudem sei anzunehmen, dass der EuGH das Interesse des Klägers, nicht an vielen Orten Klagen erheben zu müssen oder die gesamten Verletzungen im Sitzstaat des Verletzers geltend machen zu müssen, schon deswegen nicht in seiner Auslegungsüberlegungen eingeziehen werde, weil das EuGVÜ von der qualitativen Gleichwertigkeit der Gerichte ausgehe und daher kein erheblicher Nachteil in

474 Gemäß Art. 14 Abs. 4 ist zudem die Gerichtsstandswahl, allerdings nur zu einem anderen Gemeinschaftspatentgericht, oder die rügelose Einlassung vor einem anderen Gemeinschaftspatentgericht zuständigkeitsbegründend. Ebenso sieht die Gemeinschaftsmarkenverordnung eine Zuständigkeit der Gerichte des Beklagten Wohnsitzstaates in einem Mitgliedsstaat, subsidiäre bei fehlen eines solchen der Gerichte des Klägerwohnsitzes in einem Mitgliedsstaat und erst in Dritter Linie der Gerichte in Spanien als dem Sitz des Harmonisierungsamtes vor und gibt ihnen jeweils gemeinschaftsweite Entscheidungskompentenz, vgl. Art. 93 Abs. 1-3, 94 Abs. 1 Gemeinschaftsmarkenverordnung; die gleiche Zuständigkeitskaskade sieht auch Art. 82 Gemeinschaftsgeschmacksmusterverordnung vor. Daneben sind auch hier Gerichtsstandswahl und rügelose Einlassung möglich, vgl. Art. 93 Abs. 4 Gemeinschaftsmarkenverordung; Art. 82 Abs. 4 Gemeinschaftsgeschmacksmusterverordnung.

475 Verordnung (EG) Nr. 6/ 2002 des Rates v. 12.12.2001, ABl. (EG) L3/1ff. v. 5.1.2002.

476 Vgl. Neuhaus, Mitt. 1996, 265.

der „Verpflichtung“, im Sitzstaat des Beklagten umfassend klagen zu müssen, zu sehen sei.[477]

Obwohl das Streitregelungsprotokoll nicht in Kraft getreten ist, meint auch Grabinski, dass damit gleichwohl der Wille der Vertragsstaaten zum Ausdruck komme, den Zuständigkeitsbereich des forum delicti commissi in der beschriebenen Weise zu beschränken.[478]

Ähnlich sind auch Brinkhof und Bertrams der Ansicht, dass wenn bereits beim Gemeinschaftspatent die Zuständigkeit im Gerichtsstand der unerlaubten Handlung auf Verletzungshandlungen im eigenen Staatsgebiet beschränkt sei, es wenig wahrscheinlich sei, dass die Zuständigkeit im Falle paralleler europäischer Schutzrechte weiter reichen könne.[479]

Die Übertragung dieser Regelungen aus dem Streitregelungsprotokoll oder der Gemeinschaftsmarkenverordnung würde zudem bedeuten, dass ein zwingender Gleichlauf von Zuständigkeit und anwendbarem Recht im Gerichtsstand der unerlaubten Handlung bei Patentverletzungen geschaffen würde. Eine solche Konstellation ist unbestreitbar mit Vorteilen für einen geordneten und zügigen Prozessablauf verbunden, zugleich wird damit aber auch eine Zersplitterung in eine Reihe von Einzelklagen gefördert.

2) Mangelnde Übertragbarkeit der Wertungen auf Verletzung europäischer Patente

Diese Kritik und Zweifel erscheinen jedoch nicht ausreichend substantiiert, denn die in den Regelungen des Streitregelungsprotokolls, der Gemeinschaftsmarkenverordnung sowie auch der Gemeinschaftsgeschmacksmusterverordnung ausgedrückten Wertungen sind auf Art. 5 Nr. 3 EuGVVO für Fälle der Verletzung europäischer Patente nicht übertragbar.

Dabei ist nicht von entscheidender Bedeutung, dass weder die Vereinbarung über Gemeinschaftspatente, noch das Gemeinschaftspatentübereinkommen oder das Streitregelungsprotokoll jemals in Kraft getreten sind und deshalb im Gegensatz zu den Artikeln der Gemeinschaftsmarkenverordnung oder der Gemeinschaftsgeschmacksmusterverordnung nicht als Verweis auf bereits geltendes Recht herangezogen werden können. Denn dabei darf nicht übersehen werden, dass die Regelungen im Streitregelungsprotokoll zur Zuständigkeit der Gerichte am Ort der unerlaubten Handlung nicht zum Kreis derjenigen Regelungen zählen, die maßgeblich zum Streit und zur bisher fehlenden ausreichenden Ratifizierung des Gemeinschaftspatentsübereinkommens ge-

---

477 Vgl. Neuhaus, Mitt. 1996, 265.
478 Vgl. Grabinski, GRUR Int. 2001, 205.
479 Brinkhof, GRUR Int. 1997, 489; Bertrams, GRUR Int. 1995, 197.

führt haben. Sie könnten daher grundsätzlich als im europäischen Zivilprozessrecht konsensfähige Überlegungen eine Auslegungsstütze bieten.

Der maßgebliche Unterschied liegt aber darin, dass sowohl Gemeinschaftspatent als auch Gemeinschaftsmarke oder Gemeinschaftsgeschmacksmuster im Gegensatz zum europäischen Patent ein einheitliches Schutzrecht mit Geltungsbereich für das gesamte Gebiet der Europäischen Union begründen. Die Regelungen im Streitregelungsprotokoll sind in besonderem Maße auf diesen einheitlichen Charakter des Schutzrechts zugeschnitten und speziell zur Bewahrung dieses Charakters ausgestaltet. Schon in der Präambel der Vereinbarung über Gemeinschaftspatente wird das Ziel der Vereinbarung hervorgehoben, den nach dem EPÜ erteilten europäischen Patenten einheitliche und autonome Wirkung zu verleihen und zu diesem Zweck ein einheitliches Patentsystem zu schaffen.[480] Zur Sicherung der Einheitlichkeit der Anwendung der Vorschriften über Verletzung und Rechtsgültigkeit von Gemeinschaftspatenten sollte ein gemeinsames Berufungsgericht geschaffen werden, das zugleich auch für Beschwerden über Entscheidungen der Nichtigkeitsabteilungen und Patentverwaltungsabteilungen des europäischen Patentamts zuständig sein sollte.[481] Zudem sollte der EuGH zum obersten Hüter der Einheitlichkeit der Gemeinschaftspatentrechtsordnung berufen werden, indem dem gemeinsamen Berufungsgericht das Ersuchen um Vorabentscheidung beim EuGH zur Auflage gemacht wurde.[482]

Das Ziel der Einheitlichkeit des Gemeinschaftspatents wird insbesondere dadurch unterstrichen, dass die Entscheidungen des Gerichts im gesamten Gemeinschaftsgebiet die gleiche Wirkung haben sollten, vgl. Art. 20, 25 Streitregelungsprotokoll in Verbindung mit Art. 33 GPÜ. Widersprüchliche Entscheidungen sollten so vermieden werden. In Art. 14 und 15 Streitregelungsprotokoll wird darüber hinaus eine Zuständigkeitsregelung getroffen, die grundsätzlich ermöglicht, in jedem Fall nur ein einziges ausschließlich zuständiges Gericht zu bestimmen, das für alle im Gemeinschaftsgebiet vorgenommenen oder drohenden Verletzungshandlungen zuständig ist.

Die dadurch geschaffene Einheitlichkeit der Entscheidung soll gerade nicht durch den Gerichtsstand der unerlaubten Handlung aufgebrochen werden. Dennoch wollte man nicht gänzlich auf ihn verzichten, um die Vorteile der Beweisnähe dieses Gerichtsstandes nicht völlig aufzugeben. In der Beschränkung der Kognitionsbefugnis auf die im Gerichtsstaat vorgenommenen oder drohenden Verletzungshandlungen kommt die Kompromisslösung zum Aus-

---

480 ABl. (EG) 1989, L 401/1.

481 Vgl. Art. 2 in Verbindung mit 22 ff. Streitregelungsprotokoll, Art. 61 GPÜ iVm Art. 28 Streitregelungsprotokoll und Erwägungsgrund 7 und 8 der Vereinbarung über Gemeinschaftspatente.

482 Vgl. Erwägungsgrund Nr. 9 und Art. 2 Abs. 2 sowie Art. 3 der Vereinbarung über Gemeinschaftspatente iVm Art. 177 EGV bzw. 234 EG.

druck, die dem Wunsch nach möglichst einheitlicher Entscheidung nochmals unterstreicht. Denn der Kläger muss, wenn er den Vorteil der Beweisnähe dieses Gerichtsstands nutzen will, in Kauf nehmen, keine Entscheidung erhalten zu können, die alle Verletzungshandlungen im Gemeinschaftsgebiet umfasst.[483]

Dabei fällt auf, dass das Streitregelungsprotokoll den Erfolgsort offenbar nicht als Anknüpfungspunkt für den Gerichtsstand der unerlaubten Handlung ansieht. Vielmehr wird in Art. 14 Abs. 5 Streitregelungsprotokoll nur die konkurrierende Zuständigkeit des Gerichts des Orts der Verletzungs*handlung* eröffnet. Die Kognitionsbefugnis dieses Gerichts ist dagegen nicht auf die im Gerichtsstand entstandenen Schäden beschränkt, sondern umfasst alle Schäden, die aus den in diesem Staat begangenen Verletzungshandlungen resultieren.[484] Für die Fälle nur einer Verletzungshandlung mit Auswirkungen in vielen Gemeinschaftsstaaten ist daher auch in diesem Gerichtsstand eine vollständige Entscheidung erzielbar. Damit wird der besonderen Nähebeziehung des Handlungsortes zur Patentverletzungsstreitigkeit Rechnung getragen.
Die fehlende Berücksichtigung der Gerichte am Erfolgsort hat hier ebenfalls ihre Ursache im einheitlichen Charakter des Gemeinschaftspatents. Denn weil das Gemeinschaftspatent Wirkung im Gesamtgebiet der Gemeinschaft entfaltet, tritt der Verletzungserfolg zugleich in allen Staaten der Gemeinschaft ein. Ein bestimmter Verletzungsort kann nicht lokalisiert werden. Es bleibt daher nur die Alternative, allen Gemeinschaftspatentgerichten als Erfolgsortgerichten die Zuständigkeit aus dem Gerichtsstand der unerlaubten Handlung zuzusprechen[485], oder – aufgrund der mangelnden Möglichkeit einen konkreten Erfolgsort lokalisieren zu können, die Erfolgsorte insgesamt von jeglicher Zuständigkeitszuweisung auszunehmen. Die Auslegungsleitlinien würden hier für die letztere Lösung sprechen, da bei einem einheitlich im gesamten Gemeinschaftsgebiet geltenden Schutzrecht naturgemäß kein Ort eine besondere Nähebeziehung zum Schadenseintritt aufweist, die einen Gerichtsstand rechtfertigen könnte.[486] Dies übersah offenbar auch Generalanwalt Marco Darmon, als er in seinen Schlussanträgen zum Fall „Shevill" ausdrücklich auf die (inhaltsgleiche) Regelung des Gemeinschaftspatentübereinkommens 1975 verwies, um seine Territorialitätslösung bei der Zuständigkeit der Gerichte am *Erfolgsort* zu untermauern.[487]

---

483 so auch Lange, WRP 2000, 944.

484 Vgl. Geimer/ Schütze, 1. Auflage, Art. 16, Rn 259 mN.

485 So z.B. Lachat, JCP 1974 II, 424, Rdnr. 24.

486 Das auch der EuGH eher dieser letzteren Auffassung zuneigen wird, ergibt sich aus den Entscheidungen EuGH, C-256/00 – Besix, Slg. 2002, I-1699, 1728, Tz 35 u. 1732, Tz 48 ff = NJW 2002, 1407 (1408 f.) und EuGH, C-51/97 – Réunion Européenne, Slg. 1998, I-6511, 6545 f. Tz 33. Die räumlich unbegrenzt geltende Unterlassungspflicht im Fall „Besix" ist dabei der Situation des einheitlich geltenden Schutzrechts durchaus vergleichbar.

487 Vgl. GA Darmon, Schlussanträge zu EuGH, C-68/93 – Shevill, Slg. 1995, I-415, 434, Tz 88; zu undifferenziert daher auch der Hinweis von Knaak, GRUR 2001, 26, die Re-

Die EuGVVO hat dagegen nicht das Ziel, die Einheitlichkeit bzw. den einheitlichen Charakter der Schutzrechte zu bewahren, zumal die europäischen Patente gerade kein Einheitsrecht schaffen, sondern das EPÜ lediglich eine gemeinsame Erteilung eines Bündels von Schutzrechten beinhaltet, die nach der Erteilung den nationalen Patenten gleichgestellt und den selben nationalen Vorschriften unterstellt werden, wie nationale Patente. Sie haben daher nach ihrer Erteilung selbständige, von einander vollkommen unabhängige Schicksale. Es kann daher nicht darum gehen, einen einheitlichen Charakter dieser parallelen Teile des Bündelpatents zu wahren. Eine besondere Notwendigkeit, Art. 5 Nr. 3 EuGVVO zu begrenzen, lässt sich daher nicht aus dem Streitregelungsprotokoll, der Gemeinschaftsmarkenverordnung oder der Gemeinschaftsgeschmacksmusterverordnung, noch anderen einheitsrechtlichen Regelungsvorschlägen ableiten.

Es gilt darüber hinaus, einen weiteren Aspekt in diesem Zusammenhang zu beachten. Denn aufgrund des einheitlichen Charakters des Gemeinschaftspatents wäre es auch gar nicht erforderlich, dem Gericht der unerlaubten Handlung mehr Kompetenz zuzusprechen, als über die Verletzungshandlung zu entscheiden, die in seinem Gerichtsstaat vorgenommen wurde. Da es sich um ein einheitliches Schutzrecht handelt, ist durch die Verletzungshandlung nur ein Schutzrecht verletzt, das Wirkung im gesamten Gemeinschaftsgebiet hat. Mit anderen Worten ist Gegenstand des Verfahrens hier, gleich in welchem Staat das Verfahren stattfindet, stets die Verletzung eines einzigen, einheitlichen Schutzrechts. Weitere Verletzungshandlungen in anderen Staaten können nur zur Verletzung desselben Gemeinschaftspatents führen. Der Patentinhaber muss also nur die Entscheidung treffen, wegen welcher Verletzungshandlung er Klage erheben will. Dagegen liegt die Situation im Falle eines europäischen Bündelpatents anders, denn hier geht es am Ursprungsort bzw. am Ort der Herstellung des Erzeugnisses unter Verwendung des geschützten Verfahrens nicht nur um die dort möglicherweise begangene Verletzung des inländischen Patents, sondern zugleich auch um den damit im Inland verwirklichten Teil einer unerlaubten Handlung im Ausland, die zur Verletzung ausländischer Patentrechte führt. Die Handlung im Inland hat daher zugleich Relevanz für mehrere verschiedene parallele Patentrechte und deren Verletzung und ermöglicht eine Zusammenfassung aller Patentrechtsstreitigkeiten bzgl. der verschiedenen nationalen Patente. Diese zentralisierende Wirkung ist bei Gemeinschaftsschutzrechten nicht erforderlich.

Es erscheint zudem aus einem weiteren Grund fraglich, ob der EuGH den genannten Zweifeln folgen würde. Denn wenn das Streitregelungsprotokoll und die Gemeinschaftsmarkenverordnung tatsächlich eine allgemeine Tendenz erkennen ließen, so fragt sich, warum der EuGH dies nicht bereits im Urteil

---

gelung des Art. 94 Gemeinschaftsmarkenverordnung entspreche den Grundsätzen des EuGH aus der Entscheidung „Shevill".

„Shevill" angesprochen hat, denn zum Zeitpunkt dieses Urteils waren diese Bestimmungen lange bekannt.[488] Generalanwalt Darmon hat in seinen Schlussanträgen zum Urteil „Shevill" auch ausdrücklich auf die entsprechende Regelung im Gemeinschaftspatentübereinkommen von 1975 hingewiesen[489] und diese Regelung zur Stützung seines Antrags herangezogen, die Zuständigkeit der Erfolgsortsgerichte zu begrenzen. Dies muss verwundern, da die Regelung im Gemeinschaftspatentübereinkommen gerade die Kompetenz der Gerichte am Handlungsort begrenzt und die Erfolgsorte (aus den o.g. Gründen) völlig ausschließt! Generalanwalt Darmon wollte aber offenbar nur seine grundsätzliche These stützen, dass bei der Begrenzung der Zuständigkeit am Gerichtsstand der unerlaubten Handlung nicht auf einen etwaigen „Hauptschaden" abzustellen ist. Der Verweis auf das Gemeinschaftspatentübereinkommen erfolgt in seinen Schlussanträgen daher auch im Rahmen der Diskussion, ob auf eine einzige Klage vor dem Gericht des Ortes, an dem der Hauptschaden eingetreten ist, ausgewichen werden könnte.[490] Hätte der EuGH in den Bestimmungen des Streitregelungsprotokolls und der Gemeinschaftsmarkenverordnung eine generelle Tendenz gesehen, der er sich anschließend wollte, hätte er konsequenterweise auch die Zuständigkeit am Ort des ursächlichen Geschehens, des Ursprungs aller weiteren Geschehnisse, auf die in diesem Staat vorgenommenen Handlungen beschränken müssen. Die Verbreitung des ehrverletzenden Werkes in anderen Staaten hätte dann nicht mehr von den Gerichten am Ort der Niederlassung des Herausgebers beurteilt werden dürfen. Das der EuGH dies nicht tat und statt dessen seine Rechtsprechung konsequent fortsetzte, spricht dagegen dafür, dass der EuGH im Rahmen der EuGVVO keine so weit gehende Begrenzung für erforderlich halten wird, wie dies im Fall des einheitlichen Schutzrechts von den Verfassern des Streitregelungsprotokolls und der Gemeinschaftsmarkenverordnung bzw. der Gemeinschaftsgeschmacksmusterverordnung für nötig gehalten wurde, um den einheitlichen Charakter dieser Schutzrechte zu sichern. Statt dessen ist es eher wahrscheinlich, dass der EuGH den Vorteil der Beweisnähe soweit und in dem Umfang, in dem er vorhanden ist, als wesentliche Rechtfertigung der Ausnahme von der Grundregel des Art. 2 Abs. 1 EuGVVO ausreichen lässt.

Auch der Gleichlauf von anwendbarem Recht und Zuständigkeit ist zumindest kein Ziel der EuGVVO, er wird nicht angestrebt.[491] Ein strikter Gleichlauf birgt zudem die Gefahr, dass Art. 5 Nr. 3 EuGVVO seine praktischen Wirksamkeit gegenüber Art. 22 Nr. 4 EuGVVO einbüßt.

---

488 Darauf verweist auch Lange, WRP 2000, 944.

489 GA Darmon, Schlussanträge zu EUGH, C 68/93-Shevill, Slg. 1995, I – 415, 434, Tz 88.

490 Vgl. GA Darmon Schlussanträge zu EuGH,C-68/93-Shevill, Slg.1995,I-415, 432 ff.,Tz 80 ff.

491 Vgl. dazu Kapitel 5 C. IV. 8.; MüKo-ZPO/Gottwald, Art. 5 EuGVÜ, Rn 38; Lange, WRP 2000, 944 mN.

3) Ergebnis

Im Ergebnis sind Wertungen des Streitregelungsprotokolls und der Gemeinschaftsmarkenverordnung oder der Gemeinschaftsgeschmacksmusterverordnung nicht auf die Rechtslage nach Art. 5 Nr. 3 EuGVVO übertragen und sind daher nicht geeignet, seine Auslegung zu beeinflussen.[492] Weder aus dem (nicht in Kraft getretenen) Streitregelungsprotokoll noch aus der Gemeinschaftsmarkenverordnung oder der Gemeinschaftsgeschmacksmusterverordnung lassen sich damit stichhaltige Argumente gegen die Anerkennung eines zentralen Gerichtsstands der unerlaubten Handlung am Herstellungsort bei Verletzung von Verfahrenspatenten gewinnen.

Im Übrigen ist fraglich, ob nicht auch die Zuständigkeit am Ort der unerlaubten Handlung bei den einheitlichen Schutzrechten so interpretiert werden kann, wie dies hier zur EuGVVO vorgeschlagen wird. Denn ratio des Gerichtsstands am Ort der unerlaubten Handlung ist in beiden Fällen die gleiche. Auch beim Gemeinschaftspatent auf ein Verfahren ist die Beweisnähe der Gerichte am Ort der Herstellung besonders hervorzuheben, und zwar nicht nur hinsichtlich der Verletzung aufgrund der Anwendung des Verfahrens, wofür auch unter Geltung des Streitregelungsprotokolls unstreitig der Gerichtsstand eröffnet wäre. Vielmehr ist auch bzgl. der Verletzung durch Anbieten, Inverkehrbringen oder Gebrauchen des unmittelbaren Verfahrenserzeugnisses eine besondere Sach- und Beweisnähe des Gerichts am Herstellort nicht zu bestreiten, wird doch hier das entscheidende Tatbestandsmerkmal für eine Verletzungshandlung erfüllt. Diese Auslegung ginge jedoch über den Wortlaut der Regelungen des Verordnungsvorschlags hinaus, der eine Beurteilung der im Ausland vorgenommenen Verletzungshandlungen ausschließt. Allein den im Inland begangenen Teil der Verletzungshandlung im Ausland kann man hingegen nicht isoliert beurteilen. Der Vorteil der zentralen Beweisführung am Gerichtsstand der unerlaubten Handlung kann daher de lege lata nicht bei der Gemeinschaftsmarkenverordnung oder der Gemeinschaftsgeschmacksmusterverordnung genutzt werden.

492 So im Ergebnis auch Lange, WRP 2000, 944 ff.

D. Alternative Lösungskonzepte für die Zuständigkeit bei grenzüberschreitenden Patentverletzungsklagen

I. Das Konzept der Einheitlichkeit der Verletzungshandlung (la conception unidélictuelle de la contrefaçon)

Einen anderen Ansatz in der Problematik der internationalen Zuständigkeit für grenzüberschreitende Patentverletzungsklagen hat Stauder bereits im Jahre 1976 vorgeschlagen, noch bevor das erste Urteil des EuGH zur Auslegung von Art. 5 Nr. 3 EuGVÜ ergangen war.[493] Stauder greift dabei einen zuvor von Lachat geäußerten Gedanken der Zusammenfassung von in- und ausländischen Verletzungshandlungen nach dem Konzept der Einheitlichkeit der Verletzungshandlung auf[494] der im Folgenden näher untersucht und als Alternative mit dem hier vertretenen Auslegungsergebnis verglichen werden soll.

1) Das Konzept der Einheitlichkeit der Verletzungshandlung

Stauder betont zunächst, dass im Gerichtsstand der unerlaubten Handlung grundsätzlich keine Entscheidungsgewalt über Delikte, die außerhalb der Staatsgrenzen des Gerichtsstaats begangen werden, gewährt werden könne. Infolge des Territorialitätsprinzips läge der Verletzungsort und damit zugleich der Gerichtsstand der unerlaubten Handlung auf dem Gebiet des Schutzstaats, so dass ein internationaler Gerichtsstand über eine im Ausland begangene Patentverletzung nur über andere Gerichtsstandsregeln begründet werden könne, wie z.B. den Beklagtensitz.[495] Nach seiner Ansicht kann daher ein Gerichtsstand der unerlaubten Handlung nur da begründet sein, wo eine tatbestandsmäßige unerlaubte Handlung begangen wird, die das Patent verletzt. Handlungs- und Erfolgsort fallen danach zwingend zusammen in ein und denselben Staat, nämlich dem Schutzstaat.[496] Im Fall der Verletzung von Parallelschutzrechten durch identische Verletzungsformen und den selben Verletzer befürwortet Stauder hingegen, die grenzüberschreitenden Verletzungshandlungen gegenüber den parallelen Schutzrechten über Art. 22 EuGVÜ zu einer einheitlichen Handlung zusammenzufassen, die der Entscheidungsgewalt des forum delicti commissi unterworfen wird.[497]

Art. 22 Abs. 2 EuGVÜ wie auch Art. 28 Abs. 2 EuGVVO setzt allerdings voraus, dass das zuerst angerufene Gericht für beide Klagen zuständig ist. Wenn daher am Gerichtsstand der unerlaubten Handlung im Falle von Patentverletzungsklagen die Auffassung vertreten wird, aufgrund des Territorialitätsprin-

493 Vgl. Stauder, GRUR Int. 1976, 476 ff.
494 Conception unidélictuelle de la contrefaçon, vgl. Lachat, JCP 1974 II, 424 u. 427.
495 Vgl. Stauder,GRUR Int.1976,474 u.477; wohl auch Lachat, JCP 1974 II,424,Tz13 u.14.
496 a.A., allerdings ohne jede Begründung, Uhl, S. 191.
497 Stauder, GRUR Int. 1976, 477; Lachat, JCP 1974 II, 427, Tz 27.

zips könne dieser Gerichtsstand nur im Schutzstaat belegen sein und ihm könne daher keine Kognitionsbefugnis für ausländische Patentverletzungen zuerkannt werden, wäre eine Klageverbindung an diesem Gerichtsstand unzulässig.[498] Hier setzt der Vorschlag der Konzeption einer einheitlichen Verletzungshandlung an. Durch die Betrachtung des Gesamtgeschehens als einheitliche Verletzungshandlung soll ermöglicht werden, die grenzüberschreitenden Patentverletzungshandlungen insgesamt der Entscheidungsgewalt des Gerichtsstands der unerlaubten Handlung zu unterstellen.

2) Kritische Betrachtung

Bei kritischer Betrachtung ergeben sich aus rechtlichen wie praktischen Gründen eine Reihe von Bedenken gegen diese Lösung, die Stauder z.T. auch selbst einräumte.

Art. 28 Abs. 2 EuGVVO eröffnet die Möglichkeit, im Zusammenhang stehende Verfahren, die bei Gerichten verschiedener Vertragsstaaten anhängig sind, zu verbinden, mit dem Ziel, widersprechende Entscheidungen zu vermeiden und die geordnete Rechtspflege innerhalb der Gemeinschaft zu sichern.[499] Eine solche Verbindung ist jedoch aus Gründen der Rechtssicherheit nur beim zuerst angerufenen Gericht, und nur dann zulässig, wenn das zuerst angerufenen Gericht für beide Klagen zuständig ist, die Verbindung der Verfahren nach der lex fori des zuerst angerufenen Gerichts zulässig ist und beide Verfahren im ersten Rechtszug anhängig sind.[500]

Dabei ist zu betonen, dass Art. 28 EuGVVO keinen Gerichtsstand des Sachzusammenhangs schafft.[501] Es ist daher selbst bei Annahme einer einheitlichen unerlaubten Handlung nicht möglich, über diesen Weg nur eine Klage betreffend alle Verletzungshandlungen im Gerichtsstand der unerlaubten Handlung zu erheben. Vielmehr setzt Art. 28 EuGVVO in zwei Vertragsstaaten bereits erhobene Klagen voraus, die dann ggf. verbunden werden können. Dem Kläger bleibt es daher nicht erspart, zunächst in mehreren Vertragsstaaten getrennte Klagen zu erheben, mit dem damit verbundenen Aufwand und Kosten.

---

498 Stauder, GRUR Int. 1976, 477; Lachat, JCP 1974 II, 427, Tz 27.

499 Siehe Jenard-Bericht, ABl. (EG) 1971, C 59/41 zu Art. 22 EuGVÜ; Thomas/Putzo Art. 28 EuGVVO, Rn 1;zum Verhältnis von Art. 21 u. 22 EuGVÜ vgl von Hoffmann, AWD 1973, 64.

500 Die letztere Voraussetzung soll verhindern, dass eine Partei einen Rechtszug verliert, vgl. Jenard-Bericht S. 75; Thomas/Putzo, Art. 28 EuGVVO, Rn 7; Zöller/Geimer, Art. 28 EuGGVO, Rn 5.

501 Vgl. EuGH, C150/80 – Elefantenschuh/Jacquemain, Slg. 1981, 1671 = IPRax 1982, 234 m. Anm. Leipold, 222 – 225; Zöller/Geimer, Art. 28 EuGVVO, Rn 1 und Art. 5 EuGVVO, Rn 9; Thomas/Putzo, Art. 28 EuGVVO, Rn 3; MüKo-ZPO/Gottwald, Art. 22 EuGVÜ Rn 5;insofern missverständliche Wortwahl bei Stauder, GRUR Int.1976, 476 ff.

Im Gegensatz zu Art. 28 Abs. 2 EuGVVO verweist Art. 22 Abs. 2 EuGVÜ auf das Verfahrensrecht des später angerufenen Gerichts. Nur wenn dieses die Klageverbindung zulässt, darf das später angerufene Gericht sich auf Antrag einer Partei für unzuständig erklären. Von deutschen Gerichten kann Art. 22 Abs. 2 EuGVÜ daher nicht genutzt werden, da nach § 147 ZPO eine Verbindung mehrerer Prozesse nur dann zulässig ist, wenn diese bei demselben Gericht anhängig sind.[502]

Um die conception unidélictuelle de la contrefaçon unter dem EuGVÜ für die Praxis verwendbar zu machen, wäre daher eine Erweiterung der Möglichkeit zur Klageverbindung im deutschen Recht erforderlich oder – alternativ – die Ausdehnung der Konzentrationsmöglichkeiten für im Zusammenhang stehende Klagen im EuGVÜ selbst nötig.[503]

Es ist nur schwer nachvollziehbar, warum das später angerufenen Gericht sich nur dann für unzuständig erklären können soll, wenn die Verbindung der im Zusammenhang stehenden Verfahren nach *seinem* Recht zulässig ist. Um eine Verbindung sicher zu gewährleisten, wäre es sinnvoller gewesen, auf die Zulässigkeit der Verbindung nach dem Recht des zuerst angerufenen Gerichts abzustellen.[504] Aus dem Jenard-Bericht ergibt sich jedoch, dass diese Voraussetzung gerade aufgrund des Besonderheit des deutschen Rechts aufgenommen wurde, dass eine Verbindung nur dann möglich ist, wenn beide Verfahren bei dem selben Gericht anhängig sind (vgl. § 147 ZPO).[505] Damit wird diese Besonderheit des deutschen innerstaatlichen Zivilprozessrechts auf internationale Ebene erhöht und führt dazu, dass – ähnlich einem ordre public Vorbehalt – die Unzuständig-Erklärung der deutschen Gerichte verhindert wird, auch wenn die Verbindung der Klagen nach dem Recht des zuerst berufenen und für beide Klagen international zuständigen Gerichts zulässig wäre. Dies kann umgekehrt auch dazu führen, dass sich ein ausländisches Gericht für unzuständig erklärt, dass zuerst angerufenen deutsche Gericht aber keine Verbindung der Klagen vornehmen kann, weil es sich gem. § 147 ZPO daran gehindert sieht. Dies kann zu negativen Kompetenzkonflikten führen.

---

502 Vgl. schon von Hoffmann, AWD 1973, 64; Thomas/Putzo, 20. Aufl., Art. 22 EuGVÜ, Rn 3; Zöller/Geimer, 22. Aufl., Art. 22 GVÜ, Rn 8 mN.; Jenard-Bericht zu Art. 22 EuGVÜ, ABl. (EG) 1979, C 59/41; a.A. Schlosser, EuGVÜ, Art. 22, Rn 2, der eine berichtigende Gesetzesauslegung dahingehend fordert, dass nach der lex fori des zuerst angerufenen Gerichts eine Verbindung möglich sein muss, und es insoweit nicht auf das Recht des später berufenen Gerichts ankommen kann; vgl. auch Stauder, GRUR Int. 1976, 476 ff.

503 Dies erkennt auch Stauder selbst in seinen abschließenden Bemerkungen in GRUR Int. 1976, 477.

504 Vgl. auch Schlosser, EuGVÜ, Art. 22, Rn 2; MüKo-ZPO/Gottwald, Art. 22 EuGVÜ, Rn 6, die aus diesem Grund eine berichtigende Auslegung von Art. 22 Abs. 2 EuGVÜ fordern.

505 Vgl. Jenard-Bericht, ABl. (EG) 1979, C 59/41.

Die EuGVVO dagegen legt in Art. 28 Abs. 2 fest, dass die Verbindung der Klagen nach dem Recht des zuerst angerufenen Gerichts zulässig sein muss. Auch hier bleibt es zwar bei dem Ergebnis, dass aufgrund § 147 ZPO eine Verbindung bei dem zuerst angerufenen deutschen Gericht nicht möglich ist[506], ein negativer Kompetenzkonflikt wie oben beschrieben wird jedoch vermieden.[507]

Auch nach der EuGVVO liegt aber die Entscheidung, sich für unzuständig zu erklären und damit die Verbindung der Verfahren zu ermöglichen, nach Erfüllung aller Vorraussetzungen des Art. 28 Abs. 2 EuGVVO im Ermessen des später angerufenen Gerichts. Bei der Ermessensausübung sind die Interessen der Parteien gegeneinander abzuwägen und zu berücksichtigen, ob sich das zuerst angerufene Gericht auch für das zweite Verfahren für zuständig erklären und die Verfahren verbinden wird, sowie auch, wann mit einer Entscheidung gerechnet werden kann.[508]
Es ist daher selbst bei Erfüllung aller Voraussetzungen des Art. 28 Abs. 2 EuGVVO nicht gesichert, dass die im Zusammenhang stehenden Verfahren einem einheitlichen Prozess zugeführt werden. Für den Kläger bleibt also eine gewisse Rechtsunsicherheit und ein Restrisiko, die in verschiedenen Vertragsstaaten parallel erhobenen Klagen getrennt weiter führen zu müssen und den damit verbundenen Aufwand und die Kosten zu tragen.

3) Vorteile der Auslegungsleitlinien im Anwendungsergebnis

Neben diesen praktischen und prozessökonomischen Nachteilen des Konzepts der Einheitlichkeit der Verletzungshandlung gegenüber dem hier vertretenen Lösungsweg ist diese Auffassung jedoch auch nicht mit den vorstehend aus der Rechtsprechung des EuGH entwickelten Auslegungsleitlinien vereinbar. Denn nach dieser Konzeption wäre die Klageverbindung und damit die einheitliche Entscheidung grundsätzlich an jedem Ort der unerlaubten Handlung denkbar, d.h. an jedem Ort, an dem eine Verletzungshandlung stattgefunden oder ihr Erfolg sich unmittelbar realisiert hat. Auch den Gerichten an den diversen Erfolgsorten könnte so volle Kognitionsbefugnis über alle Verletzungen im Gemeinschaftsgebiet eingeräumt werden. Insgesamt führt dieses Konzept damit im Ergebnis zu einem Gerichtsstand des Sachzusammenhangs, der bei jedem Ort, an dem das schädigende Ereignis eingetreten ist, begründet werden kann und an dem Entscheidungsgewalt für alle Verletzungen paralleler Schutzrechte besteht.
Die Schaffung eines solchen Gerichtsstands des Sachzusammenhangs widerspricht aber der gebotenen engen Auslegung des Art. 5 Nr. 3 EuGVVO als

506 Vgl. Thomas/Putzo, Art. 28 EuGVVO, Rn 3.
507 Art. 28 EuGVVO stellt jedoch nicht mehr das Erfordernis auf, dass beide Klagen in erster Instanz anhängig sein müssen, vgl. dazu auch Micklitz/Rott, EuZW 2001, 333.
508 Vgl. Zöller/Geimer, Art. 28 EuGVVO, Rn 9 mN.; Thomas/Putzo, Art. 28 EuGVVO, Rn 8; Kropholler, EuZPR, Art. 28 Rn 7.

Ausnahme zum Gerichtsstand des Beklagtenwohnsitzes. Die umfassende Zuständigkeit würde an einer schwerlich zu überschauenden Fülle von Gerichten begründet werden können, obwohl es diesen an einer besonders engen Verbindung zur Streitigkeit und der damit begründeten Beweisnähe fehlen würde. Damit liefe man zugleich Gefahr, den Grundsatz des Art. 2 Abs. 1 EuGVVO auszuhöhlen und ein forum actoris zu begünstigen.[509] Dem Kläger stünde es frei, zunächst wegen einer Verletzungshandlung in seinem Gerichtsstaat Klage zu erheben um dann über den Zusammenhang alle weiteren Klagen in den verschiedenen Mitgliedstaaten mit zu diesem Gerichtsstand zu ziehen. Insofern wäre auch hier zumindest eine enge Auslegung des erforderlichen Zusammenhangs in dem Sinne geboten, dass die Tatsache paralleler Schutzrechte allein nicht ausreichen kann, um den engen Zusammenhang im Sinne des Art. 28 Abs. 2 EuGVVO zu begründen. Auch eine solche Konzeption dürfte – will man nicht dem vom EuGH zu Art. 5 Nr. 3 EuGVÜ entwickelten Grundsätzen entgegen wirken – nur die Zusammenfassung am Ursprungsort nach den Leitlinien zulassen.[510]

Darüber hinaus erscheint der Lösungsvorschlag von Stauder jedoch auch in sich nicht konsequent zuende geführt und dadurch widersprüchlich.

Durch die Betrachtung des Gesamtgeschehens als einheitliche Verletzungshandlung soll ermöglicht werden, die grenzüberschreitenden Verletzungshandlungen insgesamt der Entscheidungsgewalt des Gerichtsstands der unerlaubten Handlung in einem Staat zu unterstellen.

Über den Aspekt der Zusammenführung von Verfahren nach Art. 28 Abs. 2 EuGVVO hinaus müsste das Konzept der Einheitlichkeit der Verletzungshandlung in konsequenter Anwendung weitere Klagemöglichkeiten eröffnen. Denn Vorraussetzung der Anwendbarkeit des Art. 28 Abs. 2 EuGVVO ist hier ja gerade die Zuständigkeit des zuerst angerufenen Gerichts für beide, d.h. auch für die zunächst in einem anderen Vertragsstaat erhobene Verletzungsklage. Die Möglichkeit der Klageverbindung in Art. 28 Abs. 2 EuGVVO kann einem Gericht nicht weitergehende Zuständigkeiten vermitteln, als es aufgrund der Zuständigkeitsvorschriften des zweiten bis siebten Abschnitts des Kapitels II EuGVVO bereits hat. Das bedeutet aber zugleich, dass die spätere Klage auch beim gleichen Gericht wie die erste Klage hätte erhoben werden können. Ist dies aber der Fall, spricht nichts dagegen, beide Klagen zugleich zu erheben, so dass die Konzeption letztlich dazu führen muss, in allen Fällen, die man über Art. 28 Abs. 2 EuGVVO erfassen will, auch die Möglichkeit zu eröffnen, die Klage sogleich in vollem Umfang im Gerichtsstand der unerlaubten Handlung zu erheben. Dass Stauder hingegen offenbar nur die Verbindung nach Art. 28 Abs. 2 EuGVVO ermöglichen will[511], erweist sich somit als widersprüchlich.

---

509 Dabei missbilligt allerdings auch Stauder die Begründung eines forum actoris ausdrücklich, vgl. Stauder, GRUR Int. 1976, 474.

510 Dieser Kritik gibt auch Stauder Recht, vgl. GRUR Int. 1976, 477.

511 Vgl. Stauder GRUR Int. 1976, 477 u. 474; vgl. auch Lachat, JCP 1974 II, 427, Tz 37.

Insgesamt ist aufgrund der Vorteile der Praktikabilität, der Prozessökonomie und der engeren Ausrichtung an dem vom EuGH in seiner bisherigen Rechtsprechung vorgegebenen Auslegungskriterien der hier entwickelten Auffassung der Vorrang zu gewähren.

II. Anknüpfung des Handlungsorts an den Sitz der Verhaltenszentrale?

1) Sitz der Verhaltenssteuerung als Zentrum der Vorwerfbarkeit

Eine weitere Lösungsalternative könnte darin bestehen, den Sitz der Verhaltenssteuerung des vermeintlichen Patentverletzers als das entscheidende Zentrum der Patentverletzung anzusehen und diesem daher die Qualität des Handlungsortes iSd Art. 5 Nr. 3 EuGVVO zuzusprechen. Diese Konzentrationsüberlegungen werden teilweise in Literatur und Rechtsprechung bereits zu anderen Zuständigkeitsvorschriften[512] und zu Fragen des anwendbaren

---

512 Vgl. Court of Appeal of The Hague, Section MC 5, Urteil v. 29.04.1998 – Expandable Grafts Partnership a.o. vs Boston Scientific BV a.o. – [1999] FSR 352 – zu Art. 6 Nr. 1 EuGVÜ. In diesem Fall gehörten mehrere Beklagte zum selben Unternehmensverbund und verkauften identische Produkte in verschiedenen nationalen Märkten. Das Gericht argumentierte, dass dies als eine gemeinsame Handlung aufgrund eines gemeinsamen Geschäftsplans angesehen werden könne und die ordnungsgemäße Rechtspflege in einem solchen Fall die gemeinsame Verhandlung und Entscheidung vor einem Gericht auf der Basis des Art. 6 Nr. 1 EuGVÜ verlange. Der notwendige Zusammenhang sei gegeben. Dem Kläger jedoch die freie Wahl zwischen den Wohnsitzen aller Beklagten zu überlassen hätte nach Ansicht des Gerichts die mangelnde Vorhersehbarkeit des zuständigen Gerichts entgegengestanden. In Analogie zur Shevill-Entscheidung und zur Vermeidung von forum shopping solle vielmehr nur ein Gericht überhaupt zuständig sein, nämlich das Gericht am Sitz des Unternehmens, in dessen Verantwortung und Steuerung die Geschäftstätigkeiten standen und von dem der Geschäftsplan stammt. Dieses Unternehmen sein wie die „Spinne im Netz", hier sei der zentrale Schwerpunkt der Verletzungshandlungen zu finden. Die Beziehungen zwischen den Verletzungshandlungen und diesem Gericht seien die engsten, nur hier sei die Zuständigkeit begründet.
Die Entscheidung mag im Ansatz den Bedürfnissen der Praxis nach einem zentralen Gerichtsstand entgegenkommen, allerdings birgt sie in ihrer Konsequenz die Gefahr des inneren Widerspruchs und ist formal-juristisch fragwürdig. Bereits der Ansatz, wonach im Rahmen des Art. 6 Nr. 1 EuGVÜ nur ein einziges Gericht am Sitz eines Beklagten überhaupt für die Zuständigkeit in Frage kommen soll, stellt eine weitgehende Einschränkung des Wortsinns der Vorschrift dar (gegen solche Einschränkung z.B. Schlosser, EuZPR, Art. 6 EuGVVO Rn 2). Die Folgeschwierigkeit des Ansatzes im System des EuGVÜ zeigt sich bereits in der Entscheidung selbst. Die europäische Entscheidungszentrale der Beklagten befand sich in Paris. Diese Zentrale war jedoch aus fiskalischen Gründen in der Rechtsform einer Niederlassung einer niederländischen BV tätig. Die Gesellschaft selbst verfügte in den Niederlanden lediglich über ein kleines Büro.Zur Bestimmung des Sitzes iSd Art. 6 Nr. 1 EuGVÜ regelt Art. 53 Abs. 1, S. 2 EuGVÜ, dass das entscheidende Gericht sein Internationales Privatrecht anwenden muss. Nach dem niederländisches IPR ist der satzungsmäßige Sitz, nicht der Sitz

Rechts[513] verfolgt. Argumentationsansätze lassen sich wiederum aus der EuGH-Entscheidung im Fall „Shevill“[514] ableiten. Der EuGH legte sich darin ohne nähere Begründung auf den Ort der Hauptniederlassung des Herausgebers als Handlungsort mit umfassender Zuständigkeit fest. Wenn auch nicht ausdrücklich im Urteil angesprochen wurde, kann ein Grund dafür möglicherweise auch darin zu sehen sein, dass an diesem Ort der Sitz der Verhaltenssteuerung zu finden ist und damit das Zentrum der Vorwerfbarkeit des gesamten Geschehens hier lokalisiert werden kann. Der Druckort hingegen kann aus verschiedenen, meist fiskalischen Motiven heraus gewählt worden sein. Neben der Vorhersehbarkeit des Gerichtsstandes wird damit zugleich das Kriterium der Zumutbarkeit des Gerichtsstands für Kläger und Beklagten angesprochen. Entscheidend wäre, dass der Schwerpunkt der Vorwerfbarkeit des Verhaltens an diesem Ort zu finden ist.

Von Hoffmann hat diesen Ansatz für die Bestimmung des anwendbaren Rechts in Produkthaftungsfällen herangezogen und die Zumutbarkeit zu einem entscheidenden Konkretisierungskriterium ausgestaltet. Die Anknüpfung müsse von beiden Seiten vorhersehbar bzw. von ihnen beherrschbar sein. Für den Hersteller bedeute dies insbesondere, dass ihm die Möglichkeit zur Kalkulierung des Risikos, welches er durch Herstellung und Vertrieb bestimmter Waren eingeht, erhalten bleiben müsse.[515] Als Handlungsort legt er daher die Ver-

---

der realen Hauptverwaltung entscheidend. Das Gericht gelangte daher zur Zuständigkeit des Gerichts am Ort des Sitzes der BV in den Niederlanden, obwohl die Verantwortung und Steuerung der Geschäftstätigkeiten in Paris stattfand. Das Gericht kommt damit zu einem Ergebnis, das in klarem, offenen Widerspruch zur eigenen Argumentation steht, denn die wesentlichen Entscheidungen wurden gerade nicht im Bezirk des für zuständig erklärten Gerichts in den Niederlanden, sondern in Frankreich getroffen. Es übergeht diesen Widerspruch jedoch ohne jede weitere Stellungnahme. Die Alternative einer konsequenten Anerkennung der Zuständigkeit der Gerichte in Paris hätte nur durch einen offenen Verstoß gegen Art. 53 Abs. 1, S. 2 EuGVÜ erreicht werden können, man hätte das System des EuGVÜ verlassen müssen. Zu einer solchen Rechtsfortbildung contra legem konnten sich die niederländischen Richter offenbar nicht entschließen.
Diese Gefahr widersprüchlicher Entscheidung ist unter der EuGVVO zwar nicht mehr in dieser Form gegeben, jedoch stellt sich auch hier ein Folgeproblem, das die Schwerpunkttheorie aushebelt. Denn Art. 60 Abs. 1 EuGVVO sieht ausdrücklich die alternative Anknüpfung des Sitzes an den satzungsmäßigen Sitz, den Sitz der Hauptverwaltung oder der Hauptniederlassung vor. Eine Rechtsprechung, die dennoch nur den Ort der Verantwortung und Steuerung der Geschäftstätigkeit als zuständigkeitsbegründend unter Art. 6 Nr. 1 EuGVVO anerkennt, wäre als Rechtsprechung contra legem abzulehnen. Diese Bedenken stehen einer Schwerpunkttheorie mit Anknüpfung an den Ort, an dem die grundlegenden Entscheidungsprozesse stattfinden, im Rahmen des Art. 5 Nr. 3 EuGVVO jedoch nicht grundsätzlich entgegen, da in dieser Vorschrift keine Anknüpfung an den Sitz eines Unternehmens enthalten ist.

513 Staudinger/vHoffmann, Art.40 EGBGB, Rz 92 ff. zum anwendbaren Recht in Produkthaftungsfällen.

514 EuGH, C 68/93-Shevill, Slg. 1995, I – 415.

515 Staudinger/vHoffmann, Art. 40 EGBGB, Rz 92.

haltenszentrale fest, also den Ort, an dem die tatsächliche Firmenleitung einschließlich der grundlegenden Entscheidungsprozesse erfolgt.[516]
Für die Bestimmung des anwendbaren Rechts ist dieser Argumentation nichts entgegenzusetzen, man wird ihr vollumfänglich folgen können.

2) Schwerpunkt aus prozessualer Sicht bei Bestimmung des Gerichtsstands nach Art. 5 Nr. 3 EuGVVO

Anders jedoch verhält es sich im Hinblick auf die Internationale Zuständigkeit am Ort der unerlaubten Handlung nach Art. 5 Nr. 3 EuGVVO, für die die aus der Rechtsprechung des EuGH entwickelten Auslegungsleitlinien maßgeblich sind. Insbesondere kommt der Beweisnähe dabei entscheidendes Gewicht zu.
Im Fall „Shevill“ hat der EuGH dies konsequent durchgeführt. Maßgeblich war hier, dass und auf welcher Grundlage der Entschluss zur Veröffentlichung des Berichts getroffen und durchgeführt wurde. Die Ehrverletzung wurde erst mit der Veröffentlichung und Verbreitung des Druckerzeugnisses begangen, nicht schon mit dem Druck selbst. Wo und in welcher Weise, insbesondere mit welcher Drucktechnik oder unter Verwendung welcher Materialien die Drucklegung erfolgte, war für die Ehrverletzung unerheblich. Der Druckort selbst verfügte daher über keine besondere Sachnähe zur Ehrverletzung, insbesondere hatte er keine besondere Bedeutung für die Beweisführung bzgl. der einzelnen Ehrverletzungserfolge in den verschiedenen Staaten, in denen die Zeitung vertrieben wurde. Hingegen befinden sich am Ort der Verhaltenszentrale idR Dokumentation über den Beschluss zur Veröffentlichung des Berichts sowie die Rechercheunterlagen. Eine besondere Sachnähe ist an diesem Ort daher vorhanden, hier nahm das gesamte Geschehen seinen Ausgang. Hier fällt daher die Verhaltenszentrale mit dem für die Beweiserhebung am besten geeigneten Ort zusammen.
Daraus lässt sich aber noch kein im Rahmen des Art. 5 Nr. 3 EuGVVO allgemein gültiges Prinzip ableiten, dass die Gerichte am Ort der Verhaltenszentrale stets am besten geeignet sind, über eine Streitigkeit zu entscheiden. Der Schwerpunkt der Vorwerfbarkeit des Verhaltens ist in keiner der Entscheidungen des EuGH angesprochen worden und spielt im Vergleich zu den herausgearbeiteten Auslegungsleitlinien für die Bestimmung des Gerichtsstands der unerlaubten Handlung nur eine untergeordnete Rolle. Zudem unterscheidet sich insbesondere die Situation bei Patentverletzungsklagen betreffend ein Verfahrenspatent in wesentlichen Punkten von der der Ehrverletzungsdelikte, so dass das Ergebnis des Shevill-Urteils nicht unbesehen auf diese besondere Situation übertragen werden kann. Denn hier kommt es entscheidend auf den Nachweis an, dass ein bestimmtes patentgeschütztes Verfahren verwendet wird. Dieser Nachweis ist jedoch in aller Regel nicht am Ort der Entscheidungszentrale zu führen. In den seltensten Fällen legt die Unternehmenslei-

---

516 Staudinger/von Hoffmann, IPR, Art. 40 Rn 93.

tung selbst fest, welche Verfahren bei der Produktion verwendet werden; detaillierte Dokumentation zu den Verfahren wird sich hier kaum finden lassen.[517] Selbst wenn aber ausnahmsweise solche Dokumentation am Sitz der Verhaltenssteuerung vorhanden ist, ist damit noch nicht zweifelsfrei nachgewiesen, dass das Verfahren tatsächlich in der patentverletzenden Weise verwendet wurde. Alle Details der angewendeten Verfahren werden hingegen regelmäßig zumindest am Ort der Anwendung des Verfahrens dokumentiert und aufbewahrt. Oftmals bestehen schon aus Gründen der Qualitätssicherung Aufzeichnungs- und Dokumentationspflichten über die Herstellungsprozesse, Herstellungsvorschriften, Kontroll- und Prozessbücher. Auch zum Zwecke der Weiterentwicklung von Verfahren werden regelmäßig Aufzeichnungen und Analysen der Herstellungsprozesse durchgeführt, die am Herstellort aufbewahrt werden.

Besonders hervorzuheben sind die Dokumentationspflichten im Bereich der Herstellung pharmazeutischer Produkte. Zur Gewährleistung einheitlicher Grundsätze der Qualitätssicherung bei der Herstellung von Arzneimitteln hat die Kommission im Jahr 1991 Richtlinien zur Festlegung der Grundsätze und Leitlinien der Guten Herstellpraxis für zur Anwendung beim Menschen bestimmte Arzneimittel[518] und Tierarzneimittel[519] verabschiedet. Die Richtlinie 91/356/EWG legt u.a. in Art. 9 Abs. 1 Dokumentationspflichten fest, wonach jeder Hersteller von Humanarzneimitteln über ein Dokumentationssystem mit Spezifikationen, Herstellungsvorschriften, Verarbeitungs- und Verpackungsanweisungen sowie Verfahrensbeschreibungen und Protokolle über die jeweils ausgeführten Herstellungsvorgänge verfügen muss. Die Gesamtheit der Unterlagen muss die Rückverfolgung des Werdegangs jeder Charge ermöglichen. Die chargenbezogenen Unterlagen müssen mindestens ein Jahr über das Verfalldatum der Chargen hinaus und nicht weniger als fünf Jahre aufbewahrt werden. Zur Auslegung der Grundsätze nimmt die Richtlinie ausdrücklich Bezug auf den EG-Leitfaden einer Guten Herstellungspraxis für Arzneimittel vom Januar 1989 (EG-GMP-Leitfaden).[520] Dieser legt fest, dass für alle her-

---

517 Eine Ausnahme kann bei Vorhandensein einer zentralen Patentabteilung am Sitz der Verhaltenssteuerung bestehen oder bei einer zentralen Verfahrensentwicklung an diesem Ort.

518 Richtlinie 91/356/EWG v. 13.06.1991, ABl (EG) L 193/30 v. 17.07.1991; auch abgedruckt in PharmaKodex 2003, S. 1823 ff.

519 Richtlinie 91/412/EWG v. 23.07.1991, ABl (EG) L 228/70 v. 17.8.1991

520 EG-GMP-Leitfaden, Dok III/2244/87, Rev. 3 der EG-Kommission, Kommission der Europäischen Gemeinschaften, Amt für amtliche Veröffentlichungen der Europäischen Gemeinschaften: „Die Regelung der Arzneimittel in der Europäischen Gemeinschaft", Band IV; ebenfalls abgedruckt in Sander, AMG, Anhang II/5b. Inhaltlich gleiche Regelungen enthält auch der Leitfaden einer Guten Herstellungspraxis für pharmazeutische Produkte der Pharmazeutischen Inspektions Convention – PIC – v. 10.08.1990, PIC Dokument PH 5/89 (BAnz. Nr. 214 a; abgedruckt auch bei Kloesel/Cyran, AMG, A.3.3). Die PIC-Richtlinie für die Herstellung pharmazeutischer Wirkstoffe v. Juni 1987, PIC Dokument PH 2/87 (abgedruckt bei Kloesel/Cyran, AMG, A.3.9) legt inhaltlich weitgehend vergleichbare Anforderungen für die Herstellung von Arzneimittel-Wirkstoffen fest, vgl. Ziffern 5 (Dokumentation) und 6 (Herstellung) der Richtlinie.

zustellenden Produkte und jede Chargengröße vorschriftsmäßig genehmigte Herstellungsvorschriften und Verarbeitungsanweisungen vorliegen müssen. In Ziffer 4.15 c) des EG-GMP-Leitfadens wird bestimmt, dass die Verarbeitungsanweisungen detaillierte schrittweise Verarbeitungsanweisungen beinhalten sollen, z.B. Materialkontrollen, Vorbehandlungen, Reihenfolge der Materialzugabe, Mischzeiten, Temperaturen. Zudem sind nach Ziffer 4.15 a) Angaben zu den wichtigsten verwendeten Ausrüstungen zu machen und nach Ziffer 4.15 b) Methoden anzugeben oder auf Methoden zu verweisen, nach denen die kritischen Teile der Ausrüstung vorzubereiten sind (z.B. Reinigung, Montage, Kalibrierung, Sterilisation). Die Verarbeitungsanweisungen enthalten damit in der Regel alle wesentlichen Hinweise, die zur Feststellung des verwendeten Verfahrens und zur Prüfung einer Verletzung des Verfahrenspatents notwendig sind. Die Richtlinien sind in Deutschland in der Betriebsverordnung für pharmazeutische Unternehmer (PharmBetrV) inhaltlich umgesetzt worden.[521]
Herstellvorschriften und Verarbeitungsanweisungen sowie die Herstellprotokolle müssen selbstverständlich am Ort der Herstellung vorhanden sein und sind dort aufzubewahren. Aufgrund dieser Dokumentations- und Aufbewahrungspflichten ist die besonders enge Beziehung der Gerichte am Ort der Herstellung gerade hinsichtlich der Beweisführung im Fall einer Patentverletzungsklage betreffend ein Verfahrenspatent augenfällig. Der Beweis, ob ein bestimmtes geschütztes Verfahren bei der Herstellung eines Erzeugnisses angewendet wurde, lässt sich am besten am Ort der Herstellung selbst führen. Diese Gerichte sind am besten geeignet, ein ordnungsgemäßes Verfahren durch eine schnelle und vollständige Beweisaufnahme vor Ort zu gewährleisten. Gerichte in anderen Staaten, auch am Ort der Verhaltenszentrale, müssten sich hingegen mit den Sonderproblemen grenzüberschreitender Beweisaufnahme auseinandersetzen, die die Beweisführung für beide Seiten erheblich erschweren und zumindest für deutliche Verzögerungen des Prozessablaufs sorgen würden.
Darüber hinaus würde eine Anknüpfung an die Verhaltenszentrale spätestens seit Inkrafttreten der EuGVVO und deren Art. 60 nahezu zwangsläufig dazu führen, dass der Handlungsort mit dem allgemeinen Gerichtsstand des Beklagten nach Art. 2 Abs. 1 EuGVVO zusammenfiele. Denn es wird kaum eine Konstellation denkbar sein, in der der Ort, an dem die grundlegenden Entscheidungsprozesse stattfinden, weder der satzungsmäßige Sitz, noch der Sitz der Hauptverwaltung, noch der Sitz der Hauptniederlassung ist, die Art. 60 Abs. 1 EuGVVO alternativ als Sitz benennt. Damit würde jedoch die Gefahr bestehen, dass Art. 5 Nr. 3 EuGVVO erheblich an praktischer Wirksamkeit einbüßte. Eine solche Einschränkung des Art. 5 Nr. 3 EuGVVO ist jedoch im Falle von Klagen wegen Verletzung von Verfahrenspatenten aufgrund der

521 Betriebsverordnung für pharmazeutische Unternehmer (PharmBetrV) v. 08.03.1985 (BGBl. I, 546), zuletzt geändert durch § 35 des Gesetzes zur Regelung des Transfusionswesens v. 01.07.1998 (BGBl. I, 1752); die Umsetzung der Richtlinien erfolgte durch die am 23.07.1994 in Kraft getretene 2. ÄndV der PharmBetrV v. 13.07.1994 (BGBl. I, 1561).

nachgewiesenen besonders engen Beziehung, insbesondere der ausgeprägten Beweisnähe der Gerichte am Herstellungsort nach den herausgearbeiteten Leitlinien nicht gerechtfertigt, geschweige denn zwingend.

Im Ergebnis ist den Gerichten am Ort der Herstellung daher in diesem Fall die internationale Zuständigkeit am Handlungsort nach Art. 5 Nr. 3 EuGVVO zuzuschreiben.

III. Entwurf eines Übereinkommens über die Schaffung eines Streitregelungssystems für europäische Patente

Andere Wege, eine Konzentration von Verfahren beim europäischen Bündelpatent zu erreichen, sind im Wege der Rechtsfortbildung durch neue Regelungen denkbar. Parallel zu der anhaltenden Diskussion um das Gemeinschaftspatent hat die Regierungskonferenz der Mitgliedstaaten der Europäischen Patentorganisation einen weiteren Vorstoß zur Vereinheitlichung des Streitregelungssystems für europäische Patente de lege ferenda unternommen.
Um der Gefahr der Rechtsunsicherheit durch uneinheitliche Entscheidungen der Gerichte in verschiedenen Mitgliedstaaten bei Rechtsstreitigkeiten über die Verletzung oder Rechtsgültigkeit europäischer Patente zu begegnen[522] und weitere Nachteile des bestehenden EPÜ Systems auszuräumen, hat die Regierungskonferenz der Mitgliedsstaaten der europäischen Patentorganisation, die am 24. und 25. Juni 1999 in Paris zusammentrat, ein Mandat verabschiedet, das die Bildung zweier Arbeitsgruppen vorsieht, von denen eine die Harmonisierung der Streitregelung für europäische Patente vorbereiten sollte.[523] Das Mandat wurde am 17. Oktober 2000 von der Londoner Regierungskonferenz überarbeitet und die Arbeitsgruppe „Streitregelung" wurde gebeten, den Mitgliedsstaaten der EPO ein fakultatives Übereinkommen über die Regelung von Streitigkeiten im Zusammenhang mit europäischen Patenten zu unterbreiten, das einen gesonderten Teil über eine gemeinsame Einrichtung einschließt. Anfang Dezember 2002 wurde der Entwurf eines Übereinkommens über die Schaffung eines Streitregelungssystems für europäische Patente der Arbeitsgruppe „Streitregelung" durch die mit der Ausarbeitung des Entwurf betraute Untergruppe der Arbeitsgruppe vorgelegt.[524]
Der Entwurf sieht die Errichtung einer neuen internationalen Organisation – der europäischen Patentgerichtsbarkeit (EPG) – zur Beilegung von Streitigkei-

522 Vgl. Strukturpapier der Arbeitsgruppe „Streitregelung", GRUR Int. 2000, 733; Schade, GRUR 2000, 101.

523 ABl. Europäisches Patentamt 1999, 545 ff.; GRUR Int. 1999, 722 ff.; die zweite Arbeitsgruppe sollte sich mit der wichtigen Frage befassen, wie sich die (übersetzungsbedingten) Kosten des europäischen Patents senken lassen.

524 Europäisches Patentamt im Auftrag der Untergruppe der Arbeitsgruppe „Streitregelung", WPL/3/02 v. 27.11.2002.

ten im Zusammenhang mit der Verletzung und der Rechtsgültigkeit von europäischen Patenten vor (Art. 1 – 9). Organe der EPG sind das europäische Patentgericht, das ein Gericht erster Instanz, ein Berufungsgericht und eine Geschäftsstelle umfasst (Art. 10 – 12), sowie der Verwaltungsausschuss (Art. 13 – 19). Das Gericht erster Instanz soll über eine zentrale Kammer am Sitz der EPG verfügen (Art. 10 Abs. 1), der Verwaltungsausschuss kann in den Vertragsstaaten zusätzlich regionale Kammern errichten, deren Zahl jedoch auf maximal drei pro Vertragsstaat bzw. Gruppe von Vertragsstaaten begrenzt wird (Art. 10 Abs. 2 in Verbindung mit Entwurf Satzung Art. 19 und 20 Abs. 1).

Im Hinblick auf die Zuständigkeit enthält der Entwurf die folgenden Regelungen:

Art. 38 und 39 sehen vor, dass die Vertragsstaaten, die auch Mitgliedsstaaten der EuGVVO bzw. des EuGVÜ oder LGVÜ sind, das europäische Patentgericht als ihr nationales Gericht im Sinne dieser Verordnung bzw. der Übereinkommen bestimmen. Damit soll sichergestellt werden, dass alle Verfahren betreffend Verletzung und Rechtsgültigkeit von europäischen Patenten zentral durch das europäische Patentgericht entschieden werden können und die Entscheidungen in allen Vertragsstaaten unmittelbar vollstreckbar sind, ohne dass es Anerkennungs- oder Exequaturverfahren bedarf.[525] Gegen diese Konstruktion bestehen jedenfalls im Hinblick auf die EU-Mitgliedsstaaten, die auch an die EuGVVO gebunden sind, rechtliche Bedenken, die insbesondere von der Kommission geäußert werden. Die Kommission ist der Auffassung, dass die so geartete Schaffung eines einheitlich zuständigen europäischen Patentgerichts im Widerspruch zur EuGVVO stände. In der Tat liegt es nahe, dass die EU-Mitgliedsstaaten mit der Ratifizierung des Vertrags von Amsterdam und der damit verbundenen Schaffung der Kompetenz der Europäischen Gemeinschaft zum Erlass der EuGVVO in Art. 65 a – dritter Spiegelstrich EG, die Kompetenz zur Errichtung einheitlicher Patentgerichtsbarkeit in der EU auf die Kommission übertragen haben und damit nicht mehr eigenständig im Rahmen eines völkerrechtlichen Vertrages auf diesem Gebiet Entscheidungen treffen können.[526]

Das Gericht erster Instanz soll zuständig sein für Verletzungsklagen und vorbeugende Unterlassungsklagen, sowie für Klagen auf Feststellung der Nichtverletzung und Klagen oder Widerklagen auf Nichtigerklärung eines in einem oder mehreren Vertragsstaaten wirksamen europäischen Patents. Darüber hinaus soll es auch zuständig sein für die Klagen auf Schadensersatz oder

525 WLP/3/02 – S. III

526 Denkbar wäre jedoch, dass die EG dem EPÜ beitritt und der Schaffung einer Europäischen Patentgerichtsbarkeit im Rahmen eines völkerrechtlichen Vertrags zustimmt. Dazu wäre jedoch erforderlich, dass der Beitritt einer zwischenstaatlichen Organisation zum EPÜ ermöglicht und Art. 166 EPÜ entsprechend geändert wird. Aufgrund einer vergleichbaren Neuerung zum Madrider Abkommens über die internationale Registrierung von Marken v. 14.4.1891 durch das Madrider Protokoll v. 27.Juni 1989 war es der EG möglich, dem Madrider Protokoll beizutreten. Es wird für die EG am 1.10.2004 in Kraft treten, vgl. ABl. (EG) L256/23 v. 3.8.2004. Zur Außenkompetenz der Europäischen Gemeinschaft vgl. Leisle, ZEuP 2002. 316.

Entschädigung aufgrund des einstweiligen Schutzes einer veröffentlichten europäischen Patentanmeldung. Das Gericht erster Instanz soll ausschließlich zuständig sein für alle Klagen auf Nichtigerklärung eines europäischen Patents mit Wirkung für einen oder mehrere Vertragsstaaten und für Klagen gegen einen Beklagten mit Wohnsitz in einem der Vertragsstaaten. Diese ausschließliche Zuständigkeit gilt jedoch erst nach Ablauf einer siebenjährigen Übergangszeit. Darüber hinaus besteht eine nicht-ausschließliche Zuständigkeit, wenn der angebliche Verletzer zwar keinen Wohnsitz in einem Vertragsstaat hat, die angebliche Verletzungshandlung aber in einem Vertragstaat stattgefunden hat.
Die Verfahrensordnung soll regeln, wie die Fälle an die zentrale oder eine regionale Kammer des Gerichts erster Instanz verteilt werden, wobei dem EuGVÜ, dem LGVÜ und der EuGVVO Rechnung zu tragen ist. Unmittelbare Klagen auf Nichtigerklärungen müssen vor der zentralen Kammer erhoben werden. Verletzungsklagen sind entsprechend entweder vor der Kammer des Landes möglich, in dem der Beklagte seinen Sitz hat, oder vor der Kammer des Landes, in dem die angebliche Verletzung stattgefunden hat.[527] Damit kann der Übereinkommensentwurf zwar erreichen, dass ein zentrales spezialisiertes Gericht für alle Patentverletzungsklagen zuständig ist, es jedoch insbesondere im Gerichtsstand der unerlaubten Handlung gleichwohl zu einer Vielzahl von Verfahren vor den regionalen Kammern kommen kann, die den „gleichen" Gegenstand haben, nämlich die Verletzung des gleichen europäischen Patents in den verschiedenen Vertragsstaaten durch identische Verletzungshandlungen ein und desselben Verletzers. Die Gefahr der Zersplitterung der Verfahren ist daher auch nach dem Übereinkommensentwurf nicht gebannt. Vielmehr stellen sich hier die gleichen Fragen nach einer möglichen Konzentration der Verfahren an einem Gericht bzw. einer regionalen Kammer, wie unter der EuGVVO bzw. dem EuGVÜ oder LGVÜ. Der Übereinkommensentwurf sieht jedoch mit dem gemeinsamen zentralen Berufungsgericht, das ausschließlich zuständig ist für die Berufung gegen Entscheidungen des Gerichts erster Instanz, eine Verstärkung der Rechtssicherheit und der Einheitlichkeit der Rechtsanwendung vor. Dies erspart es dem Patentinhaber jedoch nicht, in der ersten Instanz gegebenenfalls in mehreren verschiedenen Mitgliedsstaaten parallel die Verletzung seines europäischen Patents geltend machen zu müssen und sich dem Risiko widersprechender Entscheidungen auszusetzen, sowie großen Aufwand an Zeit und Kosten tragen zu müssen.
In Art. 40 des Entwurfs wird zudem die Möglichkeit geschaffen, dass das europäische Patentgericht Vorabentscheidungsvorlagen an den EuGH reichen kann. Die einheitliche Anwendung des Gemeinschaftsrechts wird insofern durch den EuGH gewährleistet, als dessen Vorabentscheidungen für das europäische Patentgericht insoweit bindend sind, als dessen Entscheidungen in

527 WLP/3/02, III

Mitgliedsstaaten der Europäischen Union Wirkung entfalten.[528] Auch hier soll die Vorlagemöglichkeit dadurch geschaffen werden, dass die Vertragsstaaten das europäische Patentgericht als ihr nationales Gericht für die Zwecke des Art. 234 EG bestimmen. Den Entscheidungen des europäischen Patentgerichts werden in allen Vertragsstaaten die Wirkungen von Entscheidungen eines nationalen Gerichts dieses Staates beigemessen (Art. 43 Abs. 1). Bei Nichtigerklärungen von europäischen Patenten oder Entscheidungen, mit denen das europäische Patent in geänderter Fassung aufrecht erhalten wird, soll sich die Wirkung auf alle Vertragsstaaten erstrecken, für die die Nichtigerklärung beantragt und ausgesprochen wurde. Diesen sogenannten „Bündelansatz“ befürworten insbesondere Deutschland und Frankreich, ein endgültiges Einvernehmen über die territorialen Wirkungen der Nichtigkeitsentscheidung konnte aber bisher nicht erzielt werden.[529]

Die Erfolgschancen dieses Entwurfs sind ungewiss. Insbesondere der Einwand der Kommission, dass es den Mitgliedstaaten der EU an der Kompetenz fehlt, ein derartiges Übereinkommen abzuschließen, ist beachtlich. Er wird entweder zum Scheitern des Übereinkommens führen oder jedenfalls den weiteren Diskussions- und Einigungsprozess erheblich belasten und zu großen zeitlichen Verzögerungen führen. Solange das Gemeinschaftspatent als Chance weiter realisierbar erscheint, werden auch die Arbeiten an dem Übereinkommen nicht mit vollem Einsatz und Geschwindigkeit vorangetrieben werden können, da sich die Mitgliedstaaten der EU auf das vorrangige Projekt des Gemeinschaftspatents konzentrieren werden. Es ist daher realistischerweise nicht damit zu rechnen, dass ein solches Übereinkommen in den nächsten Jahren abgeschlossen wird. Angesichts des auch hier erforderlichen Übergangszeitraums, bis die Gerichte der Europäischen Patentgerichtsbarkeit ihre Arbeit wirkungsvoll aufnehmen können, bleiben die hier vorgestellten Lösungen und Auslegungsleitlinien weiterhin von Bedeutung.

---

528 Eine weitergehende Bindungswirkung wurde insbesondere durch die Schweiz abgelehnt, die darauf bestand, dass EuGH-Entscheidungen für Schweizer Gerichte unter keinen Umständen bindend sein können, vgl. WLP/03/02 S. 21.

529 Einige Delegationen der Arbeitsgruppe (Schweiz, Dänemark, Finnland, Luxemburg, Schweden, Vereinigtes Königreich) und das EPI zogen vor, die Wirkung grundsätzlich auf alle Vertragsstaaten zu erstrecken, was jedoch wesentliche Auswirkungen auf die Dispositionsmaxime und grundlegende EPÜ-Prinzipien hätte; vgl. WPL/3/02 S. 24.

Kapitel 6: Eingrenzung der praktischen Relevanz des Gerichtsstands der unerlaubten Handlung bei Nichtigkeitseinwand?

Die Lösung nach den hier entwickelten Auslegungsleitlinien erweist sich somit sowohl aus rechtlicher wie aus rechtspraktischer Sicht im Vergleich zu alternativen Konzepten als vorzugswürdig. Fraglich ist aber, ob ihre praktische Bedeutung aufgrund des Umstands weiter eingeschränkt wird, dass der Verletzungsbeklagte in Patentverletzungsstreitigkeiten regelmäßig mit dem Einwand mangelnder Schutzfähigkeit des Patents reagiert.[530] Im Falle des Nichtigkeitseinwands oder der Nichtigkeitswiderklage des Beklagten in einem Verletzungsverfahren könnte nämlich das für die Verletzungsklage zuständige Gericht gemäß Art. 25 EuGVVO gehalten sein, sich für unzuständig zu erklären und den gesamten Rechtsstreit an das Gericht des Staates abzugeben, für dessen Hoheitsgebiet das streitige Patent erteilt wurde.

A. Kein Nichtigkeitseinwand in Patentstreitsachen nach deutschem Recht

Die Nichtigkeit eines Patents kann in den meisten europäischen Staaten durch Widerklage im Patentverletzungsprozesss geltend gemacht werden, in Deutschland und Österreich ist dagegen ein getrenntes neues Verfahren einzuleiten.

Nach deutschem Recht sind für alle Patentstreitsachen gemäß § 143 Abs. 1 PatG die Zivilkammern der Landgerichte ohne Rücksicht auf den Streitwert ausschließlich zuständig.[531] Zu den Patentstreitsachen gehören insbesondere

530 Vgl. nur Meier-Beck, GRUR 1999, 380; Stauder, GRUR Int. 1997, 859; ders. 29 IIC 499 [1998]; Brinkhof, GRUR Int. 1997, 489; zum frz. Recht vgl. Schmidt-Szalewski, S. 44.

531 Patentstreitsachen sind in § 143 Abs. 1 PatG legaldefiniert als alle Klagen, durch die ein Anspruch aus einem der im PatG geregelten Rechtsverhältnisse geltend gemacht wird. § 143 Abs. 2 PatG ermächtigt die Landesregierungen, durch Rechtsverordnung die Patentstreitsachen für die Bezirke mehrerer Landgerichte einem von diesen zuzuweisen. Von dieser Ermächtigung haben die meisten Länder Gebrauch gemacht. Für Patentstreitsachen zuständig sind daher die folgenden Gerichte (vgl. auch Auflistung in GRUR 1996, 398 und Mes, § 143 PatG Rn 7): **Baden Württemberg**: LG Mannheim (Staatsvertrag zwischen den früheren Ländern Baden, Württemberg-Baden und Württemberg-Hohenzollern v. 9.3.1951, GVBl. Baden 1951, 56; RegBl. WüBa, 1951, 19; RegBl. WüHo 1951, 31); **Bayern**: OLG-Bezirk München: LG München I, OLG-Bezirke Nürnberg und Bamberg: LG Nürnberg-Fürth (VO v. 2.2.1988, GVBl. 1988, 6); **Brandenburg**: LG Berlin (Staatsvertrag zw. dem Land Berlin und dem Land Brandenburg v. 20.11.1995, GVBl. Brandenburg I-1995, 288; **Bremen, Hamburg, Schleswig-Holstein**: LG Hamburg (Staatsvertrag v. 1.10.1949, BremGBl. 1950, 17; HambAmtlAnz 1950, 73; SclHGVOBl. 1949, 221); **Hessen, Rheinland-Pfalz**: LG Frankfurt a.M. (VO v. 26.8.1960, GVBl. 1960, 175; Staatsvertrag zw. Rheinland-Pfalz und Hessen v. 4.8.1950, RhPfGVBl. 1950, 316, HessGVBL. 1950, 250); **Mecklenburg-Vorpommern**: LG Hamburg (Staatsvertrag v. 6.11.1993, GVBl. 1993, 919); **Niedersachsen**: LG Braunschweig (VO v. 18.3.1988, GVBl. 1988, 39); **Nordrhein-Westfalen**: LG Düssel-

die Klagen auf Unterlassung und Schadensersatz wegen Patentverletzung nach § 139 PatG. Nichtigkeitsklagen sind dagegen ausschließlich beim Bundespatentgericht zu erheben, § 81 Abs. 1, Abs. 4 Satz 1 PatG; funktionell sind die Nichtigkeitssenate zuständig, § 66 Abs. 1 Nr. 2 PatG. Im Patentverletzungsverfahren betreffend deutsche Patente kann sich der Beklagte daher weder als Einwendung mit Wirkung inter partes noch im Wege einer Nichtigkeitswiderklage mit Wirkung erga omnes gegen den Kläger zur Wehr setzen. Der Nichtigkeitswiderklage steht dabei die allgemeine Bestimmung des § 33 Abs. 2 iVm § 40 Abs. 2, 2. Alt. ZPO entgegen, nach der die besondere Zuständigkeit im Gerichtsstand der Widerklage nicht eröffnet ist, wenn für den Gegenstand der Widerklage eine ausschließliche Zuständigkeit eines anderen Gerichts besteht. Die Rechtsbeständigkeit eines rechtskräftig erteilen Patents wird bei deutschen Patenten im Verletzungsprozess daher nicht geprüft; das Patent ist vielmehr so, wie es erteilt oder in einem Nichtigkeits – oder Beschränkungsverfahren neu gefasst worden ist, hinzunehmen.[532] Die Patenterteilung ist ein begünstigender Verwaltungsakt, für den das deutsche Patent – und Markenamt bzw. - bei europäischen Patenten - das Europäische Patentamt im Einspruchsverfahren, das Bundespatentgericht sowie in zweiter Instanz der Bundesgerichtshof in Nichtigkeitsverfahren die ausschließliche Prüfungskompetenz besitzen.[533] Die Erteilung des Patents entfaltet insoweit eine Tatbestandswirkung, als das Patentverletzungsgericht so lange an die Rechtsbeständigkeit des Patents gebunden ist, wie dieses formell in Kraft ist; es hat das Patent so hinzunehmen, wie es erteilt worden ist.[534] Die fehlende Rechtsbeständigkeit eines erteilten Patents ist als Einwendung des Beklagten im Verletzungsprozess daher nicht erheblich. Der Beklagte kann die Bestandskraft des deutschen Patents nur mit einem Einspruch vor dem deutschen Patent- und Markenamt[535] bzw. bei europäischen Patenten beim Europäischen Patentamt[536] oder – soweit der Einspruch nicht mehr erhoben werden kann - [537] mit einer Nichtigkeitsklage vor dem Bundespatentgericht angreifen. Insofern stellt sich die besondere Problematik des nachträglichen Wegfalls der

---

dorf (VO v. 28.6.1988, GVNW 1988, 321); **Sachsen**: LG Leipzig; **Sachsen-Anhalt**: LG Magdeburg; **Thüringen**: LG Erfurt (VO v. 1.12.1995, GVBl. 1995, 404); **Berlin** (LG Berlin) und das **Saarland** (LG Saarbrücken) verfügen jeweils nur über ein LG.

532 BGH GRUR 1959, 320 – Moped-Kupplung; vgl. auch Grabinski, GRUR Int. 2001, 208, Benkard/Rogge, § 139 PatG Rn 25; Mes § 139 PatG, Rn 57; LG Düsseldorf GRUR 1994, 509 – Rollstuhlfahrrad.

533 Siehe auch Mes § 139 PatG Rn 57.

534 Benkard/Schäfers, PatG Einleitung Rn 44.

535 Gem. §§ 59 ff. PatG, der Einspruch ist gem. § 59 Abs. 1 Satz 1 PatG nur innerhalb von drei Monaten nach der Veröffentlichung der Erteilung zu erheben, ein späterer Beitritt zu einem Einspruch ist nach § 59 Abs. 2 möglich.

536 Gem. Art. 99 ff. EPÜ; dieser Einspruch ist innerhalb von 9 Monaten nach der Bekanntmachung des Hinweises auf die Erteilung des europäischen Patents möglich und erfasst das Patent für alle Vertragsstaaten, in denen es Wirkung hat; auch hier ist ein späterer Beitritt des vermeintlichen Patentverletzers gem. Art. 105 EPÜ möglich.

537 Vgl. § 81 Abs.2 PatG.

internationalen Zuständigkeit des Patentverletzungsgerichts aufgrund einer Nichtigkeitswiderklage nicht in Verfahren bzgl. deutschen Patenten.
Ist Nichtigkeitsklage erhoben oder ein Einspruch eingelegt, kommt auf Antrag eine Aussetzung des Patentverletzungsprozesses nach § 148 ZPO bis zur erstinstanzlichen Entscheidung im Nichtigkeits- bzw. Einspruchsverfahren in Betracht. Einspruch und Nichtigkeitsklage hemmen oder unterbrechen die Rechtswirkungen des Patents jedoch nicht, dessen gesetzliche Wirkungen treten vielmehr gemäß § 59 Abs. 1 Satz 3 PatG mit der Veröffentlichung im Patentblatt ein. Eine Aussetzung ist nur geboten, wenn Einspruch oder Nichtigkeitsklage eine hohe Erfolgswahrscheinlichkeit, zumindest aber einige Aussicht auf Erfolg zugebilligt werden muss.[538]

B. Lösungsalternativen bei zulässigem Nichtigkeitseinwand

Problematisch wird die Anordnung der ausschließlichen Zuständigkeit in Art. 22 Nr. 4 EuGVVO hingegen in Verfahren betreffend Patente aus Vertragsstaaten, in denen die fehlende Rechtsbeständigkeit des streitgegenständlichen Patents als Einwendung oder als Nichtigkeitswiderklage in Verletzungsverfahren geltend gemacht werden kann. Diese noch nicht abschließend geklärte Streitfrage wird insbesondere seit der zweiten Hälfte der 90er Jahre intensiv diskutiert und war Gegenstand mehrerer gegensätzlicher gerichtlicher Entscheidungen im Vereinigten Königreich, Niederlande und Deutschland.

Wie in Kapitel 5 C. II. ausgeführt und begründet, werden Patentverletzungsklagen jedenfalls solange nicht von der ausschließlichen Zuständigkeit gemäß Art. 22 Nr. 4 EuGVVO erfasst, wie die Rechtsgültigkeit des Patents nicht in Frage gestellt wird. Es bleiben damit im Kern vier Alternativen, ob und wie sich der Anwendungsbereich des Art. 22 Nr. 4 EuGVVO auf Patentverletzungsklagen erstreckt.

Zum einen kann sich das für die Patentverletzungsklage zuständige Gericht für unzuständig erklären, sobald die Frage der Rechtsbeständigkeit des Patents aufgeworfen wird, und den gesamten Rechtsstreit in die Zuständigkeit der Gerichte des Staates übergeben, für den das Patent erteilt und registriert worden ist. Eine zweite Möglichkeit besteht darin, dass das Gericht aus-

538 BGH, GRUR 1987, 284 – Transportfahrzeug; OLG Düsseldorf, GRUR 1979, 188 – Flachdachabläufe; OLG Düsseldorf, GRUR 1979, 636 – Ventilanbohrvorrichtung; großzügiger OLG Düsseldorf, Mitt. 1996, 87 (88) – Captopril – wonach für die Aussetzung genügen soll, dass der Rechtsbehelf einige Erfolgsaussicht hat; vgl. zu weiteren Einzelheiten zur Aussetzungsfrage Mes, § 139 PatG Rn 57 mwN; Benkard/Bruchhausen Einleitung PatG Rn 44; Benkard/Rogge § 139 PatG Rn 70; dazu auch Rogge, GRUR Int. 1996, 386 mit Darstellung von Abwägungskriterien – der die Aussetzung gegen den Willen des Patentinhaber nur für zulässig hält, wenn eine voraussichtliche hohe Wahrscheinlichkeit des Erfolgs der Nichtigkeitsklage glaubhaft gemacht wird.

schließlich über die Verletzung entscheidet und die Rechtsgültigkeit überhaupt nicht beurteilt, diese wird vielmehr als gegeben unterstellt. Der Einwand der Nichtigkeit oder eine Nichtigkeitswiderklage wären nicht zulässig, der Beklagte hätte nur die Möglichkeit, die Nichtigkeit in einem gesonderten Prozess im Schutzstaat zu verfolgen. Ein dritter Weg wäre die Prüfung der Rechtsbeständigkeit durch das mit der Patentverletzungsklage angerufene Gericht, soweit dies das anwendbare Recht erlaubt und die Klage insgesamt lediglich mit Wirkung zwischen den Parteien entschieden wird. Nichtigkeitswiderklagen wären dagegen nicht zulässig bzw. nur als Einwand im Rahmen des Verletzungsprozesses zu prüfen. Schließlich kann erwogen werden, dem Verletzungsgericht volle Zuständigkeit auch über Nichtigkeitswiderklagen einzuräumen, die das Gericht dann mit Wirkung erga omnes entscheiden könnte.

I. Nichtigkeitseinwand führt stets zur ausschließlichen Zuständigkeit nach Art. 22 Nr. 4 EuGVVO

1) Rechtsprechung der englischen Gerichte und des LG Mannheim

Die erste Alternative ist der Weg, den insbesondere die englischen Gerichte gewählt haben. Nach Ansicht des High Court of Justice greift die Regelung des Art. 25 EuGVVO (Art. 19 EuGVÜ) ein, sobald die beklagte Partei den nach dem Recht des Schutzstaates zulässigen Einwand der Patentnichtigkeit erhebt.[539] Für diese Ansicht werden die folgenden Hauptargumente ins Feld geführt:

Ansatzpunkt ist Art. 25 EuGVVO (Art. 19 EuGVÜ) in der englischen Fassung des Textes. Nach Ansicht der englischen Gerichte ist im Rahmen der Prüfung des Art. 25 EuGVVO nicht nur auf den Klägervortrag (claim) abzustellen, sondern auf den gesamten Tatbestand der Streitigkeit, insbesondere auch den Vortrag des Beklagten (issue).[540] Anderenfalls würde die Bestimmung des zuständigen Gerichts maßgeblich davon abhängen, ob der Patentinhaber oder der potentielle Patentverletzer derjenige ist welcher zuerst klagt, und damit vom Ausgang des Wettlaufs zwischen den Parteien abhängen.[541]

---

539 High Court of Justice [1997] 3 All ER 45 – Coin Controls Ltd. v. Suzo International Ltd.; High Court of Justice, [1998] FSR 222, 229 – Fort Dodge Animal Health Limited v. Akzo Nobel N.V.; Court of Appeal [1998] FSR 222, 237, 243 - Fort Dodge Animal Health Limited v. Akzo Nobel N.V.

540 High Court of Justice [1997] 3 All ER 45, 60, d; der Klägeranwalt hatte dagegen vorgetragen, dass es entscheidend allein auf die Klage ankäme, die sich hier ausschließlich mit der Verletzung befasste und keine Frage zur Gültigkeit des betreffenden (spanischen) Patents aufwarf; [1997] 3 All ER, 45, 60, b.

541 High Court of Justice [1997] 3 All ER, 45, 60, d; GRUR Int. 1998, 314, 316. Das Urteil befasst sich neben den Fragen des EuGVÜ auch mit zwei interessanten Aspekten der englischen Gerichtsbarkeit über Klagen aus ausländischen Schutzrechten, auf die hier nicht näher eingegangen werden kann – die Regel der doppelten Klagbarkeit (double

Es lägen auch keine Anhaltspunkte für eine enge Auslegung von Art. 19 EuGVÜ vor, insbesondere im Hinblick auf die Frage, wann eine Streitigkeit „principally concerned" mit der Rechtsgültigkeit von ausländischen Patenten ist. Dabei wird Bezug auf den Sachverständigenbericht Jenards genommen, der in der englischen Fassung wie folgt zu Art. 19 EuGVÜ Stellung nimmt:

> „The words „principally concerned" have the effect that the court is not obliged to declare of its own motion that it has no jurisdiction of any issue which comes within the exclusive jurisdiction of another court is raised only as a preliminary or incidental matter."

Was von überwiegender Bedeutung für die Streitigkeit ist, kann nach Ansicht der englischen Gerichte nicht „incidental" sein und sei daher automatisch „principally concerned".[542] Da die Frage der Rechtsgültigkeit aber häufig im Streit stehe und oftmals den wichtigsten Streitpunkt darstelle, sei das Gericht verpflichtet, den Prozess an das für die Frage der Rechtsgültigkeit ausschließlich zuständige Gericht zu übergeben und sich für unzuständig zu erklären, sobald der Beklagte die Rechtsgültigkeit des Patents in Frage stelle. Der Rechtsstreit sei sodann insgesamt, d.h. auch hinsichtlich der Fragen, die nicht die Rechtsgültigkeit betreffen, von dem nach Art. 16 Nr. 4 EuGVÜ (Art. 22 Nr. 4 EuGVVO) zuständigen Gericht zu entscheiden.[543] Die Frage der Nichtigkeit sei, wenn sie tatsächlich aufgeworfen wird, in Patentstreitigkeiten stets eine Hauptfrage, da ohne ihre Beantwortung nicht über die Verletzung befunden werden kann; denn ein nichtiges Patent könne nicht verletzt werden. Verletzung und Gültigkeit eines Patents seien so eng miteinander verbunden, dass sie für Zuständigkeitsfragen als ein einziger Streitgegenstand angesehen werden sollten. Die gegenseitige enge Verbindung wird dabei wie folgt illustriert: Der Angriff gegen die Gültigkeit des Patents habe unmittelbare Bedeutung für die Verletzungsfrage, denn der Beklagte werde häufig die Gültigkeit des Patents angreifen, um die Reichweite des Patentanspruchs einzuengen, so dass die Frage, ob eine Verletzung vorliegt, maßgeblich vom Erfolg dieses Angriffs abhängt. Häufig werde der Patentinhaber auch gezwungen, dem Angriff dadurch zu begegnen, dass er seine Patentansprüche während des Verfahrens

---

actionability rule) und die sogenannte Moçambique-Rule. Während die in den Entscheidungen Phillips vs. Eyre [1870] LR6Q31 und Chaplin vs. Boys [1969] 2 All ER 1085 entwickelte double actionability rule durch section 10 Private International Law (Miscellaneous Provisons) Act 1995 abgeschafft wurde, bleibt die Moçambique-Rule, die auf die House of Lords-Entscheidung British South Africa Co vs. CIA de Moçambique [1893] All 602, [1891 – 4] All ER Rep. 640 zurückgeht und die in der Rechtssprechung auf die Geltendmachung ausländischer Immaterialgüterrechte ausgedehnt wurde, prinzipiell anwendbar; sie kann aber durch die EuGVVO bzw. das EuGVÜ verdrängt werden. Näher zur double actionability rule Floyd/Purvis, [1995] 3 EIPR, 111 ff.; Cohen, [1997] 7 EIPR, 379 ff.; Cornish, GRUR Int 1996, 287; Arnold, [1990] 7 EIPR, 254 ff; Torremans, IPRax 1998, 502 f.(die beiden letzteren auch zur Moçambique rule).

542 [1997] 3 All ER, 60, f.

543 [1997] 3 All ER, 60, g. = GRUR Int. 1998, 314, 316.

abändere. Letztendlich lasse sich die Frage, ob der Beklagte einen gültigen Anspruch verletzt hat, nicht ohne Klärung der Frage der Rechtsgültigkeit des Patents beantworten.[544] Selbst die unter dem EPÜ für einzelne Staaten erteilten europäischen Patente, die zunächst identisch seien, könnten in verschiedenen Staaten unterschiedlich werden, da Änderungen einzelner nationaler Teile möglich sind. Die gemeinsame Beurteilung von Verletzung und Rechtgültigkeit in einem Verfahren könne daher beachtliche Vorteile bringen. Die Alternative, dass über Verletzungen in einem Staat entschieden wird und über Gültigkeit in einem anderen habe dagegen nichts für sich und führe voraussichtlich nur zu einer nicht hilfreichen Vervielfältigung von Verfahren.[545]

Diese Rechtssprechung aus der Entscheidung „Coin Controls" hielt der High Court of Justice in Folgeentscheidungen aufrecht[546] und wurde durch den Court of Appeal in der Entscheidung „Fort Dodge Animal Health Limited vs. Akzo Nobel N.V." ausdrücklich bestätigt.[547] Der Court of Appeal stellte dabei fest, dass Art. 2 und Art. 5 Nr. 3 EuGVÜ auf Patentverletzungsklagen grundsätzlich anwendbar seien[548], es aber keinen Zweifel daran gäbe, dass alle Verfahren betreffend die Nichtigerklärung eines Patents von den Gerichten des Staates entschieden werden müssen, in denen sie eingetragen bzw. registriert sind.[549] Aus dem Bericht Jenards ergäbe sich, dass Art. 16 Nr. 4 EuGVÜ differenziere zwischen Verletzungsklagen und Verfahren, die die Rechtsgültigkeit von Patenten betreffen. Im Vereinigten Königreich ist es möglich, dass beide Verfahrensarten vor ein- und demselben Gericht verhandelt werden, sowohl die Verletzungsklage des Patentinhabers als auch Einwand oder Klage auf Feststellung der Nichtverletzung aufgrund der fehlenden Rechtsgültigkeit des Patents durch den potenziellen Verletzer. Wenn aber Fragen der Verletzung und der Rechtsgültigkeit zusammen auftreten, sei es unmöglich, eine Verletzung zu bejahen ohne die Rechtsgültigkeit des betroffenen Patents zuvor festzustellen.[550] Die Rechtsgültigkeit müsse auch dann als in Frage gestellt angesehen werden, wenn sich der Beklagte mit dem sogenannte Gillette-Einwand zur Wehr setze, d.h. geltend mache, dass die Patentansprüche bei richtiger Auslegung nicht die (behaupteten) Verletzungshandlungen erfassen, die Ansprüche dagegen nichtig seien, wenn und soweit man sie hingegen weiter auslege.[551] Eine strikte Trennung von Verletzungsklage und Verfahren betref-

---

544 [1997] 3 All ER 61 a = GRUR Int. 1998, 314, 316 ff.

545 [1997] 3 All ER 61 a = GRUR Int. 1998, 314, 316 ff.

546 High Court of Justice, Chancery Division, Patents Court [1998] FSR 222, 226 ff. Fort Dodge Animal Health Limited vs. Akzo Nobel N.V. v.14.u.16.10.1997;sowie [1999] FSR 746 – Sepracor Inc. vs. Hoechst Marion Roussel v. 14.09.1999 = GRUR Int. 1999, 784.

547 [1998] FSR 222 v. 27.10.1997 = 29 IIC 927 (1998).

548 FSR [1998] 222, 242.

549 FSR [1998] 222, 243.

550 FSR [1998] 222, 243; vgl. auch Aldous, Young, Watson, Thorley – Terrell on the Law of Patents, 14.54 und 14.55.

551 FSR [1998] 222, 244; näher zur Gillette Defence, die auf die Entscheidung Gillette Safety Razor Co. vs. Anglo American Trading Co. (30 R P.C. 465, 480) – zitiert nach

fend die Rechtsgültigkeit des Patents könne daher nicht durchgehalten werden.[552] Wenn aber die Rechtsgültigkeit eines Patents bona fide im Rahmen eines Verletzungsprozesses in Frage gestellt werde, müsse das Verletzungsverfahren zwingend auch die Rechtsgültigkeit betreffen, die dann oft wenn nicht gar üblicherweise den Hauptstreitpunkt im Verfahren bilde. Das Verfahren sei dann „principally concerned with validity" im Sinne des Art. 19 EuGVÜ und falle in die ausschließliche Zuständigkeit der Gerichte des Erteilungsstaates gemäß Art.16 Nr. 4 EuGVÜ.[553]

Dieser englischen Rechtsprechung hat sich auch das LG Mannheim in seinem Urteil v. 8.2.2002[554] mit weiteren Argumenten angeschlossen, die vom OLG Düsseldorf in einem Vorlagebeschluss zur Vorabentscheidung durch den EuGH[555] aufgenommen wurden. Zum einen hebt das LG Mannheim die Unterschiede in der englischen Textfassung des Art. 16 EuGVÜ hervor. Anders als im deutschen Text, der bei allen Ziffern des Art. 16 vom „Gegenstand" spricht, knüpfen Ziffern 1-3 in der englischen Fassung daran an, was „*object*" des Prozesses ist, während Ziffer 4 „proccedings *concerned with* the registration or validity of patents" voraussetzt, also lediglich verlangt, dass die Klage die Eintragung oder Gültigkeit des Patents *betrifft*. Dies lege nahe, dass es für Art. 16 Nr. 4 EuGVÜ ausreiche, wenn die Frage der Gültigkeit des Patents für den Prozess relevant werde.[556] Eine klare Beschränkung auf Verfahren, die die Nichtigerklärung mit Wirkung erga omnes betreffen, lasse sich dem Wortlaut der Vorschrift nicht entnehmen.[557]
Für eine solche Auslegung spreche auch der Art. 16 Nr. 4 EuGVÜ vom EuGH in der Entscheidung „Duijnstee/Goderbauer"[558] beigelegte Sinngehalt. Darin begründe der EuGH die ausschließliche Zuständigkeit der Gerichte des Ver-

---

Aldous, Young, Watson, Thorley – Terrell on the Law of Patents, 14.68, Fn. 47 zurückgeht, vgl. Aldous, Young, Watson, Thorley – Terrell on the Law of Patents 14.68.

552 FSR [1998] 222, 244.

553 So im Ergebnis auch Rechtbank van eerste aanleg te Bussel, GRUR Int. 2001, 170, 171 – Röhm Enzyme. Der Court of Appeal erkannte selbst, dass eine gegenteilige Ansicht nicht undenkbar ist und legte die Frage der Auslegung von Art. 16 Nr. 4/19 EuGVÜ dem EuGH zur Vorabentscheidung vor. Unglücklicherweise hatte der EuGH keine Gelegenheit mehr, die ihm vorgelegten Fragen zu entscheiden, da der Rechtsstreit von den Parteien vorzeitig einvernehmlich beendet wurde – vgl. Grabinski, GRUR Int. 2001, 209; diese Vorlage sollte gemeinsam behandelt werden mit einer zweiten Vorlage eines niederländischen Gerichts im Fall Boston Scientific ./. Cordis, die ebenfalls im Sand verlaufen ist.

554 LG Mannheim, Urteil v. 8.2.2002, 7 O 235/01, Umdruck S. 10 ff.

555 OLG Düsseldorf, Beschluss v. 5.12.2002 – 2 U 104/01; GRUR Int. 2003, 1030.

556 LG Mannheim, Urteil v. 8.2.2002, 7 O 235/01, Umdruck S. 12; OLG Düsseldorf, GRUR Int. 2003, 1030, 1031 f.

557 LG Mannheim, Urteil v. 8.2.2002, 7 O 235/01, Umdruck S. 11; OLG Düsseldorf, GRUR Int. 2003, 1030, 1032.

558 EuGH – C288/82 – Dujnstee als Konkursverwalter der Fa. Schroefboutenfabriek BV/ Goderbauer, Slg. 1983, 3663 = IPRax1985, 92 = GRUR Int. 1984, 693 m. Anm. Stauder, 697 ff.

tragsstaates, in dessen Hoheitsgebiet die Hinterlegung oder Registierung des Patents beantragt oder vorgenommen worden ist, damit, dass diese Gerichte am besten in der Lage sind, über Fälle zu entscheiden, in denen der Rechsstreit die Gültigkeit des Patents oder das Bestehen der Hinterlegung oder Registrierung selbst zum Gegenstand hat. In der Sache aber mache es keinen Unterschied, ob die Nichtigkeit als Einwendung im Verletzungsprozess geltend gemacht wird und damit als Vorfrage zu prüfen ist, oder ob es sich um ein Verfahren handelt, bei dem das Patent mit Wirkung erga omnes für nichtig erklärt werden soll. In beiden Fällen seien die Gerichte des Vertragsstaates, in dessen Hoheitsgebiet die Hinterlegung oder Registierung des Patents beantragt oder vorgenommen worden ist, in gleicher Weise am besten in der Lage, über die Frage der Gültigkeit des Patents zu entscheiden.[559]
Schließlich sei der Charakter der Patenterteilung als Hoheitsakt zu beachten. Fremde staatliche Hoheitsakte, die ihrerseits ihre Begrenzung in der Territorialität der Staatsgewalt finden, seinen zu achten. Auf diesem Grundsatz beruhe auch die ausschließliche Zuständigkeit nach Art. 16 Nr. 4 EuGVÜ.[560] Wenn das Verletzungsgericht inzident über die Rechtsgültigkeit des ausländischen Patents entscheide, entscheide es zugleich, ob es dem fremdem Hoheitsakt privatrechtsgestaltende Wirkung beimisst und ob die Erteilung sachlich richtig war. Es bestehe sachlich kein wesentlicher Unterschied darin, ob der Hoheitsakt eines fremden Staates vernichtet wird oder ihm lediglich (inter partes) keine Wirkung beigemessen wird; die Souveränität des fremden Staates sei in beiden Fälle direkt betroffen.[561]
Schließlich ergebe sich auch aus einem Erst-Recht-Schluss aus Art. 29 EuGVÜ, dass die Frage der Gültigkeit eines Patents nur von den Gerichten des Erteilungsstaates geprüft werden dürfe. Da ausländische Entscheidungen danach ohne Überprüfung der sachlichen Richtigkeit anerkannt werden müssen und das Urteil eines ausländischen gerichts damit Wirkungen im Inland erzielt, müsse erst recht gelten, dass der Bestand eines Patents, welches von der ausländischen Erteilungsbehörde erteilt wurde und nur Wirkungen im Erteilungsland erzielt, von einem Gericht , dessen Sitz nicht im Erteilungsland liegt, nicht überprüft werden darf.[562]

2) Kritik

Die von den englischen Gerichten favorisierte Auslegung führt dazu, dass Verletzungs- und Nichtigkeitsfrage eines Patents gemeinsam vor einem Gericht – dem des Erteilungsstaates – verhandelt und mit Wirkung erga omnes

---

559 LG Mannheim, Urteil v. 8.2.2002, 7 O 235/01, Umdruck S. 13 ff.; OLG Düsseldorf, GRUR Int. 2003, 1030, 1032.

560 LG Mannheim, Urteil v. 8.2.2002, 7 O 235/01, Umdruck S. 15.; OLG Düsseldorf, GRUR Int. 2003, 1030, 1032; vgl. auch Jenard-Bericht, ABl. (EG) 1979, C 59/36.

561 LG Mannheim, Urteil v. 8.2.2002, 7 O 235/01, Umdruck S. 15.; OLG Düsseldorf, GRUR Int. 2003, 1030, 1032.

562 LG Mannheim, Urteil v. 8.2.2002, 7 O 235/01, Umdruck S. 15 f.

entschieden werden können. Man wird nicht behaupten können, dass diese Lösungsmöglichkeit mit dem EuGVÜ bzw. der EuGVVO von vornherein völlig unvereinbar ist, wenngleich sie eine sehr weite Auslegung von Art. 16 Nr. 4 EuGVÜ bzw. Art. 22 Nr. 4 EuGVVO zugrunde legt. Sowohl in praktischer als auch in rechtlicher Hinsicht lassen sich jedoch eine Reihe von Argumenten aufführen, die gegen diese Lösungsmöglichkeit sprechen.

Es entspricht gängiger Praxis, dass der Verletzungsbeklagte in einem Rechtsstreit die Gültigkeit des Patents geltend macht.[563] Folgte man der Ansicht der englischen Gerichte, so wäre damit faktisch jede Möglichkeit, die Verletzung mehrerer nationaler Teile eines europäischen Patents gemeinsam vor einem Gericht geltend zu machen, ausgeschlossen bzw. abhängig von der Verteidigung des Verletzungsbeklagten. Selbst am Gerichtsstand des Wohnsitzes des Beklagten wäre dann ein konzentriertes Verfahren nicht mehr durchführbar und der Patentinhaber wäre gezwungen, jede Verletzung eines nationalen Teils seines europäischen Patents gesondert vor Gerichten der einzelnen Mitgliedsstaaten geltend zu machen. Das dies den Bedürfnissen der Praxis nach einer schnellen, verbindlichen und kostengünstigen Klärung der Patentverletzungssituation zuwider läuft, liegt auf der Hand. Der Lösungsvorschlag der englischen Gerichte führt daher nicht notwendigerweise zu einer Verringerung der Anzahl der Rechtsstreitigkeiten sondern führt vielmehr wieder zu einem Zustand, wie er vor Inkrafttreten des EuGVÜ herrschte.[564] Zudem eröffnet diese Ansicht dem Verletzungsbeklagten einen großen Gestaltungsspielraum, denn es liegt allein an ihm, ob, wann und wo er die Rechtsgültigkeit des Patents insgesamt oder aber nur einzelner nationaler Teile des Patents in Frage stellt und damit dem Verletzungsgericht ganz oder teilweise die Zuständigkeit für den Rechtsstreit entziehen kann. Dem Beklagten werden so Tür und Tor geöffnet, den Verletzungsrechtsstreit zu verzögern und zusätzliche Kosten für den Kläger zu verursachen.[565]

Neben diesen wichtigen praktischen Auswirkungen sprechen auch rechtliche Gesichtspunkte gegen den Lösungsansatz der englischen Gerichte. Bereits der Ausgangspunkt, dass es für die Frage der Zuständigkeit des Gerichts auf den gesamten Vortrag der Parteien, also auch auf die Einwände des Beklagten ankommen soll, erscheint mehr als zweifelhaft. Aus Sicht der in Deutschland herrschenden Lehre vom zweigliedrigen Streitgegenstandbegriff, der auch von der Rechtssprechung verwendet wird, wird der Streitgegenstand durch den Antrag des Klägers und den dem Antrag zugrundeliegenden Le-

563 Vgl. Brinkhof, GRUR Int. 1997,492; Meier-Beck GRUR 1999, 380; Grabinski, GRUR Int. 2001, 209; Schmidt-Szalewski, S. 44.

564 Vgl. auch Grabinski GRUR Int. 2001, 209.

565 Vgl. auch District Court of The Hague – Sixth Section – Julio Cesar Palmaz vs. Boston Scientific und Expandable Drafts vs. Boston Scientific v. 29.10.1997, [1998] FSR 199, 213, Ziff. 29. Damit stünde dem Beklagten neben der Möglichkeit einer negativen Feststellungsklage ein weiterer „Torpedo" zur Verfügung.

benssachverhalt bestimmt. Ohne die einzelnen Ansichten in der deutschen Lehre zum Streitgegenstand vertiefen zu müssen besteht in Lehre und Rechtssprechung kein Zweifel, dass der Streitgegenstand allein durch den Kläger bestimmt wird, während es auf die Einlassung des Beklagten nicht ankommt.[566] Wenngleich sich die deutsche Streitgegenstandslehre nicht automatisch auf die Begrifflichkeiten des EuGVÜ und der EuGVVO übertragen läßt[567], ist das Grundprinzip, dass die Zuständigkeit des Gerichts nach dem Klägerantrag und –vortrag zu beurteilen ist, aus Gründen der Rechtssicherheit geboten. Die Bestimmtheit und Vorhersehbarkeit der internationalen Zuständigkeit sind wesentliche Grundprinzipien und Ziele der EuGVVO und des EuGVÜ.[568] Es wäre mit diesen Zielen unverträglich, die internationale Zuständigkeit von der Erwiderung des Beklagten abhängig zu machen.[569] Dies wird durch weitere Vorschriften der EuGVVO unterstützt. So sieht z.B. Art. 26 Abs. 1 EuGVVO vor, dass sich das Gericht von Amts wegen für unzuständig erklären muss, wenn seine Zuständigkeit nicht aufgrund der Bestimmungen der Verordnung begründet ist und sich der Beklagte nicht auf das Verfahren eingelassen hat. Hier kommt es also zwingend entscheidend auf den Klägervortrag und den Klagegegenstand an. Lässt sich der Beklagte dagegen ein, kann weder seine fehlende Rüge noch seine ausdrückliche Zustimmung zum vom Kläger gewählten Gerichtsstand die Zuständigkeit desselben begründen, wenn für den Rechtsstreit ein anderes Gericht ausschließlich zuständig ist, vgl. Art. 24 EuGVVO für rügelose Einlassung, Art. 23 Abs. 3 EuGVVO für die Gerichtsstandsvereinbarung. Ob ein ausschließlicher Gerichtsstand eröffnet ist, kann daher nur anhand der Klage und des klägerischen Vortrags bestimmt werden.

Der EuGH hat in der Entscheidung „DFDS Torline" klar zum Ausdruck gebracht, dass ein Verhalten des Beklagten nach Klageerhebung nicht dazu führen kann, dass ein nach Art. 5 Nr. 3 EuGVÜ zuständiges Gericht seine Zuständigkeit verliert. Andernfalls würde die Rechtssicherheit eindeutig ausgehöhlt.[570]

Darüber hinaus ergibt sich auch aus der Rechtssprechung des EuGH zu Art. 16 EuGVÜ, dass es auf den Beklagtenvortrag nicht ankommen kann,

---

566 Keine echte Ausnahme bildet die Widerklage, deren Gegenstand wiederum alleine vom Beklagten und Widerkläger bestimmt wird, vgl. Thomas/Putzo, Einleitung II, Rn 14 mwN.

567 So ist beispielsweise „der selbe Anspruch" im Sinne des Art. 21 EuGVÜ vom EuGH autonom ausgelegt worden und nicht mit „dem selben Streitgegenstand" nach deutschem Recht gleichzusetzen, um eventuelle Anerkennungshindernisse zu vermeiden. Vgl. auch OLG Düsseldorf, GRUR Int. 2003, 1030, 1031 – MTD.

568 Vgl. Erwägungsgrund Nr. 11 zur EuGVVO; EuGH, C-241/83 – Rössler/Rottwinkel, Slg. 1985, 99.

569 Vgl. EuGH, C-18/02 – DFDS Torline, Slg. 2004, I-1417, 1455, Tz 37; GA Jacobs, Schlussanträge zu EuGH, C-18/02 – DFDS Torline, Slg. 2004, I-1417, 1434, Tz 64; siehe auch EuGH, C-111/01– Gantner Electronic GmbH / Basch Exploitie Maatschappij BV, Slg. 2003, I-4207 zu Art. 21 EuGVÜ.

570 EuGH, C-18/02 – DFDS Torline, Slg. 2004, I-1417, 1455, Tz 37; GA Jacobs, Schlussanträge zu EuGH, C-18/02 – DFDS Torline, Slg. 2004, I-1417, 1434, Tz 64.

wenn die internationale Zuständigkeit untersucht wird. Die Entscheidung „Sanders ./. van der Putte“[571] zeigt, dass die Verteidigung des Beklagten, selbst wenn sie als solche eindeutig in den Bereich einer ausschließlichen Zuständigkeit fällt und die Grundlage des klägerischen Anspruchs berührt, nicht die Zuständigkeit des angerufenen Gerichts beseitigen kann.[572]
Auch im Rahmen des Art. 27 EuGVVO ist für die Feststellung, ob Klagen „denselben Anspruch“ betreffen, allein auf den Klägervortrag abzustellen, denn es soll gerade schon zu Beginn eines Rechtsstreits ermittelt werden, welches der angerufenen Gerichte letztlich über den Rechtsstreit zu entscheiden hat. Der EuGH hat dazu im Mai 2003 entschieden, dass die Zielsetzung dieser Vorschrift verkannt würde, wenn Inhalt und Art des Klagebegehrens durch die zwangsläufig zu einem späteren Zeitpunkt eingereichten Anträge des Beklagten verändert werden könnten.[573] Neben Verzögerungen und Kosten würde dies in der Tat dazu führen, dass das nach Art. 27 EuGVVO zunächst als zuständig bezeichnete Gericht sich in der Folge für unzuständig erklären müsste. Die vom Beklagten erhobenen Einwendungen sind daher für die Frage, ob Klagen „denselben Anspruch“ betreffen, nicht zu berücksichtigen.[574] Ein Vorbehalt, dass dies nicht gelten solle für den Fall, dass der Beklagtenvortrag eine ausschließliche Zuständigkeit begründe, ist weder angedeutet worden noch gibt es einen Grund, für den Fall der Frage, ob eine ausschließliche Zuständigkeit vorliegt, von diesen Grundsätzen abzuweichen.
Hinzu tritt, dass die Rechtsgültigkeit des Patents durch den Verletzungsbeklagten zwar regelmäßig, keinesfalls aber immer in Frage gestellt wird. So kann sich z.B. der Beklagte in einem Fall, in dem Bestehen oder Gültigkeitsbereich einer Lizenz betroffen sind, allein mit dem Einwand verteidigen, er habe eine ausreichende Lizenz erhalten. Der Einwand der Nichtigkeit des Patents wäre hier zumindest kontraproduktiv und zudem gefährlich, denn er würde den Lizenzgeber oftmals dazu ermächtigen, die Lizenz aufzukündigen[575]; wäre der Angriff auf das Patent nicht erfolgreich, liefe der Lizenznehmer daher Gefahr, jede Möglichkeit zur Nutzung der geschützten Erfindung zu verlieren. Ein wei-

---

571 EuGH, C-73/77, Slg. 1977, 2383.

572 Zudem wird in dem Urteil deutlich, dass der inzidente Zusammenhang des Klägeranspruchs mit einer unbeweglichen Sache nicht automatisch den gesamten Rechtsstreit in die ausschließliche Zuständigkeit des Art. 22 Nr. 1 (16 Nr. 1 EuGVÜ) verweist.

573 EuGH, C-111/01 - Gantner Electronic, Slg 2003, I-4207, 4235 ff, Tz 24-32.

574 EuGH, C-111/01 - Gantner Electronic, Slg. 2003, I-4207, 4237, Tz 32; so auch GA Léger, Schlussanträge zu EuGH, C-111/01 – Gantner Electronic, Slg 2003, I-4207, 4223, Tz 54.

575 Ein Kündigungsrecht für einen Fall, dass der Lizenznehmer das Patent angreift, ist zumindest kartellrechtlich nach der VO (EG) Nr. 772/2004 der Kommission v. 27.4.2004 über die Anwendung von Art. 81 Absatz 3 EG-Vertrag auf Gruppen von Technologietransfer-Vereinbarungen, ABl. (EG) L123/11 v. 27.04.2004 sowie der Verordnung (EG) Nr. 2659/2000 v. 29.11.2000 über die Anwendung von Art. 81 Absatz 3 des Vertrages auf Gruppen von Vereinbarungen über Forschung und Entwicklung, ABl. (EG) L 304/7 v. 5.12.2000 zulässig und wird regelmäßig vereinbart.

teres Beispiel ist der Fall des Parallelimports, in dem sich die Verteidigung wesentlich auf den Einwand der Erschöpfung begrenzen kann. Es ist daher nie sicher, ob der Einwand der Nichtigkeit des Patents erhoben wird, bis er tatsächlich erfolgt. Es gibt keine Regelung, nach der ein Nichtigkeitseinwand stets sofort mir der Klageerwiderung erhoben werden müsste. Vielmehr kann die Rechtsgültigkeit des Patents grundsätzlich in jedem Zeitpunkt des Verfahrens geltend gemacht werden, auch noch in zweiter Instanz. Eine zusätzliche Schwierigkeit ergibt sich ferner daraus, dass der Einwand der Nichtigkeit durchaus während des Prozesses wieder zurückgezogen werden kann. Spätestens hier zeigt sich die entscheidende Schwäche des Ansatzes der englischen Gerichte. Die Zuständigkeit des Verletzungsgerichts wäre zunächst nach der Klage begründet, später (ggf. erst nach Monaten oder gar erst in zweiter Instanz) erhebt der Beklagte den Einwand, dass Patent sei nichtig; daraufhin müsste sich das Verletzungsgericht für unzuständig erklären und den Prozess an das Gericht des Registrierungsstaats abgeben. Nachdem der Prozess vor diesem Gericht sodann einige Zeit geführt wird, zieht der Beklagte den Einwand zurück und erkennt die Rechtsgültigkeit des Patents an. Bleibt dann das Gericht des Registrierungsstaates zuständig, obwohl die Rechtsgültigkeit nicht mehr in Frage steht? Oder muss es den Streit wieder abgeben an das ursprüngliche Verletzungsgericht oder ein anderes Gericht, wenn der Kläger dies verlangt? Dies zeigt, dass diese Lösungsmöglichkeit in elementaren Widerspruch zum Grundsatz der Rechtssicherheit steht. Dies wird noch dadurch untermauert, dass die englischen Gerichte offenbar gewillt sind, beim Einwand der Nichtigkeit im Einzelfall zu prüfen, ob es sich um eine Haupt- oder Neben- bzw. Vorfrage handelt. Die internationale Zuständigkeit von der subjektiven Einschätzung des jeweiligen Gerichts abhängig zu machen, erscheint ebenfalls unverträglich mit dem Grundsatz der Rechtssicherheit.
Zudem ergeben sich Folgeprobleme, wenn man Art. 35 Abs. 2 EuGVVO mit in die Betrachtung einbezieht. Danach besteht ein Anerkennungshindernis, wenn die Vorschrift des Art. 22 Nr. 4 EuGVVO missachtet wurde. Das Anerkennungsgericht ist dabei an die tatsächlichen Feststellungen, aufgrund deren das Gericht des Ursprungsstaates seine Zuständigkeit angenommen hatte, gebunden. Ist die Frage, ob der Nichtigkeitseinwand als eine Vorfrage oder inzidente Frage einzustufen ist, eine tatsächliche Feststellung? Oder könnte das Gericht des Staates, in dem die Anerkennung geltend gemacht wird, diese Frage nochmals selbst prüfen und – bei unterschiedlichem Ergebnis – die Anerkennung versagen? Zudem ist unklar, wann der Nichtigkeitseinwand „bona fide" erhoben wurde und wann nicht. Es ist nicht selten, dass die Nichtigkeit des Patents aus rein taktischen Gründen geltend gemacht wird. Soll das Gericht ermitteln, ob die Beklagten selbst davon ausgingen, dass das Patent in jedem Fall wirksam ist und der Einwand allein das Ziel hat, das Verfahren zu einem anderen Gericht zu bringen? Wann ist die Grenze zu „mala fide" überschritten?[576] Auch hier stellt sich die Folgefrage, ob die Festlegung dieser

576 Vgl. dazu High Court of Justice, Chancery Division, Patents Court, 14.01.1999 – Sepracor Inc. vs. Hoechst Marion Roussel - [1999] FSR 746 = GRUR Int. 1999, 784.

Grenze eine tatsächliche Feststellung im Sinne des Art. 35 Abs. 2 EuGVVO darstellt.

Der von Richter Laddie in der Entscheidung „Coin Controls" angesprochene Wettlauf der Parteien, wer zuerst klage, ist jedenfalls kein tragfähiges Gegenargument gegen die Maßgeblichkeit der Klage für die internationale Zuständigkeit, sondern bereits in der EuGVVO selbst in Art. 27 EuGVVO angelegt.

Aus alledem folgt, dass über die Zuständigkeit des Gerichts allein auf der Grundlage des Klagebegehrens entschieden werden muss.[577]

Zudem ist zu berücksichtigen, dass Art. 22 Nr. 4 EuGVVO im Lichte der Entscheidung des EuGH im bislang einzigen Fall zu Art. 16 Nr. 4 EuGVÜ „Duijnstee ./. Goderbauer" restriktiv auszulegen ist.[578] Die ausschließliche Zuständigkeit wird ohne Rücksicht auf den Wohnsitz zugesprochen, da diese Gerichte am besten in der Lage sind, über die Streitigkeit zu entscheiden.[579] Den Parteien wird im Interesse eines sachgerechten Rechtsschutzes die sonst mögliche Wahl des Gerichtsstands genommen, auch Gerichtsstandsvereinbarungen oder rügelose Einlassung sind nicht möglich. Diese Überlegung veranlasste den EuGH dazu, die Vorschrift des Art. 16 EuGVÜ nicht weiter auszulegen, als dies ihr Ziel erforderlich macht.[580] Die in Art. 22 EuGVVO aufgeführten Streitsachen begründen den ausschließlichen Gerichtsstand daher nur dann, wenn das Gericht über sie als Hauptsache zu entscheiden hat[581]. Aus dem deutschen Wortlaut der Vorschrift („zum Gegenstand hat") ergibt sich dies zwar nicht unmittelbar, wird aber im Zusammenhang mit Art. 25 EuGVVO insbesondere in der französischen, italienischen, spanischen oder englischen Fassung deutlich.[582] Die Formulierung in der französichen Fassung „à titre principal" wird in der französischen Terminologie des Prozessrechts in der Regel als Gegensatz zu „à titre incident" verwendet und drückt dabei auch die Unterscheidung zwischen dem Klageanspruch des Klägers im Gegensatz zu dem

---

577 Vgl. auch Court of Appeal of The Hague, Section MC-5, [1999] FSR 352, 361, Tz 28 – Expandable Grafts Partnership a.o. v. Boston Scientific a.o.

578 EuGH, C-288/82 – Duijnstee/Goderbauer, Slg. 1983, 3663 = GRUR Int. 1984, 693.

579 So auch EuGH, C-73/77 – Sonders/Van de Putte, Slg. 1977, 2383 TZ 10/11 allg. zu Art. 16 EuGVÜ; GA Darmon, Schlussanträge zu EuGH, C-292/93 - Lieber/Göbel C292/93, Slg. 1994 I – 2535, 2539, Tz 13 u. 14.

580 Std Rspr. EuGH, vgl. EuGH, C-73/77-Sanders/Van der Putte, Slg. 1977, 2383, Tz 17/18; EuGH, C-292/93–Lieber/Göbel; Slg.1994 I–2535, 2550, Tz12 mwN.

581 EuGH, C-73/77 – Sanders/Van der Putte, Slg. 1977, 2383, Tz 16 ; EuGH C292/93 – Lieber/Göbel, Slg. 1994 I – 2535, 2550, Tz 13; Regierung des Vereinigten Königreichs in C-288/82 – Duijnstee/ Goderbauer, Slg. 1983, 3663 = GRUR Int. 1984, 693 (694 ff.); Stauder GRUR Int. 1976, 511.

582 Der französische Text spricht dabei von Streitigkeiten „a titre principal", der italienische von „a titolo principale", im spanischen lautete es „a titolo principal" und der englische Text lautet „principally concerned with".

Gegenvorbringen des Beklagten zum Ausdruck.[583] In der englischen Fassung wird darin auch der Wortlaut des Art. 22 Nr. 4 EuGVVO dahingehend präzisiert, dass es nicht ausreicht, dass das Verfahren die Gültigkeit des Patents lediglich betrifft („concerned with"), sondern dass es im wesentlichen um die Gültigkeitsfrage geht („principally concerned with"). Wie schon im Sachverständigenbericht von Jenard betont wird, besteht die ausschließliche Zuständigkeit daher nicht, wenn über die Nichtigkeit des Patents als Vorfrage oder inzident entschieden werden muss.[584]

Der Sachverständigenbericht begründet die ausschließliche Zuständigkeit nach Art. 16 Nr. 4 EuGVÜ allein damit, dass die Erteilung von Patenten Ausfluss nationaler Souveränität ist.[585] In der Tat wird man Entscheidungen über Erteilung und Bestand von Patenten der nationalen Souveränität des Erteilungs- oder Schutzstaates zurechnen müssen. Eine enge Auslegung von Art. 22 Nr. 4 EuGVVO könnte daher unter Klagen, die „die Gültigkeit von Patenten zum Gegenstand haben", allein die Klagen fassen, die auf die Vernichtung erteilter Patente gerichtet sind, die also den Bestand des Schutzrechtes berühren.[586] Dies wäre nicht der Fall bei dem reinen Nichtigkeitseinwand im Prozess, denn dieser könnte allenfalls dazu führen, dass die Verletzungsklage durch inzidente Feststellung der Nichtigkeit des Patents abgewiesen wird. Diese inzidente Feststellung kann nur Wirkungen zwischen den Beteiligen Parteinen des Prozesses (inter partes) entfalten, berührt jedoch nicht den Bestand des Patents; es entfaltet nicht die mit einem Gestaltungsurteil verbundenen Effekte gegenüber jedermann (erga omnes). Der High Court of Justice betrachtete in seinen Entscheidungen – obwohl er zuvor den anders lautenden Kommentar Jenards im Sachverständigenbericht zitierte – nur die Frage, ob die Entscheidung über die Nichtigkeit eine inzidente Entscheidung sei; auf die Vorfrage (preliminary matter) ging er nicht ein. Zumindest rein formal betrachtet gibt aber bereits diese Kommentierung im Sachverständigenbericht einen Anhaltspunkt dafür, dass die Zuständigkeit des Verletzungsgerichts bei Geltendmachung eines Nichtigkeitseinwands nicht automatisch entfällt. Denn formal handelt es sich bei der Frage der Rechtsgültigkeit des Patents um eine Vorfrage im Verletzungsprozess[587]. Auch Vorfragen oder inzidente Fragen können entscheidungserheblich sein, jedoch sollte es für Art. 22 EuGVVO entscheidend auf den Hauptgegenstand der Klage ankommen. Die Bedeutung der (Vor-)Frage für den Rechtsstreit ist damit nicht per se gemindert. Es ist auch nicht vollständig richtig, wenn behauptet wird, die Frage der Gültigkeit

583 Vgl. Mousseron/Reynard/Véron, 29 IIC 901 f. (1998) m.N.

584 Vgl. Jenard-Bericht, ABl (EG) 1979, C59/39; vgl. auch Stauder, GRUR Int. 1976, 511; Lachat, JCP 1974 II, 427 ff.

585 ABl (EG) 1979, C59/36.

586 Kropholler, EuZPR, Art.22, Rn 44 ff.; Geimer/Schütze, Art. 22 EuGVVO, Rn 224 ff.; Stauder, GRUR Int. 1976, 511; Grabinski, GRUR Int. 2001, 209.

587 Vgl. auch Torremans, IPRax 1998, 502; Kropholler, EuZPR, Art. 22 Rn 50; Wadlow, 3-93; Vivant, RIW 1991, 29; Meier-Beck, GRUR 1999, 380; Stauder, 29 IIC 500 (1998), Stauder, GRUR Int. 1997, 861.

eines Patents lasse sich von der Frage, ob dessen Verletzung vorliegt, im Patentverletzungsprozess nicht trennen.[588] Denn es ist durchaus möglich festzustellen, dass eine Verletzung selbst dann nicht vorliegt, wenn die Gültigkeit des Patents unterstellt wird, z.B. wenn eindeutig festgestellt werden kann, dass ein bestimmtes Erzeugnis oder ein bestimmtes Verfahren nicht von den Patentansprüchen erfasst wird.

Auch der vom LG Mannheim bemühte Erst-Recht-Schluss aus Art. 29 EuGVÜ ist wenig nachvollziehbar. Die Anerkennungsregel ist ein wichtiges Grundprinzip für die Sicherung des Binnenmarkts, die die Durchsetzung von Urteilen innerhalb der Gemeinschaft gewährleistet und auf dem Gedanken beruht, dass die Qualität der Rechtsprechung in jedem Mitgliedstaat vergleichbar ist. Dies zugrundegelegt wäre eher der Rückschluss naheliegend, dass das Verletzungsgericht jedenfalls inzidenter mit inter partes Wirkung in einem Verletzungsstreit über die Gültigkeit eines Patents mitentscheiden *muss*.

Lehnt man aus diesen Gründen die Ansicht ab, dass sich das Verletzungsgericht zu Gunsten der Gerichte des Schutzstaats stets dann für unzuständig erklären muss, wenn die Rechtsgültigkeit des betroffenen Patents in Frage gestellt wird, so bleiben drei Varianten, wie das Verletzungsgericht mit dem Nichtigkeitseinwand umgehen kann. Diese Möglichkeiten sollen im Folgenden nur noch knapper erörtert werden, da es für die Fragen dieser Arbeit entscheidend nur darauf ankommt, dass der Nichtigkeitseinwand nicht zur ausschließlichen Zuständigkeit der Gerichte des Schutzstaats führt.

II. Volle Zuständigkeit des Verletzungsgerichts auch bei Nichtigkeitseinwand

Die extreme Gegenposition zur vorstehenden Lösungsmöglichkeit wäre es, dem Verletzungsgericht zugleich die volle Zuständigkeit für die Nichtigkeitseinwände und Nichtigkeitswiderklagen zuzusprechen. Diese Alternative könnte zwar gewährleisten, dass Verletzung und Nichtigkeit in einem Prozess behandelt werden und somit eine Vervielfältigung von Verfahren verhindern. Sie würde aber zugleich einen klaren Verstoß gegen die Regelung der Art. 22 Nr. 4/ 25 EuGVVO darstellen, da die Nichtigkeitsklage mit dem Ziel, den Bestand des Patents zu vernichten, eindeutig in die ausschließliche Zuständigkeit der Gerichte des Registrierungsstaates fällt. Die Zuständigkeit für die Widerklage, deren Gegenstand in den Bereich des Art. 22 Nr. 4 EuGVVO fällt, bestimmt sich gerade nicht nach Art. 6 Nr. 3 EuGVVO sondern wird wie bei einer unabhängigen Klage entschieden.[589] Dies ergibt sich zudem im Umkehr-

588 So aber LG Mannheim, Urteil v. 8.2.2002, 7 O 235/01, Umdruck S. 12; High Court of Justice, [1997] 3 All ER 61 a = GRUR Int. 1998, 314, 316 ff.

589 Vgl. die Situation in EuGH – C292/93 – Lieber/Göbel, Slg. 1994, I-2535 zu Art. 16 Nr. 1 EuGVÜ.

schluss (e contrario) aus Art. 12 Abs. 2[590], 16 Abs. 3 und 20 Abs. 2 EuGVVO, da eine diesen Vorschriften vergleichbare Regelung im vierten Abschnitt des zweiten Kapitels der EuGVVO fehlt. Die genannten Regelungen bestimmen ausdrücklich, dass die besonderen Gerichtsstände, auf die sie sich beziehen und die zum Schutz des versicherten Verbrauchers oder Arbeitnehmers bestehen, eine Widerklage vor dem selben Gericht nicht entgegen stehen. Bei den ausschließlichen Zuständigkeiten im vierten Abschnitt des zweiten Kapitels fehlt eine entsprechende Regelung.[591] Zudem ist fraglich, ob eine Nichtigkeitswiderklage auf denselben Sachverhalt gestützt ist wie die Klage im Sinne des Art. 6 Nr. 3 EuGVVO.[592] Hierzu genügt es nicht, dass die Widerklage mit den gegen die Klage geltend gemachten Verteidigungsmitteln im Zusammenhang steht.[593] Träfe das Verletzungsgericht eine solche Entscheidung über die Nichtigkeitswiderklage, läge zudem ein Anerkennungshindernis gemäß Art. 35 Abs. 1 EuGVVO vor. Diese Ansicht erscheint daher nicht vertretbar.

III. Befugnis zur Prüfung der Nichtigkeit als Vorfrage

Hingegen ist mit guten Gründen vertretbar, dass das Verletzungsgericht nicht gehindert ist, die Vorfrage zu prüfen, ob das Klagepatent gültig ist, jedenfalls solange das auf das Patent anwendbare Recht die Prüfung dieser Frage durch das Verletzungsgericht erlaubt oder vorsieht. Diese Lösungsmöglichkeit ist zudem in zwei Alternativen denkbar:

Die Beachtung der Souveränität fremder Staaten erfordert es, dass das Verletzungsgericht das ausländische Patent nicht mit Wirkung erga omnes für nichtig erklären kann.[594] Die Prüfung der Patentfähigkeit durch das Verletzungsgericht als Vorfrage ist damit jedoch nicht zwingend ebenfalls ausgeschlossen. Der Einwand der Unwirksamkeit des Klagepatents kann vielmehr zudem auch ohne Nachteil für den Beklagten vor dem Verletzungsgericht beachtet werden.[595] Kommt das Verletzungsgericht zu erheblichen Zweifeln am Bestand des Klagepatents, stellen sich zwei Alternativen: zum einen kann man den Gerichten des Schutzstaates die ausschließliche Zuständigkeit für jede Entscheidung, dass ein Patent unwirksam ist, vorbehalten und dem Verletzungsgericht entsprechend die Kompetenz versagen, die Nichtigkeit festzu-

590 Vgl. Schlosser, EUZPR, Art. 6 EuGVVO Rn 10.

591 Nach deutschem Recht kann der besondere Gerichtsstand der Widerklage gem. §§ 33 Abs. 2, 40 Abs. 2 Satz 1, 2. Alt. ZPO, nicht eingreifen, wenn für die Klage wg. des Gegenanspruchs eine ausschließliche Zuständigkeit eingreift.

592 Dazu näher Wadlow, 2-66.

593 Vgl. Schlosser, EUZPR, Art. 6 EuGVVO Rn 11.

594 Statt aller Stauder, FS Ulmer, 514; Scordamaglia GRUR Int. 1990, 781 in bezug auf das Gemeinschaftspatent.

595 Stauder, FS Ulmer, 513.

stellen; zum anderen kann dem Gericht die Zuständigkeit auch zur Entscheidung der Nichtigkeitsfrage zuerkannt werden.

1) Keine Entscheidungskompetenz zur Nichtigerklärung

Die erste Lösungsmöglichkeit legt eine weite Auslegung der Souveränitätsinteressen des Schutzstaats zugrunde. Dem Verletzungsgericht bliebe es möglich, die Entscheidung zu treffen, das unabhängig von der Frage der Rechtsgültigkeit des Klagepatents jedenfalls keine Verletzung vorliegt. Die Frage der Rechtsgültigkeit kann dann dahingestellt bleiben. Ein Teil der Fälle, in denen die Nichtigkeitsfrage aufgeworfen wird, kann so bereits unproblematisch entschieden werden. Zudem ist es dem Verletzungsgericht möglich, das Patent für wirksam zu erachten und eine Verletzung festzustellen, wenn keine Bedenken an der Wirksamkeit bestehen.
Ist die Rechtsgültigkeit des Klagepatents jedoch entscheidungserheblich und zweifelt das Verletzungsgericht an dessen Wirksamkeit, müsste es den Prozess bis zur Entscheidung über die Nichtigkeit durch die Gerichte des Schutzstaats aussetzen. Dies entspricht in etwa der in Deutschland bei innerstaatlichen Streitigkeiten gültigen Rechtslage. Deutsche Verletzungsgerichte müssen ein erteiltes Patent, solange es formell besteht, im Verletzungsprozess grundsätzlich so hinnehmen, wie es erteilt ist. Eine Aussetzung des Verletzungsstreits nach § 148 ZPO kommt nur dann in Betracht, wenn bereits ein Einspruchsverfahren oder eine Nichtigkeitsklage anhängig ist, die nach Auffassung des Verletzungsgerichts Aussicht auf Erfolg haben könnte.[596] Die Aussetzung steht auch dann im Ermessen des Gerichts. Dieser Lösungsvorschlag wird insbesondere von den niederländischen Gerichten vertreten und findet auch in der Literatur vielfach Zustimmung.[597] Diese Alternative respektiert die ausschließliche Zuständigkeitsregelung des Art. 22 Nr. 4 EuGVVO und ist in Übereinstimmung mit dem Sachverständigenbericht Jenards zum EuGVÜ. Zugleich vermeidet sie Nachteile und Schwierigkeiten, die sich - wie oben dargestellt – bei einer automatischen Pflicht des Verletzungsgerichts, sich für unzuständig zu erklären, sobald die Nichtigkeit des Klagepatents eingewendet wird, ergeben. Den Vorteil, die Verletzungsfrage weiter beim Verletzungsgericht entscheiden zu können, kann der Patentinhaber jedoch nur genießen, wenn das Gericht von der Gültigkeit des Patents ausgeht und den Prozess nicht aussetzt. Bei der Prüfung der Rechtsgültigkeit bei europäischen Patenten hat das Verletzungsgericht dabei oft den Vorteil, das es die Gültigkeit anhand

596 Benkard/Schäfers, PatG Einleitung Rn 44; Benkard/Rogge PatG 139 Rn 107; dazu näher Rogge, GRUR Int. 1996, 386.

597 District Court of The Hague 6th Section, 29.10.1997 – Palmaz vs. Boston Scientific B.V. u. Expandable Grafts Partnership vs. Boston Scientific B.V., [1998] FSR, 199; Court of Appeal of The Hague – Section MC5 – 29.04.1998 – Expandable Grafts Partnership vs. Boston Scientific B.V., [1999] FSR 352; Brinkhof, GRUR Int. 1997, 492 ff.; Stauder IPRax 1998, 321; Kropholler, EuZPR, Art. 22 Rn 50 mwN; Schlosser, Art. 22 EuGVVO, Rn 23 a mN.

des für sein Land erteilten Teils des Bündelpatents prüfen kann und diese Beurteilung dann aufgrund der einheitlichen Wirkung und des einheitlichen Schutzumfangs des europäischen Patents gemäß Art. 69 EPÜ auf die für andere Staaten erteilten Teile erstrecken kann, soweit diese noch identisch mit dem intensiv geprüften nationalen Teil sind.[598] Auch dabei ist jedoch zu beachten, dass trotz der auf dem Gebiet des gewerblichen Rechtsschutzes weit fortgeschrittenen Rechtsvergleichung und der insbesondere mit dem EPÜ erzielten Rechtsvereinheitlichung noch immer der Schutzumfang der europäischen Patente von den Gerichten verschiedener Vertragsstaaten unterschiedlich ausgelegt wird.[599] Dennoch kann die Gefahr einer Fehlentscheidung des Verletzungsgerichts über das ausländische parallele Patent in dieser Situation als relativ gering eingestuft werden

Hält das Verletzungsgericht dagegen das Patent für unwirksam, müsste es das Verfahren aussetzen. Eine solche Aussetzung aber stellt Gericht und Parteien vor eine Reihe rechtlicher und praktischer Probleme. Weder die EuGVVO noch das EuGVÜ sehen eine solchen Fall der Verfahrensaussetzung vor. Die Regelung des Art. 27 Abs. 1 EuGVVO ist nicht anwendbar, denn es handelt sich bei der Frage der Verletzung und der Nichtigkeit nicht um „den selben Anspruch“ im Sinne dieser Vorschriften. Art. 28 EuGVVO könnte zudem nur dann eine Grundlage für die Aussetzung bilden, wenn die Nichtigkeitsklage oder das Einspruchsverfahren bereits vor der Erhebung der Verletzungsklage anhängig sind, denn nach dieser Regelung kann nur das später angerufenen Gericht das Verfahren aussetzen. Zudem ist fraglich, ob im Hinblick auf Patente aus Staaten, in denen Nichtigkeitsklage und Verletzungsklage vor getrennten Gerichten bzw. in getrennten Verfahren zu verfolgen sind (Deutschland und Österreich), ein hinreichender Zusammenhang im Sinne des Art. 28 EuGVVO vorliegt. Denn hier sind eine gemeinsame Verhandlung und Entscheidung ja gerade ausgeschlossen.[600] Der Vorschlag von Stauder, daher auf das nationale Recht des Schutzstaates abzustellen und – wenn ein deutsches Patent betroffen ist - §148 ZPO anzuwenden[601], stellt eine Rechtsfortbildung außerhalb der EuGVVO und des EuGVÜ dar. Dieser Vorschlag hat zwar für sich, dass das Verletzungsgericht lediglich die Kompetenzen im Hinblick auf den Nichtigkeitseinwand wahrnimmt, wie die nationalen Gerichte des Patentstaates. Doch auch wenn man diesem Ansatz folgte, würde damit eine Aussetzung nach dem Wortlaut des § 148 ZPO in den meisten Fällen nicht mög-

598 Stauder GRUR Int. 1997, 860; ders. IPRax 1998, 320; ders. 29 IIC 501 (1998), ders. auch schon in FS Ulmer 517 ff.

599 Vgl. Brinkhof GRUR Int. 1997, 494; Stauder GRUR Int. 1997, 860; ders. 29 IIC 501 ff. (1998); angeführt wird dazu insbesondere der Fall „Epilady“, vgl. die Nachweise über die Entscheidungen in GRUR Int. 1993, 407.

600 Vgl. Stauder, GRUR Int. 1976, 514 ff.; ders. IPRax 1998, 321 Fn 19; Wadlow, 3-126.

601 Stauder sieht dabei die Aussetzungsvorschrift als Bindeglied zwischen Rechtsbestand und Rechtsansprüchen und spricht ihr daher materiell-rechtlichen Gehalt zu, so dass sie vom ausländischen Gericht als Teil des anwendbaren materiellen Rechts anwendbar sind, vgl. Stauder GRUR Int. 1976, 515.

lich sein, nämlich insbesondere dann nicht, wenn gerade noch keine Nichtigkeitsklage im Patentstaat anhängig ist. Es wäre daher nötig, eine eigenständige Aussetzungsregel zu entwickeln, die auch ohne bereits anhängiges Nichtigkeitsverfahren eine Aussetzung allein aufgrund der Vorgreiflichkeit der Entscheidung für den Verletzungsprozess ermöglicht. Vom Bestand einer solchen Möglichkeit scheinen die niederländischen Gerichte und die Literatur ohne nähere Begründung auszugehen. Die niederländischen Gerichte und auch die Vertreter der Aussetzungslösung in der Literatur gehen auf das Problem der fehlenden Rechtsgrundlage für die Aussetzung nicht ein.[602]
Anders ist die Aussetzungsmöglichkeit hingegen in Österreich geregelt. Nach § 156 Abs. 3 Öst. PatG muss das Gericht das Verfahren aussetzen, wenn ein Urteil über eine Verletzung von der Nichtigkeit des Patents abhängt. Der Beklagte muss innerhalb eines Monats nach Unterbrechung nachweisen, dass er beim Patentamt einen Nichtigkeitsantrag eingereicht hat, ein Nichtigkeitsverfahren zwischen den Parteien bereits anhängig ist oder er sich einem solchen Verfahren als Nebenintervenient angeschlossen hat. Erbringt er den Nachweis nicht, nimmt das Verletzungsgericht das Verfahren wieder auf und berücksichtigt im weiteren Verlauf den Nichtigkeitseinwand nicht mehr (sofern nicht die Nichtigkeit des Patents vor Schluss der mündlichen Verhandlung durch die Nichtigkeitsabteilung des Patentamts erklärt wird).[603]

Ungeachtet dieser rechtsdogmatischen Schwierigkeiten bedeutet die Aussetzungspflicht eine Verzögerung des Prozesses sowie eine Vervielfältigung der Verfahren, insbesondere wenn vielfache Nichtigkeitseinwände gegen mehrere Teile des europäischen Patents eingelegt werden. Dieser Nachteil ist allerdings letztlich nicht zwingend größer als die Verzögerungen, die sich bei der von den englischen Gerichten angewandten Lösung ergeben.[604] Insbesondere bei Geltendmachung des Nichtigkeitseinwands zu einem Zeitpunkt, in dem das Verletzungsverfahren bereits weiter fortgeschritten ist, muss sich das Gericht des Registrierungsstaates vollständig in den laufenden Prozess einarbeiten und das bisherige Geschehen zunächst nachvollziehen. Dabei besteht zudem keine Rechtsvorschrift, die dem Gericht des Registrierungsstaates auferlegt oder es verpflichtet, sämtliche bisherigen Prozessergebnisse anzuerkennen und zu übernehmen. Darüber hinaus können bis zu diesem Zeitpunkt erhebliche Kosten entstanden sein, die dann zum Teil umsonst aufgewendet werden mussten. Schließlich ist bei dem Vorschlag der Aussetzungslösung die Entscheidung, ob und wann es zur Aussetzung kommt, nicht allein vom Verhalten des Beklagten abhängig, wie dies bei der sehr weiten Auslegung der ausschließlichen Zuständigkeit durch die englischen Gerichte der Fall wäre. Zudem sollte die Aussetzung nur als ultima ratio verwendet werden, um die

---

602 Mousseron/Reynard/Véron, 29 IIC 904 (1998) sind der Auffassung, es sei auf die nationalen Prozessrechte der Mitgliedstaaten abzustellen.

603 Vgl. Mangini, GRUR Int. 1983, 231.

604 So auch District Court of The Hague, Palmaz vs. Boston Scientific – [1998] FSR 199 (213).

Verfahrensökonomie soweit wie möglich zu verbessern. Insbesondere sind die Gründe für die Nichtigkeit detailliert und klar darzustellen.[605]

Eine Aussetzung des Verfahrens, ohne dass ein Nichtigkeitsverfahren in dem Schutzstaat erhoben ist, hat schließlich eine weitere praktische Schwierigkeit: Die Aussetzung kann für unbestimmte Zeit das Verfahren stilllegen, wenn der Beklagte ein solches Verfahren nicht anstrengt. Das Verletzungsgericht hätte ggf. die Möglichkeit, den Parteien eine Nichtigkeitsklage oder zumindest ein Feststellungsverfahren im Schutzstaat zur Auflage zu machen[606]. Was aber wäre die Folge, wenn diese Auflage nicht befolgt wird? Einer dauerhaften Rechtsunsicherheit könnte nur dann begegnet werden, wenn die Auflage mit der Sanktion für den Beklagten verbunden wird, dass sein Nichtigkeitseinwand anderenfalls als rechtsmissbräuchlich abgewiesen wird und unbeachtet bleibt, wie dies ähnlich bereits im österreichischen Recht geregelt ist.[607] Eine Tendenz, die Verteidigung des Beklagten über die Figur des Rechtsmissbrauchs einzuschränken, ist im Zusammenhang mit der verbreiteten Praxis des „Torpedos“ durch eine negative Feststellungsklage bereits zu erkennen.[608]

Die von den niederländischen Gerichten vertretene Lösung bereitet letztlich ein weiteres Folgeproblem, denn sie eröffnet die Möglichkeit divergierender Entscheidungen. Hält das Gericht der Verletzungsklage das Klagepatent für wirksam und gibt der Verletzungsklage statt, später wird aber das Patent im Schutzstaat für nichtig erklärt, ist die Frage nach dem Schicksal der Entscheidung des Verletzungsgerichts eröffnet. Das Urteil wäre aufgrund der EuGVVO grundsätzlich in allen Mitgliedsstaaten anzuerkennen und zu vollstrecken, sofern keine Anerkennungs- oder Vollstreckungshindernisse bestehen. Ein Anerkennungshindernis liegt u.a. vor, wenn die Entscheidung mit einer Entscheidung unvereinbar ist, die zwischen denselben Parteien in demselben Mitgliedsstaat, in dem die Anerkennung geltend gemacht wird, ergangen ist, Art. 34 Nr. 3 EuGVVO. Wenn und soweit die Nichtigkeit des Patents in einem Verfahren zwischen dem Beklagten und dem Kläger des Verletzungsverfahrens erstritten wurde, besteht daher ein Anerkennungshindernis für die Entscheidung des Verletzungsgerichts; denn diese ist offensichtlich unvereinbar mit der Nichtigkeit des Patents – ein unwirksames Patent kann rechtlich nicht

605 Vgl. Stauder, FS Ulmer, 519.

606 Vgl. Stauder FS Ulmer, 514.

607 Vgl. § 156 österreichisches PatG; Mangini GRUR Int. 1983, 231.

608 Vgl. dazu High Court of Justice, Chancery Division – Patents Court, 14.01.1999 – Sepracor Inc. vs. Hoechst Marion Roussel Limited, [1999] FSR 746 = GRUR Int. 1999, 784; Rechtbank van eerst aanleg te Brüssel, 12.05.2000 – Röhm Enzyme, GRUR Int. 2001, 170 (171). Diese Tendenz wird jedoch durch EuGH, 9.11.2003, C-116/02 – Erich Gasser GmbH/MISAT Srl., RIW 2004, 289 und EuGH, 27.4.2004, C-159/02 – Gregory Paul Turner/Felix Fareed Ismail Grovit u.a., RIW 2004, 533 unterbunden oder zumindest erheblich eingeschränkt. Selbst bei offensichtlicher Unzuständigkeit des angerufenen Gerichts und Fällen des Rechtsmissbrauchs scheint der EuGH keine Ausnahme zu dulden, vgl. auch Fn 321.

verletzt werden. Dieses Anerkennungshindernis besteht allerdings nur im Registrierungsstaat, nicht hingegen in allen anderen Mitgliedsstaaten. Insbesondere Urteile, die Schadensersatz wegen Verletzung zusprechen, wären dort also grundsätzlich weiter anzuerkennen und vollstreckbar, denn die Entscheidung darf keinesfalls erneut in der Sache geprüft werden, Art. 36 EuGVVO.

2) Kompetenz zur Feststellung der Nichtigkeit mit Wirkung inter partes

Die zweite Lösungsalternative legt ein restriktiveres Verständnis der Souveränitätsinteressen des Patentstaats zugrunde. Danach läge ein Eingriff in fremde Hoheitsrechte nur vor, wenn die Entscheidung des Verletzungsgerichts den Bestand des ausländischen Klagepatents berührt. Dies wäre nur der Fall bei Entscheidungen über die Nichtigkeitswiderklage bzw. einer Feststellung der Unwirksamkeit des Patents mit Wirkung erga omnes. Eine Feststellung der Nichtigkeit als reine Vorfrage für die streitgegenständlichen Verletzungsansprüche hätte aber nur Wirkung inter partes und nähme nicht an der Rechtskraftwirkung teil, sie könnte daher grundsätzlich möglich sein. Diese Alternative wurde von deutschen Gerichten in mehreren Entscheidungen mit der Maßgabe vertreten, dass der Nichtigkeitseinwand des Beklagten zu prüfen ist, soweit das auf das Patent anwendbare Recht die Prüfung der Gültigkeit des Patents durch das Verletzungsgericht vorsieht. Soweit das anwendbare Recht des Schutzstaates auch die Feststellung der Unwirksamkeit von Patenten inter partes durch das Verletzungsgericht verbietet, wie es im deutschen Recht der Fall ist, soll das Verletzungsgericht das Verfahren aussetzen.[609] Bislang liegt allerdings noch keine Entscheidung vor, in der inzident die Nichtigkeit des Patents festgestellt worden wäre. In allen Entscheidungen wurde auf Wirksamkeit des Patents erkannt und ein Verletzungsurteil getroffen.

In der Literatur befürworten ebenfalls eine Vielzahl von Autoren diese Alternative.[610]

Diese Lösungsmöglichkeit hat den unbestreitbaren Vorteil für sich, dass die Verletzungsklage und der Nichtigkeitseinwand in den meisten Fällen von dem selben Gericht beurteilt werden können. Dies fördert die Verfahrensökonomie und gewährleistet zeitnahe Entscheidungen. Sie steht auch im hohen Maße im Einklang mit den Regelungen der EuGVVO bzw. des EuGVÜ im Lichte der

---

609 LG Düsseldorf Entscheidungen 1998, 1-Kettenbandförderer III; LG Düsseldorf Entscheidungen 1996, 1-Reinigungsmittel für Kunststoffverarbeitungsmaschinen; beide nicht veröffentlicht und zitiert nach Meier-Beck, GRUR 1999, 380 Fn 4 – beide betreffen den englischen Teil eines europäischen Patents; LG Düsseldorf, GRUR Int. 2001, 983 – Schwungrad, betreffend ein französisches Patent.

610 Vgl. z.B. Stauder, FS Ulmer, 514; ders. GRUR Int. 1976, 520; Meier-Beck, GRUR 1999, 380; Wadlow 3-132 ff.; Kieninger, GRUR Int. 1998, 288; Geimer/Schütze, Art. 22 EuGVVO, Rn 237; Bernhardt/Kraßer, S. 540; König, Mitt. 1996, 298; ähnlich auch Vischer, GRUR Int. 1987, 675 zum Schweizer Recht.

Rechtssprechung des EuGH. Sie respektiert den Grundsatz der restriktiven Auslegung von Art. 16 Nr. 4 EuGVÜ/ Art. 22 Nr. 4 EuGVVO, wie ihn der EuGH insbesondere in der Entscheidung Duijnstee ./. Goderbauer festgelegt hat. Sie berücksichtigt zudem die in der Entscheidung Danvaern ./. Otterbeck[611] zum Ausdruck gekommene Grundidee, dass ein Einwand als reine Verteidigung gegen die Klage grundsätzlich auch dann möglich ist, wenn er – würde er als eigene Klage mit dem Ziel auf selbständige Entscheidung (erga omnes) geltend gemacht – aufgrund fehlender Zuständigkeit des Gerichts zurückgewiesen werden müsste. Der EuGH legte in dieser Entscheidung ebenfalls fest, dass die Verteidigungsmittel, die geltend gemacht werden können und die Voraussetzungen, unter denen dies geschehen kann, nach nationalem Recht bestimmt werden.[612]
Darüber hinaus lässt sich diese Lösung aus der Entstehung des EuGVÜ heraus unterstützen. In keinem der sechs Gründerstaaten bestand das Problem, dass das Verletzungsgericht ggf. mit einer Widerklage auf Nichtigkeit des Patents mit erga omnes-Wirkung konfrontiert würde. In Deutschland und den Niederlanden bestanden getrennte Systeme für Verletzungs- und Nichtigkeitsfragen, ggf. bestand eine Aussetzungsmöglichkeit bei Zweifeln über die Rechtsgültigkeit des Patents. In Frankreich, Italien und Belgien war der Nichtigkeitseinwand im Verletzungsstreit möglich, die Entscheidung hatte aber grundsätzlich nur Wirkung inter partes; nur im Ausnahmefall, dass der Staatsanwalt Nichtigkeitsklage erhob oder Partei des Verletzungsverfahrens bzw. diesem beigetreten war, konnte die Nichtigkeitsentscheidung Wirkung erga omnes entfalten.[613] Dies zugrunde gelegt kann man sagen, dass die damals bestehenden Lösungen nicht durch das EuGVÜ verändert werden sollten, vielmehr die ausschließliche Zuständigkeit der Gerichte des Schutzstaates insoweit beschränkt werden sollte, dass keine Entscheidung erga omnes über die Nichtigkeit außerhalb des Schutzstaates möglich sein sollte.

Gleichwohl hat auch diese Lösungsalternative Auswirkungen, die zu praktischen Schwierigkeiten führen können. So kann es für den Kläger im Laufe des Verletzungsprozesses erforderlich werden, dass Patent zu beschränken, um es vor vollständiger Nichtigerklärung zu bewahren. Ist aber nicht das Gericht des Schutzstaates im Verletzungsprozess zuständig, ist dem Kläger dieser Weg versperrt – eine Beschränkung des Patents könnte er wirksam nur vor den Gerichten des Schutzstaates begehren.[614] Was auf den ersten Blick als gewichtiger Nachteil für den Kläger erscheint, ist bei näherer Betrachtung jedoch nicht ganz so schwerwiegend, beachtet man dass die Feststellung der Nichtigkeit des Patents ja „nur“ inter partes wirken könnte und der Kläger daher nicht Gefahr läuft, sein Patent zu verlieren, sondern allenfalls eine Rechts-

611 EuGH, C341/93, Slg. 1995 I – 2053 zur Widerklage nach Art. 6 Nr. 3 EuGVÜ.
612 EuGH, C341/93 – Danvaern/Otterbeck, Slg. 1995 I – 2053, Tenor, Tz 13 u. Tz 18.
613 Vgl. Stauder, GRUR Int. 1976, 514; Mangini, GRUR Int. 1983, 226.
614 Vgl. High Court of Justice – Chancery Division Patents Court – Coin Controlls – 1999 All ER 3, 45 (61 b) = GRUR Int. 1998, 314 (316), Stauder, GRUR Int. 1997, 860 Fn 10.

streit gegen einen möglichen Verletzer. Nichts hindert den Kläger darüber hinaus, eine Beschränkung seiner Patentansprüche parallel zum Verletzungsrechtsstreit zu betreiben und die Änderung sodann in den Prozess einzuführen; die Änderung ist dabei nach § 64 PatG rückwirkend.[615]
Diese zweite Lösungsmöglichkeit sieht sich allerdings einem gleichen Einwand ausgesetzt, wie die zuvor genannte Alternative der niederländischen Gerichte. Auch hier besteht die Möglichkeit divergierender Entscheidungen - in dieser Variante sogar noch zusätzlich für den Fall, dass das Verletzungsgericht das Patent für nichtig erachtet und die Klage abweist, während ein Nichtigkeitsverfahren im Schutzstaat abgewehrt wird. Hier ergibt sich dann nicht das Problem der Vollstreckung, sondern vielmehr die Frage, ob und wie der Kläger die Verletzungsklage, die aufgrund der angenommenen Nichtigkeit abgewiesen wurde, wieder neu aufnehmen kann. Diese Frage richtet sich nach den nationalen Regelungen über die Wiederaufnahme des Verfahrens, in Deutschland sind §§ 578 ff. ZPO einschlägig. Nach § 580 Nr. 7 a ZPO wäre eine Wiederaufnahme nur möglich bei einem früher rechtskräftig gewordenen Urteil zwischen denselben Parteien oder mit Rechtskrafterstreckung auf diese.[616] In anderen Fällen setzt sich die Rechtskraft des Urteils durch. Präjudizialität genügt, es reicht also aus, dass in einem anderen Verfahren (nicht notwendigerweise zwischen den Parteien) eine Vorfrage rechtskräftig entschieden wurde.

IV. Ergebnis

Die für die zuletzt genannte Alternative sprechenden Vorteile überwiegen jedoch die wenigen praktischen Schwierigkeiten deutlich. Sie gewährt größtmögliche Konzentration des Verfahrens bei gleichzeitiger Beachtung der bei enger Auslegung nötigen Souveränitätsinteressen fremder Staaten. Ihr ist daher der Vorzug zu geben.
Zusammengefasst hat der Einwand der Nichtigkeit in einem Patentverletzungsstreit nicht zur Folge, dass sich das Verletzungsgericht für unzuständig erklären und den Rechtsstreit an die Gerichte des Schutzstaates abgeben müsste, soweit nicht eine selbständige Entscheidung erga omnes über die Nichtigkeit gesucht wird. Gerichte, deren Zuständigkeit für eine Patentverletzungsstreitigkeit nach Art. 5 Nr. 3 EUGVVO begründet ist, können die Nichtigkeit eines ausländischen Patents bei entsprechendem Einwand des Beklagten prüfen, soweit dies nach dem auf das Patent anwendbare Recht zulässig ist, und mit Wirkung inter partes feststellen. Die ausschließliche Zuständigkeit nach Art. 22 Nr. 4 EuGVVO wird durch diesen Einwand nicht begründet; eine Verpflichtung zur Erklärung für unzuständig gemäß Art. 25 EuGVVO besteht nicht.

---

615 Die Änderung wird durch Beschluss der Patentabteilung gem. § 64 Abs. 3 Satz 1 PatG bewirkt, gem. § 64 Abs. 3 Satz 3 wird die Patentschrift im Beschluss angepasst und die Änderung entsprechend Satz 4 veröffentlicht.

616 Vgl. Zöller/Greger, § 580 Rn 14; Thomas/Putzo, § 580 Rn 12.

7. Kapitel: Zusammenfassung und Ausblick

A. Zusammenfassung

In Europa besteht nach wie vor weder ein Gemeinschaftspatent der Europäischen Gemeinschaft noch eine zentralisierte Zuständigkeit für Klagen aus europäischen Patenten. Der patentrechtliche Territorialitätsgrundsatz hat zwar unmittelbare Auswirkung auf das anwendbare Recht, schließt aber die Zuständigkeit inländischer Gerichte zur Entscheidung von Verletzungsklagen betreffend ausländische Patente nicht aus. Mangels besonderer Regelungen richtet sich die Internationale Zuständigkeit in grenzüberschreitenden Patentverletzungsklagen in Europa daher nach der EuGVVO.

Ob in Anlehnung an mehrere BGH-Entscheidungen aus den späten 50er Jahren eine internationale Zuständigkeit im Gerichtsstand der unerlaubten Handlung für Klagen wegen Verletzung ausländischer Patente bzw. ausländischer Teile eines europäischen Patents unter der EuGVVO möglich ist, ist durch Auslegung des Art. 5 Nr. 3 EuGVVO zu bestimmen. Durch eine umfassende Analyse der bisherigen Rechtsprechung des EuGH, der obersten Auslegungsinstanz für die europäischen Zuständigkeitsvorschriften, zu Art. 5 Nr. 3 EuGVÜ lassen sich die folgenden wesentlichen Leitlinien für die Auslegung des Gerichtsstands der unerlaubten Handlung nach Art. 5 Nr. 3 EuGVVO entwickeln: Der Gerichtsstand der unerlaubten Handlung hat seine Existenzgrundlage in der besonders engen Beziehung zwischen der Streitigkeit und dem zur Entscheidung über sie berufenen Gericht, die im Interesse einer geordneten Rechtspflege und der sachgerechten Gestaltung des Prozesses eine Zuständigkeit dieses Gerichts rechtfertigt. Dabei ist insbesondere die Bedeutung der Beweiserhebung für die sachgerechte Gestaltung des Prozesses hervorzuheben. Der Schutz des Verletzten spielt dagegen nur eine untergeordnete Rolle. An die besonders enge Beziehung zur Streitigkeit sind hohe Anforderungen zu stellen, da Art. 5 Nr. 3 EuGVVO als Ausnahme zum allgemeinen Gerichtsstand des Beklagten nach Art. 2 Abs. 1 EuGVVO eng auszulegen ist und diesen nicht aushöhlen darf. Andererseits darf Art. 5 Nr. 3 EuGVVO bei Vorliegen einer besonderen Beziehung zwischen angerufenem Gericht und Streitigkeit auch nicht so eng ausgelegt werden, dass er seine praktische Wirksamkeit (effet utile) verliert. Daneben ist eine Erweiterung des Kreises der zuständigen Gerichte zu verhindern, wenn und soweit die Gefahr von miteinander unvereinbaren Entscheidungen vergrößert oder ein forum actoris zugunsten des Patentverletzungsklägers eröffnet würde. In diesem Rahmen wird zugleich die Möglichkeit zum sog. forum shopping begrenzt. Die Rechtssicherheit erfordert darüber hinaus, dass die Zuständigkeitszuweisung klar und vorhersehbar ist und insbesondere nicht durch nach dem unmittelbaren Schadenseintritt liegende Ereignisse beeinflusst werden kann. Die Bestimmung der internationalen Zuständigkeit erfolgt zudem unabhängig von dem anwendbaren Recht.

Die Anwendung dieser Leitlinien auf Patentverletzungsklagen hat gezeigt, dass eine Zuständigkeit nach Art. 5 Nr. 3 EuGVVO für alle Verletzungsklagen hinsichtlich aller Teile europäischer Patente im Fall von Verfahrenspatenten am Ort der Herstellung der Erzeugnisse begründet sein kann. In Übereinstimmung mit der Argumentation des EuGH im Fall „Shevill" findet an diesem Ort nicht nur die gesamte Handlung ihren Ursprung, dieser Ort weist als einziger auch im Hinblick auf alle Verletzungen aller ausländischen Teile des europäischen Verfahrenspatents eine effektive Beweisnähe auf, die die Zuständigkeit der dortigen Gerichte rechtfertigt. Denn der Nachweis, dass die vom bedingten Schutz des Verfahrenspatents erfassten Erzeugnisse tatsächlich nach dem geschützten Verfahren hergestellt wurden, lässt sich nirgendwo besser führen, als am Ort der Herstellung selbst. Bei Verfahrenspatenten lässt sich so zudem eine Konzentration der Patentverletzungsklagen am Gerichtsstand der unerlaubten Handlung erreichen.
Im Gegensatz dazu ist beim Erzeugnispatent auch am Herstellort kein Gerichtsstand der unerlaubten Handlung im Hinblick auf ausländische Teile des europäischen Patents eröffnet. Zwar ist auch hier ein Ursprungsort für alle Verletzungen, doch fehlt es diesem an der nötigen besonders engen Beziehung zur Verletzung der ausländischen Patente, insbesondere ist bei der gebotenen engen Auslegung keine besondere Beweisnähe feststellbar.
Bei Patenten, die sowohl Stoffschutz als auch Verfahrensschutz gewähren, können bei gleichem Streitgegenstand Ansprüche auf Stoffschutz im Wege der Annexkompetenz gemeinsam mit den Verfahrensansprüchen im Gerichtsstand nach Art. 5 Nr. 3 EuGVVO am Herstellort geltend gemacht werden. Der Prozessökonomie ist in diesem Fall Vorrang vor der grundsätzlich engen Auslegung der besonderen Zuständigkeit zu gewähren.

Dem hier herausgearbeiteten konzentrativen Gerichtsstand der unerlaubten Handlung bei Klagen wegen Verletzung von Verfahrenspatenten können nicht Wertungen des Streitregelungsprotokolls für Gemeinschaftspatente oder anderer Gemeinschaftsschutzrechtsregelungen entgegengehalten werden. Diese Wertungen beruhen auf dem speziellen einheitlichen Charakter dieser Schutzrechte und lassen sich nicht auf Art. 5 Nr. 3 EuGVVO übertragen.
Die Lösung der Frage nach der internationalen Zuständigkeit anhand der Auslegungsleitlinien erweist sich zudem gegenüber alternativen Lösungskonzepten sowohl in rechtlicher als auch rechtspraktischer Hinsicht als überlegen. Das Konzept der Einheitlichkeit der Verletzungshandlung ist mit einer Reihe praktischer Schwierigkeiten verbunden und würde zu einer unüberschaubaren Vielzahl möglicher zuständiger Gerichte führen. Zudem erscheint diese Lösung in sich widersprüchlich. Der Vorschlag der Anknüpfung an den Ort der Verhaltenszentrale bringt nicht notwendigerweise die für die Begründung der Zuständigkeit erforderliche enge Nähebeziehung, insbesondere im Hinblick auf die Beweiserhebung, mit sich.
Ob die Erarbeitung eines eigenständigen Streitregelungssystems für europäische Patente erfolgreich sein wird, bleibt abzuwarten. Auch innerhalb eines

solchen Systems können die Auslegungsleitlinien jedoch bei der Bestimmung der regional zuständigen Kammern herangezogen werden.
Der in der Praxis häufige Einwand der Nichtigkeit des Klagepatents kann nicht dazu führen, dass der gesamte Rechtsstreit der ausschließlichen Zuständigkeit gemäß Art. 22 Nr. 4 EuGVVO unterstellt wird und sich ein Gericht am Ort der unerlaubten Handlung außerhalb des Staates, für den das Patent erteilt wurde, zwingend gemäß Art. 25 EuGVVO für unzuständig erklären muss. Vielmehr kann das Verletzungsgericht auch über die Nichtigkeit des Klagepatents als Vorfrage mit Wirkung inter partes entscheiden.

B. Ausblick

Der Vorschlag der Kommission zu einer Verordnung des Rates über das Gemeinschaftspatent wird seit nunmehr dreieinhalb Jahren heftig diskutiert. Umstritten war insbesondere die Frage des Grades der Zentralisierung der ersten Instanz für Gerichtsverfahren betreffend das Gemeinschaftspatent.[617] Die Lösungsvorschläge reichten dabei von einem weitgehend dezentralisierten Ansatz, wonach für sämtliche Klagen betreffend Gemeinschaftspatente in erster Instanz die speziell zu benennenden Gemeinschaftspatentgerichte der Mitgliedstaaten und erst in zweiter Instanz ein zentrales Gemeinschaftsgericht für Geistiges Eigentum zuständig sein sollte,[618] über die Einrichtung einer begrenzten Anzahl regionaler Kammern als Teil der Kammer der ersten Instanz beim zentralen Gemeinschaftsgericht für Geistiges Eigentum,[619] bis zur vollständig zentralisierten Alternative einer Zentralkammer, der ggf. die Möglichkeit eingeräumt wird, an anderen Orten als an ihrem Sitz zu tagen[620]. Am 03. März 2003 schließlich hat der Rat der Europäischen Gemeinschaft eine ge-

617 Vgl. Tilmann, GRUR Int 2003, 381 ff.; Schäfers, Europablätter 2003, 168 ff.

618 Europäisches Parlament v. 10.04.2002, Dok. P5_TA (2002) 0163, ABl. (EG) C 127 E/519 v. 29.05.2003.

619 Gemeinsame politische Ausrichtung, Ratsdok. 8782/02 v. 16.05.2002, Interinstitutionelles Dossier 2000/0177 (CNS), im Internet unter http://register.consilium.eu.int/pdf/de/02/st08/08782d2.pdf. Nach dem Arbeitspapier der Kommission v. 30.08.2002 [KOM (2002) 480 endg., im Internet unter: http://europa.eu.int/eur-lex/de/com/wdc/2002/com2002_0480de01.pdf] sollten regionale Kammern erst errichtet werden, sobald bei der Zentralkammer des Gemeinschaftspatentgerichts in einem Jahr mehr als 150 Verfahren betr. Gemeinschaftspatente anhängig gemacht werden – dies stieß aufgrund der Ungewissheit, wann diese Anzahl von Verfahren erreicht würde, insbesondere auf Ablehnung von Seiten Deutschlands, vgl. Tilmann, GRUR Int 2003, 383. Nach dem von der griechischen Ratspräsidentschaft vorgelegten Vorschlag sollte den Mitgliedstaaten die Option gewährt werden, unter bestimmten Voraussetzungen und Bedingungen dezentrale Kammern einzurichten, vgl. Ratsdok. 6205/03 v. 10.02.2002, Interinstitutionelles Dossier 2000/0177 (CNS), im Internet unter http://register.consilium.eu.int/pdf/de/03/st06/st06205de03.pdf.

620 sog. reisendes Gericht; vgl. Ratsdok.13408/02 v. 28.10.2002, Interinstitutionelles Dossier 2000/0177 (CNS), im Internet unter: http://register.consilium.eu.int/pdf/de/02/st13/13408d2.pdf.

meinsame politische Ausrichtung beschlossen, welche die Grundsätze für das Rechtsprechungssystem betreffend das Gemeinschaftspatent festlegt.[621] Der Beschluss sieht insbesondere vor, dass die ausschließliche Zuständigkeit für Streitigkeiten betreffend das Gemeinschaftspatent[622] beim Gerichtshof liegt.[623] Im ersten Rechtszug sollen diese Streitsachen vor einer gerichtlichen Kammer (genannt Gemeinschaftspatentgericht) verhandelt werden, die beim Gericht Erster Instanz gebildet und durch einen Beschluss des Rates nach Art. 225 a EG eingesetzt wird. Das Gemeinschaftspatentgericht hat seinen Sitz beim Gericht Erster Instanz, das zugleich Rechtsmittelinstanz ist, soll aber in anderen Mitgliedstaaten als dem Mitgliedstaat, in dem es seinen Sitz hat, Verhandlungen durchführen können (reisendes Gericht). Das Gemeinschaftspatentgericht soll bis spätestens 2010 errichtet werden.[624] In der Übergangszeit soll jeder Mitgliedstaat eine begrenzte Anzahl nationaler Gerichte benennen, die für die Verfahren zuständig sind und in erster und weiteren Instanzen entscheiden. Auslegungsfragen müssen ggf. nach Art. 234 EG an den Gerichtshof zur Vorabentscheidung vorgelegt werden.[625] Die Zuständigkeit der nationalen Gerich-

---

621 Ratsdok. 7159/03 v. 07.03.2003 (12.03) PI 24, Interinstitutionelles Dossier 2000/0177 (CNS), im Internet unter:http://register.consilium.eu.int/pdf/de/03/st07/st07159de03.pdf, nach Ergänzungen durch den Rat (Beschäftigung, Sozialpolitik, Gesundheit und Verbraucherschutz) hinsichtlich der Frist für die Einreichung von Übersetzungen der Ansprüche in Gemeinschaftspatenten, vgl. Ratsdok. 6678/03 v. 06.03.2003; vgl. auch Anhang zu Tilmann, GRUR Int 2003, 389 ff. (Text allerdings teilweise abweichend).

622 Der Beschluss führt in Ziff. 1.2 namentlich auf die Klagen und Anträge wegen Nichtigkeit oder Streitsachen wegen Patentverletzung, Klagen die die Feststellung der Nichtverletzung betreffen, Streitsachen, die die Verwendung eines Patents oder das Vorbenutzungsrecht betreffen, Anträge auf Beschränkung, Widerklagen auf Nichtigkeit oder Anträge auf Feststellung des Erlöschens, einschließlich von Anträgen auf einstweilige Anordnungen. Der Beschluss hält zudem fest, dass das Gemeinschaftspatent ferner Gegenstand von Klagen und Anträge auf Schadensersatz sein kann. Krit. Zu der mangelnden Präzision dieser Auflistung Schäfers, Europablätter 2003, 172.

623 Die Übertragung dieser neuen Hoheitsrechte auf das Gerichtssystem der Gemeinschaft soll durch Rechtsakt des Rates auf Grundlage des durch den Vertrag von Nizza neu eingeführten Art. 229 a EG erfolgen; vgl. dazu und zum anschließenden Verfahren Schäfers, Europablätter 2003, 172 f; allgemein zur gerichtsbarkeit der Europäischen Gemeinschaft nch dem Vertrag von Nizza, vgl. Lenz, EuGRZ 2001, 433.

624 krit. dazu Tilmann, GRUR Int 2003, 388 und Schäfers, Europablätter 2003, 173, da bis 2010 noch nicht mit einer erheblichen Zahl von Streitigkeiten zum Gemeinschaftspatent zu rechnen ist und die Übergangszeit damit weitgehend leer läuft; vgl. auch Azizi, EuR Beiheft 1 – 2003, 107, der hinsichtlich der Errichtung einer gerichtlichen Kammer für Patentangelegenheiten von einem Vorbereitungszeitraum von 10 Jahren spricht.

625 Art. 225 Abs. 3 iVm Art. 245 EG eröffnet dem Rat die Möglichkeit, durch einstimmigen Beschluss zur Änderung der Satzung dem Gericht erster Instanz eine Zuständigkeit für Vorabentscheidungsverfahren nach Art. 234 EG zu übertragen. Welche Sachgebiete für eines solche Zuständigkeitsverlagerung in Betracht kommen, wird derzeit diskutiert, wobei hauptsächlich Gebiete mit grundsätzlich eher technischem Charakter erwogen werden, etwa die Zuordnung von Waren zu den Zolltarifnummern des Gemeinsamen Zolltarifs, vgl. Grabenwarter, EuR Beiheft 1 – 2003, 61 f.; Azizi, EuR Beiheft 1 – 2003, 111; grds. skeptisch und zurückhaltend Waelbroek, EuR Beiheft 1 – 2003, 71, insbes. 75 ff. Wenn das Gericht erster Instanz bzw eine bei ihm zu schaffende spezialisierte

te der Mitgliedstaaten richtet sich in dieser Übergangsphase nach den Vorschriften der EuGVVO.[626] Die Kommission hat am 23.12.2003 Entwürfe für einen Ratsbeschluss zur Übertragung der Zuständigkeit in Gemeinschaftspatentsachen auf den Gerichtshof und einen Ratsbeschluss zur Errichtung des Gemeinschaftspatentgerichts und das Rechtsmittel vor dem Gericht erster Instanz vorgelegt.[627]
Strittig sind nach wie vor die Frist zur Vorlage von Übersetzungen und insbesondere die rechtliche Wirkung der Übersetzungen. An der Fristenfrage ist am 27.11. 2003 erneut eine Einigung über die Verordnung gescheitert.[628] An der Frage der Verbindlichkeit der Übersetzungen in die Sprachen der Gemeinschaft ist das Gemeinschaftspatent schließlich in der Ratssitzung vom 26.03.2004 stecken geblieben.
Es bleibt abzuwarten, ob und wann das Gemeinschaftspatent verwirklicht wird, ist es doch nunmehr zunächst der Diskontinuität des Europaparlaments zum Opfer gefallen. Nach einer politischen Einigung ist die vom Europäischen Parlament geforderte Rekonsultation durchzuführen, weil sich der Verordnungsentwurf seit der ersten Befassung inhaltlich wesentlich geändert hat. Da dies bis zur letzten Plenartagung der im Mai 2004 abgelaufenen Legislaturperiode nicht mehr gelang, muss das zum Juni 2004 neu gewählte Parlament erneut angehört werden. Auch die Vorschläge zur Gerichtsbarkeit, soweit sie auf Art. 225 a und 229 a EG beruhen, bedürfen der Anhörung des Europäischen Parlaments. Nicht zuletzt aufgrund der Erweiterung um 10 weitere Mitgliedstaaten wird sich die Verabschiedung der Verordnung zumindest erheblich verzögern, jedenfalls würde diese nicht vor Mitte 2005 stattfinden können.[629]
Es bleibt zu hoffen, dass das Ziel der Vollendung des Binnenmarktes bei geistigen Schutzrechten weiter verfolgt wird und der „Traum vom Gemeinschaftspatent" bald in Erfüllung geht. Aber selbst wenn nunmehr eine Einigung über das Gemeinschaftspatent gelingt, wird es noch mindestens bis zum Jahr 2010 andauern, bis das Gemeinschaftspatentgericht seine Arbeit aufnehmen kann. Auch dann jedoch wird die Zahl der Streitigkeiten um Gemeinschaftspatente nur einen sehr geringen Prozentsatz der Patentstreitigkeiten in Europa ausmachen. Die überragende Relevanz der europäischen Patente wird zu-

---

Kammer als Gemeinschaftspatentgericht tätig werden soll, kann und sollte jedoch überlegt werden, dem Gericht erster Instanz für die Übergangsphase bis zur Schaffung des Gemeinschaftspatentgerichts die Zuständigkeit für Vorabentscheidungsersuchen der Mitgliedstaaten in Fragen betreffend Gemeinschaftspatente zu übertragen. Das Gericht erster Instanz könnte auf diesem Wege sogleich Erfahrungen mit der neuen Materie sammeln und zugleich die ersten Leitentscheidungen für seine spätere Praxis selbst treffen.

626 vgl. auch Tilmann, GRUR Int 2003, 388 f.

627 KOM (2003) 827 engdültig – 2003/0326 (CNS), im Internet unter http://europa.eu.int/eurlex/de/ com/pdf/2003/com2003_0827de01.pdf; und KOM (2003) 828 endgültig – 2003/0324 (CNS), im Internet unter http://europa.eu.int/eurlex/de/com/pdf/2003/com2003_0828de01.pdf

628 vgl. NvWR Feb-04, S. 16.

629 vgl. auch NvWR Nov-03, S. 211

mindest in dem nächsten Jahrzehnt auf dem europäischen Markt noch ungebrochen sein, zumal die existierenden Patentsysteme auch noch neben dem Gemeinschaftspatent weiterbestehen werden. Die Notwendigkeit einer Lösung der Problematik grenzüberschreitender Verletzungsklagen im europäischen Patentrechtssystem verliert daher nicht an Bedeutung oder Dringlichkeit. Die Eröffnung einer zentralen Zuständigkeit der Gerichte am Ort der Herstellung der Erzeugnisse als dem Ort des ursächlichen Geschehens im Falle von Verfahrenspatenten stellt einen Weg dar, auch im bestehenden Zuständigkeitssystem der EuGVVO eine Konzentration von Verfahren am Gerichtsstand der unerlaubten Handlung nach Art. 5 Nr. 3 zu erreichen. Eine solche Auslegung steht im Einklang mit der Rechtsprechung des EuGH zum EuGVÜ und kommt den Bedürfnissen der Praxis nach einheitlichen und schnellen Entscheidungen bei Verletzung mehrerer paralleler nationaler Teile europäischer Verfahrenspatente in besonderem Maße entgegen.[630] Dies wird noch verstärkt, wenn man zudem die Annexzuständigkeit für zugleich mit dem Verfahrensanspruch geltend gemachte Erzeugnisansprüche bejaht. Selbst dann kann diese Auslegung gleichwohl nur einen Teil dieser praktischen Bedürfnisse abdecken. Um das wünschenswerte Maß an Vereinheitlichung der Zuständigkeiten in Patentverletzungsklagen zu erreichen, sind Maßnahmen de lege ferenda nötig.[631] Der Entwurf der Arbeitsgruppe Streitregelung zu einem Übereinkommen über die Schaffung eines Streitregelungssystems für europäische Patente stellt einen ersten Schritt in diese Richtung dar und ist spätestens angesichts des erneuten Scheiterns des Gemeinschaftspatents die mit Nachdruck zu verfolgende Alternative.[632]

Es bleibt zu hoffen, dass die Hindernisse für seine weitere Ausarbeitung beseitigt werden und so bald als möglich eine einheitliche Streitregelung für europäische Patente verabschiedet werden kann. Erst dann wird man den Zustand der Unordnung, den J. Laddie im Eingangszitat rügt, in europäischen Patentverletzungsverfahren beseitigen können.

---

630 u. a. betont Brinkhof, [1994] EIPR 360, dass die Geltendmachung der Verletzung eines europäischen Patents und seiner einzelnen nationalen Teile zentral möglich sein sollte.

631 Derzeit behelfen sich die Parteien in grenzüberschreitenden Patentverletzungsprozessen oftmals damit, „Musterprozesse" in einem Staat zu führen und zu vereinbaren, dass die Ergebnisse dieses Verfahrens auch bezüglich weiterer Verletzungsstreitigkeiten betreffend die parallelen ausländischen Teile des betreffenden europäischen Patents jedenfalls dem Grunde als verbindliche Basis für Vergleiche dienen sollen. (Auskunft Dr. Jürgen Schade, Präsident des DPMA, bei einem Vortrag in Mannheim am 6. Februar 2003).

632 Von vielen wird das Streitregelungssystem für europäische Patente auch aus anderen Gründen dem Gemeinschaftspatent in der zuletzt diskutierten Form vorgezogen, vgl. Bossung, GRUR Int 2002, 463 ff., ders., GRUR Int 2002, 575 f.; Pagenberg, GRUR Int 2003, 718 ff.

Literaturverzeichnis

Adams, John N.: Choice of Forum in Patent Disputes; [1995] 10 EIPR 497-502

Ahlt, Michael: Europarecht – Examenskurs für Rechtsreferendare, 2., überarbeitete und ergänzte Auflage, München 1996

Aldous, William/Young, David/Watson, Anthony/Thorley, Simon: Terrell on the Law of Patents, 19th edition, London 1982

Arnold, Richard: Can One Sue in England for Infringement of Foreign Intellectual Property Rights?; [1990] 7 EIPR 254-263

Azizi, Josef: Direktklagen und Sonderbereiche beim Gericht erster Instanz; ; in: EuR – Beiheft 1 / 2003: Die Zukunft der Europäischen Gerichtsbarkeit nach Nizza, S. 87-114 (Hrsg.: Everling, Ulrich/Müller-Graff, Peter-Christian/Schwarze, Jürgen)

Beier, Friedrich-Karl/Ohly, Ansgar: Was heißt „unmittelbares Verfahrenserzeugnis“? Ein Beitrag zur Auslegung des Art. 64 (2) EPÜ, GRUR Int. 1996, 973-986

Behr, Volker: Internationale Tatortzuständigkeit für vorbeugende Unterlassungsklagen bei Wettbewerbsverstößen; GRUR Int. 1992, 604-608

Benkard, Georg: Patentgesetz, Gebrauchsmustergesetz Kurz-Kommentar, 9. neubearbeitete Auflage;München 1993 (zitiert: Benkard/Bearbeiter,§,Rn)

Bernhardt, Wolfgang/Kraßer, Rudolf: Lehrbuch des Patentrechts – Recht der Bundesrepublik Deutschland, Europäisches und Inter-nationales Patentrecht ; 4.,völlig neubearbeitete Auflage, München 1986

Berger, Christian: Die EG-Verordnung über die Zusammenarbeit der Gerichte auf dem Gebiet der Beweisaufnahme in Zivil- und Handelssachen (EuBVO), IPRax 2001, 522-527

Bertrams, Heleen: Das grenzüberschreitende Verletzungsverbot im niederländischen Patentrecht; GRUR Int. 1995, 193-201

Besse, Dirk: Die justitielle Zusammenarbeit in Zivilsachen nach dem Vertrag von Amsterdam und das EuGVÜ; ZEuP 1999, 107-122

Beutler, Bengt/Bieber, Roland/Pipkorn, Jörn/Streil, Jochen: Die Europäische Union – Rechtsordnung und Politik, 5., vollständig neu bearbeitete und erweiterte Auflage, Baden-Baden 2001 *(zitiert: BBPS, Kapitel, Seite)*

Bossung, Otto: Unionspatent statt Gemeinschaftspatent; GRUR Int. 2002, 463-475

- Nachtrag zu „Unionspatent statt Gemeinschaftspatent"; GRUR Int. 2002, 575-576

Brinkhof, Jan J.: Das einstweilige Verfügungsverfahren und andere vorläufige Maßnahmen im Zusammenhang mit Patentverletzungen; GRUR Int. 1993, 387-394

- Could the President of the District Court of The Hague Take Measures Concerning the Infringement of Foreign Patents?;[1994] 8 EIPR 360-364

- Between Speed and Thoroughness – The Dutch "Kort Geding" Procedure in Patent Cases; [1996] 9 EIPR 499-501

- Geht das grenzüberschreitende Verletzungsverbot im niederländischen einstweiligen Verfügungsverfahren zu weit?; GRUR Int. 1997, 489-497

Callies, Christian/Ruffert, Matthias (Hrsg.): Kommentar des Vertrages über die Europäische Union und des Vertrages zur Gründung der Europäischen Gemeinschaft – EUV/EGV - , 2., vollständig überarbeitete und aktualisierte Auflage, Neuwied/Kriftel, 2002 *(zitiert: Bearbeiter in: Callies/Ruffert, Art., Rn)*

Cohen, Laurence J.: Intellectual Property and the Brussels Convention – An English Perspective - ; [1997] 7 EIPR 379-382

Cornish, W.R.: Intellectual Property Infringement and Private International Law: Changing the Common Law Approach; GRUR Int. 1996, 285-289

Daoudi, Jamal: Extraterritoriale Beweisbeschaffung im deutschen Zivilprozessrecht: Möglichkeiten und Grenzen der Beweisbeschaffung außerhalb des internationalen Rechtshilfeweges, Berlin 2000 (Schriften zum Prozessrecht, Bd. 159); zugl. Dissertation Universität Münster(Westfalen), 2000

Derruppé, Jean : Droit international privé, dixième édition, Paris 1993

Dietze, Jan/Schnichels, Dominik: Die aktuelle Rechtsprechung des EuGH zum EuGVÜ – Übersicht über das Jahr 2002, EuZW 2003, 581-587

Droz, Georges A.L.: Compétence judiciaire et effets des jugements dans le marché commun (Etude de la Convention de Bruxelles du 27 septembre 1968), Paris 1972

Ferid, Murad: Internationales Privatrecht, 3., völlig neubearbeitete Auflage, Frankfurt am Main 1986 (Juristische Arbeitsblätter, JA-Sonderheft 13)

Ferrari, Franco: "Forum shopping" trotz internationaler Einheitssachrechtskonventionen; RIW 2002, 169-179

Floyd, Christopher / Purvis, Iain: Can an English Court Restrain Infringement of a Foreign Patent?; [1995] 3 EIPR 110-115

Franzosi, Mario: Worldwide Patent Litigation and the Italian Torpedo; [1997] 7 EIPR 382-385

- Weltweite Patentstreitigkeit und ein italienisches "Torpedo"; Mitt.1998, 300-301

- Torpedos are here to stay, 33 IIC 154 - 163 (2002)

Fritze, Ulrich: Durchsetzung von Rechten des geistigen Eigentums in Verfahren und Sanktionen bei einer Verletzung von Patenten und Marken (TRIPS und das deutsche Recht) (Q 134 B); GRUR Int. 1997, 143-149

Fuchs, Angelika: Zum Kommissionsvorschlag einer „Rom II"-Verordnung; GPR 2/03-04, 100-105

Gaudemet-Tallon, Hélène: Les Conventions des Bruxelles et de Lugano – Compétence internationale, reconnaissance et exécution des jugements en Europe, 2ème édition, Paris 1996

Geimer, Reinhold: Internationales Zivilprozeßrecht, 4., neubearbeitete und erweiterte Auflage, Köln 2001 *(zitiert: Geimer, IZPR, S., Rn)*

Geimer, Reinhold / Schütze, Rolf A./Geimer, Ewald/Geimer, Gregor: Europäisches Zivilverfahrensrecht – Kommentar zur EuGVVO, EuEheVO, EuZustellungsVO, zum Lugano-Übereinkommen und zum nationalen Kompetenz- und Anerkennungsrecht, 2., veränderte Auflage, München 2004 *(zitiert: Geimer/Schütze, Art., Rn)*

Geimer, Reinhold/Schütze, Rolf A.: Europäisches Zivilverfahrensrecht – Kommentar zum EuGVÜ und Lugano-Übereinkommen, München 1997 *(zitiert: Geimer/Schütze, 1. Auflage, Art., Rn)*

Gottwald, Peter: Europäische Gerichtsstandspflicht kraft Sachzusammenhangs (zu EuGH, 27.0.1988 – C 189/87 (Kalfelis/Schröder) – IPRax 1989, 288 Nr. 4); IPRax 1989, 272-274

Grabenwarter, Christoph: Vorabentscheidungsverfahren nach dem Vertrag von Nizza; in: EuR – Beiheft 1 / 2003: Die Zukunft der Europäischen Gerichtsbarkeit nach Nizza, S. 55-69 (Hrsg. Everling, Ulrich/Müller-Graff, Peter-Christian/Schwarze, Jürgen)

Grabinski, Klaus: Zur Bedeutung des Europäischen Gerichtsstands- und Vollstreckungsübereinkommens (Brüsseler Übereinkommens) und des Lugano-Übereinkommens in Rechtsstreitigkeiten über Patentverletzungen; GRUR Int. 2001, 199-213

Groß, Friedrich: Wie mache ich im Inland Ansprüche aus Schutzrechten geltend, deren Verletzung im Ausland erfolgt ist?; GRUR Int. 1957, 346-348

Grupp, Thomas M.: Neuregelung der grenzüberschreitenden Rechtsverfolgung in der Europäischen Union auf den Gebieten des Zivil- und Handelsrechts, Der Syndikus September/Oktober 2002, 19-21

Hausmann, Rainer: Die Revision des Brüsseler Übereinkommens von 1968 – Teil I: Internationale Zuständigkeit - ; The European Legal Forum 2000/01, 40-49

Hefermehl: Anmerkung zu BGH, 24.7.1957 (Zeiß), GRUR 1958, 189-197; GRUR 1958, 197-200

Hess, Burkhard: Die „Europäisierung" des internationalen Zivilprozessrechts durch den Amsterdamer Vertrag – Chancen und Gefahren; NJW 2000, 23-32

Hoffmann, Bernd von: Das EWG-Übereinkommen über die gerichtliche Zuständigkeit und die Vollstreckung gerichtlicher Entscheidungen in Zivil- und Handelssachen – Anwendungsbereich und internationale Zuständigkeit - ; AWD 1973, 57-64

Hoffmann, Bernd von: Internationales Privatrecht einschließlich der Grundbegriffe des internationalen Zivilverfahrensrechts, 6., neubearbeitete Auflage des von Karl Firsching begründeten Werks, München 2000 *(zitiert: von Hoffmann, 6. Aufl.)*

- Internationales Privatrecht einschließlich der Grundbegriffe des internationalen Zivilverfahrensrechts, 7., neubearbeitete Auflage des von Karl Firsching begründeten Werks, München 2002

Huber, Peter: Persönlichkeitsschutz gegenüber Massenmedien im Rahmen des Europäischen Zivilprozessrechts, ZEuP 1996, 295-313

Jandoli, Vincenzo: The Italian Torpedo, 31 IIC 783-796 (2000)

Jayme, Erik / Kohler, Christian: Europäisches Kollisionsrecht 1999 – Die Abendstunde der Staatsverträge; IPRax 1999, 401-413

- Europäisches Kollisionsrecht 2000: Interlokales Privatrecht oder universelles Gemeinschaftsrecht?; IPRax 2000, 454-465

- Europäisches Kollisionsrecht 2001, Anerkennungsprinzip statt IPR?, IPRax 2001, 501-514

Jenard, P.: Bericht zum Übereinkommen über die gerichtliche Zuständigkeit und die Vollstreckung gerichtlicher Entscheidungen in Zivil- und Handelssachen; ABl. (EG) C 59, 1 ff. v. 5.3.1979

Junker, Abbo: Vom Brüsseler Übereinkommen zur Brüsseler Verordnung – Wandlungen des Internationalen Zivilprozessrechts; RIW 2002, 569-577

Kempner, Richard A. / Fricker, Joe: Can UK Courts Face the Dutch Challenge on Cross-Border Injunctions in Intellectual Property Cases?; [1996] 7 EIPR 377-378

Kieninger, Eva-Maria: Internationale Zuständigkeit bei der Verletzung ausländischer Immaterialgüterrechte – Common Law auf dem Prüfstand des EuGVÜ (zugleich Anmerkung zu Pearce v. Ove Arup und Coin Controls v. Suzo Int.); GRUR Int. 1998, 280-290

Kiethe, Kurt: Internationale Tatortzuständigkeit bei unerlaubter Handlung – die Problematik des Vermögensschadens; NJW 1994, 222-227

Klauer, Georg / Möhring, Philipp: Patentrechtskommentar, Band I - §§1-36a des Patentgesetzes; 3., völlig neu bearbeitete Auflage, München 1971 (zitiert: Klauer/Möhring/Bearbeiter, §, Rn)

Knaak, Roland: Die Durchsetzung der Rechte aus der Gemeinschaftsmarke; GRUR 2001, 21-29

König, Reimar: Materielle Probleme der Anwendung von Fremdrecht bei Patentverletzungsklagen und –verfügungsverfahren nach der Zuständigkeitsordnung des EuGVÜ; Mitt. 1996, 296-307

Kreuzer, Karl / Klötgen, Paul: Die Shevill-Entscheidung des EuGH: Abschaffung des Deliktsortsgerichtsstands des Art. 5 Nr. 3 EuGVÜ für ehrverletzende Streudelikte (zu EuGH, 7.3.1995 – C 68/93 Shevill u.a. / Presse Alliance S.A., IPRax 1997, 111 Nr. 9); IPRax 1997, 90-96

Krieger, Ulrich: Durchsetzung gewerblicher Schutzrechte in Deutschland und die TRIPS-Standards; GRUR Int. 1997, 421-426

Kropholler, Jan: Das Unbehagen am forum shopping; in: Festschrift für Karl Firsching zum 70. Geburtstag, München 1985, Seite 165-173; Hrsg: Dieter Henrich u. Bernd von Hoffmann; *(zitiert: Kropholler, FS Firsching, S.)*

- Europäisches Zivilprozessrecht – Kommentar zur EuGVO und Lugano-Übereinkommen; 7., völlig neubearbeitete Auflage, Heidelberg 2002 *(zitiert: Kropholler, EuZPR)*

Kubis, Sebastian: Internationale Zuständigkeit bei Persönlichkeits- und Immaterialgüterrechtsverletzungen; Schriften zum deutschen und europäischen Zivil-, Handels- und Prozessrecht, Band 187, Bielefeld 1999

Kunz-Hallstein, Hans-Peter: Patentverletzung durch Einfuhr von Verfahrenserzeugnissen – Probleme der Auslegung und Revision des Art. 5 quater PVÜ; GRUR Int. 1983, 548-553

Lachat, Salomé : La juridiction compétente en matière de contefaçon de brevets d'invention dans la Communauté économique européenne ; JCP 1974 II, 421-428

Lange Paul: Der internationale Gerichtsstand der unerlaubten Handlung nach dem EuGVÜ bei Verletzungen von nationalen Kennzeichen ; WRP 2000, 940-947

Leisle, Jörg-Marcus: Außenkompetenzen und Konkurrenzen nach Vergemeinschaftung der Brüsseler Übereinkommen, ZEuP 2002, 316-340

Lenz, Carl Otto: Die Gerichtsbarkeit in der Europäischen Gemeinschaft nach dem Vertrag von Nizza; EuGRZ 2001, 433-441

Liebs, Detlef: Lateinische Rechtsregeln und Rechtssprichwörter, 6. Auflage, Darmstadt, 1987

Lindenmeier: Die Vereinheitlichung des materiellen europäischen Patentrechts, GRUR 1942, 508

Linke, Hartmut: Internationales zivilprozessrecht, 2. Auflage, Köln, Berlin, Bonn, München 1995 (Schriften für die Prozesspraxis, Bd. 8)

Lüke, Gerhard/Wax, Peter (Hrsg.): Münchener Kommentar zur Zivilprozessordnung mit Gerichtsverfassungsgesetz und Nebengesetzen, Band 3, §§ 803-1066, EGZPO, GVG, EGGVG, Internationales Zivilprozessrecht, 2. Auflage, München 2001 *(zitiert: MüKo-ZPO/Bearbeiter)*

Lundstedt, Lydia: Gerichtliche Zuständigkeit und Territorialitätsprinzip im Immaterialgüterrecht – Geht der Pendelschlag zu weit?; GRUR Int 2001, 103-111

Mangini, Vito: Die rechtliche Regelung des Verletzungs- und Nichtigkeitsverfahrens in Patentsachen in den Vertragsstaaten des Münchener Patentübereinkommens; GRUR Int. 1983, 226-233

Mankowski, Peter: Entwicklungen im Internationalen Privat- und Prozessrecht 2003/2004 (Teil 1), RIW 2004, 481-497

Martiny, Dieter/Ernst, Ulrich: Der Beitritt Polens zum Luganer Übereinkommen, IPRax 2001, 29-31

Mayer, Pierre : Droit international privé, 5è édition, Paris 1994

Meibom, Wolfgang von / Pitz, Johann: Grenzüberschreitende Verfügungen im internationalen Patentverletzungsverfahren; Mitt. 1996, 181-190

- Cross-Border Injunctions in International Patent Infringement Proceedings; [1997] 8 EIPR 469-478

- Die europäische „Transborderrechtsprechung“ stößt an ihre Grenzen; GRUR Int. 1998, 765-771

Meier-Beck, Peter: Aktuelle Fragen des Patentverletzungsverfahrens; GRUR Int. 1999, 379-384

- Aktuelle Fragen des Patentverletzungsverfahrens; GRUR Int. 2000, 355-361

Mes, Peter: Patentgesetz – Gebrauchsmustergesetz, München 1997

Micklitz, Hans-W. / Rott, Peter: Vergemeinschaftung des EuGVÜ in der Verordnung (EG) Nr. 44/2001; EuZW 2001, 325-.334

- Vergemeinschaftung des EuGVÜ in der Verordnung (EG) Nr. 44/2001; EuZW 2002, 15-24

Moser von Filseck: Verletzung deutscher Patente durch Handlungen, die im Verkehr mit dem Ausland vorgenommen werden; GRUR 1961, 613-618

Mousseron, Jean-Marc / Raynard, Jacques / Véron, Pierre : Cross-Border Injunctions – A French Perspective ;29 IIC 884-906 (1998)

Neuhaus, Wilfried: Das Übereinkommen über die gerichtliche Zuständigkeit und die Vollstreckung gerichtlicher Entscheidungen in Zivil- und Handelssachen vom 27.9.1968 (EuGVÜ) und das Luganer Übereinkommen vom 16.9.1988 (LugÜ), soweit hiervon Streitigkeiten des gewerblichen Rechtsschutzes betroffen werden; Mitt. 1996, 257 ff.

Neumann-Duesberg: Der Gerichtsstand der unerlaubten Handlung (§ 32 ZPO), NJW 1955, 696-698

Nirk, Rudolf: Zum Anwendungsbereich des Territorialitätsprinzips und der lex rei (sitae) im internationalen Patent- und Lizenzrecht, in: Ehrengabe für Bruno Heusinger, gewidmet von Mitgliedern des Bundesgerichtshofes, der Bundesanwaltschaft und der Rechtsanwaltschaft beim Bundesgerichtshof; S. 217-238; Hrsg: Glanzmann, Roderich / Faller, Hans Joachim; München, 1968; *(zitiert: Nirk, FS Heusinger, S.)*

Ohl, Albert: Der Sitz des Rechtsinhabers als Gerichtsstand der unerlaubten Handlung bei Streitigkeiten wegen Verletzung gewerblicher Schutzrechte; GRUR 1961, 521-525

O'Sullivan, Gearoid: Cross-border Jurisdiction in patent Infringement Proceedings in Europe; [1996] 12 EIPR 654-664

Otte, Karsten: Verfahrenskoordination und einstweiliger Rechtsschutz bei der Verletzung eines europäischen Patents (zu LG Düsseldorf, 22.1.1998, 4 O 418/97, IPRax 1999, 461 Nr. 55); IPRax 1999, 440-443

Pagenberg, Jochen: Streitprotokoll für Patentverletzungen und Gemeinschaftspatent – Tagung der Untergruppe der Working Party on Litigation in München am 19. und 20.5.2003; GRUR Int. 2003, 718-720

Palandt, Otto: Bürgerliches Gesetzbuch mit Einführungsgesetz (Auszug), BGB-Informationspflichten-Verordnung, Unterlassungsklagengesetz, Produkthaftungsgesetz, Erbbaurechtsverordnung, Wohnungseigentumsgesetz, Hausratsverordnung, Lebenspartnerschaftsgesetz, Gewaltschutzgesetz (Auszug); 63. neubearbeitete Auflage, München 2004 *(zitiert: Palandt/Bearbeiter, §, Rn)*

Piltz, Burghard: Die Zuständigkeitsordnung nach dem EWG-Gerichtsstands- und Vollstreckungsübereinkommen; NJW 1979, 1071-1075

- Vom EuGVÜ zur Brüssel-I-Verordnung ; NJW 2002, 789-794

Pollaud-Dulian, Frédéric: Droit de la propriété industrielle, Paris 1999

Rauter, Gustav: Können im Auslande begangene Verletzungen dortiger Patente gegebenenfalls im Deutschen Reich verfolgt werden; MuW 1940, 104-106

Rogge, Rüdiger: Zur Aussetzung in Patentverletzungsverfahren; GRUR Int. 1996, 386-390

Rospatt, Maximilian von: Grenzüberschreitender Rechtsschutz für europäische Patente, III. Teil: Diskussion; GRUR Int. 1997, 863-864

- Cross-Border Protection of European Patents, Part Three: Discussion; 29 IIC 509-510 (1998)

Rospatt, Peter von: Grenzüberschreitender Rechtsschutz für europäische Patente, II. Teil: Entscheidungen deutscher Gerichte in Patentverletzungsprozessen mit grenzüberschreitender Wirkung; GRUR Int. 1997, 861-863

- Cross-Border Protection of European Patents, Part Two: Decisions of German Courts in patent Infringement Cases with Cross-Border Effect; 29 IIC 504-509 (1998)

Sack, Rolf: Das internationale Wettbewerbs- und Immaterialgüterrecht nach der EGBGB – Novelle; WRP 2000, 269-289

Schack, Haimo: Die EG-Kommission auf dem Holzweg von Amsterdam, ZEuP 1999, 805-808

- Widersprechende Urteile: Vorbeugen ist besser als Heilen (Anmerkung zu EuGH, 8.12.1987, Rs 144/86 (Gubisch/Palumbo) und EuGH, 4.2.1988, Rs 145/86 (Hoffmann/Krieg)); IPRax 1989, 139-142

Schäfers, Alfons: Das Gemeinschaftspatent nach der gemeinsamen politischen Ausrichtung vom 3. März 2003; Europablätter 2003, 168-180

Schlosser, Peter: Bericht zum Übereinkommen des Königreichs Dänemark, Irlands und des Vereinigten Königreichs Großbritannien und Nordirland über den Beitritt zum Übereinkommen über die gerichtliche Zuständigkeit und die Vollstreckung gerichtlicher Entscheidungen in Zivil- und Handelssachen sowie zum Protokoll betreffend die Auslegung dieses Übereinkommens durch den Gerichtshof; ABl. (EG) C 59, 71 ff. v. 5.3.1979

- Europäisches Gerichtsstands- und Vollstreckungsübereinkommen mit Luganer Übereinkommens und den Haager Übereinkommens über Zustellung und Beweisaufnahme; München 1996

- EU-Zivilprozessrecht (EuGVVO, EuEheVO, AVAG, HZÜ, EuZVO, HBÜ, EuBVO) 2., erweiterte Auflage, München 2003 (zitiert: Schlosser, EUZPR, Art., Rn)

Schmidt-Szalewski, Joanna: Development of French Patent Law in 1997 and 1998; 31 IIC 499-508 (2000)

- Droit de la propriété industrielle, 4è édition, Paris 1999

Schultsz, J.C.: Die besonderen Zuständigkeiten bei Streitigkeiten aus unerlaubter Handlung und aus dem Betrieb einer Sekundärniederlassung; in: EuGH: Internationale Zuständigkeit und Urteilsanerkennung in Europa; Köln, Berlin, Bonn, München, 1993

Schulze, Götz: Dialogische Beweisaufnahme im internationalen Rechtshilfeverkehr – Beweisaufnahme im Ausland durch und im Beisein des Prozessgerichts, IPRax 2001, 527-533

Schwarz, Matthias: Der Gerichtsstand der unerlaubten Handlung nach deutschem und europäischem Zivilprozessrecht; Europäische Hochschulschriften, Reihe 2, Rechtswissenschaften, Band 1041; Frankfurt a.M., Bern, New York, Paris 1991

Schwarze, Jürgen (Hrsg): EU-Kommentar, 1.Auflage, Baden-Baden 2000 *(zitiert: Verfasser in: Schwarze, Art., Rn)*

Scordamaglia; Vincenzo: Die Gerichtsstandsregelung im Gemeinschaftspatentübereinkommen und das Vollstreckungsübereinkommen von Lugano; GRUR Int. 1990, 777-787

Stauder, Dieter: Gerichtliche Zuständigkeit für Klagen aus ausländischen Patenten; in:Gewerblicher Rechtsschutz, Urheberrecht, Wirtschaftsrecht – Mitarbeiterfestschrift zum 70. Geburtstag von Eugen Ulmer mit Beiträgen aus dem deutschen, ausländischen und internationalen Recht; S. 509-520; Hrsg: Dietz, Adolf; Köln, Berlin, Bonn, München 1973 *(zitiert: Stauder, FS Ulmer, S.)*

- Die Anwendung des EWG-Gerichtsstands- und Vollstreckungsübereinkommens auf Klagen im gewerblichen Rechtsschutz und Urheberrecht; GRUR Int. 1976, 465-477

- Die Anwendung des EWG-Gerichtsstands- und Vollstreckungsübereinkommens auf Klagen im gewerblichen Rechtsschutz und Urheberrecht - Zweiter Teil; GRUR Int. 1976, 510-520

- Anmerkung zu EuGH, 15.11.1983, C 288/82 – Duijnstee / Goderbauer – GRUR Int. 1984, 693-697; GRUR Int. 1984, 697-698

- Grenzüberschreitender Rechtsschutz für europäische Patente, I. Teil: Eine Zwischenbilanz; GRUR Int. 1997, 859-861

- Cross-Border Protection of European Patents, Part One: A Stocktaking; 29 IIC 497-504 (1998)

- Grenzüberschreitende Verletzungsverbote im gewerblichen Rechtsschutz und das EuGVÜ; IPRax 1998, 317-322

- Anmerkung zu Tribunale di Bologna, 19.09.1998 – Verpackungsmaschine, GRUR Int. 2000, 1021; GRUR Int. 2000, 1022-1023

Staudinger, Ansgar: Das Gesetz zum Internationalen Privatrecht für außervertragliche Schuldverhältnisse und für Sachen vom 21.05.1999; DB 1999, 1589-1594

Staudinger, J. von: Kommentar zum Bürgerlichen Gesetzbuch mit Einführungsgesetz und Nebengesetzen; Einführungsgesetz zum Bürgerlichen Gesetzbuch/IPR Art. 38-42 EGBGB, Neubearbeitung 2001 von Bernd von Hoffmann, Berlin 2001 *(zitiert: Staudinger/von Hoffmann/ev. weiterer Bearbeiter, Art., Rn)*

Streinz, Rudolf: Europarecht, 5., völlig neubearbeitete Auflage, Heidelberg 2001

Tilmann, Winfried / Falck, Andreas von: EU-Patentrechtsharmonisierung II: Forum-Shopping und Torpedo; GRUR 2000, 579-586

Tilmann, Winfried: Die Zukunft der Patent-Streitregelung in Europa; GRUR 2001, 1079-1083

- Gemeinschaftspatent mit einem zentralen Gericht; GRUR Int. 2003, 381-391

Tetzner, Volkmar: Die Verfolgung der Verletzung ausländischer Patente vor deutschen Gerichten unter Berücksichtigung des EWG- Gerichtsstands- und Vollstreckungs-Abkommens; GRUR 1976, 669-672

- Verletzung deutscher Patente bei Auslandsgeschäften; GRUR 1980, 882-895

Thomas, Heinz/Putzo, Hans: Zivilprozessordnung mit Gerichtsverfassungsgesetz, den Einführungsgesetzen und europarechtlichen Vorschriften (EuGVVO, EheVO, ZustellungsVO, ZustDG, AVAG), 25.,neubearbeitete Auflage, München 2003

Thümmel, Roderich C.: Einstweiliger Rechtsschutz im Auslandsrechtsverkehr; NJW 1996, 1930-1934

Torremans, Paul L.C.: Copyright in English Private International Law in the Light of Recent Cases and Developments ; IPRax 1998, 495-505

Uhl, Laurenz: Internationale Zuständigkeit gemäß Art. 5 Nr. 3 des Brüsseler und des Lugano-Übereinkommens, ausgeführt am Beispiel der Produkthaftung unter Berücksichtigung des deutschen, englischen, schweizerischen und des US-amerikanischen Rechts, Frankfurt am Main 2000 (Europäische Hochschulschriften, Reihe 2, Rechtswissenschaft, Bd. 2947); zugl. Dissertation Universität Bern 1999

Véron, Pierre: Trente ans d'application de la Convention de Bruxelles à l'action en contrefaçon de brevet d'invention ;JDI (Clunet) 2001, 805-830

Vischer, Frank: Das Internationale Privatrecht des Immaterialgüterrechts nach dem schweizerischen IPR-Gesetzentwurf ;GRUR Int.1987,670-682

Vivant, Michel: Das Europäische Gerichtsstand- und Vollstreckungsübereinkommen und die gewerblichen Schutzrechte; RIW 1991, 26-32

Wacke, Andreas: Actor sequitur forum rei, JA 1980, 654-656

Wadlow, Christopher: Enforcement of Intellectual Property in European and International Law, London 1998

Waelbroek, Denis: Nizza oder das Janusdilemma: Für oder gegen eine zweiköpfige Gerichtsbarkeitsstruktur für Vorabentscheidungsverfahren?; ; in: EuR – Beiheft 1 / 2003: Die Zukunft der Europäischen Gerichtsbarkeit nach Nizza, S.71-85 (Hrsg. Everling, Ulrich/Müller-Graff, Peter-Christian/ Schwarze, Jürgen)

Wagner, Rolf: Die geplante Reform des Brüsseler und des Lugano-Übereinkommens; IPRax 1998, 241-244

- Zur Vereinheitlichung des internationalen Zivilverfahrensrechts vier Jahre nach In-Kraft-Treten des Amsterdamer Vertrags;NJW 2003, 2344-2348

Weigel, Arnulf Gerichtsbarkeit, internationale Zuständigkeit und Territorialitätsprinzip im deutschen gewerblichen Rechtsschutz (Schriften zum deutschen und europäischen Zivil-, Handels- und Prozessrecht, Bd. 76), Bielefeld 1973

Wit, Severin de: Die Anwendungspraxis des EuGVÜ und des LugÜ in Patent- und Markensachen mit internationalem Bezug durch die Gerichte in den Niederlanden; Mitt. 1996, 225-232

Zöller, Richard: Zivilprozessordnung mit Gerichtsverfassungsgesetz und den Einführungsgesetzen, mit Internationalem Zivilprozessrecht, EG-Verordnungen, Kostenanmerkungen; Kommentar, 24. neubearbeitete Aufage, Köln 2004 *(zitiert: Zöller/Bearbeiter, §, Rn)*

- Zivilprozessordnung mit Gerichtsverfassungsgesetz und den Einführungsgesetzen, mit Internationalem Zivilprozessrecht und Kostenanmerkungen; Kommentar, 22. neubearbeitete Auflage, Köln 2001 *(zitiert: Zöller/Bearbeiter, 22. Aufl., §, Rn)*

STUDIEN ZUM VERGLEICHENDEN UND INTERNATIONALEN RECHT

Herausgeber: Bernd von Hoffmann, Erik Jayme und Heinz-Peter Mansel

Band 1 Ferdinand Henke: Die Datenschutzkonvention des Europarates. 1986.

Band 2 Peter Czermak: Der express trust im internationalen Privatrecht. 1986.

Band 3 Peter Kindler: Der Ausgleichsanspruch des Handelsvertreters im deutsch-italienischen Warenverkehr. Eine rechtsvergleichende und kollisionsrechtliche Untersuchung. 1987.

Band 4 Wilhelm Denzer: Stellung und Bedeutung des Engineers in den FIDIC-Bauvertragsbedingungen. 1988.

Band 5 Marijan-Maximilian Lederer: Die internationale Enteignung von Mitgliedschaftsrechten unter besonderer Berücksichtigung der französischen Enteignungen 1982. 1989.

Band 6 Rainer Esser: Klagen gegen ausländische Staaten. 1990.

Band 7 Chang Jae-Ok: Auf dem Weg zu einer Materialisierung des Immateriellen? Personen-, Persönlichkeitsschutz und Geldersatz des immateriellen Schadens in rechtsvergleichender Hinsicht am Beispiel des koreanischen und japanischen Zivilrechts unter besonderer Berücksichtigung des deutschen Rechts. 1990.

Band 8 Paul-Frank Weise: Lex mercatoria. Materielles Recht vor der internationalen Handelsschiedsgerichtbarkeit.1990.

Band 9 Werner Born: Der Auftrittsvertrag für Musikgruppen im Bereich der Rock- und Popmusik. 1990.

Band 10 Ralf Erich Jürgens: IPR und Verfassung in Italien und in der Bundesrepublik Deutschland. 1990.

Band 11 Rainer Gildeggen: Internationale Schieds- und Schiedsverfahrensvereinbarungen in Allgemeinen Geschäftsbedingungen vor deutschen Gerichten. 1991.

Band 12 Klaus Grabinski: Die kollisionsrechtliche Behandlung des Durchgriffs bei rechtlich verselbständigten Unternehmen in privater oder öffentlicher Hand. 1991.

Band 13 Dieter Stummel: Konkurs und Integration. Konventionsrechtliche Wege zur Bewältigung grenzüberschreitender Insolvenzverfahren. 1991.

Band 14 Joachim Güntzer: Die Rechtsstellung des Geschäftsführers im spanischen Aktienrecht. Die Neuregelung des spanischen Aktienrechts nach dem Beitritt Spaniens zur EG. 1991.

Band 15 Sabine Isenburg-Epple: Die Berücksichtigung ausländischer Rechtshängigkeit nach dem Europäischen Gerichtsstands- und Vollstreckungsübereinkommen vom 27.9.1968. Untersuchungen zum Anwendungsbereich von Art. 21 EuGVÜ unter schwerpunktmäßiger Behandlung der Frage nach der Bestimmung eines europäischen Streitgegenstandsbegriffs. 1992.

Band 16 Ulrich Nickl: Die Qualifikation der culpa in contrahendo im Internationalen Privatrecht. 1992.

Band 17 Theo Rauh: Leistungserschwerungen im Schuldvertrag. Eine rechtsvergleichende Untersuchung des englischen, US-amerikanischen, französischen und deutschen Rechts unter besonderer Berücksichtigung der gerichtlichen Praxis. 1992.

Band 18 Bernadette Chaussade-Klein: Vorvertragliche "obligation de renseignements" im französischen Recht. 1992.

Band 19 Josef Sievers: Verbraucherschutz gegen unlautere Vertragsbedingungen im französischen Recht. Vom Code civil zum "Code de la consommation" – die Entstehung eines Sonderprivatrechts für Verbraucher. 1993.

Band 20 Achim Schäfer: Grenzüberschreitende Kreditsicherung an Grundstücken, unter besonderer Berücksichtigung des deutschen und italienischen Rechts. 1993.

Band 21 Eugenio Hernández-Breton: Internationale Gerichtsstandsklauseln in Allgemeinen Geschäftsbedingungen. Unter besonderer Berücksichtigung des deutsch-südamerikanischen Rechtsverkehrs (dargestellt am Beispiel Argentinien, Brasilien und Venezuela). 1993.

Band 22 Ingo Reng: Unterhaltsansprüche aufgrund nichtehelicher Lebensgemeinschaft – Internationales Privatrecht und ausländisches materielles Recht. 1994.

Band 23 Stefanie Roloff: Die Geltendmachung ausländischer öffentlicher Ansprüche im Inland. 1994.

Band 24 Katharina Ludwig: Der Vertragsschluß nach UN-Kaufrecht im Spannungsverhältnis von Common Law und Civil Law. Dargestellt auf der Grundlage der Rechtsordnungen Englands und Deutschlands. 1994.

Band 25 Malte Diesselhorst: Mehrparteienschiedsverfahren. Internationale Schiedsverfahren unter Beteiligung von mehr als zwei Parteien. 1994.

Band 26 Manfred Kost: Konsensprobleme im internationalen Schuldvertragsrecht. 1995.

Band 27 Wolff-Heinrich Fleischer: Das italienische Wettbewerbsrecht und die Probleme des selektiven Parfümvertriebs unter Berücksichtigung der Rechtslage in Frankreich und Deutschland. 1995.

Band 28 Angelika Fuchs: Lateinamerikanische Devisenkontrollen in der internationalen Schuldenkrise und Art. VIII Abschn. 2 b) IWF-Abkommen. 1995.

Band 29 Jacques Matthias Aull: Der Geltungsanspruch des EuGVÜ: "Binnensachverhalte" und Internationales Zivilverfahrensrecht in der Europäischen Union. Zur Auslegung von Art. 17 Abs. 1 S. 1 EuGVÜ. 1996.

Band 30 Hartmut Ost: EVÜ und fact doctrine. Konflikte zwischen europäischer IPR-Vereinheitlichung und der Stellung ausländischen Rechts im angelsächsischen Zivilprozeß. 1996.

Band 31 Stefan Wagner: Die Testierfähigkeit im Internationalen Privatrecht. 1996.

Band 32 Wolfgang Jakob Hau: Positive Kompetenzkonflikte im Internationalen Zivilprozeßrecht. Überlegungen zur Bewältigung von *multi-fora disputes*. 1996.

Band 33 Markus Schütz: UN-Kaufrecht und *Culpa in contrahendo*. 1996.

Band 34 Volker Geyrhalter: Das Lösungsrecht des gutgläubigen Erwerbers. Ein "vergessener" Kompromiß und die Auswirkungen auf das heutige deutsche Recht unter besonderer Berücksichtigung des internationalen Sachenrechts. 1996.

Band 35 Andreas Kramer: Abwicklungsstörungen bei Kaufverträgen. Die Lieferung vertragswidriger Sachen im deutschen und italienischen Recht. 1996.

Band 36 Petra Krings: Erfüllungsmodalitäten im internationalen Schuldvertragsrecht. 1997.

Band 37 Tonja Gaibler: Der rechtsgeschäftliche Irrtum im französischen Recht. 1997.

Band 38 Dirk Otto: Rechtsspaltung im indischen Erbrecht. Bedeutung und Auswirkungen auf deutsch-indische Nachlaßfälle. 1997.

Band 39 Gregor W. Decku: Zwischen Vertrag und Delikt. Grenzfälle vertraglicher und deliktischer Haftung dargestellt am Beispiel der Berufs- und Expertenhaftung zum Schutze des Vermögens Dritter im deutschen und englischen Recht. 1997.

Band 40 Ulrike Höpping: Auswirkungen der Warenverkehrsfreiheit auf das IPR unter besonderer Berücksichtigung des Internationalen Produkthaftungsrechts und des Internationalen Vertragsrechts. 1997.

Band 41 Andreas Bartosch: Die vermögensrechtlichen Beziehungen der Ehegatten bei bestehender Ehe im englischen Recht – Eigentum, Besitz, Schuldvertrag. 1997.

Band 42 Helene Boriths Müller: Die Umsetzung der europäischen Übereinkommen von Rom und Brüssel in das Recht der Mitgliedstaaten. Dargestellt am Beispiel Deutschlands und Dänemarks. 1997.

Band 43 Bernd von Hoffmann / Myong-Chang Hwang (eds.): The Public Concept of Land Ownership. Reports and Discussions of a German-Korean Symposium held in Seoul on October 7-9, 1996. 1997.

Band 44 Oliver Heeder: Fraus legis. Eine rechtsvergleichende Untersuchung über den Vorbehalt der Gesetzesumgehung in Deutschland, Österreich, der Schweiz, Frankreich und Belgien unter besonderer Berücksichtigung des Internationalen Privatrechts. 1998.

Band 45 Heinrich Schütt: Deliktstyp und Internationales Privatrecht. Dargestellt an grenzüberschreitenden Problemen der Arzthaftung. 1998.

Band 46 Axel Steiner: Die stillschweigende Rechtswahl im Prozeß im System der subjektiven Anknüpfungen im deutschen Internationalen Privatrecht. 1998.

Band 47 Martina Schulz: Der Eigentumsvorbehalt in europäischen Rechtsordnungen. Rechtsvergleichende Untersuchung des deutschen, englischen und französischen Rechts unter besonderer Berücksichtigung von Erweiterungen und Verlängerungen. 1998.

Band 48 Karin Dreher: Die Rechtswahl im internationalen Erbrecht. Unter besonderer Berücksichtigung des italienischen IPR-Reformgesetzes N. 218 vom 31. Mai 1995. 1999.

Band 49 Giuliano Gabrielli: Das Verhältnis zwischen der Anfechtung wegen Eigenschaftsirrtums und den Gewährleistungsansprüchen im deutschen, österreichischen und italienischen Recht. 1999.

Band 50 Bernd von Hoffmann / Myong-Chan Hwang (eds.): Developments in Land Law. Reports and Discussions of a German-Korean Symposium held in Berlin and Trier on July 21-24, 1997. 1999.

Band 51 Volker Heidbüchel: Das UNCITRAL-Übereinkommen über unabhängige Garantien und Standby Letters of Credit. Vergleiche mit den Richtlinien der Internationalen Handelskammer, dem deutschen, englischen und US-amerikanischen Recht. 1999.

Band 52 Jan Christoph Nordmeyer: Pflichtteilsansprüche und Wiedervereinigung. Eine systematische Analyse der Ausgleichsansprüche nach BGB-Pflichtteilsrecht unter besonderer Berücksichtigung der durch den Wiedervereinigungsprozeß eingetretenen Wertveränderungen. 1999.

Band 53 Bettina Linder: Vertragsabschluß beim grenzüberschreitenden Verbraucherleasing. 1999.

Band 54 Almontasser Fetih: Die zivilrechtliche Haftung bei Vertragsverhandlungen. Eine rechtsvergleichende Studie zum deutschen, französischen, ägyptischen und islamischen Recht. 2000.

Band 55 Sona Rajani: Die Geltung und Anwendung des Gemeinschaftsrechts im Vereinigten Königreich von Großbritannien und Nordirland. Der Grundsatz der Parlamentssouveränität im Wandel. 2000.

Band 56 Joachim Kayser: Gegenmaßnahmen im Außenwirtschaftsrecht und das System des europäischen Kollisionsrechts. Eine Analyse der EU-Abwehrverordnung gegen die Auswirkungen extraterritorialer Rechtserstreckung eines Drittlandes. 2001.

Band 57 Albrecht Conrad: Qualifikationsfragen des Trust im Europäischen Zivilprozeßrecht. 2001.

Band 58 Bernd Borgmann: Die Entsendung von Arbeitnehmern in der Europäischen Gemeinschaft. Wechselwirkungen zwischen Kollisionsrecht, Grundfreiheiten und Spezialgesetzen. 2001.

Band 59 Aleksandar Jaksic: Arbitration and Human Rights. 2002.

Band 60 Islamisches und arabisches Recht als Problem der Rechtsanwendung. Symposium zu Ehren von Professor Emeritus Dr. iur. Omaia Elwan. Veranstaltet vom Institut für ausländisches und internationales Privat- und Wirtschaftsrecht der Universität Heidelberg und der Gesellschaft für Arabisches und Islamisches Recht e.V. Herausgegeben von Herbert Kronke, Gert Reinhart und Nika Witteborg. 2001.

Band 61 Patrick Fiedler: Stabilisierungsklauseln und materielle Verweisung im internationalen Vertragsrecht. 2001.

Band 62 Werner Mangold: Die Abtretung im Europäischen Kollisionsrecht. Unter besonderer Berücksichtigung des spanischen Rechts. 2001.

Band 63 Eike Dirk Eschenfelder: Beweiserhebung im Ausland und ihre Verwertung im inländischen Zivilprozess. Zur Bedeutung des US-amerikanischen discovery-Verfahrens für das deutsche Erkenntnisverfahren. 2002.

Band 64 Bernd Ehle: Wege zu einer Kohärenz der Rechtsquellen im Europäischen Kollisionsrecht der Verbraucherverträge. 2002.

Band 65 Heiko Lehmkuhl: Das Nacherfüllungsrecht des Verkäufers im UN-Kaufrecht. 2002.

Band 66 Jochen Nikolaus Schlotter: Erbrechtliche Probleme in der Société Privée Européenne. IPR-Harmonisierung im einheitlichen Europäischen Rechtsraum. 2002.

Band 67 Konrad Ost: Doppelrelevante Tatsachen im Internationalen Zivilverfahrensrecht. Zur Prüfung der internationalen Zuständigkeit bei den Gerichtsständen des Erfüllungsortes und der unerlaubten Handlung. 2002.

Band 68 Tobias Bosch: Die Durchbrechungen des Gesamtstatuts im internationalen Ehegüterrecht. Unter besonderer Berücksichtigung deutsch-französischer Rechtsfälle. 2002.

Band 69 Ursula Philipp: Form im amerikanischen Erbrecht. Zwischen Formalismus und harmless error. 2002.

Band 70 Christian Stefan Wolf: Der Begriff der wesentlich engeren Verbindung im Internationalen Sachenrecht. 2002.

Band 71 André Fomferek: Der Schutz des Vermögens Minderjähriger. Ein Vergleich des deutschen und des englischen Rechts unter Berücksichtigung des schottischen und irischen Rechts. 2002.

Band 72 nicht erschienen

Band 73 Markus Dreißigacker: Sprachenfreiheit im Verbrauchervertragsrecht. Der Verbraucher im Spannungsfeld zwischen kultureller Identität und Privatautonomie. 2002.

Band 74 Vassiliki Myller-Igknay: Auskunftsansprüche im griechischen Zivilrecht. Auswirkungen im deutsch-griechischen Rechtsverkehr sowie im deutschen internationalen Privat- und Verfahrensrecht. 2003

Band 75 Stefan Bruinier: Der Einfluss der Grundfreiheiten auf das Internationale Privatrecht. 2003.

Band 76 Nika Witteborg: Das gemeinsame Sorgerecht nichtverheirateter Eltern. Eine Untersuchung im soziologischen, rechtsgeschichtlichen, verfassungsrechtlichen, rechtsvergleichenden und internationalen Kontext. 2003.

Band 77 Peter Stankewitsch: Entscheidungsnormen im IPR als Wirksamkeitsvoraussetzungen der Rechtswahl. 2003.

Band 78 Jan Wilhelm Ritter: Euro-Einführung und IPR unter besonderer Berücksichtigung nachehelicher Unterhaltsverträge. Eine Untersuchung mit Blick auf das deutsche, französische und schweizerische Recht. 2003.

Band 79 Wolf Richard Herkner: Die Grenzen der Rechtswahl im internationalen Deliktsrecht. 2003.

Band 80 Ira Ditandy: Internationale Zuständigkeit. Neuregelung durch die LOPJ 1985. Vergleich mit dem europäischen Vorbild und Auswirkungen auf das spanische internationale Zivilverfahrensrecht. 2003.

Band 81 Andrea Verena Schefold: Werbung im Internet und das deutsche Internationale Privatrecht. 2004.

Band 82 Klaus Herkenrath: Die Umsetzung der Richtlinie 93/13/EWG über missbräuliche Klauseln in Verbraucherverträgen in Deutschland, dem Vereinigten Königreich, Frankreich und Italien. Auswirkungen nationaler Umsetzungstechniken auf dem Harmonisierungserfolg. 2003.

Band 83 Alexander Thünken: Das kollisionsrechtliche Herkunftslandprinzip. 2003.

Band 84 Barbara v. Daumiller: Die Rechtswahl im italienischen internationalen Erbrecht: und ihre Auswirkungen im deutsch-italienischen Rechtsverkehr. 2003.

Band 85 Robert Mödl: Macht, Verantwortlichkeit und Zurechnung im Konzern. Eine rechtsvergleichende Untersuchung auf der Grundlage des deutschen, spanischen und US-amerikanischen Rechts. 2003.

Band 86 Ursula Kerpen: Das Internationale Privatrecht der Persönlichkeitsrechtsverletzungen. Eine Untersuchung auf rechtsvergleichender Grundlage. 2003.

Band 87 Barbara Ploeckl: Umgangsrechtsstreitigkeiten im deutsch-französischen Rechtsverkehr. Bestehende internationale und nationale Regelungen und der geplante *europäische Besuchstitel*. 2003.

Band 88 Katrin Wannemacher: Die Außenkompetenzen der EG im Bereich des Internationalen Zivilverfahrensrechts. Der räumliche Anwendungsbereich des Art. 65 EGV am Beispiel der EuGVO und der EheVO. 2003.

Band 89 Maren B. Eilinghoff: Das Kollisionsrecht der ungerechtfertigten Bereicherung nach dem IPR-Reformgesetz von 1999. 2004.

Band 90 Patrick Niehr: Die zivilprozessuale Dokumentenvorlegung im deutsch-englischen Rechtshilfeverkehr nach der deutschen und der englischen Prozessrechtsreform. 2004.

Band 91 Anna Christina Gördes: Internationale Zuständigkeit, Anerkennung und Vollstreckung von Entscheidungen über die elterliche Verantwortung. Die VO(EG) Nr. 1347/2000, ihre geplanten Änderungen und das Verhältnis beider zum Minderjährigen- und Kinderschutzabkommen. 2004.

Band 92 Martin Rädler: Rechtsbehelfe des Käufers eines Unternehmens oder einer unternehmerischen Beteiligung gegen den Verkäufer im deutschen und französischen Recht. 2004.

Band 93 Marc-Yngve Dietrich: Rechtsstellung und Beteiligung der Gläubiger im französischen Insolvenzverfahren. 2004.

Band 94 Katia Niemann: Die rechtsgeschäftliche und organschaftliche Stellvertretung und deren kollisionsrechtliche Einordnung. Deutschland und England im Vergleich. 2004.

Band 95 Daniel Ludwig: Neuregelungen des deutschen Internationalen Insolvenzverfahrensrechts. Eine Untersuchung unter vergleichender Heranziehung der Europäischen Insolvenzverordnung. 2004.

Band 96 Cordelia Faulenbach: Der gemeinschaftsrechtliche Vorbehalt im europäischen Wettbewerbsrecht. Die Herkunftslandanknüpfung der E-Commerce-Richtlinie unter dem Einfluss der Grundfreiheiten. 2004.

Band 97 Ulf Dörner: Der Vertragsgerichtsstand nach dem Protokoll von Buenos Aires. 2004.

Band 98 Martin Schmidhuber: Verhaltenskodizes im nationalen und grenzüberschreitenden elektronischen Geschäftsverkehr. Zur Frage der Integration der Selbstregulierung durch Private in die staatliche Rechtsordnung. 2004.

Band 99 Florian Kienle: Die fehlerhafte Banküberweisung im internationalen Rechtsverkehr. Unter besonderer Berücksichtigung des Artikels 4A US Uniform Commercial Code. 2004.

Band 100 Thomas Alexander Brandt: Die Adoption durch eingetragene Lebenspartner im internationalen Privat- und Verfahrensrecht. 2004.

Band 101 Florian Pulkowski: Subunternehmer und Internationales Privatrecht. Der Subunternehmer als Quasi-Verbraucher im Europäischen Kollisionsrecht. 2004.

Band 102 Ulrich Becker: Grundrechtsschutz bei der Anerkennung und Vollstreckbarerklärung im europäischen Zivilverfahrensrecht. Bestimmung der Grenzen für die Einführung eines europäischen Vollstreckungstitels. 2004.

Band 103 Thomas Badelt: Aufrechnung und internationale Zuständigkeit unter besonderer Berücksichtigung des deutsch-spanischen Rechtsverkehrs. 2005.

Band 104 Florian D. Wagner: Vorvertragliche Aufklärungspflichten im internationalen Franchising. Zur Harmonisierung von Delikts- und Vertragsstatut im internationalen Privatrecht unter besonderer Berücksichtigung der Franchise-Gesetzgebung des US-Bundesstaates Kalifornien. 2005.

Band 105 Vera Heine: Die Umsetzung der *EG-Richtlinie über missbräuchliche Klauseln in Verbraucherverträgen* im englischen und deutschen Recht. 2005.

Band 106 Alexander Franz: Überregionale Effektentransaktionen und anwendbares Recht. Eine kollisionsrechtliche Untersuchung unter besonderer Berücksichtigung der Vorschrift des § 17 a DepotG. 2005.

Band 107 Hanna-Maria Uhlenbrock: Gesetzliche Regelungen für nichteheliche Lebensgemeinschaften in Deutschland und Frankreich. Ein Vergleich des Unterhaltsrechts bei der eingetragenen Lebenspartnerschaft und beim Pacte civil de Solidarité. 2005.

Band 108 Katrin Stieß: Anknüpfungen im internationalen Urheberrecht unter Berücksichtigung der neuen Informationstechnologien. 2005.

Band 109 Hendrik Otto: Der gesetzliche Abschlussprüfer im italienischen Recht. Eine rechtsvergleichende Untersuchung unter besonderer Berücksichtigung der zivilrechtlichen Haftung. 2005.

Band 110 Frauke Stuphorn: Bankhaftung für Kreditauskünfte im deutschen und französischen Recht. 2005.

Band 111 Nina Fürer: Die zivilrechtliche Haftung für Raucherschäden. 2005.

Band 112 Giovanni B. Barillà: *Contratto autonomo di garanzia* e *Garantievertrag*. Categorie civilistiche e prassi del commercio. 2005.

Band 113 Timo Torz: Gerichtsstände im Internationalen Insolvenzrecht zur Eröffnung von Partikularinsolvenzverfahren. 2005.

Band 114 Martina Schmid: Die Grenzen der Auslegungskompetenz des EuGH im Vorabentscheidungsverfahren nach Art. 234 EG. Dargestellt am Beispiel der überschießenden Richtlinienumsetzung. 2005.

Band 115 Stephan Lesage-Mathieu: Dispositives Kollisionsrecht im prozessualen Kontext. 2005.

Band 116 Jürgen Görtz: Die subjektiven Grenzen der Rechtskraft US-amerikanischer Urteile. 2005.

Band 117 Vera Hoppe: Die Einbeziehung ausländischer Beteiligter in US-amerikanische class actions. Unter Berücksichtigung des Class Action Fairness Act 2005. 2005.

Band 118 Silke Pütz: Parteiautonomie im internationalen Urhebervertragsrecht – Eine rechtsdogmatische und rechtspolitische Betrachtung der Grenzen freier Rechtswahl im internationalen Urhebervertragsrecht unter besonderer Berücksichtigung des neuen deutschen Urhebervertragsrechts. 2005.

Band 119 Alice Nieroba: Die europäische Rechtshängigkeit nach der EuGVVO (Verordnung (EG) Nr. 44/2001) an der Schnittstelle zum nationalen Zivilprozessrecht. 2006.

Band 120 Jan Kayser: Alternative Formen gerichtlicher und außergerichtlicher Streitbeilegung im deutschen und französischen Zivilprozess. Les modes alternatifs judiciaires et extrajudiciaires de résolution des conflits en procédure civile allemande et française. 2006

Band 121 Mirko Ehrich: Der internationale Anwendungsbereich des deutschen und französischen Rechts gegen irreführende Werbung. Freie Wahl von Form und Mittel, Rom II und Herkunftslandprinzip. 2006.

Band 122 Daniel Thelen: Die Haftung des Sekundärschädigers für Gewalttaten anderer im US-amerikanischen Deliktsrecht ausgehend von dem Problem rechtsextremistisch motivierter Gewalttaten. 2006.

Band 123 Anne Winterling: Die Entscheidungszuständigkeit in Arbeitssachen im europäischen Zivilverfahrensrecht. 2006.

Band 124 Sarah Gerling: Die Gleichstellung ausländischer mit inländischen Vollstreckungstiteln durch die Verordnung zur Einführung eines Europäischen Vollstreckungstitels für unbestrittene Forderungen. Im Vergleich zum bisherigen Recht und zur Rechtslage in den USA. 2006.

Band 125 Christian Bank: Präventivmaßnahmen börsennotierter Gesellschaften zur Abwehr feindlicher Übernahmeversuche in Deutschland und Großbritannien. Eine rechtsvergleichende Untersuchung des deutschen und britischen Rechts unter Berücksichtigung der Europäischen Übernahmerichtlinie. 2006.

Band 126 Christian Weis: Kaufrechtliche Gewährleistung und Garantievergabe in Deutschland und Spanien. Unter besonderer Berücksichtigung des Unternehmenskaufs. 2006.

Band 127 Emilio Maus Ratz: Der Nacherfüllungsanspruch nach UN-Kaufrecht. Im Lichte der deutschen, spanisch-mexikanischen und US-amerikanischen Rechtswissenschaft. 2006.

Band 128 Constanze Jacobs: Die Sachmängelgewähr im deutschen und belgischen Kaufrecht nach Umsetzung der Verbrauchsgüterkauf-Richtlinie. 2006.

Band 129 Ulrike Teichert: Lückenfüllung im CISG mittels UNIDROIT-Prinzipien – Zugleich ein Beitrag zur Wählbarkeit nichtstaatlichen Rechts. 2006.

Band 130 Sascha Reichardt: Internationale Zuständigkeit im Gerichtsstand der unerlaubten Handlung bei Verletzung europäischer Patente. 2006.

www.peterlang.de

FSC
www.fsc.org
MIX
Papier | Fördert
gute Waldnutzung
FSC® C083411

Kolibri 360 GmbH
Ferdinand-Jühlke-Straße 7
99095 Erfurt, Deutschland
produktsicherheit@kolibri360.de

Druck:
CPI Druckdienstleistungen GmbH
im Auftrag der
Kolibri 360 GmbH
Ferdinand-Jühlke-Str. 7
99095 Erfurt